MÉMOIRES

DU

DUC DE LUYNES

TYPOGRAPHIE DE H. FIRMIN DIDOT. — MESNIL (EURE).

MÉMOIRES

DU

DUC DE LUYNES

SUR LA COUR DE LOUIS XV

(1735 — 1758)

PUBLIÉS

SOUS LE PATRONAGE DE M. LE DUC DE LUYNES

PAR

MM. L. DUSSIEUX ET E. SOULIÉ

TOME DIX-SEPTIÈME

1758

PARIS

FIRMIN DIDOT FRÈRES, FILS ET Cⁱᵉ, LIBRAIRES

IMPRIMEURS DE L'INSTITUT, RUE JACOB, N° 56

1865

Tous droits réservés.

MÉMOIRES

DU

DUC DE LUYNES.

ANNÉE 1758.

JUILLET.

Trois nouveaux ministres. — MM. de Breteuil. — Nouvelles de l'armée. — La Curne de Sainte-Palaye. — Mort de Mlle de Lussan. — Détails sur le siége de Prague et la retraite du maréchal de Belle-Isle. — Succès des Autrichiens en Moravie. — Rappel du comte de Clermont. M. de Contades le remplace. L'armée désire être commandée par le maréchal d'Estrées. — Détails sur le succès des Autrichiens en Moravie. — Prise de Dusseldorf par les Hanovriens et nouvelles de l'armée. — Élection de Clément XIII. — Entrées gratuites à la Comédie-Française pour les gens du gouverneur de Paris. — Mort de M. de Montesson. — Le fort Brescou. — Mort de M. de Jalais. — L'intendant des Invalides. — Nouvelles de l'armée. — Importance de la perte de Dusseldorf. — Détails sur la convention de Closter-Severn et examen de la conduite du maréchal de Richelieu. — Nouvelles de l'armée. — Détails sur l'élection du Pape. — La marquise et le chevalier d'Albert. — Le comte de Clermont de retour à Versailles.

Du mardi 4 juillet, Dampierre. — Les trois places vacantes dans le conseil furent remplies dimanche dernier. Le Roi voulut que M. de Puisieux y rentrât; S. M. y admit aussi M. le maréchal d'Estrées et M. Berryer.

Ce même jour dimanche, M. le baron de Breteuil prit congé; il va remplacer M. de Monteil auprès de l'électeur de Cologne. M. de Breteuil est petit-fils du baron lequel étoit introducteur des ambassadeurs.

Les dernières nouvelles de l'armée de M. le comte de Clermont sont que tout est rassemblé sous Cologne. Les ennemis ont voulu tenter de s'emparer de Dusseldorf; ils ont fait sommer l'officier des troupes palatines qui y commande; il n'a voulu écouter aucune proposition; les Hanovriens ont bombardé la ville et enfin ont été obligés de se retirer. M. le comte de Clermont ayant envoyé ordre d'évacuer Ruremonde, et les ennemis s'en étant approchés, M. Bocquart, maréchal de camp, s'en est retiré avec tous les effets du Roi et des particuliers, et a fait la capitulation la plus honorable qu'il soit possible. On ne lui a rien refusé de tout ce qu'il demandoit (1). Les ordres

---

(1) *Lettre de M. de Bocquart à M. le comte de Clermont.*

De Maseik, le 29 juin 1758.

Au moment que je m'y attendois le moins, malgré toutes les précautions prises pour exécuter les ordres de V. A. S., qui étoient de ne pas me retirer de Ruremonde que je ne susse que les ennemis eussent passé la Niers, dont je n'ai pu être averti faute de troupes légères, le prince héréditaire de Brunswick est arrivé devant la place qui m'étoit confiée avec un corps de 7 à 8,000 hommes, tant d'infanterie, cavalerie que troupes légères, avec deux trains d'artillerie et des pontons, mercredi 28, à neuf heures du matin, ayant fait de Crevelt une marche forcée, sans s'arrêter jusqu'à la portée de fusil de Ruremonde. La bonne contenance des troupes à mes ordres, après avoir essuyé une canonnade, a déterminé le prince à me faire des propositions, à quoi j'ai répondu que je les écouterois s'il n'étoit pas question d'être fait prisonnier de guerre. A cette demande, le prince m'a accordé la capitulation ci-jointe que j'ai cru devoir accepter, attendu la mauvaise place que j'avois à défendre et les attaques que les ennemis avoient formées par trois différents endroits. Je me rends avec toute ma garnison et mes équipages à Liége où j'attends des ordres de V. A. S. pour m'y conformer. Je n'envoie qu'une copie de la capitulation, attendu que j'ai besoin de l'original pour en faire usage dans ma route si le cas le requiert. Je prendrai en passant par Stokem le régiment de la Ferronaye-Dragons auquel j'avois donné ordre d'y garder les magasins et la Haute-Meuse où je craignois que les ennemis arriveroient plutôt qu'à Ruremonde pour me couper la retraite. Je préviens V. A. S. que je brûlerai tous les magasins qui n'ont pu être remontés jusqu'à Liége. Je suis, etc. BOCQUART.

P. S. Je sais qu'avant la capitulation il y a eu deux de mes postes avancés

du Roi sont précis pour que l'armée ne quitte point Cologne. L'armée de M. le prince de Soubise est augmentée jusqu'à 30,000 hommes et se portera vraisemblablement dans le pays de Hesse et en avant. Il y aura encore incessamment un corps de troupes qui sera aux ordres du prince Xavier et qui sera composé des 10,000 Saxons qui doivent être arrivés aujourd'hui au fort Louis et de quelques autres troupes qu'on y joindra. Les opérations de ce corps seront dirigées suivant les mouvements de l'armée ennemie. M. le comte de Clermont est dans l'usage de faire peu de détails dans ses lettres; il ne paroît pas fort instruit de la position des ennemis, et il ne mande que ce qu'il a entendu dire.

à une lieue de Ruremonde qui ont été faits prisonniers de guerre après avoir été fusillés et canonnés ; ces postes consistoient en environ 40 miliciens convalescents de différents bataillons, commandés par trois officiers.

Articles de la capitulation demandée d'une part par M. de Bocquart, maréchal de camp commandant les troupes du Roi à Ruremonde, et accordés par S. A. S. le prince héréditaire de Brunswick, commandant les troupes devant Ruremonde, le 28 juin 1758.

Toute la garnison françoise, les invalides Autrichiens et le commandant pour S. M. I. ne sortiront de la place qu'avec tous les honneurs de la guerre, ainsi que tous les détachements du dehors de la place qui n'auront pas été faits prisonniers au moment de la convention.

Les équipages de toute la garnison seront intacts et suivront leurs corps sans qu'il leur soit fait aucune insulte.

Les munitions de guerre qui se trouveront dans la place suivront la garnison.

Les malades qui resteront aux hôpitaux profiteront de la même capitulation accordée à leurs corps respectifs.

Toutes les troupes passeront la Meuse évacuant la place dans la journée d'aujourd'hui six heures du soir.

L'artillerie sortira et marchera de même avec la garnison.

Les portes de Venloo et de Notre-Dame seront livrées à S. A. S. après la signature de la capitulation, mais il n'entrera aucune troupe de S. A. S. dans la place qu'après l'évacuation des troupes françoises.

M. de Bocquart demande que la ville soit maintenue dans tous ses droits et privilèges aussi bien que le Clergé et les monastères, et qu'il ne sera fait aucun mauvais traitement aux habitants.

Tous ces articles sont accordés.

CHARLES, PRINCE HÉRÉDITAIRE DE BRUNSWICK ET WOLFENBUTTEL.

M. le comte de Clermont envoie M. de Beausobre à Liége.

M. La Curne de Sainte-Palaye, qui a été élu à l'académie françoise à la place de M. de Boissy, fut reçu la semaine dernière. C'est un homme fort savant, qui s'est appliqué toute sa vie à un travail pénible et peu agréable. Il a fait un vocabulaire très-étendu pour l'intelligence de l'ancienne langue des Gaulois et des Francs (1); il a fait aussi un ouvrage très-curieux sur l'ancienne chevalerie. Il présenta avant-hier à Versailles son discours et celui de M. l'abbé Alary, qui l'a reçu en qualité de directeur. On trouve le discours de M. de Sainte-Palaye un peu long; il est d'ailleurs fort éloquent et très-bien fait; il rapproche avec assez d'art son travail de celui qui convient à la place qu'il vient remplir; ses transitions sont fort heureuses et bien amenées. La réponse de l'abbé Alary est plus courte, plus simple et bien écrite.

Du vendredi 7, Dampierre. — J'ai toujours remis à parler de la mort de Mlle de Lussan, arrivée le 30 mai dernier. J'ai voulu avoir des éclaircissements sur une personne qui s'est acquis tant de réputation dans la république des lettres. Mlle de Lussan étoit, dit-on, fille naturelle d'un prince de Savoie (2); quelques-uns disoient du prince Eugène, ce qui n'est pas vrai; peut-être même cette descendance n'est pas trop fondée. Mlle de Lussan a fait plusieurs ouvrages, tous en prose. Le style en est coulant et agréable. Mlle de Lussan avoit soixante-quinze ans.

J'ai déjà mis en différentes occasions dans ce journal les détails que j'ai pu apprendre de M. le maréchal de Belle-Isle lui-même. Les commissions importantes dont il

---

(1) Ce précieux glossaire du vieux français (et non pas du gaulois et du tudesque) est conservé au cabinet des manuscrits de la Bibliothèque impériale.

(2) On l'a fait naître du prince Thomas de Savoie, frère du prince Eugène, et d'une courtisane. On dit même qu'elle eut le droit de porter les armes de Savoie.

a été chargé, la supériorité de talents avec laquelle il s'en est acquitté, la netteté et la précision avec lesquelles il raconte ces événements font désirer de les conserver à la postérité.

Une des commissions les plus difficiles sans doute a été la défense de Prague et la sortie de cette ville. M. le maréchal de Belle-Isle avoit à pourvoir dans Prague à différents objets : 1° faire payer les contributions que l'électeur de Bavière étoit en droit d'exiger, ayant été couronné roi de Bohême dans cette ville ; 2° contenir les bourgeois et le peuple immense qu'elle renfermoit, lesquels étoient infiniment attachés à la maison d'Autriche et ne demandoient qu'à profiter de l'occasion de marquer leur zèle pour cette maison ; 3° à pourvoir à la subsistance et au bien-être d'une armée dont le fonds étoit de 22,000 hommes et qui s'y trouvoit assiégée ; 4° d'avoir soin que les habitants ne manquassent de rien ; 5° de défendre une aussi grande et aussi mauvaise place ; 6° d'exécuter, sans que personne en eût le moindre soupçon, le projet qu'il avoit formé d'en sortir, projet que l'on regardoit presque comme impossible, depuis que l'armée de M. de Maillebois, qui s'étoit avancée pour faire lever le blocus de cette ville, avoit trouvé des obstacles qu'elle n'avoit pu surmonter. M. le maréchal de Belle-Isle vouloit sortir avec toutes ses troupes, à la réserve d'une médiocre garnison qu'il laisseroit dans la citadelle pour capituler ; emmener son artillerie et même des otages.

Pour remplir ces différents points de vue : 1° étant bien instruit que les plus grands seigneurs de Bohême, dont les terres devoient payer des contributions, avoient non-seulement de grandes maisons dans la ville, mais outre cela tous leurs titres principaux dans les archives desdites maisons, il leur fit dire qu'il seroit obligé d'agir par exécution militaire contre leurs maisons, et leurs titres même, si les sommes auxquelles ils étoient taxés n'étoient pas acquittées promptement. Elles le furent en effet, et M. le prince de Lobkowitz, commandant l'armée qui bloquoit Prague, sachant le danger auquel étoient exposés la maison et les titres du prince de Lobkowitz son neveu, l'aîné de sa maison, fut obligé d'avoir recours à M. le maréchal de Belle-Isle, à qui il écrivit pour lui recommander ce qui appartenoit à son neveu. En effet, M. de Belle-Isle tira 17 millions de la Bohême; et ces sommes furent payées pendant qu'il étoit dans Prague assiégé ou bloqué. Ces sommes n'avoient point été imposées arbitrairement. Les États avoient été assemblés à Prague, par l'ordre de Charles VII, couronné roi de Bohême. Les membres qui composent lesdits États sont au nombre de 126; il s'en trouva 111 à l'assemblée; comme ils étoient peu au fait du détail de ces répartitions, et qu'ils connoissoient la grande expérience et capacité de M. de Séchelles, ils demandèrent son secours, et il fut admis à l'assemblée.

2° M. de Belle-Isle ne pouvant avoir ni assez de fourrage pour nourrir la cavalerie enfermée dans la ville, ni assez de viande pour nourrir une aussi nombreuse garnison, il fut résolu de tuer un grand nombre des chevaux de la cavalerie; qui sans cela seroient morts de faim; il y en eut même 500 abandonnés dans les fossés, qui, après avoir mangé tout ce qu'ils trouvèrent d'herbe, de terre, de cuir, même rongé le bois et les pierres, moururent tous dans une nuit. M. de Belle-Isle, en faisant tuer les chevaux, vouloit cependant se conserver de quoi monter un petit corps de cavalerie suivant les circonstances. Les officiers d'infanterie avoient chacun un ou deux bidets au moins pour leurs équipages; il leur fit donner les meilleurs chevaux de la cavalerie, et leurs bidets furent tués et mangés. Il racheta depuis de ces officiers les chevaux qu'il leur avoit donnés et les leur fit payer 300 livres pièce (1).

---

(1) Par cet arrangement, M. de Belle-Isle se trouva en état d'avoir 3,000 ca-

3° Il y avoit des blés et des farines dans la ville ; les maisons des particuliers étoient remplies de vin. M. le Maréchal en ordonna la distribution, qui se faisoit avec le plus grand ordre. Chaque officier avoit sa bouteille de vin par jour. Mais quoique le pain y fût en abondance, il falloit songer à entretenir cette abondance. M. le maréchal de Belle-Isle sortoit souvent pour faire des fourrages ; et faute de cavalerie il se servoit d'infanterie pour faire la plus grande partie de sa chaîne de fourrage. Il les plaçoit en différents postes, depuis Prague jusqu'au lieu qu'il vouloit fourrager, dans des fossés, dans des haies, dans des maisons ; et lorsqu'ils se trouvoient dans des plaines où ils n'auroient pu être à couvert, on formoit des enceintes de chariots ou caissons pour les mettre en état de se défendre. Ces précautions en imposèrent aux ennemis qui n'osèrent jamais l'attaquer en force. On enlevoit dans ces fourrages tous les bestiaux qu'on trouvoit à la pâture. Chaque soldat portoit son havre-sac ; et il ne rentroit point qu'il ne l'apportât rempli de blé. Ils vendoient cette provision aux bourgeois ; c'étoit un profit pour le soldat, qui tiroit 4 livres de chaque havre-sac, et c'étoit une sûreté pour M. le maréchal de Belle-Isle que le fonds de la subsistance augmentât dans la ville. Il avoit la même attention pour que rien ne manquât à l'hôpital. On conservoit, de préférence à tout, pour les bouillons et la nourriture des malades, tout ce qu'il y avoit de bœufs, moutons, volailles, etc.

4° Ce que je viens d'expliquer, en entretenant l'abondance, mettoit les bourgeois et habitants à portée de sub-

---

valiers bien montés et dont il fit usage en plusieurs occasions. A l'égard des autres cavaliers, il leur faisoit faire le service à pied ; il les avoit distribués par corps de garde dans tous les quartiers de la ville. Il y avoit défense aux bourgeois et aux habitants de s'assembler plus de trois ou quatre ensemble, et on avoit réglé une heure à laquelle ils ne pouvoient plus sortir de leurs maisons sans un billet du commandant de la garde (*Note du duc de Luynes.*)

sister d'autant plus facilement, que ce n'étoit pas l'argent qui manquoit dans la ville.

5° Pendant tout le temps du siége, non-seulement M. de Belle-Isle avoit la plus grande attention à se servir des moyens ordinaires pour la défense des places, mais voulant faire usage de sa nombreuse garnison, il assiégeoit les assiégeants ; il faisoit faire des boyaux de tranchée pour conduire à celles des ennemis et pour faciliter les fréquentes sorties dans lesquelles il combloit les ouvrages des ennemis, enclouoit leurs canons et retardoit les approches. M. le maréchal de Broglio étoit alors dans la ville et y commandoit comme l'ancien ; mais quelque jalousie qu'il eût contre M. de Belle-Isle, quelque brouillé qu'il fût avec lui, la force de la vérité l'avoit fait convenir qu'il n'entendoit rien à la défense d'une place, et il s'en rapportoit entièrement à M. de Belle-Isle sur cette partie. A l'égard des autres détails sur lesquels M. de Belle-Isle étoit obligé de prendre les ordres de M. de Broglio, il avoit exigé que ces ordres fussent par écrit. M. de Broglio avoit la plus grande valeur et n'étoit jamais plus de sang-froid qu'au milieu du plus grand feu ; mais il étoit vif, et même colère, et sujet à variation dans ses ordres ; d'ailleurs il parloit avec trop de confiance et de légèreté à tout le monde de ce qu'il vouloit faire. Ce ne fut qu'après son départ, que M. de Belle-Isle étant resté seul maître des dispositions, fit les arrangements dont j'ai parlé pour les fourrages et pour se préparer à faire sortir l'armée quand il en seroit temps.

6° Les différentes sorties, avec un grand nombre de troupes et du canon, avoient accoutumé les ennemis à croire qu'il ne s'agissoit que de fourrager. Le projet de la sortie étoit un secret qui demeura toujours entre quatre personnes, M. le Maréchal, M. le chevalier de Belle-Isle, M. de Séchelles et M. de Mortagne, qui étoit chargé du détail de cette armée ; et le jour qu'il partit, les officiers inférieurs étoient si peu instruits de son dessein, que plusieurs, comptant rentrer le soir dans la ville, y laissèrent différentes choses qu'ils auroient pu emporter aisément. On n'avoit pas plus connoissance dans la ville de ce projet. M. de Belle-Isle parloit continuellement de ce qu'il feroit dans le mois de mars, d'avril, etc. Quelques communautés imposées à des sommes qu'elles devoient payer dans différents termes, vinrent le trouver pour lui demander en grâce de vouloir bien accepter d'avance le payement desdits termes, ce qui leur feroit un soulagement, étant obligées de payer l'intérêt de l'argent qu'elles avoient emprunté. M. de Belle-Isle leur répondit qu'il n'étoit point pressé d'argent; que quand elles payeroient actuellement, ce seroit pour le mettre dans la caisse du trésorier; qu'il le trouvoit aussi en sûreté chez eux et qu'il en auroit peut-être besoin dans les mois de février, de mars ou d'avril. Je dois avoir déjà écrit ailleurs dans ce journal que M. de Belle-Isle, en songeant à ramener l'armée du Roi malgré les obstacles les plus capables d'arrêter tout autre général, et dans le temps le plus rigoureux de l'hiver, avoit prévu depuis longtemps les moyens de faire faire une capitulation honorable à M. de Chevert qu'il laissoit dans la citadelle avec 1,800 hommes. Cette citadelle est bonne, mais elle ne l'est pas également partout; il y avoit grand nombre d'artillerie, pas assez cependant pour la garnir de tous les côtés.

M. de Monti, ingénieur de la reine de Hongrie, fut pris dans une sortie; M. de Belle-Isle le traita avec toute sorte de distinctions; il le surprit beaucoup en lui faisant voir un plan de Vienne où il y avoit des ouvrages que M. de Monti y avoit fait faire depuis deux mois. L'article des instructions sur tout ce qui se passe dans le pays ou dans l'armée des ennemis a toujours été un des principaux auxquels M. de Belle-Isle s'est appliqué; il l'a toujours regardé comme indispensablement nécessaire à un général et à un ministre, pour diriger les opérations et les réflexions dans le militaire et le politique. Lorsque M. de

Monti fut prêt à sortir de Prague, M. de Belle-Isle lui dit qu'il ne le laisseroit point aller, sans qu'il eût vu la citadelle, pour qu'il pût juger par lui-même si on n'étoit pas en état de se défendre longtemps. On eut soin de garnir d'une nombreuse artillerie toute la partie de cette citadelle dont les fortifications étoient les meilleures et les plus en état de défense; l'heure étoit donnée assez avant la nuit pour que M. de Monti pût tout voir. M. de Belle-Isle commença une conversation avec lui ; il est fort aisé de croire qu'on se laisse aller au plaisir de l'entendre ; enfin il laissa aller M. de Monti, qui examina en détail ce qu'on vouloit bien qu'il vît. La nuit arriva et il ne put voir le reste. J'oubliois de dire que les six otages que M. le maréchal de Belle-Isle emmena de Prague ne firent pas naître dans la ville le moindre soupçon du départ; on les rassembla sous différents prétextes, et ils ne surent le projet que lorsqu'il n'étoit plus temps d'en donner connoissance à qui que ce soit.

Du lundi 10. — On apprit avant-hier que les Autrichiens ont pris 4,000 chariots du roi de Prusse et ont battu à plate couture l'escorte qui les conduisoit à Olmutz. Cela s'est passé le 30 du mois dernier, et avoit été tenté sans succès le 28 et le 29. M. de Daun est entre l'armée du siége, qu'il se dispose à attaquer, et celle d'observation, où est le roi de Prusse. On dit que l'armée du siége n'est que de 16,000 hommes.

Mme la maréchale d'Estrées fit hier ses remercîments, comme femme de ministre. Plût à Dieu qu'elle les eût faits comme femme de général; c'est un sentiment unanime dans toutes les troupes que de voir notre armée du Bas-Rhin commandée par M. le maréchal d'Estrées. On l'a espéré pendant quelque temps et on a été dans la consternation lorsqu'on a appris que sa santé ne lui permettoit pas d'accepter ce commandement. On ignore encore s'il y a lieu de croire qu'il puisse s'y rendre dans quelque temps; mais dans ce moment M. de Clermont a eu ordre de revenir, et c'est M. de Contades qui commande comme le plus ancien lieutenant général. On a établi un conseil où seront réglées les opérations journalières. Ce conseil est composé de M. de Contades, de M. de Mortagne, de M. de Chevert et de M. le duc de Broglio.

Du samedi 15, *Dampierre*. — Les avantages remportés en Moravie par M. le maréchal Daun sont très-considérables. Il fit une marche forcée le 29 et le 30 du mois dernier. Il étoit à Gewitsch le 16, et passant par Protiwanow il arriva le 17 à Ewanowitz; il s'avança de Protiwanow jusqu'à Machowitz où il resta plusieurs jours; il étoit alors fort près des Prussiens; et pendant qu'il alloit en personne reconnoître leur camp, qui étoit entre Starzechowitz et Prossnitz, il fit prendre un grand détour à son armée qui passa à Kromertitz le 29, arriva le 30 à Pohorz et le 31 à Grostenitz. Le roi de Prusse, quoiqu'ordinairement bien instruit, le fut si peu, qu'une partie de son armée (1) étoit au fourrage. M. de Daun se trouva si près de l'armée prussienne commandée par M. Keith, qui faisoit le siége [d'Olmutz], que M. de Keith, craignant avec raison d'être attaqué par M. de Daun, d'une part, et de l'autre par la garnison, sans pouvoir être secouru par le roi de Prusse, n'eut d'autre parti à prendre que de se retirer avec précipitation, laissant une grande quantité de canons devant la place. Le roi de Prusse se retira aussi de son côté. Pendant cette marche, M. de Daun avoit envoyé un gros détachement par Muglitz, où il passa la March, sous les ordres du général Laudon, et se porta vers Teuchlitz; un autre détachement se porta sur Dolloplass, Daskabat, Hombok et Eperswagen, Smail, Seybersdorf et autres lieux jusqu'à Balin et Hof. C'étoient les deux routes par où les convois venoient de Silésie à l'armée prussienne. Ces différents corps, composés de troupes légères,

---

(1) C'étoit l'armée d'observation commandée par le roi de Prusse. (*Note du duc de Luynes.*)

attaquèrent l'escorte d'un convoi de 4 à 5,000 chariots qui venoient par Sternberg et Dometchaw, chargés de toutes sortes de provisions et munitions pour l'armée prussienne, et entre autres de 2 ou 3 millions d'argent. L'escorte fut bien battue; il y eut 6,000 hommes de troupes prussiennes tués, blessés ou faits prisonniers; on brûla une partie des chariots; on pilla tout l'argent; on emmena à l'armée autrichienne 2,000 chariots; il y eut un nombre immense de déserteurs qui arrivèrent à l'armée de M. de Daun. Le roi de Prusse, s'étant rejoint à M. Keith, ne songea qu'à sa retraite; mais pour se retirer en Silésie, où vraisemblablement sont ses magasins, il faut passer par des gorges, des montagnes et des défilés qui sont occupés par les Autrichiens. Il faut donc qu'il se retire en Bohême et qu'il y puisse faire subsister ses troupes, ce qui sera difficile surtout pour sa cavalerie. M. de Daun le suit et il peut arriver encore de grands événements (1).

Quelque agréable que soit cette nouvelle, elle ne peut consoler de celle que nous apprîmes il y a quelques jours de la capitulation de Dusseldorf. Cette ville est un poste important sur le Rhin, et qui nous étoit extrêmement nécessaire pour conserver la liberté du cours de cette rivière. Elle appartient à l'électeur palatin, qui y a un palais orné de tableaux d'une grande beauté. Par le dernier traité fait avec l'Électeur, il avoit remis cette ville au Roi pour en disposer à sa volonté; elle étoit défendue par une garnison de 6 à 7,000 hommes de troupes de l'électeur

---

(1) Ce que j'ai marqué est écrit d'après les nouvelles arrivées par un courrier à M. de Staremberg, qui les communiqua à M. l'abbé de Bernis; et nous les sûmes ici par M. le maréchal de Belle-Isle, qui revenoit du conseil à Saint-Hubert. La marche de M. de Daun est sûrement exacte; le détail de l'action et de la perte des ennemis peut être plus juste dans la *Gazette de France*. (*Note du duc de Luynes.*)

Le duc de Luynes ajoute à cette note un extrait de *la Gazette* que nous n'avons pas jugé à propos de reproduire.

palatin, commandés par le baron d'Isselbach, général des mêmes troupes. Le prince Ferdinand fit établir, il y a quelques jours, une batterie sur la rive gauche du Rhin, et, ce fleuve entre deux, fit canonner la ville et jeter des bombes. Il fit en même temps sommer le gouverneur de lui remettre cette ville. Le gouverneur demanda une trêve de cinq jours, pendant laquelle il enverroit recevoir les ordres de l'Électeur, son maître. Cette démarche étoit bien inutile, puisque ce n'étoit plus à l'Électeur, mais au Roi, de disposer de Dusseldorf ; mais le gouverneur, craignant pour le palais et les tableaux de l'Électeur, crut pouvoir se prévaloir d'un article de la capitulation faite avec l'Électeur, qui portoit que si l'armée françoise se trouvoit hors de portée de secourir Dusseldorf, le commandant feroit alors la capitulation la plus honorable qu'il pourroit. On prétend que cet article faisoit partie de ses instructions. Quoi qu'il en soit, le cas n'étoit pas arrivé ; la ville n'étoit plus attaquée et pouvoit se défendre en cas de siége ; il falloit que les ennemis passassent le Rhin pour former ce siége. L'armée françoise, qui avoit conservé sa communication avec Dusseldorf, étoit très à portée et très en état de s'opposer aux entreprises des ennemis sur cette ville, et ce n'étoit point par les ordres de l'Électeur, mais par ceux du général françois, que le commandant devoit se conduire. M. d'Isselbach avoit même reçu des ordres de M. le comte de Clermont, qui pour plus grande sûreté y envoya encore M. de Vallière ; mais cet officier général arriva trop tard, la capitulation avoit été signée le 8.

Extrait d'une lettre du camp de Cologne, le 8.

Le timide électeur palatin a consenti que son gouverneur à Dusseldorf se rendît aux Hanovriens. En conséquence, le prince de Brunswick y a envoyé, le 6, 2 compagnies de grenadiers pour s'emparer de la place. M. le comte de Clermont, n'en ayant eu avis que le 7, a donné ordre à M. de Vallière de partir sur-le-champ pour retirer s'il étoit possible les 24 pièces de canon appartenant à la France; mais il est arrivé trois heures trop tard; la capitulation étoit signée, et notre canon reste au pouvoir de l'ennemi. L'on a noyé les poudres, plomb et autres munitions.

Autre lettre du camp de Koningdorf, le 9.

Dusseldorf ouvrit hier ses portes aux Hanovriens; la garnison en est sortie avec armes et bagages et les honneurs de la guerre. Cette place étoit en état de tenir longtemps; elle est défendue par le Rhin de ce côté-ci, et elle est bien fortifiée de l'autre. Ce siége eût pu coûter cher aux ennemis, moins habiles que nous dans l'attaque et la défense des places; mais l'électeur palatin a voulu conserver sa galerie de tableaux, et a ordonné à M. d'Isselbach, qui y commandoit pour lui, de se rendre. M. de Buergues y commandoit 4 bataillons françois.

Cette galerie renferme, en effet, une collection immense de chefs-d'œuvre de l'art. Plusieurs grandes pièces sont entièrement remplies des ouvrages des peintres les plus célèbres. On y trouve du Raphaël, du Michel-Ange, du Lesueur, du Titien, etc. Mais c'est surtout par les tableaux de Rubens qu'elle est on ne peut pas plus précieuse; une salle spacieuse n'est remplie que de ceux de ce grand homme; il y en a 44. La face de la salle qui est vis-à-vis la porte est occupée par un seul tableau d'une grandeur immense, représentant le Jugement dernier; il est de la plus savante composition, du coloris le plus mâle et le plus riche. On trouve dans chaque figure l'empreinte du génie de Rubens. Le nombre des Bienheureux est prodigieux; ils font leur ascension à la droite de Dieu; il n'y en a pas un seul qui n'exprime, par une action différente, des transports de joie dignes de la gloire dont ils vont jouir. Il a canonisé sa femme; elle est peinte montant aux cieux dans un groupe dont elle est le plus beau et le principal personnage.

Extrait d'une lettre de Munichdorf(1), *du 11 juillet.*

M. d'Isselbach a sacrifié tout ce qui pouvoit retarder la conclusion d'un traité qui lui a fait aussi peu d'honneur qu'il nous est onéreux. Il a abandonné 28 pièces de notre canon, 45,000 paires de souliers, 1,200 tentes et des magasins de toute espèce, outre le pont de bateaux sur haquets qui a été rompu. Les troupes palatines à la solde de la France et les bataillons françois rejoignirent hier l'armée. Notre position s'étend toujours depuis Munichdorf jusqu'au Rhin, laissant

---

(1) Village à une lieue et demie à l'ouest de Cologne.

Nippe derrière notre droite, qui est couverte par M. le duc de Chevreuse ; notre gauche l'est par M. de Guerchy, qui est avec un corps de 8 à 9,000 hommes campé à Kenistorf. Les ennemis qui étoient à Bedbardyk font, dit-on, un mouvement aujourd'hui ; la position qu'ils prendront n'est pas encore déterminée. M. le comte de Clermont est parti ce matin.

Du dimanche 16, Dampierre. — Il arriva hier un courrier de Rome avec la nouvelle que le cardinal Rezzonico, qui est né le 7 mars 1693, a été élu pape, le 6. On dit que c'est un très-digne évêque et qu'il est extrêmement estimé. Il a eu 31 voix contre 13. Il a pris le nom de Clément XIII. Il est Vénitien, de la création de Clément XII, en 1737.

Le fils de mon intendant, en qualité de secrétaire de mon fils, a cru pouvoir entrer à la Comédie-Françoise sans payer, parce qu'en effet le gouverneur de Paris a le privilége d'y faire entrer deux ou trois personnes. Les comédiens françois n'ont pas voulu reconnoître ce droit. Mme de Chevreuse en a parlé à M. d'Aumont, qui lui a donné la réponse ci-jointe au nom de ses confrères et du sien.

« Il n'appartient nullement aux comédiens d'établir ou de contester les droits des personnes qui réclament l'entrée gratuite aux spectacles. Le bon ordre et la décence qui doivent y régner sont confiés à la garde établie à cet effet.

« Quatre inspecteurs publics y sont admis gratuitement. Leur mission est de prendre connoissance des étrangers qui arrivent à Paris, de remarquer les militaires qui prolongent leurs congés, d'observer si ce qui se prononce sur le théâtre, dans les pièces nouvelles, est conforme aux ratures de la police, de découvrir les déserteurs, de veiller sur les gens suspects et sans aveu. L'entrée gratuite appartient encore à MM. les officiers des deux compagnies de mousquetaires, à MM. les écuyers des académies du Roi, au prévôt et au lieutenant du tribunal de MM. les maréchaux de France, qui tous sont chargés de maintenir la discipline établie sur la noblesse. Telles sont les seules personnes à qui la loi ouvre gratuitement la porte des spectacles.

« Les premiers gentilshommes de la Chambre se feront toujours un plaisir d'aller au-devant de tout ce qui pourra plaire à M. le duc de Chevreuse, et ils ont ordonné de donner entrée à son premier secrétaire. »

Du mardi 18, *Dampierre.* — M. de Montesson le cadet, lieutenant général, qui avoit été lieutenant des gardes du corps et avoit en cette qualité commandé la maison du Roi, mourut il y a quelques jours à Paris ; il avoit environ soixante ans. Il avoit un frère aîné qui avoit épousé en premières noces la veuve de M. de Bienassis, de Bretagne ; elle avoit eu une fille de son premier mariage qui épousa M. le comte Louis de la Marck, fils de M. le comte de la Marck, chevalier de l'Ordre, et de Mlle de Rohan-Chabot. De ce mariage de M. le comte Louis de la Marck est venue une fille qui a épousé M. d'Aremberg, fils de M. d'Aremberg et de Mlle d'Egmont-Pignatelli. M. de Montesson qui vient de mourir avoit le gouvernement de Brescou, fort dans la mer auprès d'Agde, où il y a des prisonniers d'État. Ce gouvernement vaut 7,000 livres. Il y avoit à ce gouvernement un lieutenant de Roi et un major. Le lieutenant de Roi étoit M. Desgranges, lieutenant général et maître des cérémonies, qui n'y réside jamais ; et le major étoit seul chargé du soin des prisonniers. La lieutenance de Roi ne vaut que 1,400 livres et la majorité 700. Le Roi étant avec raison très-content des services de M. Desgranges, qui est un très-bon officier, lui avoit donné 3,000 livres d'augmentation d'appointements ; de sorte que cette lieutenance de Roi lui valoit 4,400 livres. M. le maréchal de Belle-Isle a proposé au Roi un arrangement qui convient aux trois officiers de l'état-major de Brescou et qui vient d'être fait. Le Roi a donné le gouvernement de Brescou à M. Desgranges, et retiré la gratification de 3,000 livres. La lieutenance de Roi est supprimée et les 1,400 livres qu'elle valoit sont données au major qui réside et a tout le détail de ce gouvernement.

Du mercredi 19, *Dampierre.* — J'ai marqué ci-dessus la mort de M. de Jalais, intendant des Invalides ; il avoit quatre-vingt-dix ans. Son nom étoit Boin ; son héritier est M. de Péreuse. La fonction de l'intendant des Invalides est d'arrêter les comptes des fournisseurs, de veiller à la bonne qualité de toutes les subsistances qui sont fournies pour l'hôtel, et de tenir un registre exact de tout ce qui entre à l'hôtel et qui en sort, soit par mort, détachement ou autres raisons. Cette place est regardée comme une place de faveur dont le ministre de la guerre dispose; elle ne vaut que 8 à 9,000 livres en argent, mais l'intendant avoit par jour 10 livres de viande et 8 rations de pain, et M. le maréchal de Belle-Isle vient de régler ces deux fournitures au double. On fournit outre cela de l'hôtel, à l'intendant, toute la batterie de cuisine, tout le linge de table, une certaine quantité de poissons les jours maigres, toutes les herbes et légumes, 4 rations de foin, paille et avoine pour nourrir quatre chevaux, 850 livres en argent pour son vin, et tout ce qui lui est nécessaire de surplus en subsistances au prix de l'hôtel; outre cela, un fort beau logement, qui même pendant quelque temps a été meublé aux dépens de l'hôtel; mais cela est changé. M. Partyet, à qui cette place a été donnée à la mort de M. de Jalais, a été pendant trente-huit ans chargé du commerce de France à Cadix et à Madrid; son père avoit cette même place. M. de Partyet a rendu grand service dans l'affaire du vaisseau nommé *le Penthièvre*, qui a été rendu à la compagnie des Indes comme n'étant pas de bonne prise, et cela malgré les vives sollicitations de l'ambassadeur d'Angleterre. Cet événement et beaucoup d'autres réflexions font juger à M. Partyet que M. Wal, principal ministre en Espagne, n'est pas aussi dévoué aux intérêts de l'Angleterre que quelques personnes le pensent ici; il dit que M. d'Aubeterre en a la même opinion. C'est le ministre de la guerre qui est chargé des affaires de la marine à Madrid. Il n'y a point de conseil d'amirauté, ni des prises, comme en France, ni de secrétaire de la marine. Il ne faut pas conclure que M. Wal soit dévoué aux intérêts de la France; on peut dire plutôt que le ministère d'Espagne est espagnol et n'est que cela.

M. Partyet convient que la place des Invalides vaut 20,000 livres de rente. Il y a des gens qui prétendent qu'elle va jusqu'à 50,000 livres, mais au moins jusqu'à 40,000 livres.

On trouvera ci-après la position de notre armée le 12, et ce qu'on savoit de celle des ennemis.

Extrait d'une lettre du camp de Nyel (1), *le 12 juillet.*

Il n'y a depuis plus de huit jours aucun changement à la position de notre camp. Notre gauche s'étend un peu en avant du village de Munichdorf, qui est d'ailleurs couvert à son flanc gauche par deux brigades en retour d'équerre. La droite s'étend jusqu'à peu de distance, mais en avant du village de Nyel, qui est sur le bord du Rhin, et cette droite est couverte par le corps qui est aux ordres de M. le duc de Chevreuse, composé du régiment de Royal-Comtois et des régiments du Colonel-général et d'Orléans-Dragons, campé aussi en retour d'équerre ; la ville de Cologne une grande demi-lieue en arrière de la seconde ligne, vers le centre. Le corps de M. de Guerchy en avant de la droite de l'armée, tirant du côté du ruisseau appelé l'Erfft. M. de Chabot avec ses volontaires, ou pour mieux dire un extrait de sa légion, à Bergheim sur l'Erfft. Les ennemis ayant des postes avancés et fixés à Bedbourg, Caster et Grevenbroch, sur le même ruisseau, et leur corps d'armée à fort peu de distance de là, mais au delà de l'Erfft. Je ne vois pas qu'on convienne ici du véritable endroit de leur quartier général ; les rapports des espions ne s'accordent pas, et il me semble que l'opinion la plus commune est qu'il est à Zur-Dick ou à Osterade; peut-être y en a-t-il deux. M. de Contades, eut hier avis, par un paysan, qui en revenant de Neuss à Cologne avoit passé l'Erfft à Eppinchowen (2), qu'il avoit rencontré dans cette partie une colonne considérable d'Hanovriens. En conséquence de cet avis, il manda à M. le duc de Chevreuse d'envoyer un détachement de dragons sur un village nommé Neukirchen, qui est une lieue et demie en deçà de Neuss et en deçà de l'Erfft. Le détachement partit hier à dix heures du soir et se porta à une demi-lieue en deçà de Romeskirchen, d'où il aperçut, étant sur une hauteur, plusieurs feux qu'ils jugèrent être à un village nommé Hœngen. Ils attendirent dans cette position le jour, qui leur découvrit un corps des

---

(1) Village à une lieue et demie au Nord de Cologne, près du Rhin.
(2) Peut-être Erpinghofen, à une lieue de distance de l'Erfft.

ennemis qui étoit en marche, qui alloit entrer dans Romerskirchen et qui paroissoit diriger sa marche sur Wering. Ils jugèrent que ce corps n'étoit qu'un détachement de 1,000 à 1,200 hommes, infanterie et cavalerie, qui alloient pour faire contribuer. On croit qu'ils se sont portés à Zons, car nos patrouilles, qui ont poussé ce matin jusqu'à Wering, ne les y ont point trouvés. Après cette reconnoissance, le détachement de dragons est rentré sans aucun échec.

On a appris depuis, par des nouvelles du 15, que M. de Contades avoit marché en avant et avoit trouvé l'armée ennemie en bataille derrière l'Erfft; que le prince Ferdinand, qui s'étoit avancé dans le dessein de nous attaquer, ayant reconnu notre position, avoit changé de projet, et que M. de Contades avoit pris la résolution d'attaquer l'armée ennemie le 14; mais que le prince Ferdinand s'étoit déterminé à se retirer pendant la nuit du côté de Neuss, malgré le temps affreux qu'il faisoit, et qu'ils avoient laissé dans leur camp une pièce de canon de 18 livres de balles. La volonté est grande dans l'armée, et cette marche en avant l'a augmentée. On sait que les François n'aiment point à reculer.

Du jeudi 20, Dampierre. — J'ai marqué ci-dessus le singulier événement de la capitulation de Dusseldorf. L'interruption de la communication du Rhin pour le transport de nos subsistances, qu'on sera obligé de faire voiturer par terre, jointe aux magasins de munitions et d'artillerie qui ont été perdus dans cette place, font regarder cette perte par M. le maréchal de Belle-Isle comme des plus considérables. Je lui ai entendu dire qu'il croiroit avoir fait un bon marché pour le Roi si on l'avoit conservée telle qu'elle étoit en donnant 30 millions, et que ce malheur coûteroit peut-être 100 millions au Roi. Il est certain que l'électeur palatin avoit entièrement abandonné Dusseldorf au Roi pour toute la guerre. On assure qu'en conséquence M. d'Isselbach a envoyé recevoir les ordres de M. le comte de Clermont, qui lui a mandé de prendre ceux de l'électeur palatin.

A propos de cet événement, on peut placer ici un détail que j'ai entendu faire à M. l'abbé de Bernis au sujet de la dernière campagne. Ce détail n'est point un mystère, puisqu'il sera contenu dans une déclaration qui va paroître et que le Roi fait imprimer pour justifier sa conduite devant toute l'Europe. La capitulation de Closter-Severn a été la principale cause de tous les malheurs de cette campagne; ce fut un projet formé par M. de Richelieu. Il manda à M. l'abbé de Bernis que l'armée du Roi étoit dans une position qui pouvoit l'exposer à périr entièrement, si les pluies continuoient encore quatre jours, et qu'il croyoit qu'il seroit à propos que lui (M. de Richelieu) écrivît au ministre du roi de Danemark afin de l'engager à demander des pouvoirs au Roi son maître pour se porter médiateur, et en même temps il écrivit. La réponse de M. de Bernis fut que le meilleur traité à faire étoit de pousser les Hanovriens jusque sur l'Elbe. Mais pendant que cette réponse étoit en chemin, M. de Bernis reçut un second courrier de M. de Richelieu par lequel il marquoit que M. de Lynar étoit arrivé et les propositions qui s'étoient faites de part et d'autre pour la neutralité du pays de Hanovre. M. de Bernis ne pouvoit changer de système, d'autant plus qu'il venoit de conclure au nom du Roi et de l'Impératrice un traité avec le prince de Hesse et à son exemple avec le duc de Saxe-Gotha et le comte de la Lippe. Par ces traités, ces princes acceptoient la neutralité pour leurs états et s'engageoient à retirer leurs troupes de l'armée Hanovrienne, avec promesse qu'elles ne serviroient point de toute cette guerre. Ces traités existent au bureau des affaires étrangères. M. de Richelieu alloit toujours en avant, et il n'avoit pas encore reçu cette seconde réponse, lorsque M. de Duras arriva avec la convention de Closter-Severn. M. de Bernis en sentit tous les inconvénients, et en fut plus affligé que qui que ce soit, voyant que cette convention détruisoit l'avantage qu'il avoit compté procurer à la France par les traités dont je viens de parler. En effet, après l'exécution desdits traités, l'armée hanovrienne se seroit trouvée réduite à 19,000 hommes, et celle du Roi étoit de 90,000. Mais on demandoit une prompte réponse et il falloit se décider. Le traité étoit infiniment désavantageux, vu les circonstances d'une armée effrayée par la défaite d'Hastenbeck et qui n'avoit d'autre parti à prendre que de se retirer sur l'Elbe et même de le passer s'il avoit été possible ; mais outre cela, les conditions principales étoient exprimées avec si peu de clarté et de précision, qu'il étoit impossible de donner une ratification pure et simple. Le Roi jugea donc à propos de n'envoyer sa ratification qu'en expliquant ce qui n'étoit pas suffisamment clair, et en prévenant les suites qu'auroit certainement l'obscurité des conditions du traité, ces conditions laissant la liberté aux princes dont les troupes avoient grossi l'armée hanovrienne d'envoyer ces mêmes troupes joindre celles du roi de Prusse. Les explications ne parurent point embarrasser M. de Richelieu ; il manda que ces mêmes articles étoient compris dans le traité et que M. le duc de Cumberland convenoit de ne les avoir pas entendus dans un autre sens. En même temps, M. de Richelieu, à qui on avoit mandé de détacher 24 bataillons pour aller joindre l'armée de M. de Soubise, laquelle devoit marcher en Saxe, voulut se porter lui-même avec toute l'armée sur Halberstadt sans attendre l'exécution de la convention. Après cette marche, il auroit dû s'emparer de toutes les subsistances qu'il lui étoit facile d'enlever pour ôter à l'ennemi cette ressource et pour grossir nos magasins ; il avoit ordre de là de s'avancer sur la Saale pour soutenir M. de Soubise, mais il avoit jugé à propos de faire d'autres arrangements. Il manda qu'il envoyoit 24 bataillons à M. de Soubise et qu'il séparoit son armée. Il envoya en effet les troupes à 40 et 50 lieues en arrière, dans des quartiers, avec tant de promptitude qu'il fut impossible de prendre les précautions nécessaires pour leur subsistance dans la route, et à peine furent-elles arrivées dans leurs quartiers qu'il fallut en repartir ; elles revinrent joindre l'armée, qu'on fut obligé de rassembler, et de faire une route longue et difficile par de très-mauvais chemins pour marcher aux Hanovriens et essayer de les contraindre à exécuter la capitulation. On peut juger de l'état où étoient ces troupes. Cette conduite parut si singulière à toute l'Europe, que M. de la Mina, homme de guerre et commandant en Catalogne, mandoit à M. le maréchal de Belle-Isle qu'il ne comprenoit rien à tout ce qu'il apprenoit; qu'il voyoit d'un côté M. de Soubise allant avec une armée à Leipsick, et de l'autre les Hanovriens n'exécutant point la convention ; et que pendant ce temps, M. de Richelieu séparoit son armée; que quoiqu'il ne connût point le pays, cette manœuvre lui paroissoit si singulière, qu'elle demandoit explication. En effet, la première réflexion qui se présente est qu'il ne falloit jamais imaginer pareil traité; secondement, qu'il ne falloit pas accepter les conditions proposées, ou qu'il falloit les expliquer avec une clarté qui ne laissât aucun doute; troisièmement, qu'il falloit avant tout les faire exécuter ; quatrièmement, qu'il falloit envoyer les 24 bataillons à M. de Soubise et ne point aller à Halberstadt; cinquièmement, qu'il falloit enlever les subsistances, comme j'ai dit, et il y en avoit en grand nombre; sixièmement, qu'il falloit tenir l'armée rassemblée pour être à portée de secourir celle de M. de Soubise en cas de besoin, précaution dont la malheureuse bataille de Rosbach n'a que trop prouvé la nécessité.

Nous apprenons que M. de Mortani est revenu de l'armée. On a prétendu qu'il avoit donné beaucoup de conseils à M. le comte de Clermont. Je n'entrerai point dans ce détail, n'en étant pas assez assuré.

Du vendredi 21, *Versailles*. — M. de Massiac a reçu aujourd'hui des nouvelles de Louisbourg (1); elles sont du 20 du mois dernier. Celui qui y commande (2) est un homme de résolution et de courage; malheureusement la garnison n'est que de 2,400 hommes. On y attendoit 700 sauvages, qui n'en étoient qu'à 30 lieues. Les ennemis, qui sont au nombre de 12,000 hommes, paroissent agir avec beaucoup de circonspection et de prudence. On a fait une sortie sur eux pour interrompre la communication d'un de leurs quartiers à l'autre; ils étoient si bien sur leurs gardes qu'on ne leur a pas fait tout le mal qu'on auroit désiré; nous y avons perdu peu de monde, 10 ou 12 hommes tués ou blessés, 5 officiers blessés légèrement. Le plus grand embarras, dans ce moment, est par rapport aux vaisseaux que nous avons dans le port; il y en a six et trois frégates. On les avoit établis de manière à défendre l'entrée du port, laquelle entrée est encore défendue par une petite île où nous avons 24 pièces de canon en batterie. Les ennemis ont porté 2,000 hommes sur une langue de terre vis-à-vis cette petite île, et par conséquent vis-à vis l'entrée du port; ils y ont établi une batterie de canons et une de 15 mortiers; leur projet est de démonter les batteries que nous avons dans la petite île et de détruire, s'il leur est possible, nos vaisseaux, qui ont déjà beaucoup souffert. On a été obligé de les retirer plus avant dans le port; mais malgré cela l'entrée dudit port ne sera pas facile pour les Anglois; ils courroient risque d'y perdre quelques-uns de leurs vaisseaux, qui étant coulés à fond embarrasseroient l'entrée pour les autres, et d'ailleurs la côte dans l'intérieur du port est bordée de 200 bouches à feu. On paroît déterminé, si le cas devient plus pressant, à retirer à terre tout ce que nous avons d'hommes sur les vaisseaux pour fortifier la garnison de la place;

---

(1) Les Anglais avaient assiégé Louisbourg dès les premiers jours de juin.
(2) M. de Drucourt,

cela feroit une augmentation de 2,000 hommes et rendroit l'entreprise des Anglois sur cette place presque impossible à exécuter. Les lettres annoncent la plus grande résolution dans les troupes. On a eu aussi des nouvelles d'Angleterre. On voit qu'ils en ont eu de Louisbourg, qu'il s'est tenu un conseil et qu'on n'a rien dit du résultat; ce qui fait juger qu'ils n'ont rien appris d'agréable pour eux; d'ailleurs on mande de Louisbourg que la maladie est dans l'escadre angloise.

Il est venu aussi des nouvelles de l'armée. Tout est encore dans la même position; les ennemis étoient encore le 17 sous Neuss. On ne doute point qu'ils ne prennent le parti de repasser le Rhin. La perte de Dusseldorf fait un grand embarras dans nos opérations; il y a lieu d'espérer qu'on surmontera ces difficultés. M. de Castries, qui commande un petit corps de troupes, s'est avancé vers Ruremonde dans l'espérance d'y enlever les 300 hommes de garnison que les ennemis y avoient laissés, mais ils ont eu le temps de se retirer. Nous sommes présentement dans cette ville.¹

Nous avons appris aujourd'hui par M. l'abbé de Bernis que le Roi a donné à M. le cardinal de Gesvres et à mon frère, qui sont à Rome, la permission de porter le cordon de l'ordre du Saint-Esprit.

Du samedi 22, *Versailles*. — Je reçus hier des nouvelles de mon frère, du 11. Voici la copie de la relation qu'il a envoyée à Mme la Dauphine.

Première cérémonie qui suit l'élection du Pape, faite dans le scrutin.

L'élection du Pape n'a lieu que lorsque celui qui est élu réunit les deux tiers des voix. La voix que le Pape élu a donnée à un autre est comptée en dehors. Lorsque le nombre des cardinaux ne peut pas se diviser en trois parties égales, on le compte comme s'il y avoit une unité de plus; par exemple, nous étions 44 dans le conclave; ce nombre ne peut pas se diviser en trois parties égales. On a compté comme si on étoit 45, qui se divise par 15 en trois parties égales, et il a fallu une voix passant les 30 pour remplacer celle du Pape élu qui ne pouvoit voter pour lui-même.

Aussitôt que l'élection est décidée, tous les cardinaux se rassemblent autour du cardinal élu pour lui baiser la main ; aussitôt après, on lui demande quel nom il veut prendre ; et son nom donné, le secrétaire du conclave lit à haute voix l'acte de son élection, rédigé en forme ; ensuite les maîtres des cérémonies et les prélats domestiques conduisent le Pape élu derrière l'autel de la chapelle du scrutin, où ils le revêtent de ses habits pontificaux, n'ayant cependant que la mitre, parce qu'il ne peut porter la tiare qu'après son couronnement. Le Pape étant placé sur un fauteuil, dont le dos est tourné à l'autel, les cardinaux viennent faire la première adoration ; ils baisent le pied de Sa Sainteté, sa main, et ensuite elle les embrasse. Cette cérémonie finie, les porteurs entrent avec une chaise, dont les bois sont dorés, couverte de velours rouge avec des galons d'or et des franges ; le Pape s'asseoit dans cette chaise avec ses habits pontificaux ; huit porteurs élèvent la chaise en l'air à la hauteur de sept pieds, et portent ainsi le Pape, en habits pontificaux, donnant la bénédiction à droite et à gauche, jusque dans l'église de Saint-Pierre de Rome, tout le sacré collège marchant devant lui, les cardinaux revêtus de la chape violette cardinalitienne. Pendant le temps qu'on habilloit le Pape, le peuple a enfoncé tous les murs qui ferment le conclave et est venu en foule dans le palais du Vatican, de sorte que la marche du Pape jusqu'à l'église de Saint-Pierre s'est faite avec le plus grand tumulte et avec la plus grande confusion. On porte d'abord le Pape dans la chapelle du Saint-Sacrement, à Saint-Pierre, où on descend sa chaise pour que Sa Sainteté fasse sa prière à genoux, sur un prie-Dieu, pendant quelque temps ; de là il se rasseoit dans sa chaise. On l'élève de nouveau en l'air et on le porte au grand autel où est le tombeau des Saints Apôtres, sa musique chantant des psaumes et des antiennes pendant toute cette procession. Le Pape arrivé à l'autel qui est sur le tombeau des Saints Apôtres, on l'asseoit dans une chaire à deux gradins, dont le siége porte à plat sur l'autel ; là les cardinaux vont faire une seconde adoration, semblable en tout à la première faite dans la chapelle Pauline, où se tient le scrutin. L'adoration finie, le Pape donne la bénédiction solennelle ; ensuite il descend les marches de l'autel, entre avec tous ses habits pontificaux dans une chaise à porteurs dans laquelle on le porte jusqu'à son appartement, et la cérémonie est finie.

Du samedi 25, Dampierre. — Mme la duchesse de Beauvilliers, seconde douairière, présenta avant-hier Mme la marquise d'Albert. Mme d'Albert s'appelle d'Harville. Ce ne sont point les mêmes d'Harville que le père de Mme de Verneuil qui étoit parent de M. le Blanc, ministre et secrétaire d'État, et à qui appartenoit la terre de la Celle, entre Rochefort et Dampierre, laquelle terre est aujourd'hui à Mme de Verneuil; c'est une autre famille. Mme d'Albert paroît avoir environ cinquante ans; elle est fort grasse, et d'ailleurs sa figure n'est ni bien ni mal. Son mari étoit le marquis ci-devant chevalier d'Albert, mort chef d'escadre et qui avoit le dépôt de la marine; c'étoit un officier très-estimé et qui s'étoit infiniment appliqué à son métier. Il étoit d'une ancienne noblesse de Provence. La conformité de nom et l'établissement de ma maison depuis trois siècles en Provence avoit fait croire à M. le chevalier d'Albert que nous étions parents. Mme de Sassenage, une de mes tantes, l'avoit reconnu pour tel et avoit déterminé Mme de Verue, ma grande-tante, et M. le maréchal de Chaulnes à penser de même; pour moi, j'ai toujours dit qu'on ne pouvoit reconnoître une parenté que sur les titres. M. le duc de Chevreuse, mon grand-père, avoit fait de même sur les propositions que lui avoit faites M. le chevalier d'Albert. Les difficultés que je fis déterminèrent M. le chevalier d'Albert à faire venir ses titres; ils furent examinés; ils prouvoient une ancienne noblesse, mais comme ils n'avoient aucun rapport à moi, je m'en suis tenu à l'aimer et à l'estimer sans reconnoître une parenté qui n'existe pas. Il s'étoit marié étant déjà assez âgé; il est mort d'apoplexie sans laisser d'enfants. Mme d'Albert est une femme de beaucoup de mérite; c'est l'intime amitié qui a déterminé Mme de Beauvilliers à faire toutes les démarches nécessaires pour obtenir qu'elle fût présentée. Elle avoit proposé à Mme de Luynes de se charger de cette présentation; Mme de Luynes a cru devoir la refuser par les raisons que je viens d'expliquer.

Du mercredi 26, Dampierre. — J'ai toujours oublié de marquer que vendredi dernier, 21 de ce mois, M. le comte de Clermont vint à Versailles, et après avoir vu M. le maréchal de Belle-Isle pendant une heure de temps, il alla avec lui chez le Roi où il resta trois quarts d'heure (1).

On trouvera ci-après (2) la copie d'une petite promotion de brigadiers seulement que le Roi a faite à l'occasion de l'affaire du 23. Le principe de M. le maréchal de Belle-Isle est que les grâces ne peuvent être accordées trop promptement quand on les a méritées.

AOUT.

Mort de la princesse de Chimay. — Bataille de Sanderhausen gagnée par M. de Broglie. — Lettre de l'Impératrice au maréchal de Belle-Isle. — Mémoire sur le droit du gouverneur de Paris de faire entrer ses gens gratis à la Comédie française. — L'abbé de Bernis nommé cardinal. — Le prince Ferdinand bat en retraite. — Régiment donné. — Détails sur l'élection de Clément XIII. — Quatre ministres à Dampierre. — Nouvelles de Rome.— Succès des Autrichiens. — Nouvelles de l'armée de de M. Contades. — Nouvelles de la Cour. — Le duc de Broglie nommé chevalier de l'Ordre. — Nouvelles de l'armée de M. de Contades. — Retranchements de dépenses dans les maisons du Roi, de la Reine et des Enfants de France. — Indication de divers abus. — Débarquement des Anglais à Cherbourg. — Nouvelles diverses de la Cour. — Nouvelles de l'armée de M. de Contades. — Combat de Meer. — Mort de Mme Chauvelin. — Procès de Mme de Mazarin

---

(1) Voir à l'extraordinaire, au 26 juillet.

(2) INFANTERIE.

MM. La Tour du Pin, colonel d'un régiment de son nom.
Belmont, colonel du régiment de la Marine.
Duc de Montmorency, colonel du régiment de Touraine.
Lochman, colonel d'un régiment suisse.
Vigneux, lieutenant-colonel du régiment de Touraine.

CAVALERIE.

Duc de Crussol, mestre de camp d'un régiment de son nom.
Marquis de Beuvron, mestre de camp du régiment d'Harcourt.
Comte de Dampierre, mestre de camp d'un régiment de son nom.
Bovet, mestre de camp lieutenant d'une brigade du régiment des Carabiniers de Mgr le comte de Provence.

DRAGONS.

Comte de Scey, mestre de camp du régiment du Roi.

et détails sur la succession du cardinal de Mazarin. — Procès de M de Puisieux contre M. de Ruvigny. — La tour et la rade de Wimereux. — Nouveaux retranchements de dépenses. — Les Anglais à Cherbourg. — L'armée française passe le Rhin. — Procès de Mme de Mazarin. — Piété de la Reine. — Prise de Louisbourg. — Les Anglais à Cherbourg. — Nouvelles de l'armée de M. de Contades. — M. de Contades nommé maréchal de France. — Cinq ducs créés. — Détail sur la maison de Laval.

Du mardi 1er août, Dampierre. — Mme la princesse de Chimay mourut, le 22 du mois dernier, à Commercy. On lui avoit fait quelques jours auparavant l'extraction d'un polype ; c'est là la cause de sa mort. Elle avoit cinquante ans. Elle étoit Beauvau, fille de M. le prince de Craon, sœur de M. le prince de Beauvau, capitaine des gardes, de feu Mme de Montrevet et de Mmes de Mirepoix, de Boufflers et de Bassompierre. Elle étoit fort blanche et avoit une figure agréable. Je ne lui connois que deux enfants : M. le prince de Chimay, capitaine des gardes du roi de Pologne, et une fille qui a épousé M. de Cambis, comme je l'ai marqué dans le temps.

On trouvera ci-après une petite relation que je n'ai faite que de mémoire sur ce que j'ai entendu dire à M. d'Autichamp. Il y a un article sur un gué passé par les ennemis, et ensuite par nous, qui demande explication ; les ennemis avoient passé ce gué la veille et nous le lendemain, jour du combat. Je fais ajouter les noms des régiments qui étoient aux ordres de M. de Broglio ; il paroît qu'il n'a pas été content de sa cavalerie.

M. d'Autichamp, aide de camp de M. le duc de Broglio, arriva ici le 28 juillet, envoyé à M. le maréchal de Belle-Isle qui y étoit. M. d'Autichamp est parti le 24 à midi. Il y a eu une affaire, le 23, près de Sanderhausen, à trois quarts de lieue de Cassel. Le prince d'Issembourg commandoit un corps de Hessois d'environ 6,000 hommes d'infanterie et 1,800 ou 2,000 chevaux, tous Hessois ; les ennemis avoient outre cela environ 300 chasseurs hanovriens. M. le duc de Broglio étoit à peu près aussi fort. Les ennemis ont passé à gué une petite rivière pour nous attaquer et nous prendre en flanc. M. de Broglio ne leur en a pas donné le temps; il a passé au même gué; il les a attaqués à quatre heures après midi. Le combat a été opiniâtre. Les Hessois, qui sont de belles et bonnes troupes, se sont battus avec vigueur. L'action a duré trois heures et demie; les ennemis ont été bien battus et mis en déroute. Lorsque M. d'Autichamp est parti, on leur avoit déjà pris 4 pièces de canon; il a vu une douzaine de leurs officiers prisonniers et environ une centaine de soldats, mais on ne savoit pas bien encore la perte de part et d'autre. M. le duc de Broglio a eu un cheval blessé sous lui; son neveu à la mode de Bretagne, le fils du comte de Broglio, est blessé à la cuisse d'un coup de feu qui n'est que dans les chairs, mais qui entre fort avant; M. de Puységur, maréchal de camp, est blessé à la tête d'un coup de feu fort dangereusement. M. d'Autichamp a été envoyé par M. de Broglio à M. de Soubise (1), qui l'a dépêché ici. M. le maréchal de Belle-Isle l'a mené à Saint-Hubert.

On trouvera ci-après la copie d'une lettre que l'Impératrice a fait l'honneur d'écrire à M. le maréchal de Belle-Isle; elle lui fait trop d'honneur pour n'être pas conservée par ses amis.

Ne pouvant vous marquer que par des attentions combien vous m'êtes cher et combien je vous estime, je saisis avec empressement la malheureuse circonstance de la perte que vous avez faite personnellement, à la fâcheuse journée du 23 du passé, pour vous informer de ma main que j'ai partagé bien sincèrement votre juste douleur. Je désire fort qu'elle puisse ne point influer sur votre santé; votre conservation m'est précieuse parce qu'elle importe au service du Roi, dont je regarde la gloire et les intérêts comme inséparables des miens. Soyez-en persuadé, et donnez-moi la satisfaction d'éprouver ces effets de vos sentiments pour moi qui me seront toujours fort agréables comme

(1) M. de Broglie commandait l'avant-garde de l'armée de M. de Soubise, qui était ainsi son général en chef.

venant de quelqu'un dont je fais très-grand cas. Sur quoi je prie Dieu qu'il vous ait en sa sainte et digne garde. A Vienne, ce 18 juillet.

MARIE-THÉRÈSE.

La place de lieutenant des Carabiniers, vacante par la mort de M. de Gisors, a été donnée à M. de Poyanne, qui commandoit ce corps avant le changement dont j'ai parlé dans le temps.

J'ai déjà marqué plusieurs détails sur M. Partyet. J'ai appris depuis qu'en récompense des services essentiels qu'il a rendus pour les affaires du commerce, le Roi lui avoit donné 4,000 livres de pension. Il avoit 27,000 livres d'appointements pendant le temps qu'il étoit chargé des affaires du commerce de France à Madrid.

J'ai parlé ci-dessus de la difficulté faite au secrétaire de mon fils pour l'entrée à la comédie; on trouvera ci-après un mémoire instructif sur cette affaire.

Les entrées aux comédies sont un droit incontestable dû au gouverneur de Paris, parce qu'il est nécessaire qu'il soit informé de ce qui se passe et de ce qui se dit dans les endroits où le public s'assemble, et il est tout naturel qu'il ne se confie, pour en être instruit, qu'à des personnes qui lui sont attachées et de sa maison.

Les comédiens eux-mêmes ont si bien reconnu que le Gouverneur avoit ce droit, que lorsqu'ils sont venus en corps rendre leurs respects à M. le duc de Chevreuse, à son avénement au gouvernement de Paris, ils lui ont demandé un état de sa maison pour les entrées, qui leur a été envoyé peu de temps après, signé de lui. Les personnes dénommées dans cet état ont eu leur entrée à la Comédie pendant plus de six mois sans interruption; mais le 14 juin 1758, une de ces personnes s'étant présentée à la Comédie françoise, le contrôleur lui dit qu'il avoit ordre de ne laisser passer qui que ce fût de la maison de M. le Gouverneur, et que le S^r Le Kain, l'un des comédiens de semaine, lui avoit donné cet ordre en lui remettant un état des entrées arrêté par MM. les premiers gentilshommes de la Chambre, dans lequel les personnes dénommées dans l'état envoyé par M. le duc de Chevreuse n'étoient point comprises. Le lendemain, cette personne étant allée à la Comédie pour s'instruire plus particulièrement de cette innovation et ayant eu occasion de parler aux autres comédiens, ils lui dirent tous qu'ils n'avoient aucune connoissance de l'ordre qu'avoit donné le S^r Le Kain au contrôleur, ni que MM. les gentilshommes en eussent donné aucun à ce sujet. Ayant ensuite parlé au S^r Le Kain, il battit la campagne, ne fit qu'une réponse vague et ne dit point si l'ordre étoit venu de MM. les premiers gentilshommes ou si c'étoit un arrêté de l'assemblée des comédiens. On peut donc présumer que le tout vient de son propre mouvement. Il est étonnant que ce soit ce même Le Kain, qui avoit demandé l'état à M. le duc de Chevreuse, qui aujourd'hui a la hardiesse de s'opposer à un droit aussi certain et aussi bien établi que celui du Gouverneur. Dira-t-il qu'il en est autrement à Paris que dans les provinces ? que les comédiens françois et italiens, comme comédiens du Roi, ne sont sujets qu'à MM. les premiers gentilshommes et qu'ils ne doivent recevoir d'ordre que d'eux ? Cela est vrai. Mais M. le Gouverneur de Paris ne prétend pas non plus avoir aucune police sur eux, ni leur donner aucun ordre. Le droit d'entrée n'est point une émanation d'aucun ordre, c'est l'essence de la qualité qui fait partie des priviléges du Gouverneur, lequel a droit de se faire instruire de ce qui se passe dans tous les endroits où le public s'assemble. Or à Paris, où l'on paye pour entrer à la Comédie, tout le monde pouvant donc s'y assembler, elle se trouve sujette à la police, et par conséquent aux recherches du Gouverneur et des magistrats de police. Feu M. le duc de Gesvres, dont tout le monde a connu la délicatesse sur la distinction des droits, étoit si persuadé qu'en qualité de gouverneur de Paris il avoit droit d'entrée à la comédie pour ses gens, qu'il y admit les officiers des gardes de son gouvernement ; et s'il avoit cru que ce droit ne lui appartenoit pas en cette qualité, il n'auroit certainement fait valoir que celle de premier gentilhomme, et n'auroit donné des entrées qu'aux autres officiers ordinaires de sa maison. Mais on est persuadé que le Roi, lorsqu'il a consenti que MM. les premiers gentilshommes réglassent les entrées de grâce à la Comédie, et MM. les premiers gentilshommes en les réglant, n'ont jamais entendu préjudicier aux droits attachés aux personnes par leur qualité et particulièrement à celui du Gouverneur de Paris, auquel ce droit est essentiellement attaché.

M. l'abbé de Bernis a été nommé au cardinalat. On en trouvera le détail ci-après dans l'extrait d'une lettre de Mme de Luynes, du 31 juillet.

M. l'abbé de Bernis est venu chez moi à onze heures, pour me conter son histoire au sujet des négociations du feu Pape auprès de l'Empereur et du roi d'Espagne pour le faire cardinal dans sa promotion avec le consentement du Roi ; et en même temps il demandoit que ces deux puissances, qui ont droit d'en nommer un, n'en demandassent pas deux. Ils ont acquiescé à la demande du Saint-Père, et leur consentement n'est arrivé à Rome qu'au moment de la mort. La nouvelle de ce consentement a été mandée à M. l'abbé de Bernis par M. de Stainville, qui en a fait part au Roi, en l'assurant qu'il n'avoit rien fait sur cela ; et le Roi lui a dit qu'il n'en doutoit pas, mais qu'il n'y mettroit point d'obstacle, et aujourd'hui M. l'évêque de Laon lui mande que le nouveau Pape a confirmé la nomination de son prédécesseur et qu'il seroit compris dans sa promotion. On vouloit cacher encore cette nouvelle ici pendant quelque temps, mais cela s'est répandu dans Rome ; plusieurs abbés en ont écrit, et le Roi a dit qu'il n'y avoit qu'à la déclarer. En conséquence, il a vu le Roi et il m'avoit prié d'en prévenir la Reine ; ce que j'ai fait, et je l'ai présenté, quoique la Reine fût à table.

M. de Contades a envoyé un courrier. M. le maréchal de Belle-Isle manda hier à Mme de Luynes que le prince Ferdinand se retire sur la Meuse, qu'on le suit et que les deux armées ne sont qu'à trois lieues l'une de l'autre. Mon fils avec sa réserve est à Neuss, que les ennemis ont abandonné.

Mme de Luynes me mande d'avant-hier qu'elle a présenté M. le chevalier de Durfort, qui étoit dans les chevau-légers et qui vient d'avoir le régiment d'infanterie de Brancas. M. le comte de Brancas étoit à l'affaire de M. le comte de Clermont du 23 juin. Il y a fait tout au mieux, et immédiatement après, il a dit qu'il vouloit quitter le service.

On apprit avant-hier par un courrier arrivé d'Espagne que la reine régnante étoit fort mal ; qu'elle avoit reçu Notre-Seigneur et qu'on alloit lui donner l'extrême-onction.

On trouvera ci-après des détails sur l'élection du Pape, dans la copie d'une lettre de Rome, sans date.

Vous savez notre délivrance. Quand le sacré collége se met en mouvement pour faire sérieusement un pape, il n'a plus la même lenteur qu'on reproche aux Italiens. Le cardinal Rezzonico, actuellement Clément XIII, n'a été que trois jours sur les rangs. Les cardinaux Spinelli, Corsini et Albani se sont réunis en sa faveur; les suffrages des cardinaux françois ont déterminé. Le Pape a été élu à cinq heures et demie. Une heure avant on ne savoit pas s'il auroit un nombre de voix suffisant, et peut-être ne l'auroit-il pas eu si on eût attendu au lendemain. Il est rare qu'un pape soit ainsi élu à la pluralité des suffrages ; presque toujours l'arrangement est fait la veille, et l'élection est unanime. La qualité de Vénitien a donné des craintes et a fait profiter du moment favorable. Il n'y avoit que cette qualité de Vénitien qui pût faire un obstacle contre le cardinal Rezzonico. Les disputes de la république de Venise avec la cour de Rome, la construction du port d'Ancône, contraire aux intérêts de cette même république, l'attention de Benoît XIV à ne faire aucun cardinal vénitien faisoient sur l'esprit des cardinaux une impression assez forte, et qui peut-être le lendemain auroit eu son effet. Il faut convenir que ces raisons ne sont pas mauvaises pour les Romains ; aussi Rome est médiocrement contente ; mais elles sont indifférentes pour les étrangers ; et du reste le cardinal Rezzonico paroît avoir toutes les qualités qu'on peut désirer dans un pape. Il étoit fort aimé à Padoue et a toujours vécu comme un saint évêque. Il étoit ami de M. le cardinal de la Rochefoucauld, et le ministre qu'il a choisi pour son secrétaire d'État est celui en qui notre ministère a plus de confiance. Dimanche prochain, sera le couronnement du Pape ; c'est, à ce qu'on dit, la plus belle cérémonie qu'on puisse voir ; tous les cardinaux y assistent, et le Pape y dit la messe. Le soir il y a un feu d'artifice au château Saint-Ange et illumination par toute la ville.

Je vais commencer à parcourir la ville de Rome. J'ai vu il y a quelques jours l'église des Chartreux ; elle est faite dans une partie des bains publics bâtis par Dioclétien ; ces bains étoient assez vastes pour que 3,000 personnes pussent s'y baigner en même temps sans se voir. Ce qui en reste, quoique peu considérable, annonce encore, par la hauteur des voûtes, la grandeur de l'édifice. Michel-Ange en a pris une partie pour faire l'église des Chartreux, et cette église est très-vaste. Les voûtes ont resté plus de douze cents ans exposées à l'air sans être endommagées ; on y voit encore huit colonnes de granit égyptien, d'environ 60 pieds de haut, et que trois hommes embrassent avec peine ; leur prodigieuse grandeur, qui les rendroit très-difficiles à déplacer, les a sauvées de l'avidité de ceux qui ont enlevé les autres ornements. On a transporté dans cette église une partie des tableaux qui étoient à Saint-Pierre, et on les y a transportés avec le pan de la muraille, quoique plusieurs aient jusqu'à 3 pieds de haut ; ces tableaux sont à fresque et de la main des plus grands maîtres, mais comme l'humidité les faisoit périr à Saint-Pierre, on les a ôtés successivement et on les remplace par des copies en mosaïque.

M. le cardinal Cavalchini, qui a été exclu de la papauté, est dataire. Cet exemple n'est pas unique; en 1721, le cardinal Paulucci, exclu par l'Empereur, fut secrétaire d'État.

Du samedi 5, Dampierre. — M. le maréchal de Belle-Isle étoit venu ici mercredi avec M. le comte de Bernis, M. le maréchal d'Estrées et M. de Puisieux. Ces quatre ministres allèrent jeudi à Saint-Hubert; M. le maréchal de Belle-Isle y travailla avec le Roi avant le dîner, et il y eut conseil d'État après le dîner. Au retour, M. le maréchal d'Estrées nous dit que le Roi venoit de donner à M. de Montmirail le régiment de Royal-Roussillon, vacant par la démission volontaire de M. le comte de Lauraguais, l'aîné des petits-fils de Mme la duchesse de Brancas, qui a quitté le service à cause de sa mauvaise santé.

On trouvera ci-après la suite des nouvelles de Rome, dans l'extrait d'une lettre du 19.

Dimanche, le Pape a été couronné; c'est la cérémonie la plus majestueuse qu'on puisse voir. Le Pape descend du Vatican à Saint-Pierre, on le promène, pendant une demi-heure, sur une chaise élevée, dans toute l'église, où il donne des bénédictions. Ensuite il arrive dans une enceinte faite autour du grand autel, pour y célébrer la messe; c'est là le moment du premier coup d'œil. D'un côté, 44 cardinaux en chasuble et en mitre; derrière eux, un égal nombre d'évêques en chape et mitre; d'un autre, la majesté du temple de Saint-Pierre, plus de 30,000 personnes qui y sont rassemblées sans que l'église soit pleine, la beauté de l'autel, la gravité de la cérémonie, tout forme un spectacle frappant et dont on ne peut s'empêcher d'être étonné. Ce qu'il y a de singulier dans la messe pontificale est : 1° qu'on chante l'épître et l'évangile en grec et en latin, pour preuve de la juridiction sur l'église grecque; 2° la manière dont le Pape communie. Après la consécration, il va se mettre à son trône, où le sous-diacre lui apporte l'hostie et le diacre le calice; il ne prend que la moitié de l'hostie et conserve l'autre pour communier le diacre et le sous-diacre. A l'égard du précieux sang, il ne l'avale pas comme à l'ordinaire, mais il le tire avec un chalumeau. Après la messe, le Pape monte à une galerie qui est sur la place de Saint-Pierre. Là, il reçoit la couronne et donne la bénédiction au peuple qui est rassemblé dans la place. La beauté et l'étendue de cette place font encore un spectacle frappant. Le lendemain de son couronnement, le

Pape va en pompe coucher du Vatican à Monte-Cavallo; il est précédé de sa garde et accompagné de la prélature romaine, en soutane et rochet, montée sur des mules.

Le même jour, nous avons eu une grande fête chez l'ambassadeur de Venise, où toute la ville étoit invitée.

Le jour de son couronnement et le lendemain, la ville a été illuminée, et il y a eu feu d'artifice. Les illuminations sont vilaines; le feu d'artifice est supérieur aux nôtres par la richesse, la durée et la vivacité.

M. le comte de Bernis reçut ici avant-hier un courrier de M. de Stainville, de Vienne. Le roi de Prusse a abandonné Koniggratz et se retire en Silésie; son avant-garde a voulu défendre un faubourg de cette ville; le faubourg a été forcé; les Prussiens y ont perdu 2 pièces de 24; on ne sait pas encore le détail de l'action. M. de Daun marche en Lusace.

Du dimanche 6, Dampierre. — On trouvera ci-après l'extrait d'une lettre de Versailles du 5.

M. le maréchal de Belle-Isle me dit hier que M. de Chevreuse étoit à Gueldres, et qu'il avoit fait un détachement de son corps de réserve dont il avoit donné le commandement à M. de Fronsac pour aller s'emparer du château de Creyelt, ce qui se fit sans beaucoup de peine, puisqu'il n'y avoit que 15 hommes de garnison; mais on y a trouvé 147 prisonniers ou blessés de nos troupes de l'affaire du 23, dont est M. le chevalier de Montazet. D'ailleurs on a pris 4,000 sacs de farine au prince Ferdinand, qui étoit déjà dans la disette. Il se retire vers Emmerick et M. de Contades le suit.

Extrait d'une autre lettre de Versailles, du 6.

Nous avons aujourd'hui la présentation de Mme de Berchiny; elle est fille de M. de Baye et m'a paru jolie; c'est Mme de Monconseil qui la présente.

Les États d'Artois vont présenter une médaille qu'ils ont fait frapper pour rendre hommage de l'honneur qu'on a fait à la province de donner son nom à un fils de France.

M. le président de Novion s'est démis de sa charge de président à mortier en faveur de M. Pinon, président de la troisième chambre des Enquêtes, qui fit ses remercîments la semaine dernière.

Du jeudi 10, Dampierre. — Le Roi, voulant récompen-

3.

ser sur le champ les actions brillantes, système qu'on ne peut assez louer et qui augmente le prix des bienfaits, a accordé à M. le duc de Broglio une place de chevalier de l'Ordre, en considération de la victoire remportée à Sanderhausen, dont j'ai parlé ci-dessus. La famille et les amis de M. le duc de Broglio auroient désiré qu'il fût décoré dans ce moment, mais le Roi a suivi l'usage établi pour pareille grâce ; il ne sera reçu qu'au 1er janvier prochain ; c'est ainsi que M. de Médavid l'obtint en 1706, après le combat de Castiglione, M. du Bourg en 1709, après celui de Rumerstein, et M. le maréchal de Belle-Isle après la prise de Traerbach, en 1734 ; ils furent nommés sur-le-champ et ne furent reçus qu'à la fête suivante.

Par les nouvelles de l'armée de Contades, du 6, les ennemis avoient passé la Niers et se portoient sur le Rhin. M. de Chevert est toujours à la rive droite du Rhin ; il mande, du 2, qu'il sera le 4 à Wesel ; il pourra y prendre des détachements pour renforcer celui qu'il commande et se porter sur Emmerick. Il ne seroit pas impossible qu'il y arrivât le 6 et qu'il eût le temps de détruire le pont des ennemis qui ne peuvent arriver audit lieu d'Emmerick avant le 8. M. de Chevert prendra du canon dans Wesel ; il croit en avoir besoin pour attaquer la tête du pont d'Emmerick du côté de la rive droite, cette tête pouvant être défendue par quelque ouvrage. On a intercepté une lettre du prince Ferdinand, du 31 juillet, adressée au général anglois qui commande la cavalerie débarquée à Embden ; cette lettre est une réponse ; le général anglois avoit demandé la permission de prendre des pontons appartenant aux Hanovriens. Le prince Ferdinand lui mande qu'il destinoit ces pontons au passage de la Meuse, mais qu'il pouvoit s'en servir ; il lui parle de l'entreprise « que vous savez. » Ce sont ses termes, et c'est ce que nous ignorons.

Du jeudi 17, *Dampierre.* — Le lundi 7, la Reine alla

se promener à la Tuilerie, qu'elle ne connoissoit point; c'est une maison de M. le contrôleur général qui est fort proche du bois de Boulogne. La maison est jolie et le jardin très-agréable. On présenta à la Reine du café dans une tasse de porcelaine charmante, avec une cuiller d'or, et on pria S. M. de vouloir bien accepter ce présent.

On est fort occupé à retrancher une grande quantité de dépenses superflues dans les maisons du Roi, de la Reine et des Enfants de France. Le Roi veut éviter la nécessité d'établir de nouveaux impôts, et les frais immenses de la guerre, dans les circonstances présentes, demandent de ne négliger aucune des ressources qui peuvent mettre le Roi en état de la soutenir. On prétend que la seule dépense de Mesdames va à 1 million pour chacune. Sur les représentations qui furent faites au Roi, dans son conseil, par rapport à ces différents objets, il dit à ses ministres de faire un état exact de tout ce qu'on pouvoit retrancher et de le lui présenter, parce que c'étoit son intention de faire tous les retranchements possibles. Le Roi voulut qu'on en rendît compte aussi à Mesdames. Mesdames écrivirent aussitôt au Roi une lettre qu'elles signèrent toutes, par laquelle elles l'assuroient qu'elles seroient comblées de joie de tout ce qui pourroit lui plaire, quand même elles n'auroient que le pur nécessaire. Il a déjà été réglé que le renouvellement qui se fait pour la chambre de la Reine, tous les trois ans, en draps, oreillers, dentelles, couvertures, etc. seroit retardé de deux ans. On a supprimé aussi chez le Roi l'usage où l'on étoit de donner du café à tout le monde. Les femmes de chambre des dames de la Cour avoient du café de chez le Roi tous les matins, et il y avoit des gens de la Cour employés sur l'état de dépense du café pour 10 ou 12 tasses dans un jour, soit en café ou en chocolat; outre cela, il y avoit des fournitures de limonade, orgeat et eaux glacées, et ces dépenses montoient à 200,000 livres par an; elles viennent d'être retranchées.

Il n'y a point eu cette année de voyage de Compiègne, par la même raison de vouloir diminuer la dépense, et il n'y en aura point de Fontainebleau; le Roi ira seulement y passer quelques jours pour chasser. Les frais extraordinaires de chacun de ces voyages, en voitures, logements, gratifications, etc., montent au moins à 1 million, on dit même 1,500,000 livres. On paye des extraordinaires aux commis des bureaux, aux musiciens, et à presque toute la maison du Roi, de la Reine et des Enfants de France. On fournit des voitures à ceux et celles qui ont des charges à la Cour; il en faut pour le garde-meuble, parce que les meubles de Compiègne et de Fontainebleau se portent de Paris et s'y rapportent. On peut juger à quelles sommes montent pareils abus; et quand même on retrancheroit ce qui est abusif, il resteroit encore assez de dépenses nécessaires occasionnées par ces voyages pour que le Roi soit bien aise de les épargner.

Le 4 de ce mois, M. Ménard, premier commis de M. de Saint-Florentin, ayant été en état de faire les preuves nécessaires, fut reçu dans l'ordre de Saint-Lazare par M. de Saint-Florentin, en présence de Mgr le duc de Berry, et ensuite prêta serment pour la charge de procureur général desdits ordres.

Il y avoit longtemps que l'on s'attendoit que l'escadre des Anglois qui étoit rentrée dans leurs ports, reparoîtroit sur nos côtes; en effet ils arrivèrent le 3 sur les côtes de la Hogue, à 3 ou 4 lieues de Cherbourg; ils s'approchèrent, le 6 au soir, de Cherbourg; le 7, depuis midi jusqu'à trois heures, ils firent leur descente à Vacqueville; ils ne débarquèrent d'abord que 4 à ,000 hommes, mais le soir il y en avoit environ 10,000 de débarqués. M. de Raimond, maréchal de camp, qui commande sur ces côtes, n'avoit pas assez de troupes pour s'opposer à ce débarquement, n'ayant que 2 régiments d'infanterie et environ 1,500 gardes-côtes; le régiment de Lorraine arriva, mais trop tard; la descente étoit faite. Les Anglois se sont établis dans la plaine de Nasé où ils ont formé leur camp ; ils débarquèrent leur cavalerie le 8 au matin, et ils entrèrent dans Cherbourg à trois heures après midi. Ils vont sans doute détruire les ouvrages qu'on avoit faits pour rétablir ce port et qui ont coûté au moins 1 million. On avoit proposé de mettre ce port en état de défense par des ouvrages extérieurs, dont la dépense n'auroit monté qu'à 30,000 livres, mais on ne se trouva pas en état de l'entreprendre. Sur la nouvelle du débarquement, M. le duc d'Harcourt, lieutenant général qui commande dans la province, a rassemblé ce qu'il pouvoit avoir de troupes pour s'opposer au moins aux entreprises que les Anglois pourroient faire ; il a sous ses ordres 2 bataillons de trèsbonnes troupes, mais qui ont été bien maltraitées à l'affaire de Rosbach et qu'on avoit envoyées en Normandie pour s'y rétablir. M. le maréchal de Luxembourg, gouverneur de la province, a demandé à y aller ; il est parti la nuit du 10 au 11.

Le Roi signa, le 6, le contrat de mariage de M. le comte de Chemille avec Mlle de Choiseul-Praslin ; elle est nièce de M. de Choiseul, menin de Mgr le Dauphin (1).

Le Roi prit le deuil le 11, pour onze jours, à l'occasion de la mort du prince Guillaume-Auguste, l'aîné des frères du roi de Prusse ; il avoit trente-six ans. Il laisse de la princesse de Brunswick-Wolfenbuttel deux garçons et une fille ; l'aîné des garçons a quatorze ans, le cadet onze et la fille sept.

On attend à tout moment des nouvelles de la mort de la reine d'Espagne ; elle étoit à toute extrémité par les dernières nouvelles, et le roi d'Espagne étoit déjà retiré à Villa-Viciosa ; c'est une terre que la reine d'Espagne

---

(1) Elle est fille de son frère aîné. MM. de Stainville sont les aînés des Choiseul, et après eux c'est la branche du menin. (*Note du duc de Luynes.*)

douairière a achetée pour l'infant duc de Parme, qui a coûté fort cher; elle vaut 30 à 40,000 livres de rente. La reine d'Espagne n'a point d'enfant; il n'y a même jamais eu soupçon de grossesse. On prétend que les infantes de Portugal n'ont jamais d'enfants hors de leur pays.

 Pendant le temps que M. de Contades observoit et suivoit l'armée du prince Ferdinand, il avoit détaché M. de Chevert, qui avoit passé le Rhin à Cologne. L'objet de ce détachement étoit d'essayer de rompre le pont de Dusseldorf, de sommer le commandant de nous remettre cette place, et sans s'arrêter en cas que ces deux projets ne réussissent point, comme ils n'ont pas réussi en effet, de se porter sur Wesel et de s'avancer de là à Rees et même à Emmerick, en prenant dans Wesel un renfort de troupes, d'arriver avant que le prince Ferdinand eût pu porter des troupes dans ces deux endroits, d'y attaquer celles qui avoient été laissées pour la garde des ponts et de rompre lesdits ponts. On avoit compté que M. de Chevert seroit arrivé le 4 à Wesel et auroit pu se trouver à Emmerick le 6, et que le prince Ferdinand ne pouvant vraisemblablement y arriver que le 8, on auroit le temps d'exécuter cette entreprise. M. de Chevert est en effet arrivé le 4 à Wesel et s'est porté dès le 5 sur Rees; mais le prince Ferdinand, soit qu'il fût instruit de la marche de M. de Chevert ou qu'il eût impatience de regagner ses ponts, a fait faire à son armée 17 lieues en deux jours et a poussé en avant un gros détachement que M. de Chevert a trouvé en arrivant. Il comptoit arriver le 5 à midi; les débordements des eaux l'ont fait arriver douze heures plus tard. Comme la garnison de Wesel n'est presque composée que de milices, le renfort que M. de Chevert y a pris consistoit en 2,000 hommes de ces milices. Les ennemis l'ont attaqué; l'action a été vive (1);

---

(1) Il s'agit du combat de Meer, livré près de la ville de Rees, le 5 août, entre les Hanovriens aux ordres du général Imhof et Chevert.

la perte a été grande de notre part, surtout en officiers, parceque les milices ont plié d'abord, et c'est le cas où les officiers sont le plus maltraités. M. de Voyer, maréchal de camp qui étoit avec M. de Chevert, s'est distingué dans cette occasion ; il a pris un drapeau de nos milices, et en le tenant a marché aux ennemis. Cette action a fait revenir une partie des milices, mais pas assez pour soutenir le choc des ennemis. On compte que nous avons eu 400 hommes tant tués que blessés ; mais il y a eu 50 officiers de blessés et 13 de tués. Dans les morts est un M. de Castellar, frère du capitaine des gardes suisses.

J'ai parlé de la victoire remportée à Sanderhausen par M. le duc de Broglio, et de la blessure de son neveu à la mode de Bretagne, M. de Broglio. On a appris depuis la mort de ce jeune homme ; il avoit environ vingt ans ; il étoit fils unique de M. de Broglio, cousin germain de M. le duc de Broglio et de Mlle de Besenval.

J'appris hier que M. le comte de Béthune, frère de père de feu Mme la maréchale de Belle-Isle, a obtenu la survivance de la place de chevalier d'honneur de Madame, dont M. le baron de Montmorency est titulaire.

Mme de Séran (Olonne), belle-fille de Mme la baronne de Montmorency, quêta mardi dernier, jour de l'Assomption, et M. l'évêque d'Aire (Raigecourt) officia.

On sait que le prince Ferdinand a repassé le Rhin à Rees et s'est porté sur Emmerick. M. de Contades doit avoir passé, le 12 et le 13, ce fleuve à Wesel. Les sages mesures que M. le maréchal de Belle-Isle a prises pour les subsistances, tant sur le Rhin que sur la Meuse, mettent aujourd'hui notre armée en état de se porter jusqu'à Hamm sur la Lippe, sans manquer de rien d'ici au mois de janvier. Les transports deviennent bien plus faciles depuis que les ennemis ont abandonné Dusseldorf. Le prince Ferdinand n'a pas jugé à propos de laisser dans cette place 3 bataillons, qui y auroient été faits prisonniers de guerre ; nos troupes y sont entrées aussitôt et nous sommes maîtres du cours du Rhin. Je ne mets point ici le détail des opérations de la campagne; on le trouvera dans des extraits de lettres à la fin de ce livre (1).

Mme Chauvelin mourut à Grosbois, le 9 ou le 10 de ce mois; son nom étoit Cahouet de Beauvais; elle avoit soixante-deux ans. Elle étoit d'un caractère froid, mais très-polie, et avoit fort bien réussi à la Cour. Elle avoit l'air fort noble et avoit eu une figure agréable et une très-bonne conduite. Elle avoit eu un fils et trois filles. Son fils mourut malheureusement il y a quelques années; ses trois filles sont Mme la vidame, veuve de M. de Maulevrier, Mme de la Suze et Mme de Surgères. M. Chauvelin s'est retiré pour quelques jours aux Camaldules chez M. le maréchal de Duras, avec qui il est fort lié d'amitié.

Du vendredi 18, *Dampierre.* — J'ai parlé ci-dessus du procès que Mmes de Lauraguais et de Flavacourt ont gagné contre Mme de Mazarin, le 23 de février dernier, au sujet du duché de la Meilleraye, que Mme de Mazarin leur disputoit et qui leur a été adjugé. Mmes de Lauraguais et de Flavacourt sont petites-filles et héritières légitimes de Paul-Jules, duc de Mazarin, qui avoit épousé Mlle de Duras, et Mme de Mazarin est fille de la première femme de M. le duc de Duras, laquelle étoit fille de Guy-Paul-Jules [de la Meilleraye] et de Mlle de Rohan-Soubise. Maintenant, Mme de Mazarin fait un procès à ces dames, qui sera jugé aujourd'hui à la Grande Chambre sur les conclusions de M. Joly de Fleury, avocat général. Voici en peu de mots le sujet de ce procès.

M. le cardinal de Mazarin maria sa nièce Hortense avec M. le duc de la Meilleraye; il lui donna une dot considérable; outre cela il l'institua sa légataire universelle par son testament en 1661. Il fit une substitution très-étendue, et par un codicille du même jour il dit qu'à l'égard des meubles, pierreries, vaisselle, argent comp-

---

(1) Voy. à l'appendice, à l'année 1758, le n° 6.

tant, bustes et statues, il n'en soit compris dans la substitution que jusqu'à la somme de 600,000 livres. Il ajoute que c'est pour éviter un inventaire et prévenir des contestations; et il veut que le mémoire qui sera dressé par l'exécuteur testamentaire serve d'inventaire. Ce mémoire n'a jamais été fait par l'exécuteur testamentaire. Après la mort du cardinal, on fit un inventaire par ordre du Roi, et le mobilier se trouva monter à près de 11 millions. Le duc de la Meilleraye, Armand-Charles, qui avoit pris le nom de Mazarin par son mariage, et Hortense recueillirent cette immense succession. Armand-Charles mourut en 1713. Paul-Jules, son fils, se porta héritier par bénéfice d'inventaire. Le duché de Mazarin, ci-devant Rethel, avoit été acquis pour la somme de 2 millions, desquels il y avoit 1,200,000 livres laissées par le cardinal pour faire cette acquisition. Paul-Jules maria son fils, Guy-Paul-Jules, duc de la Meilleraye, en 1716, à Mlle de Rohan-Soubise; il déclare par le contrat qu'il veut payer ses dettes; il stipule, entre autres clauses, qu'il pourra vendre les effets mobiliers, même les bois de haute futaie et les autres immeubles indépendants de la substitution, et que le prix servira au payement des dettes exigibles et des arrérages des dettes non exigibles. Il ajoute que les 600,000 livres de meubles substitués par le cardinal seront vendues après les meubles libres, à condition que les sommes seront employées à payer les dettes personnelles et autres comprises dans les états; auquel cas les substitutions desdits meubles, pierreries, vaisselle, bustes et statues seront remplacées sur le duché de la Meilleraye, ou sur le Palais Mazarin, suivant la déclaration qu'il en pourra faire après que l'emploi aura été fait au payement desdites dettes. Ce sont ces 600,000 livres et la clause de remplacement qui font l'objet de la question présente. Mme de Mazarin dit que les 600,000 livres de meubles ont été vendues, et que lorsque Mmes de Lauraguais et de Flavacourt soutiennent le con-

traire, c'est à elles à le prouver. Elle ajoute que le mot
« remplacement » signifie mettre une chose à la place
d'une autre, et que par conséquent les 600,000 livres devant lui revenir à cause de la donation, et le duché de la
Meilleraye tenant lieu et place desdites 600,000 livres,
ledit duché doit lui revenir. Mmes de Lauraguais et de
Flavacourt soutiennent que les 600,000 livres de meubles
n'ont point été vendues, et que c'est à Mme de Mazarin à
prouver cette vente, s'il y en a eu. Elles donnent aussi une
interprétation très-différente au mot « remplacement, »
et prétendent qu'il n'emporte pas la possession de la
terre. Elles citent pour exemple ce qui arrive tous les
jours dans les contrats de mariage : une femme qui a beaucoup d'argent épouse un homme qui a plusieurs terres
et des dettes; on stipule que l'argent-comptant de la
femme sera employé au payement des dettes et sera hypothéqué, ce qui est la même chose que remplacé, sur
telle ou telle terre du mari. La femme meurt sans enfants; ses héritiers n'ont d'autre droit que de demander
les sommes qui ont servi à payer les dettes, et non la
terre qui étoit le gage desdites sommes. J'ai dit que dans
le mobilier du cardinal il y avoit des bustes et statues;
cet article est estimé 98,000 livres.

J'oubliois de dire que Mmes de Lauraguais et de Flavacourt
ne refusent point de payer la portion des 600,000 livres
dont elles seront tenues comme possédant le duché de la
Meilleraye, et à proportion de la valeur dudit duché qui
fait partie des biens libres, lesquels biens libres répondent des 600,000 livres de meubles au cas qu'ils aient
été vendus effectivement.

Samedi dernier, on jugea au conseil de dépêches le
procès de M. de Puisieux contre les héritiers de M. de Ruvigny. Ce procès fut rapporté par M. Amelot, maître des
requêtes, et M. de Puisieux le gagna. Voici un court sommaire de l'affaire :

M. de Ruvigny étoit protestant. L'édit de Nantes ayant

été révoqué en 1685, M. de Ruvigny sortit de France. Son fils, milord Galloway, né en France, non-seulement en sortit, mais il servit contre la France. Le Roi fit saisir tous les biens que milord Galloway avoit dans le royaume, et entre autres une cassette qui contenoit plusieurs papiers. Dans ces papiers se trouva une obligation de M. le marquis de Puisieux, oncle de M. de Puisieux, aujourd'hui ministre d'État; elle étoit de 15,000 et tant de livres que M. de Puisieux devoit à M. de Ruvigny. Louis XIV, qui avoit de la bonté pour M. de Puisieux, lui fit rendre cette obligation, et il ne resta plus de vestiges de cette dette que par la reconnoissance que donna M. de Puisieux que cette obligation lui avoit été remise. Les héritiers de milord Galloway ayant eu recours aux bontés du feu Roi, il ordonna que les biens qu'ils avoient en France leur fussent rendus, aussi bien que la cassette des papiers. Les héritiers ayant trouvé dans la cassette la reconnoissance de M. de Puisieux, ont intenté action contre lui pour que les 15,000 et tant de livres leur fussent payées avec les intérêts. M. de Puisieux a soutenu qu'il y avoit eu confiscation des biens de M. de Ruvigny faite sur milord Galloway, que lesdits biens appartenoient au Roi par cette confiscation, et que par conséquent S. M. en avoit pu disposer comme d'un bien qui lui appartenoit; que c'étoit un don qu'elle avoit fait à son oncle, comme elle en avoit fait un aux héritiers de M. de Ruvigny en leur donnant le bien confisqué. Cet article de la confiscation n'a pas paru bien prouvé; mais milord Galloway s'étoit fait naturaliser en Angleterre et avoit porté les armes contre la France, et il a été décidé que le Roi avoit pu donner les 15,000 et tant de livres, et que par conséquent il ne pouvoit être rien répété contre M. de Puisieux.

On trouvera ci-après la copie d'une lettre de Boulogne, du 12 de ce mois, au sujet d'une tour qu'on a fait construire sur cette côte.

M. le prince de Croy a fait construire, par les ordres de M. le maréchal de Belle-Isle, une tour, dans un endroit de notre côte appelé Wimereux (1). Cette tour a été imaginée pour défendre cette partie de côte qui est très-susceptible de descente, et elle remplit très-bien cet objet. De plus elle est d'une grande protection pour tout le cabotage venant de Dunkerque ici, qui ne peut que très-difficilement être insulté. On ne s'étoit guère proposé que ces deux objets d'utilité dans la construction de cette tour; mais le prince de Croy, à force de travailler, en a trouvé un troisième qui n'est pas moins essentiel que les deux autres. Il y a en avant de la tour une rade qui étoit très-mal connue et très-peu pratiquée, et qui pourtant est très-bonne. On en avoit une connoissance si imparfaite, qu'elle ne se trouve bien dessinée sur aucune carte. M. le prince de Croy en a fait lever un plan très-exact, et d'après l'avis de tous les marins, il paroît démontré qu'il peut tenir dans cette rade, qui est protégée par le canon de la tour, non-seulement des corsaires et de grosses frégates, mais même une escadre peu nombreuse de vaisseaux de ligne qui y seroient à l'abri de toute insulte sous la protection du feu du canon et des mortiers de la tour. Si l'on tire tout le parti possible de cette rade et de celle de Dunkerque, surtout quand le port en sera rétabli, je crois qu'il sera possible de tenir dans la Manche 4 ou 5 vaisseaux de ligne et 7 à 8 frégates, et que cette petite escadre causeroit beaucoup d'inquiétude et de chagrin aux Anglois; on les contraindroit du moins à y avoir des forces beaucoup supérieures.

Du samedi 19, *Dampierre.* — On me mande de Versailles d'hier qu'on retranche les bourses de jetons qu'on avoit coutume de donner au premier jour de l'an et les semaines saintes; ce dernier article, quoiqu'il paroisse peu considérable, faisoit un objet. Le Roi en donnoit à la Reine, et elle en donnoit au Roi. Il s'en faisoit une grande distribution dans les maisons du Roi, de la Reine et de la famille royale, et je crois que cela alloit à 15 ou 18,000 livres par an, pour le Roi seulement, et cela sans aucune utilité. Il paroît que le projet est de retrancher successivement tous les différents abus.

---

(1) Notre manuscrit, quelquefois mal copié par le secrétaire du duc de Luynes, auteur des Mémoires, porte Vineux; nous croyons que ce ne peut être que Wimereux.

Du dimanche 20, Dampierre. — On trouvera ci-après l'extrait d'une lettre de Versailles, du 19.

M. d'Autichamp vient de prendre congé et part demain pour aller rejoindre l'armée de Soubise; il a la promesse du premier régiment vacant.

M. le maréchal de Belle-Isle me dit hier que les Anglois s'étoient rembarqués la nuit du 16 au 17.

On trouvera ci-après le détail de ce qui s'est passé depuis qu'ils se sont emparés de Cherbourg.

Extrait d'une lettre de Bayeux, du 16 août.

Les Anglois, après s'être emparés de Cherbourg, s'y sont très-bien fortifiés, ainsi que nous aurions dû le faire; ils ont commandé environ 1,000 hommes pour travailler à leurs retranchements. Leur général a fait défense qu'ils n'insultent personne, surtout à ceux qui portent des vivres à Cherbourg; mais, en revanche, leurs maraudeurs ravagent partout où ils sont, et même tuent ou maltraitent ceux qui voudroient leur refuser tout ce qu'ils demandent. On en dit tant de mauvaises choses que je ne saurois les croire, aussi je ne les mets pas.

Le 9 du présent mois, deux piquets, un anglois et l'autre de nos troupes, se sont rencontrés. L'officier anglois a reconnu l'uniforme du régiment de Clark, a envoyé un tambour pour faire des compliments à notre officier, lui disant qu'il étoit cousin de l'officier du régiment de Clark qui avoit été tué à l'action de la descente de leur débarquement, et assura notre officier que la ville de Cherbourg leur étoit vendue il y avoit du temps.

Le 10, on a pris un nommé Deshayes, qui depuis deux ans étoit en Angleterre pour leur servir de pilote sur nos côtes, et sa fille est arrêtée à Granville, leur résidence. L'on a pris un officier qui étoit pour ramener les pillards; il étoit seul; on l'a conduit au château de Caen. On a pris aussi beaucoup de leurs matelots qui étoient à marauder, et hier on a pris 5 soldats de Clark désertant; ils étoient environ 25 de leurs troupes.

Notre armée a été hier tout le soir rangée en bataille; on s'attendoit à aller les attaquer, mais on n'a point sorti du camp; il y a eu à sept heures du soir une alerte à notre camp, disant que l'armée angloise venoit pour nous attaquer, et ce n'étoit pas vrai; mais on croit que nous ne les attaquerons pas de sitôt, faute de canon. Cependant M. le duc d'Harcourt a fait couper des fossés et le bois pour pouvoir y faire défiler notre armée. Cette nuit, deux piquets, l'un du régiment...... et l'autre des gardes-côtes, ont été pour sortir à la découverte; les gardes-côtes étant un peu de côté ont tout à coup aperçu notre piquet et ont fait feu dessus sans les reconnoître; il y a eu environ 15 hommes tant tués que blessés du régiment...... Les Anglois ayant entendu, ont fait battre la générale, et nos troupes se sont retirées, chacune de leur côté ; les uns ont laissé leurs armes. Cela a occasionné un fâcheux contre-temps, attendu que nous avions 800 hommes de nos troupes qui ont manqué 1,000 Anglois et les tenoient enfermés à ne pouvoir nous échapper; mais il vint à nos troupes un ordre de se rendre très-promptement au camp, ce qui a fait manquer l'affaire.

Notre armée est à présent à 13 ou 14,000 hommes; nous avons pour généraux Mgr le duc d'Harcourt et MM. de Coëtlogon, de Rotte, de la Salle, de Brassac et de Beaujeu ; mais comme j'allois cacheter ma lettre est arrivé Mgr le maréchal de Luxembourg et M. de Clermont-Tonnerre. Depuis l'arrivée de ces deux seigneurs, les gardes-côtes qui défiloient de Caen et des environs ont eu ordre de n'aller pas plus loin et de retourner à Caen pour y garder cette ville, crainte des Anglois, qui y seroient plus tôt arrivés après s'être embarqués à Cherbourg que nos troupes n'y seroient arrivées par terre pour y donner du secours. Enfin aujourd'hui 16, au matin, la poste vient d'arriver, et toutes les lettres se réduisent à assurer que les Anglois achèvent de détruire le port et les fortifications, et continuent à se servir pour cela des 1,000 paysans qu'ils avoient forcés d'aller travailler à leurs retranchements. L'on assure toujours qu'ils ne pillent point la ville, mais leurs maraudeurs ont fait bien du mal dans les environs; mais ils n'y viennent plus, à cause de nos piquets, qui en prennent toujours quelques-uns, et parce que les paysans en assomment autant qu'ils en trouvent à l'écart. Il est pour certain, à ce que l'on mande, qu'il n'y aura point d'action, attendu l'immensité de leur artillerie et de leurs retranchements, et que jeudi prochain, 17 du courant, qui est la pleine mer, ils se rembarqueront, et nos troupes, selon toute apparence, vont revenir dans leurs mêmes quartiers.

Du lundi 21, Dampierre. — Ce n'est que d'hier que l'on sait que toute notre armée a passé le Rhin, dont le débordement ainsi que les chemins rompus ont donné beaucoup de difficultés pour ce passage. Les ennemis sont à Bocholt et ont un corps avancé à Dincden, à quatre lieues de Wesel. M. de Soubise est à Cassel; M. Duménil à Lipstadt.

Les galions d'Espagne sont arrivés à bon port à Cadix; la France y a environ les deux tiers.

Je dois avoir parlé dans le temps du mariage du frère de M. de Bonnac avec une héritière hollandoise, mariage qui a fait beaucoup de difficultés dans ce pays-là et qui enfin a été réhabilité. C'est, à ce que l'on dit, une grande et grosse femme, de bonne mine; on me mande de Versailles qu'elle sera présentée aujourd'hui par Mme de Bonnac; elle s'appelle Mme d'Usson.

Il paroit une lettre faite à plaisir du prince Guillaume de Prusse au roi son frère, écrite à l'article de la mort, où il lui dit toutes ses vérités sur les circonstances présentes. On a imprimé une réponse du roi de Prusse à cette lettre, mais elle ne vaut pas la peine d'être lue. Pour la lettre, elle est bien écrite et assez amusante à lire.

Du mardi 22, Versailles. — On avoit adjugé à Mmes de Lauraguais et de Flavacourt, etc., par l'arrêt du mois de février dernier, le duché de la Meilleraye, valant 33,000 livres de rente et estimé 1 million. Elles s'attendoient bien à contribuer aux dettes à proportion de leurs émoluments. Mme de Mazarin a demandé 600,000 livres sur ledit duché, qu'elle a prétendu devoir répondre de cette somme pour des meubles. Il vient d'être jugé que Mme de Mazarin aura les trois cinquièmes dans ledit duché et ces dames seulement les deux cinquièmes; encore même, sur ces deux cinquièmes, elles sont chargées de payer environ 120,000 livres de dettes de M. de Mazarin, leur grand-père, dont elles se sont portées héritières.

Du jeudi 24, Versailles. — Avant-hier, la Reine avoit résolu d'aller entendre le salut à Saint-Cyr; elle partit à six heures dans ses carrosses. Ayant rencontré près du grand commun le Saint-Sacrement qui en sortoit, elle mit pied à terre et suivit Notre-Seigneur à pied jusqu'à la paroisse. Elle remonta ensuite dans ses carrosses pour aller à Saint-Cyr, mais comme elle avoit eu fort chaud et qu'elle se refroidissoit, elle n'alla que jusqu'à la Ménagerie, d'où elle revint ici et envoya dire qu'elle n'y iroit point. Cette action de piété est trop louable pour n'en pas faire mention dans ce journal. L'usage d'Espagne est bien différent de ce qui se pratique en France. Lorsque le roi ou la reine d'Espagne rencontrent le Saint-Sacrement dans la rue, ils font monter dans leur carrosse le prêtre qui porte Notre-Seigneur et suivent à pied jusqu'au lieu où il doit se rendre, marchant dans la boue très-puante des rues de Madrid.

On dit publiquement à Paris, depuis deux jours, que Louisbourg est pris du 26 juillet dernier. On voit avec douleur que, quoique M. de Massiac n'en ait aucune nouvelle, cette perte n'est que trop certaine par ce que l'on apprend d'Angleterre. On dit la garnison prisonnière de guerre, les vaisseaux qui étoient dans le port, au nombre, je crois, de 7 et 3 frégates, brûlés; un vaisseau et une frégate qui ont voulu essayer de sortir, pris et coulés à fond.

Indépendamment des destructions faites dans le port de Cherbourg et des exactions faites par les maraudeurs dans la campagne, on a levé 42,000 livres de contributions; il n'y en a eu que la moitié de payée, et ils ont emmené des otages pour l'autre moitié. Tous les bâtiments qui étoient dans le port ont été brûlés et tout le canon enlevé. On me mande que les Anglois ont fait grande dépense à Cherbourg et bien payé partout, et que leur prince Édouard a donné 100 doubles louis pour les pauvres.

J'ai eu aujourd'hui des nouvelles de l'armée, du 21. Nous étions à Schermbeck et mon fils étoit en avant, à Lembeck (1). Les ennemis, qui étoient à Bocholt, se sont portés sur Cœsfeld où est leur gauche; leur droite est du côté d'Ahaus. On prétend qu'ils s'ouvrent des marches pour aller à Osnabrück.

---

(1) Ces deux points sont sur la route de Wesel à Munster.

Il est question de savoir si nous mettrons la Lippe devant nous; nous pourrions la passer à Dorsten; les ennemis y ont rétabli le pont que nous avions brûlé, et on en fera un second avec nos pontons.

Du samedi 26. — M. de Contades est déclaré maréchal de France de ce jour.

Le Roi a fait hier cinq ducs : M. de la Vauguyon est pair; MM. d'Estissac, de Stainville et de Laval sont ducs héréditaires, et M. de Gontaut est duc à brevet.

On trouvera ci-après un détail sur M. de Laval.

M. de Laval est Laval-Lezay, mais ils sont Montmorency. Le connétable Anne de Montmorency, qui se trouva, sous Philippe-Auguste, à la bataille de Bouvines, fut marié deux fois de 1280 à 1285. Sa première femme étoit Gertrude de Soissons; c'est d'elle que sont venus tous les Montmorency d'aujourd'hui; sa seconde femme étoit Edme de Laval, d'une ancienne maison du pays du Maine, qui prétend faire remonter son origine jusqu'à Charlemagne. Elle lui apporta les terres de Laval et de Vitré dans le pays du Maine, qui ont passé depuis dans la maison de la Trémoille, comme je dirai ci-après. Cette Edme de Laval est la tige de tous les Laval-Montmorency; c'est en elle que s'est éteint le nom de Laval seul; tous ses descendants y ont joint celui de Montmorency. Tous les aînés de cette ancienne maison de Laval portoient le nom de Guy. Edme étoit fille de Guy V. Leur fils fut Guy VI. On trouve leurs descendants sous le nom de Laval-Montmorency jusqu'à Guy XII, dont la sœur épousa Jean de Montfort, ancienne maison de Bretagne. Jean prit le nom de Laval et même changea le sien de Jean en celui de Guy, pour avoir le nom de baptême affecté à cette maison de Laval ; mais cette maison de Laval ne fut plus Montmorency. Ce fut en 1521 que les terres de Vitré et celle de Laval passèrent dans la maison de la Trémoille. Ainsi depuis Guy Ier jusqu'à Guy VI, on voit des Laval seuls; de Guy VI à Guy XII, des Laval-Montmorency, et depuis le mariage de la fille de Guy XII avec Jean de Montfort, qui prit le nom de Guy de Laval, on ne voit plus que des Laval sans surnom de Montmorency. Mais pour remonter à Guy VI, son fils Guy VII, qui étoit encore Laval-Montmorency, comme je viens de le dire, eut un fils cadet qui forma la branche des Laval-Montmorency-Châtillon. De ceux-ci sont venus les Montmorency-Loué, qui ont fait deux branches : les Lezay et les Tartigny. M. de Laval, qui vient d'être fait duc et qui a épousé Mlle de Fervaques, est de Lezay, et M. de Laval, qui avoit épousé Mlle de Saint-Simon, sœur de M. l'évêque de Metz, et qui est mort maréchal de Montmorency, étoit Laval-Montmorency-Tartigny. C'est lui dont le fils, qui avoit épousé Mlle de Maupeou et qui étoit menin de Mgr le Dauphin, fut tué l'année dernière à la bataille d'Hastenbeck.

SEPTEMBRE.

Mort de M. de Montal. — Helvétius, son livre et sa rétractation. — Le prince Xavier déclaré lieutenant général. — Victoire de M. de Montcalm à Carillon. — Le *Parallèle du Roi avec le roi d'Angleterre*. — Raison singulière pour solliciter et obtenir un gouvernement. — Évêché donné. — Les Invalides; nombre d'hommes; recettes, dépenses et dettes. L'intendant des Invalides. — Consommation de l'hôtel des Invalides en vin. — Nouvelles de la Sorbonne. — Bataille de Zorndorf. — Le roi de Pologne à Versailles. — Les Anglais battus à Saint-Cast. — Le duc d'Aiguillon. — Relation du combat de Saint-Cast. — Procès de Mme d'Arenberg; conseil souverain de M. de Bouillon. — Nouvelles diverses. — Sur la bataille de Zorndorf. — Nouvelles des armées. — Retraite de Mme de Rochechouart. — Le roi de Pologne chez Mme de Montconseil.

Du lundi 4, Dampierre. — Comme il y a plusieurs jours que je n'ai écrit sur le journal, il faut reprendre de suite les événements qui se sont passés.

M. de Montal mourut le 22 du mois passé dans ses terres de Bourgogne, âgé de soixante-dix-sept ans; il étoit lieutenant général des armées du Roi, gouverneur de Guise et chevalier de l'Ordre. Il avoit défendu Asti dans les dernières guerres, et on avoit cru qu'il auroit pu le défendre plus longtemps. Ce fut après la prise d'Asti qu'étant prisonnier, il alla à Turin où il fut très-bien reçu du roi de Sardaigne, avec lequel il avoit eu l'honneur de servir. Le roi de Sardaigne lui dit : « Vous avez profité de mes fautes et j'ai profité des vôtres. Lorsque vous avez passé le Tanaro, je m'étois fort mal à propos séparé des Autrichiens, qui étoient allés se poster de l'autre côté du Pô; vous avez saisi ce moment et vous m'avez obligé de me retirer avec précipitation. De même lorsque j'ai vu que vous vous étendiez depuis Milan jusqu'à Asti, j'ai compris que vous ne pouviez être en force partout ; je suis venu assiéger Asti qui n'a pu être secourue. »

Le grand-père de M. de Montal, qui étoit bon officier, est mort en 1696. Il étoit lieutenant général et chevalier de l'ordre ; son fils, père de M. de Montal dont c'est ici l'article, étoit mort avant lui n'étant que colonel de cavalerie. Ce fils avoit épousé une Saulx-Tavannes, sœur de M. de Tavannes, de même maison que M. le cardinal de Tavannes, et sa mère étoit Solages, de la même maison que M. de Saint-Sernin. Cette Tavannes fut mariée deux fois : 1° à M. de Montal et 2° à M. de Druy. Du premier mariage vinrent : M. de Montal dont c'est ici l'article, qui avoit épousé la sœur de feu M. de Villacerf, premier maître d'hôtel de feu Mme la Dauphine (Savoie) et ensuite de la Reine; Mme de Brun, dont la fille fut enlevée par son cousin germain, M. de Tavannes, affaire qui a fait grand bruit, et une autre fille non mariée. Du second mariage avec M. de Druy elle eut trois filles : Mme de Tracy (les Tracy sont parents de MM. de Guerchy); des deux autres, l'une est abbesse des chanoinesses de Sainte-Marie, à Metz ; c'est elle qui a eu le procès contre M. l'évêque de Metz; l'autre demeure à Paris et est chanoinesse de Poulangies ; le Roi vient de lui accorder 1,500 livres de pension. M. de Montal a eu deux filles qui sont toutes deux mariées ; l'aînée est Mme de la Rochette, qui a un fils capitaine de dragons; la cadette est Mme la marquise de la Rivière (des la Rivière de Bourgogne). Le nom de M. de Montal étoit Montsaulnen ; Montal est celui d'une terre en Bourgogne avec titre de baronnie, qu'une Bussy-Rabutin, qui épousa le bisaïeul de M. de Montal, fit passer dans la maison de Montsaulnen dont la filiation est connue depuis l'an 1407.

Il a paru, à la fin du mois dernier, un livre qui fait beaucoup de bruit; c'est l'ouvrage de M. Helvétius cidevant fermier général, fils du premier médecin de la

Reine; il est intitulé *De l'Esprit*, titre d'autant plus hasardé qu'il est bien difficile à remplir, et que c'est de toutes les définitions celle dont on convient le moins. Cet ouvrage est rempli de traits d'histoire pour l'amusement du lecteur, et le dédommager de la sécheresse de la matière qui y est traitée. On y trouve, en effet, beaucoup d'esprit, mais des propositions peu justes et des sentiments qui ont paru suspects. Comme M. Helvétius est maître d'hôtel ordinaire de la Reine, qui a toujours conservé beaucoup de bonté pour lui par rapport à la mémoire de son père, S. M. a été vivement peinée de la mauvaise impression que ce livre faisoit dans le public; elle en a fait parler à M. Helvétius, qui prétend n'avoir en aucune manière les sentiments qu'on a cru trouver dans son livre; et pour prouver qu'ils sont bien éloignés de sa pensée, il a donné une petite feuille imprimée qui est une rétractation formelle et très-claire de tout ce qu'on a pu lui imputer; on la trouvera ci-après (1).

---

(1) RÉTRACTATION DE M. HELVÉTIUS.

Ayant appris que ma lettre au Père *** n'avoit pas assez fait connoître mes vrais sentiments, je crois devoir lever tous les scrupules qui pourroient encore rester sur ce sujet.

J'ai donné avec confiance le livre *de l'Esprit*, parce que je l'ai donné avec simplicité. Je n'en ai point prévu l'effet, parce que je n'ai point vu les conséquences effrayantes qui en résultent. J'en ai été extrêmement surpris et beaucoup plus encore affligé. En effet, il est bien cruel et bien douloureux pour moi d'avoir alarmé, scandalisé, révolté même des personnes pieuses, éclairées, respectables, dont j'ambitionnois les suffrages, et de leur avoir donné lieu de soupçonner mon cœur et ma religion; mais c'est ma faute, je la reconnois dans toute son étendue et je l'expie par le plus amer repentir.

Je souhaite très-vivement et très-sincèrement que tous ceux qui auront eu le malheur de lire cet ouvrage, me fassent la grâce de ne me point juger d'après la fatale impression qui leur en reste. Je souhaite qu'ils sachent que dès qu'on m'en a fait apercevoir la licence et le danger, je l'ai aussitôt désavoué, proscrit, condamné, et ai été le premier à en désirer la suppression. Je souhaite qu'ils croient, en conséquence et avec justice, que je n'ai voulu donner atteinte ni à la nature de l'âme, ni à son origine, ni à sa spiritualité, ni à son immortalité, comme je croyois l'avoir fait sentir dans plusieurs endroits de cet ouvrage; je n'ai voulu attaquer aucune des vérités du chris-

Le 25, le nouveau prévôt des marchands, M. de Viarmes de Pontcarré, vint haranguer le Roi, suivant l'usage, à cause de la Saint-Louis. Il avoit été élu quelques jours auparavant. M. de Bernage, son prédécesseur, avoit espéré pouvoir faire la cérémonie de la position de la statue du Roi dans la nouvelle place, mais le Roi a jugé à propos que cette cérémonie fût différée, à cause des circonstances présentes et des dépenses dans lesquelles elle auroit engagé la Ville.

Le 30, le Roi déclara lieutenant général de ses armées le prince Xavier de Saxe, second fils du roi de Pologne et frère de Mme la Dauphine. Les princes du sang ont été fort mécontents de cette grâce et ont envoyé un courrier ici pour faire leurs représentations; ces représentations avoient paru faire impression, mais Mme la Dauphine a insisté fortement pour qu'il n'y ait rien de changé au grade accordé au prince son frère, qui avoit le même grade dans les troupes saxonnes, et la grâce subsiste. Tout ce qu'on apprend du prince Xavier lui fait honneur; il se fait aimer et estimer par sa politesse et son application; il a inspiré les mêmes sentiments dans le peu de temps qu'il a été à Versailles, et pendant le très-petit séjour qu'il a fait à Lunéville.

On apprit il y a quelques jours, par la gazette extraordinaire de Londres du 22 août, la perte que les Anglois ont faite en Amérique. Il y est rapporté l'extrait d'une lettre du major général Abercromby, écrite à M. Pitt le 12 juillet; elle est datée du camp du lac Georges. On a imprimé, par ordre de la cour, la traduction de cet extrait. Les Anglois, au nombre d'environ 15,000 hommes, s'embarquèrent sur 900 bateaux et 35

---

tianisme, que je professe sincèrement dans toute la rigueur de ses dogmes et de sa morale, et auquel je fais gloire de soumettre toutes mes pensées, toutes mes opinions et toutes les facultés de mon être, certain que tout ce qui n'est pas conforme à son esprit ne peut l'être à la vérité. Voilà mes véritables sentiments. J'ai vécu, je vivrai et je mourrai avec eux.

chaloupes, et s'avancèrent le 5 juillet au soir à 25 milles dans le lac Georges. Ils firent leur descente sans opposition, dans le dessein d'investir le fort de Tiçonderoga (1); ils remportèrent d'abord quelque avantage sur un parti de nos troupes et de quelques sauvages. Le 7, ayant fait reconnoître le fort, ils résolurent de l'attaquer le lendemain matin, mais ayant trouvé des abattis garnis de troupes, ils furent obligés de se retirer après une perte considérable; ils conviennent d'environ 2,000 hommes tués, blessés ou perdus, y compris les officiers, qui sont au nombre de 34 tués et 84 blessés.

J'ai marqué ci-dessus dans mon journal des réfléxions sur la dernière campagne du Bas-Rhin et sur la convention de Closter-Severn. Les discours qui ont été tenus par rapport à cette convention ont paru mériter que le Roi se justifiât aux yeux de toute l'Europe. C'est ce qui vient d'être fait dans un ouvrage intitulé : *Parallèle du Roi avec le roi d'Angleterre;* on y voit le détail des événements qui ont précédé et suivi la convention de Closter-Severn, et on y démontre que le Roi n'a pu et n'a dû faire que ce qu'il a fait.

Le 31, Mme la duchesse de Laval prit son tabouret; elle avoit été présentée, un moment avant le grand couvert, par Mme la maréchale de Luxembourg.

Le 2 septembre, le gouvernement de Guise, qu'avoit M. de Montal, a été donné à M. le duc de Lauraguais. On me mande qu'il y avoit longtemps que Mme la duchesse de Brancas sollicitoit le premier gouvernement pour son fils, en considération du nombre de princes que Mme la Dauphine, dont elle est dame d'honneur, a donnés à la France.

On a appris aujourd'hui la mort de M. d'Escars aux eaux du Mont d'Or ; il étoit malade depuis longtemps. Il laisse plusieurs enfants. C'est son fils aîné qui a été la cause

---

(1) Ou de Carillon.

innocente de la mort de M. le comte de Fitz-James, comme je l'ai marqué ci-dessus. Sa veuve est dame du palais de la Reine; elle est fille de feu M. le maréchal de Berwick, et par conséquent sœur de M. le duc de Fitz-James et de Mme de Bouzols.

On a appris aussi la mort de M. de Butler au haras du Roi en Normandie; il avoit environ cinquante-cinq ou soixante ans. Il avoit été écuyer de feu M. le duc d'Aumont, grand-père de celui-ci; comme il étoit très-bon homme de cheval, il étoit entré écuyer de la grande écurie. Après y avoir servi pendant longtemps, le Roi lui avoit donné pour récompense le commandement du haras, place considérable pour le revenu et agréable pour le logement. Il laisse une fille de Mlle Couk [?], qu'il avoit épousée et qui est sous-gouvernante des enfants de France. M. de Butler étoit Anglois.

M. d'Escars, dont j'ai marqué la mort, étoit menin de Mgr le Dauphin; cette place a été donnée à M. de Tavannes, fils de M. de Saulx, chevalier d'honneur de la Reine et de feu Mlle de Tessé.

On a appris, dudit jour 4 septembre, la mort de la reine d'Espagne (1). Elle étoit née à Lisbonne, le 4 décembre 1711. Il y avoit longtemps qu'elle étoit malade, et on attendoit à tout moment la nouvelle de ce triste événement. Le roi d'Espagne, qui est dans la plus grande affliction, s'est retiré à Villa-Viciosa. On prendra le deuil dimanche prochain pour trois semaines, si l'ambassadeur a donné part.

Les États de Languedoc ont eu audience le 5; c'est M. l'évêque de Lodève (Furnel) qui a porté la parole.

M. l'évêque de Limoges, ne pouvant espérer d'être de longtemps en état de vaquer aux soins de son diocèse, a demandé au Roi la permission de se démettre. S. M. a

---

(1) Marie-Madeleine-Josèphe-Thérèse-Barbe, sœur du roi de Portugal, mariée à Ferdinand VI, roi d'Espagne, le 19 janvier 1729.

accordé cet évêché à son neveu, l'abbé d'Argentré, frère du marquis d'Argentré, ci-devant capitaine de cavalerie, et de M. l'abbé d'Argentré, lecteur de Mgr le duc de Bourgogne.

J'ai déjà marqué dans mon journal plusieurs détails sur les Invalides; je continuerai à mesure qu'ils viendront à ma connoissance. On compte que la dépense des Invalides monte, par an, à 14 ou 1,500,000 livres. Le nombre de ceux qui sont dans l'hôtel est d'environ 4,000, sur quoi il y en a 450 de détachés de l'hôtel et qui demeurent au Gros-Caillou. Outre ces 4,000 hommes, qu'il faut nourrir, il faut en habiller 12,000, y compris lesdits 4,000. Cet habillement se fait tous les trois ans, et la dépense alors augmente de 300,000 livres. Ce qui forme le revenu des Invalides, c'est la retenue de 4 deniers pour livre sur tout ce qui se paye par les trésoriers de l'ordinaire et de l'extraordinaire des guerres et de la maison du Roi. De ces 4 deniers pour livre, il y en a un quart qui est à la disposition du secrétaire d'État de la guerre et n'est point dans la recette des Invalides; ainsi cette recette n'est que de 3 deniers pour livre. Les comptables sont chargés de payer cette somme; et comme ces recettes sont exercées alternativement par différents trésoriers, les uns payent exactement, les autres sont en arrière. En temps de paix, la dépense des troupes n'étant pas aussi considérable, le Roi est obligé de donner un supplément aux Invalides, qui monte à environ 360,000 livres. L'hôtel des Invalides doit actuellement 14 à 1,500,000 livres, dont 300,000 au boulanger; mais il lui est beaucoup dû; entre autres, M. de Villette (1) doit sur son exercice 700,000 livres; il ne payoit pas, parce qu'il est dû beaucoup par le Roi; mais les Inva-

---

(1) L'un des deux trésoriers généraux de l'extraordinaire des Guerres; ces trésoriers servaient chacun une année. M. de Villette était en exercice en 1757.

lides s'embarrassent peu de cette raison, et, en effet, il n'y en a aucune qui puisse dispenser le trésorier de payer régulièrement. M. Partyet a donc pressé pour les payements, et il a été arrangé qu'il toucheroit dans ce moment, et au commencement de septembre, 50,000 livres et ensuite 20,000 livres par mois jusqu'à fin de payement. J'ai déjà marqué les grâces accordées par M. le maréchal de Belle-Isle à M. Partyet. Le traitement de l'intendant étoit de deux chevaux nourris; on l'a augmenté jusqu'à quatre. Le gouverneur n'en a que quatre, et n'en avoit point anciennement; il a de gros appointements et n'a point de traitement à l'hôtel; il jouit de trois jardins, dont un dans le fossé, qui étoit anciennement à l'intendant, et qui a été cédé par M. de Jalais au gouverneur. L'intendant avoit outre cela 20 livres de viande, 16 rations de pain; on a doublé ces deux articles, et il a 405 livres par an en argent pour son vin; et pour les jours maigres, il a l'équivalent pour la fourniture d'une table de 12 officiers. Il n'avoit anciennement que de la chandelle; M. le maréchal de Belle-Isle lui fait donner 200 livres de bougies. La consommation de l'hôtel, en vin, va à 3,000 muids par an. On donne à chaque officier un demi-setier de vin à déjeuner, une chopine à dîner et autant à souper. Autrefois on ne donnoit que 600 muids de vin pour l'hôtel; mais c'est que dans l'établissement il n'y avoit que 6 à 700 hommes; et depuis qu'on a augmenté jusqu'aux 3,000 muids, les invalides de l'hôtel ont augmenté de 7 à 800 hommes. Tout ce vin se consomme dans l'hôtel et ne peut être porté dehors. A l'égard des invalides qui sont hors de l'hôtel, on leur retient 3 deniers pour livre sur leur dépense, mais l'intendant fera rendre cette somme.

Du lundi 18, *Versailles*. — On trouvera ci-après la copie d'une lettre de M. le prince Ferdinand à M. de Saint-André, neveu du chevalier de Saint-André qui commande à Strasbourg. Ce M. de Saint-André avoit été fait prisonnier à l'affaire de M. le comte de Clermont du 23 juin. Cette lettre m'a paru digne d'être gardée.

LETTRE DU PRINCE FERDINAND, DUC DE BRUNSWICK ET DE LUNEBOURG, A M. DE SAINT-ANDRÉ.

Du 3 juillet 1758.

Je viens de recevoir, Monsieur, dans l'instant, la lettre que vous avez bien voulu m'adresser. Ce que j'ai fait à votre égard est dû à votre mérite et en considération du cas personnel que je fais de vous. Je n'ai pu voir qu'avec admiration la valeur distinguée avec laquelle vous et tous ces Messieurs qui ont combattu avec vous à la journée du 23 se sont comportés; saisi de la plus parfaite estime pour des personnes aussi valeureuses, je n'ai donc pu me dispenser de leur témoigner par des marques sensibles toute l'étendue de ce sentiment, allant au-devant de vos désirs dans la situation présente où vous, Monsieur, et les autres Messieurs avec vous se trouvent, en vous accordant la permission de retourner en France auprès de vos parents, en engageant préalablement votre parole d'honneur de ne point reprendre les fonctions de vos emplois qu'au moment de l'échange, de suivre la route prescrite et de vous écarter absolument du voisinage de votre armée, sans quoi je me verrois forcé, bien malgré moi, d'user avec plus de circonspection et même avec quelque dureté envers ceux qui seroient restés comme prisonniers, en les tenant éloignés de leur patrie. Vous sentirez vous-même, Monsieur, tout l'odieux de ces conséquences. J'ai trop de confiance dans votre façon noble de penser pour que je doute un moment que vous ne vous prêterez pas à ce que j'exige de vous. Je compatis infiniment au sort des pauvres blessés; je serois charmé de trouver des occasions pour adoucir leur situation, estimant naturellement une nation qui de tout temps a imprimé dans mon cœur ce sentiment et qui le mérite à si juste titre. Faites-moi, au reste, la justice d'être persuadé que je professe ce sentiment outre cela particulièrement pour vous, Monsieur, et soyez persuadé que je suis très-véritablement, Monsieur, votre très-humble serviteur,

FERDINAND, DUC DE BRUNSWICK ET DE LUNEBOURG.

On trouvera ci-après ce qui s'est passé à l'assemblée de la faculté de théologie du 1er de ce mois; c'est ce qu'on appelle *prima mensis*.

Assemblée de la faculté de théologie du 1er septembre 1758.

La Faculté étant assemblée, on a lu sa conclusion du 1er août dernier; qui donnoit acte d'adhésion au décret de 1729 et à la Constitution à un nommé de la Barre, qui a pris le bonnet de docteur par autorité du Roi, et dont la thèse contenoit plusieurs mauvaises propositions approuvées par M. le syndic Gervaise et de M. de Lormes, grand-maître d'études. La Faculté, par respect pour le Roi qui défendoit de délibérer, n'a pu s'opposer dans le moment à la prise du bonnet de docteur dudit de la Barre ; mais voyant qu'il étoit fait mention de lui dans la conclusion du 1er août, un docteur nommé Chambon s'est levé et a dit : « Messieurs, je m'oppose à ce que la présente conclusion soit confirmée jusqu'à ce que ledit de la Barre ait rétracté les erreurs contenues dans sa thèse, et que la Faculté les ait censurées. Je me plains, entre autres choses, de ce que ledit de la Barre ose avancer que l'assomption de la Sainte Vierge est de telle nature que la mort de Moïse, du corps de qui on ne doit point être en peine pour le lieu où il repose actuellement. C'est un sentiment pieux dans l'Église et universellement reçu que la Sainte-Vierge est dans le ciel en corps et en âme. Et conformément aux décrets de la Faculté, je demande acte de ma présente opposition, que j'ai signée, et l'ai mise sur le bureau. »

Pour éviter les suites de cette opposition, M. le syndic nous a lu un très-beau discours contre l'ouvrage qui a pour titre *De l'Esprit*. Il nous en a donné l'extrait, qui contient des choses affreuses, déclarant que son intention étoit plutôt de demander à la Faculté ce qu'il falloit faire auprès du Roi pour empêcher le cours de livres aussi mauvais que celui-là, que de vouloir travailler à sa censure.

On a mis cet article et plusieurs autres de peu de conséquence en délibération. Mais M. le doyen, appelé Tamponnet, a refusé de mettre en délibération l'opposition faite par le docteur susdit. Il a donné pour raison que le Roi le défendoit. On a lu les ordres du Roi, qui ne se sont pas trouvés conformes à ce qu'il avoit dit. Quand M. le doyen a vu cela, il s'est retiré de l'assemblée ; un autre a pris sa place.

Que M. Gervaise, syndic, se fût contenté de faire exécuter les ordres du Roi sur le silence, en faisant exiler et exclure plusieurs docteurs, ainsi qu'il est arrivé, il eût agi conséquemment ; mais qu'il nous mette dans le cas d'encourir l'indignation du Roi en nous opposant à ses ordres, pour donner le bonnet de docteur à un bachelier dont la thèse est très-mauvaise, sans que ce bachelier se soit rétracté et que la thèse ait été censurée, c'est aller contre les intentions de S. M. et causer de nouveaux troubles dans la Faculté.

Telle est cependant la position actuelle des affaires de la Faculté. M. Gervaise a déclaré qu'il étoit très-soumis au décret touchant l'assomption de la Sainte Vierge, qu'il auroit la rétractation de la Barre, et a proposé de renouveler le décret à la première assemblée. On lui a répondu : « A la bonne heure ; mais que votre écrit soit donc inscrit dans les registres. » Ce qu'il a refusé. Quant à la rétractation de la Barre, il faut encore la censure de la Faculté, parce que la thèse contient plusieurs autres mauvaises propositions. Il est inutile que la Faculté renouvelle son décret sur l'assomption de la Sainte Vierge puisque ce n'est point elle qui la contredit; de plus, il est essentiel que l'opposition faite par le docteur soit vidée, car s'il dépendoit du syndic d'empêcher les oppositions à la confirmation des conclusions, il seroit le maître de décider en faculté tout ce que bon lui sembleroit. Plusieurs docteurs ont adhéré à l'opposition. Onze heures et demie ayant sonné, M. le syndic, de son chef, a rompu l'assemblée contre toutes les règles (ce droit appartenant au doyen qui peut la prolonger), parce qu'il voyoit que la Faculté prenoit les moyens nécessaires pour censurer plusieurs thèses que lui, syndic, a signées. Aussi a-t-on observé, au sujet du livre *De l'Esprit*, qu'avant de censurer ce qui venoit de l'étranger, la Faculté devoit censurer ce qu'il y avoit de mal dans les thèses qui sortoient de ses bacheliers, qui étoient signées du syndic et des autres docteurs.

Et sur ce qu'on a proposé de demander au Roi les exilés, on a ajouté : « Peut-être le syndic fera-t-il encore exclure ceux qui veulent censurer les thèses qu'il a signées, ainsi il est inutile de demander le retour de nos confrères absents. »

On trouvera aussi le nom des docteurs qui ont été exclus de la Faculté par ordre de la Cour.

Noms des docteurs exclus de la faculté de théologie de Paris.

M. Lelarge, de la maison de Sorbonne, prêtre de Saint-Nicolas du Chardonnet, exilé à Semur.

F. Roger, *e primo genitis*, du même Saint-Nicolas.

Masson, *e primo genitis*, du séminaire de Saint-Sulpice.

Joubert, *idem.*

Bourachot, *idem.*

Le Grand, *idem.*

Garat, *e primo genitis*, de la communauté des prêtres de Saint-Sulpice.

Le Seigneur, *e Sorbona*, principal de Lisieux.

De Marcilly, *e Sorbona*.

Cauterel, *e Sorbona*, curé de Saint-Laurent.

De Lécluse, *e Sorbona*, curé de Saint-Nicolas des Champs.

Grajon, *e Regia Navarra*, prêtre de Saint-Roch.

Brunel, *e Regia Navarra*, curé de Charonne.

Chambon, *e primo genitis*, prêtre de Saint-Nicolas des Champs.

Du Bertrand, *e primo genitis*, vicaire de Saint-Nicolas des Champs.

Repey, *e primo genitis*, prêtre de Saint-François de Sales.

Jacquin, *e primo genitis*, vicaire de Saint-Sauveur.
Le Breton, *e primo genitis*, chanoine du Saint-Sépulcre.

M. le lieutenant général de police (1) manda, le 13 de ce mois, quatre des membres de cette faculté, savoir: M. Cauterel, curé de Saint-Laurent; Grajon, prêtre de Saint-Roch; Chambon, prêtre de Saint-Nicolas des Champs, et Le Breton, chanoine du Saint-Sépulcre; il leur dit que le Roi leur défendoit d'assister aux assemblées de la faculté de théologie, et que si on entendoit encore parler d'eux on les éloigneroit de Paris. Il leur parla à tous en particulier. M. Cauterel lui répondit qu'il comptoit envoyer un mémoire à M. de Saint-Florentin, pour prouver les erreurs contenues dans les thèses approuvées par M. le syndic. M. Le Breton lui tint à peu près le même langage, et lui dit qu'il exécuteroit les ordres du Roi.

Je fais copier, à la fin de ce livre, plusieurs relations des observations que mon frère a faites à Rome et qu'il a envoyées à Mme la Dauphine (2).

Le 11 du présent mois de septembre, on apprit quelques détails de ce qui s'est passé entre les Moscovites et les Prussiens. Le roi de Prusse avoit fait répandre dans toutes les nouvelles publiques des détails de la victoire qu'il avoit remportée le 25 du mois dernier; il prétendoit avoir tué 15,000 hommes aux Russes, avoir pris toute leur artillerie et la caisse militaire, et que sa perte n'étoit que d'environ 3,000 hommes; il s'en faut beaucoup que ses avantages soient aussi grands, et il ne les a pas conservés longtemps, ayant été attaqué le lendemain 26, comme on verra par la copie de la lettre ci-après. Cette lettre a été écrite par un officier attaché au prince Charles de Saxe, frère de Mme la Dauphine, et adressée à M. de Fontenay, ministre de Saxe en France; elle étoit écrite en allemand.

---

(1) M. Bertin, maître des requêtes.
(2) Voy. à l'appendice, à l'année 1758, le n° 7.

Relation de M. Delfeld, officier du prince de Saxe, qui est à l'armée des Russes.

La bataille a commencé le 25, à 10 heures du matin, et a duré jusque dans la nuit fort tard. L'ennemi a attaqué l'aile droite des Russes avec la plus grande furie ; mais les grenadiers l'ont repoussé plusieurs fois ; malgré cela, il a continué ses attaques jusqu'à ce qu'il ait eu enfin le bonheur de forcer les Russes à se retirer et principalement leur aile droite. Ensuite de quoi il a aussitôt attaqué l'aile gauche et l'a séparée de la droite. L'ennemi a eu l'avantage de pouvoir se servir de toute sa cavalerie, l'espace de terrain ne lui a pas manqué.

Sitôt que l'armée a été ainsi séparée, l'ennemi a poursuivi l'aile droite des Russes et poussé quelques bataillons dans un marais qu'ils avoient à leur dos. S. A. R. étoit forcée elle-même de prendre ce chemin et a traversé à cheval ce marais avec une escorte de 100 hussards et autant de Cosaques. Le prince y a perdu 13 chevaux qui ont demeuré embourbés. Le général Saint-André étoit à côté du prince. Tous les dragons et hussards de l'ennemi les ont poursuivis jusque-là ; ils y ont mis pied à terre et fait un feu continuel sur eux.

L'ennemi a aussitôt commencé à dresser une batterie pour mettre les Russes en déroute ; ceux-ci ont aperçu qu'il ne leur restoit d'autre moyen que de périr dans ce marais ou de tenir ferme devant, et de faire une nouvelle attaque. Il fut défendu sous peine de la vie de reculer d'un pas, ce qui fut suivi et exécuté. Quelques heures après, on reforma quelques bataillons qui s'opposèrent à l'ennemi et fusillèrent pendant toute la nuit, ce qui donna le temps aux Russes de se rassembler et de se former de nouveau en corps. S. A. R. passa la nuit à Soldmen. Le colonel Bulow avoit un escadron de dragons avec lui et étoit avant l'action dans cette ville. A deux heures du matin, S. A. R. alla avec quelques chevaux à Drisen, parce qu'on avoit toujours de mauvais avis du côté des Russes ; mais ceux-ci, s'étant bien rassemblés le 26 au matin, attaquèrent les Prussiens en lions et forcèrent par là l'ennemi à leur céder le terrain qu'ils avoient perdu le 25. Le feu fut aussi vif que la veille et dura aussi longtemps ; il n'y eut que la nuit qui mit de l'intervalle, pendant laquelle les deux armées demeurèrent en présence l'une de l'autre.

S. A. R. envoya de Drisen le major Ettinghen au général Fermor ; il rapporta la nouvelle que la face des affaires avoit changé le 26 et qu'elles avoient pris une tournure favorable pour les Russes, et que le général Romanzov étoit déjà arrivé avec 4 régiments frais, avec l'assurance que le 28 les autres régiments arriveroient aussi. Sur ce rapport, S. A. R. partit le 27, à huit heures du soir, de Drisen pour se rendre à l'armée sur des chevaux de paysans.

On prétend que 5 à 600 déserteurs sont arrivés à Landsberg. Les Cosaques qui sont passés ici sont arrivés précisément le 25, pour la bataille et ont très-maltraité un régiment de cuirassiers prussiens.

On dit blessé le général Fermor, commandant. Le général major Totleben, en parlant avec S. A. R., reçut une balle qui lui passa par la tête; on lui a ouvert le nez pour la retirer. On dit en général que la défaite est très-grande des deux parts. Le champ de bataille est si couvert de corps morts qu'on ne peut pas y passer à cheval. Le jeune comte Schwerin, aide de camp du roi de Prusse, qui a été fait prisonnier, a dit que le Roi avoit quitté l'armée et étoit allé à Custrin, ayant perdu l'espérance de résister plus longtemps. L'infanterie prussienne a beaucoup souffert, et outre cela la désertion est grande dans ce corps.

Les Russes font joindre tous leurs détachements et se sont fermement proposé d'attaquer de nouveau, et de ne pas laisser à l'ennemi le temps de se reconnoître dès que les régiments de Romanzov seront arrivés.

Le 12 dudit mois, le roi de Pologne, qui avoit couché la première nuit à Sary, la seconde à Lusancy, arriva ici sur les sept heures du soir. Il alla chez le Roi le mercredi matin, et il le vit dans son lit; le Roi lui rendit sa visite le même jour, à une heure et demie, et partit l'après-dînée pour Choisy d'où il ne revient qu'aujourd'hui. Tout se passe ici comme l'année dernière; le roi de Pologne loge dans l'appartement de M. le comte de Clermont; c'est la Reine qui lui donne à dîner, et ils dînent tous les jours à midi dans l'appartement du roi de Pologne. Par cet arrangement, la Reine entend la messe une heure plus tôt qu'à l'ordinaire et se retire les soirs un quart d'heure plus tôt. Il n'y aura point de couvert pendant tout le temps du séjour du roi de Pologne, ni de musique à la messe de la Reine; il n'y a point non plus, pendant ce temps, de jeu chez la Reine, excepté les jours de grand couvert, que la Reine commence son jeu et le donne ensuite à tenir à quelqu'une de ses dames pour venir voir le Roi son père. Tous les autres jours, elle demeure avec lui depuis le dîner jusqu'à huit heures trois quarts, excepté une heure ou deux qu'elle passe chez elle, ou le temps qu'elle est à l'église les jours de dimanche et de fêtes. La santé du roi de Pologne paroît très-bonne, et son esprit aussi gai qu'à l'ordinaire ; la seule incommodité qu'il éprouve, c'est l'affoiblissement de sa vue, ce qui le prive de plusieurs amusements, comme la lecture, la peinture et la musique ; quant à la musique, il l'entend volontiers ; mais il jouoit de la flûte, ce qu'il ne peut plus faire. Hier dimanche, il alla à la chapelle deux fois à pied et revint de même. Le roi de Pologne n'a encore sorti que pour aller avant-hier après dîner se promener à Bellevue.

M. de Broc, colonel du régiment de Bourbon, arriva ici, le 13, envoyé par M. le duc d'Aiguillon, avec la nouvelle de la victoire remportée sur les Anglois, le 11 de ce mois, près de Saint-Cast. Ne trouvant point M. le maréchal de Belle-Isle à Versailles, il ne voulut rien dire et partit sur-le-champ pour Paris. Mgr le Dauphin, voulant être instruit de la nouvelle qu'apportoit M. de Broc, envoya un page à Paris chez M. de Belle-Isle, et ne voulut point se coucher que le page ne fût revenu ; le page revint sur les deux heures après minuit. Le détail de cette action arriva, le lendemain 15, par M. d'Aubigny, capitaine depuis dix-huit ans dans le régiment de Marbeuf-Dragons, fils de M. d'Aubigny, maréchal de camp qui commandoit une des attaques. On trouvera ci-après la relation de cette action mémorable, qui fait grand honneur à M. le duc d'Aiguillon. Le Roi a eu la bonté de dire à M. le maréchal de Belle-Isle qu'il examinât quelle sorte de récompense il pouvoit donner à M. d'Aiguillon, car c'étoit son intention de lui en donner. M. le maréchal de Belle-Isle a consulté la famille de M. le duc d'Aiguillon, qui est elle-même embarrassée de savoir ce qu'elle peut demander. En effet, M. d'Aiguillon est chevalier de l'Ordre, duc et pair, et vient d'être fait lieutenant général ; il est même le dernier de tous, et l'on en a fait quatre de plus pour aller jusqu'à lui. Il ne resteroit donc de récompense à lui donner qu'un gouvernement, mais il n'y en a point de vacant. On dit à la louange de M. d'Aiguillon que lorsqu'il a été envoyé commander en Bretagne, les esprits y étoient fort échauffés ; il a trouvé le secret de tout concilier ; il s'est fait aimer et estimer de la Noblesse, du Parlement, du peuple, et des troupes et officiers de mer et de terre. Il est aussi actif et infatigable dans le travail du cabinet que dans les opérations militaires ; il travaille facilement et tous les suffrages sont réunis en sa faveur.

Il faut ajouter quelques circonstances à cette relation. On ignore quel pouvoit être le dessein des Anglois en débarquant à Saint-Briac, et les officiers anglois qui ont été faits prisonniers n'en sont pas plus instruits que nous (1). Tout ce qu'on peut penser, c'est qu'ils s'imaginoient que, débarquant un gros corps de troupes, ils nous engageroient à rassembler toutes nos forces pour marcher à eux, et que, nous obligeant par là à dégarnir Brest ou Lorient, ils auroient le temps de se rembarquer et d'arriver à l'un ou l'autre de ces deux ports, avant que nos troupes, qui en auroient été éloignées, eussent eu le temps d'y retourner. M. d'Aiguillon étoit trop sage pour dégarnir les endroits importants qui pouvoient être attaqués ; et M. de la Châtre, qui est sorti avec la garnison de Saint-Malo, n'a quitté cette place qu'à cause de la grande proximité, et parce qu'elle étoit bien à couvert de toute insulte dans ce moment. Mais on pourra demander pourquoi les Anglois, qui avoient débarqué à Saint-Briac, ne se rembarquoient pas au même endroit?

---

(1) Voyez sur ce débarquement et sur celui exécuté, en juin 1758, dans la baie de Cancale, un remarquable travail de M. Baude, intitulé : *les Côtes de Bretagne*, dans la *Revue des Deux-Mondes* du 15 novembre 1851, t. XII, p. 669. — « Il est impossible, dit M. Baude, de découvrir un but raisonnable à la marche des Anglais de Saint-Briac à Saint-Cast. » Le souvenir de la victoire du *général Guillon* est encore populaire dans cette partie de la Bretagne. On a élevé récemment, à Saint-Cast, un monument commémoratif de la victoire du duc d'Aiguillon ; le lévrier breton y terrasse le léopard britannique.

Il est vraisemblable que c'est parce que leurs vaisseaux, ne pouvant pas autant approcher de la côte dans cette partie que dans celle de Saint-Cast, ils ont voulu se porter dans l'endroit le plus commode pour leur rembarquement, dans la crainte d'être obligés de le faire avec précipitation, lorsqu'ils ont su que nos troupes se rassembloient. Il est cependant singulier qu'ils aient été depuis le 5 jusqu'au 10 à se porter de Saint-Briac à Matignon, d'autant plus qu'il ne falloit pas tant de temps vraisemblablement pour que leur flotte changeât sa position. Une circonstance qui n'est point marquée dans la relation, c'est que dans l'ancien et mauvais retranchement où les ennemis étoient au bord de la mer, lorsqu'on les a attaqués, ils avoient sur leur droite une redoute qui a été d'abord attaquée et emportée par M. d'Aubigny. M. d'Aubigny fut quelque temps dans le village de Saint-Cast sans déboucher, attendant que les deux autres colonnes commençassent l'attaque ; mais, voyant que cette attaque retardoit et que le rembarquement continuoit, il prit le parti de dédoubler sa colonne pour occuper un plus grand front, et marcha ainsi aux ennemis malgré le feu de leurs vaisseaux. M. le duc d'Aiguillon envoya, le 16, un de ses gens pour dire que les Anglois avoient mis à la voile et qu'on les avoit perdus de vue. M. le maréchal de Belle-Isle, aussitôt qu'il eut reçu la nouvelle de Bretagne, ordonna qu'on tirât le canon des Invalides et de la Bastille ; il y aura un *Te Deum*. M. de Broc n'arriva à Paris que fort tard, cependant M. le maréchal de Belle-Isle voulut le mener à Choisy ; le Roi venoit de se coucher quand M. de Belle-Isle arriva. Comme il n'y avoit qu'un moment, M. de Belle-Isle demanda au premier valet de chambre de lui ouvrir la porte ; le Roi lui dit : « Je me doutois bien que je vous verrois aujourd'hui. » Et après avoir fait la conversation pendant un moment, il ordonna qu'on fît entrer M. de Broc, auquel il eut la bonté de faire des questions pendant une demi-heure.

Relation du combat de Saint-Cast, en Bretagne, le 11 septembre 1758, envoyée par M. le duc d'Aiguillon.

M. le duc d'Aiguillon ayant été informé le 5 septembre au soir, à Saint-Mathieu en avant de Brest, que la flotte angloise, après s'être montrée à une lieue au nord de Saint-Malo, le 3, et y avoir mouillé une partie de la journée, avoit mis à terre à Saint-Briac, le 4, un corps de 12 à 13,000 hommes, expédia sur-le-champ des courriers aux commandants des différents départements de la province, pour qu'ils eussent à faire filer sur cette partie les troupes qui étoient sous leurs ordres, à l'exception des garnisons de Belle-Isle, Lorient, le port Louis et la garniture du comté Nantois, conformément aux instructions qu'il leur avoit données.

Celles qui étoient cantonnées dans les environs de Brest commencèrent à se mettre en mouvement dès le soir même ; et on n'y laissa que le régiment de Talaru, avec 1 bataillon de la marine et 5 de gardes-côtes. Il partit la nuit et se rendit directement à Lamballe, où il apprit, le 6, en arrivant, que les ennemis avoient établi leur camp entre Saint-Briac et Dinard, et poussé des détachements sur Ploubalay et Pleurtuit, à 2 lieues de Dinan. Sur cette nouvelle, il fit avancer dès la nuit même sur cette ville les troupes que M. d'Aubigny avoit conduites de Tréguier, et qui venoient d'arriver à Lamballe en deux marches forcées. Ce poste, très-important parce qu'il assuroit la communication avec les troupes qui étoient dans Saint-Malo et avec celles qui, du comté Nantois, devoient se porter à Hédé, et que toutes nos subsistances y étoient renfermées, fut occupé le 7 avant midi ; Plancoüet le fut en même temps par 800 gardes-côtes, ce qui retarda les progrès des ennemis et éclaira leurs mouvements.

Le 8, M. le duc d'Aiguillon s'étant avancé jusqu'à cette dernière ville, à 3 lieues de Lamballe, y apprit, à l'entrée de la nuit, que les ennemis, qui avoient levé leur camp de Saint-Briac le matin, marchoient par leur droite pour se porter sur le Guildo et le passer, le lendemain, au gué distant d'une petite lieue de Plancoüet. Ce mouvement le détermina à leur donner de l'inquiétude sur leur gauche, et il ordonna en conséquence à M. d'Aubigny de s'avancer, le 9, sur Plouer avec le régiment de Brie, le bataillon de Marmande, le premier des volontaires étrangers, 3 de milices gardes-côtes et 2 escadrons de dragons, et de pousser M. le chevalier de Polignac jusqu'à Pleurtuit. M. le marquis de la Châtre eut ordre, en même temps, de sortir de Saint-Malo avec le régiment de Boulonnois, le bataillon de Fontenay-le-Comte et 2 de milices gardes-côtes, de passer la rivière de Rance, de se porter sur Ploubalay et d'avancer sur sa gauche un détachement aux ordres de M. de Béon, lieutenant-colonel de Boulonnois, pour communiquer avec M. le chevalier de Polignac.

Le 9, les ennemis passèrent le Guildo (1) et vinrent camper entre Saint-Jeguhel et le bois Duval. Plancoüet se trouvant à découvert par cette position, le troisième bataillon des volontaires étrangers et 2 escadrons de dragons y furent portés le soir, et M. le chevalier de Saint-Pern fut détaché dans la nuit avec 400 hommes, pour avancer jusqu'à Saint-Potan et éclairer la marche des ennemis.

Le 10, à la pointe du jour, ils se portèrent à Matignon et y établirent leur camp. Les régiments de Bourbon, Brissac, Bresse et Quercy, arrivés la veille à Lamballe, avancèrent à Hénan, à 1 lieue de Matignon. M. le comte de Balleroy les y joignit avec 2 escadrons de dragons et prit le commandement de cette colonne. Le second bataillon du régiment de Penthièvre se porta de Jugon à Plancoüet. MM. d'Aubigny et de la Châtre eurent ordre de se joindre et de passer le Guildo. Sur le midi, M. le duc d'Aiguillon se porta de Hénan, avec un gros détachement, sur Matignon, pour reconnoître la position des ennemis, qui lui parut très-avantageuse en général et inexpugnable de ce côté. Il se détermina à la tourner par la gauche, et marcha en conséquence par Ruca sur Saint-Potan, où M. le marquis de Broc fut établi avec 8 compagnies de grenadiers, 12 piquets et 200 dragons. M. d'Aubigny, avec le corps qu'il commandoit, fût mis en potence sur la droite et le reste des troupes à Pludano à 1 lieue en arrière, à l'exception du régiment Royal-des-Vaisseaux, qui n'arriva que la nuit à Hénan avec une division d'artillerie.

M. de Broc eut ordre de fusiller toute la nuit avec les gardes des ennemis et de marcher sur eux s'ils décampoient.

Le 11, les ennemis, qui pendant la nuit avoient fait leurs dispositions pour se retirer, commencèrent à la pointe du jour à se replier sur Saint-Cast. M. de Broc se mit à leur suite et en donna avis à M. de Balleroy, qui marcha sur-le-champ pour le soutenir. M. le duc d'Aiguillon se porta en avant au grand galop, avec le régiment de dragons de Marbeuf, et joignit le détachement de M. de Broc, dont la tête arrivoit sur la hauteur de Saint-Cast; il fit mettre sur-le-champ pied à terre aux dragons, le terrain ne permettant pas qu'on en fît usage à cheval. Il étoit environ neuf heures du matin. La flotte ennemie étoit en ligne et les chaloupes commençoient à porter à bord les troupes qui étoient en bataille sur la plage, dans le fond de l'anse de Saint-Cast, derrière des dunes et des retranchements qu'ils avoient faits pour protéger leur embarquement.

Nos troupes arrivoient avec une vitesse incroyable et se portoient sur les hauteurs de Saint-Cast. Dès que les ennemis en aperçurent la

---

(1) Le Guildo, ou l'Arguenon, qui passe au Guildo près de son embouchure.

tête, ils commencèrent à les canonner et bombarder de 4 ou 5 frégates et d'autant de galiotes à bombes qui étoient très-près de terre. Notre canon arriva et commença à tirer sur les dix heures. M. le duc d'Aiguillon décida sur-le-champ son attaque; il porta sur la droite de la plage M. le comte de Balleroy avec les régiments des Vaisseaux, de Bourbon, de Brissac, de Bresse et de Quercy, pour se longer par les haies et une rampe de sable qui conduisoit à la gauche des retranchements des ennemis; M. d'Aubigny avec les régiments de Boulonnois et de Brie et les bataillons de Fontenay, et le comte de Marmande et le premier des volontaires étrangers à la gauche, pour déboucher sur la droite au-dessous du hameau de l'Isle; et M. de Broc eut ordre de marcher avec son détachement droit au centre des ennemis. Le second bataillon de Penthièvre avec le troisième des volontaires étrangers, aux ordres de M. le chevalier de Saint-Pern, furent mis en réserve. M. le chevalier de Redmont, maréchal-général-des-logis, fut chargé de conduire la colonne de la gauche dans le chemin pour former son attaque. M. le chevalier de Fontelle, aide-maréchal-général-des-logis, fut mis à celle du centre, et M. du Bousquet, major du régiment Royal-des-Vaisseaux faisant fonctions de major-général, à celle de la droite.

Pendant que toutes ces dispositions s'exécutoient avec une ardeur et une diligence singulières, le feu des troupes et des galiotes à bombes des ennemis ne discontinua point et fut d'une vivacité extraordinaire. La colonne de la gauche déboucha la première, vers les onze heures et demie, avec beaucoup de promptitude; elle fut bientôt suivie de celles du centre et de la droite. Les troupes se portèrent avec une vitesse et une valeur singulières aux retranchements des ennemis, malgré le feu prodigieux de l'artillerie de la flotte, tant du canon et des bombes que de la mousqueterie de leurs huniers et de plusieurs barques armées qui étoient sur leurs flancs. Les ennemis voulurent marcher en avant et former une colonne par leur centre. Mais de quelques pièces de canon, M. de Villepatour, qui commandoit l'artillerie, les dérangea et les fit bientôt retirer. L'attaque devint générale; elle dura une heure et demie; les ennemis furent forcés; notre artillerie leur tua beaucoup de monde qui cherchoit à se rembarquer. Trois de leurs barques de soldats furent coulées bas; ils en perdirent aussi plusieurs autres qui gagnoient la flotte. Le feu cessa vers deux heures après midi. Les frégates et galiotes des ennemis commencèrent à s'éloigner, soit à cause de l'arrivée de notre grosse artillerie qu'elles pouvoient découvrir sur la hauteur, soit à cause que la marée descendoit. La grève étoit couverte de corps morts des ennemis (1); il y en avoit

---

(1) On l'appelle encore *cimetière d'Anglais*.

aussi une grande quantité qui flottoient sur l'eau, et il est resté sur la plage environ 1,900 hommes des leurs, parmi lesquels plusieurs officiers de marque, entre autres un colonel et le lieutenant-colonel des gardes, sans ce qui a été tué sur les barques ou noyé. Le général Dury est du nombre de ces derniers. Nous avons plus de 600 prisonniers et 35 officiers, dont quelques-uns des premières maisons d'Angleterre, 3 ou 4 colonels, autant de lieutenants-colonels et 4 capitaines de vaisseau qui étoient restés sur la plage pour commander la manœuvre de l'embarquement. Ce corps de troupes a été totalement détruit; nous savons par les ennemis eux-mêmes que de 12 compagnies de grenadiers, les unes de 70, les autres de 100 hommes, ainsi que des volontaires de la marine, il ne s'en est pas rembarqué un seul; leur perte peut aller à 4,000 hommes. La nôtre monte à environ 400 hommes tant tués que blessés, mais celle des officiers est par proportion plus considérable que celle des soldats. Les régiments de Brie et de Boulonnois ont beaucoup souffert, ayant été obligés de traverser un terrain difficile, sous le feu des frégates des ennemis, pour se porter sur leurs retranchements. Malgré cet obstacle, ces régiments ont marché avec l'intrépidité la plus soutenue, ainsi que toutes les compagnies de grenadiers et piquets, qui ont aussi beaucoup perdu. Jamais les troupes ne montrèrent plus de valeur et de bonne volonté; elles se sont portées avec une diligence incroyable, malgré la fatigue des marches redoublées qu'elles avoient faites pour arriver, la plus grande partie ayant fait près de 50 lieues de Bretagne (1) en quatre jours.

M. le chevalier de Redmont, chargé de conduire la colonne de la gauche, s'en est acquitté avec toute la bravoure et l'intelligence possibles. On ne sauroit trop louer la valeur et la conduite de M. le marquis de Broc, qui commandoit l'attaque du centre; M. le chevalier de Fontelle, aide-maréchal-général-des-logis, s'y est aussi fort distingué. M. le chevalier de Polignac et M. le comte de la Tour-d'Auvergne ont fait des prodiges de valeur, ainsi que leurs régiments.

L'artillerie a été servie avec la vivacité et l'activité qu'on connoît à M. de Villepatour, qui la commandoit.

La noblesse bretonne a donné, dans cette occasion, de nouvelles preuves de son honneur et de son zèle pour le service du Roi. M. le marquis de Cucé, sous-lieutenant de la première compagnie des mousquetaires, M. Dubois de la Motte, capitaine de vaisseau, M. de Robien, sous-lieutenant des grenadiers, M. de Kerguesec et plusieurs autres gentilshommes de la province auxquels se joignit M. le marquis de Montaigu, neveu de M. de Crenay, vice-amiral, qui se trouva à

---

(1) La lieue de Bretagne vaut 5 kilomètres, exactement 5,067 mètres.

Saint-Malo lorsque les troupes en partirent, marchèrent comme volontaires à la tête des grenadiers de Boulonnois et s'y distinguèrent. Un nombre considérable d'autres se rendit la veille et le matin auprès de M. le duc d'Aiguillon, qui les distribua aux différentes attaques pour servir d'aides de camp aux officiers qui les commandoient.

Du mercredi 20. — Il y a quinze jours environ que Mme d'Aremberg (Bienassis) gagna son procès contre M. d'Egmont. Il s'agissoit d'une terre vendue par feu M. d'Egmont, le dernier mort; cette terre, par sa situation, convenoit à M. d'Aremberg, étant à portée de ses terres. M. d'Aremberg a formé une demande en retrait lignager. Il est cousin germain de M. d'Egmont par sa mère. M. d'Egmont, à qui cette terre convenoit aussi, a formé la même demande et paroissoit y avoir droit étant frère du vendeur. La terre étant dans la souveraineté de Bouillon, la question a été jugée par le conseil souverain de M. de Bouillon, séant à Paris à l'hôtel de Bouillon; il a été décidé en faveur de M. d'Aremberg (1).

L'arrivée du roi de Pologne ici a donné occasion à Mmes de Koulas et Hildebrand de venir faire leur cour à la Reine, le 15, et au Roi son père. Mme de Koulas est Linange, de même maison que celui dont j'ai parlé dans ce journal, qui vint ici il y a quelques années avec sa femme (Levenhaupt) et M. et Mme d'Hamilton, ses beau-frère et belle-sœur; c'est aussi la même maison que

---

(1) Il y a quelques observations à ajouter à l'article du procès de M. d'Egmont; ce procès a été jugé par appel au conseil de M. de Bouillon, à Paris; il avoit été jugé en première instance à Bouillon, et le conseil souverain suit toujours la personne du souverain. Ce qui a décidé contre M. d'Egmont est une lettre de Mme sa mère; feu M. d'Egmont, le dernier mort, avoit vendu la terre en question et étoit encore vivant lorsque M. d'Aremberg eut intention de la retirer. M. d'Egmont d'aujourd'hui n'étoit pas alors en état de faire ce retrait, quoique la terre lui convînt beaucoup. Mme d'Aremberg ayant écrit à Mme d'Egmont pour savoir ce qui convenoit à M. son fils pour ce retrait, Mme d'Egmont répondit affirmativement que M. d'Egmont n'y songeoit point. Lorsque les affaires de M. d'Egmont lui ont permis de faire cette acquisition, il étoit trop tard, et les formalités requises par la loi n'ont pas été remplies dans le temps prescrit. (*Note du duc de Luynes.*)

feu Mlle de Linange, qu'on appeloit Madame, et qui étoit dame d'honneur de feu la reine de Pologne, mère de la Reine. Mme de Koulas a environ cinquante ans. Son mari est gentilhomme, mais les Linange n'ont pas approuvé ce mariage. Mme Hildebrand est une femme d'environ cinquante ans aussi, grande, bien faite, fort blanche. Elle est Suédoise. Son nom est Spaar. Elle est fille de feu l'amiral Spaar, qui étoit de même maison que le baron de Spaar, ministre de Suède en France. M. Hildebrand est ministre de Suède à Madrid. Elle y a demeuré trois ans avec lui, et comme elle s'ennuyoit de cette vie, qui en effet est triste pour les femmes surtout, elle a pris le parti de retourner en Suède; son mari est venu la conduire à Paris; il se plaît en Espagne et y retourne. Ils ont trois enfants, une grande fille qu'elle a amenée ici avec elle et qui paroît avoir vingt-cinq ans; elle est bien faite. Ils ont deux garçons. L'aîné est au service de France dans le régiment Royal-Suédois; le cadet est dans la marine, où il lui est arrivé un accident bien malheureux; en s'embarquant, il fit une chute et se démit la hanche; il fut 32 jours sans chirurgien et par conséquent sans être pansé. Il est guéri, mais il sera boiteux toute sa vie. Mme Hildebrand et Mme de Koulas n'ont vu la Reine qu'en particulier. M. le baron de Scheffer a amené ici Mme Hildebrand.

Extrait d'une lettre de Rome, du 20 septembre 1758.

Dimanche dernier, le pape a ouvert le jubilé qu'il a accordé à l'occasion de son exaltation. S. S. s'est rendue, dans ses carrosses, à huit heures du matin, de Monte-Cavallo à la vaste et belle église des Chartreux. Le sacré collége, qui l'y attendoit, a été le recevoir à la porte de l'église. Le pape y étant entré a commencé par dire une messe basse, après laquelle il a été en procession au maître autel pour adorer le saint-sacrement qui y étoit exposé. Là, sa chapelle a commencé à chanter les litanies des Saints, qui ont été continuées jusqu'à l'église de Sainte-Marie-Majeure. S. S. avec le sacré collége, toute la prélature et tous les corps des communautés religieuses d'hommes qui marchoient en avant, s'y est rendue à pied. On avoit eu la précaution de rendre le chemin facile en y répandant un sable très-doux ; des toiles qu'on avoit tendues garantissoient aussi de l'ardeur du soleil. La procession étant arrivée à l'église de Sainte-Marie-Majeure, on a achevé les litanies au maître autel où le saint-sacrement étoit exposé. S. S. a chanté les oraisons qu'elle avoit elle-même prescrites dans l'ordre des prières ordonnées pour le jubilé et a fini la cérémonie par donner sa bénédiction solennelle.

Du jeudi 21. — Le Roi a tenu ce matin un chapitre de l'Ordre, dans lequel M. de Saint-Florentin, comme chancelier dudit ordre, a rendu compte à S. M. des preuves qui ont été faites pour MM. les cardinaux de Gesvres et de Luynes, et des formalités qui y ont été remplies ; et en conséquence le Roi, après avoir pris, suivant l'usage, l'avis de ceux qui composoient ledit chapitre, a donné permission auxdits deux cardinaux de porter l'Ordre. C'est le secrétaire de l'Ordre (aujourd'hui M. de Marigny) qui est chargé d'envoyer le cordon bleu avec la croix, et cette croix est la seule que les évêques et archevêques puissent porter devant le pape, parce qu'elle ne signifie aucune juridiction, au lieu que celle qu'ils ont coutume de porter étant une preuve d'autorité spirituelle, doit être supprimée devant le chef visible de l'Église. Il est assez ordinaire que le secrétaire de l'Ordre fasse partir un courrier exprès, mais comme l'on a l'expérience que ces courriers, peu accoutumés à la poste, arrivent plus tard que le courrier ordinaire, on a pris le parti de n'en point envoyer exprès. Dans cette occasion-ci, on profitera d'un courrier que M. l'abbé de Bernis fait partir pour Rome. Les formalités nécessaires pour obtenir la permission de porter l'Ordre, sont : l'examen des preuves, l'information de vie et mœurs et la profession de foi. Les preuves sont bientôt faites quand on a un père ou un frère chevalier de l'Ordre ; cependant il faut les mettre en règle ; c'est ce que fait le généalogiste de l'Ordre. Ensuite elles sont présentées à deux commissaires de l'Ordre nommés par une commission ; cette commission est dressée par le secrétaire de l'Ordre et scellée par le chancelier dudit ordre ; c'est le nouveau commandeur qui choisit les deux commissaires. Ceux de mon frère ont été M. le duc de Saint-Aignan et M. le comte de Mailly, premier écuyer de Mme la Dauphine. L'information de vie et mœurs et la profession de foi se font toujours dans le lieu du séjour actuel du nouveau commandeur, et par conséquent elle a été faite à Rome pour les deux cardinaux. La profession de foi ne peut être faite que devant un prélat de l'Ordre. Celle-ci a été faite devant M. l'abbé de Canillac, les abbés étant réputés prélats de l'Ordre.

Le Roi a signé aujourd'hui le contrat de mariage de M. Guisthel avec Mlle de Melun, dont j'ai déjà parlé. M. de Guisthel est un homme de condition qui n'est point dans le service.

Du vendredi 22. — Mme de Sartirane a pris aujourd'hui son audience de congé ; elle retourne à Turin. A l'audience de congé, l'ambassadrice dîne chez le secrétaire d'État des affaires étrangères. Aujourd'hui c'est Mme de Chevreuse qui a fait cette cérémonie, et Mme de Sartirane a dîné chez M. l'abbé comte de Bernis.

M. l'archevêque de Lyon (Montazet) prêta serment entre les mains du Roi.

M. l'abbé de Sainte-Hermine, aumônier de la Reine, et M. l'abbé de Bouville, vicaire général de Chartres, ont été nommés commandeurs de l'ordre royal et militaire de Notre-Dame du Mont-Carmel.

M. le maréchal de Luxembourg vient d'arriver de Normandie où il commandoit.

Il paroît très-certain que les nouvelles publiées par Berlin sur la victoire du 25 ne sont nullement exactes. M. le maréchal de Belle-Isle, qui a vu la copie de la lettre écrite par M. de Fermor à M. Soltikof, à Hambourg, dit que l'extrait qui est dans *la Gazette* n'est pas absolument exact. Le fait est que depuis le matin jusqu'à deux heures après midi, le 25, l'infanterie prussienne ayant été écrasée sans avoir pu entamer les Russes, le roi de Prusse fit avancer sa cavalerie, qui sépara l'aile droite des Russes, la mit entièrement en déroute et la poussa dans le marais. Le roi de Prusse, ayant cru la bataille gagnée, s'en alla à Berlin; mais l'aile gauche et le centre de l'armée russienne n'avoient point été entamés; ils attaquèrent le soir de ce même jour les Prussiens; ils leur tuèrent beaucoup de monde, prirent des drapeaux et étendards qu'ils envoyèrent à Pétersbourg et 25 pièces de canon, et firent des feux de joie sur le champ de bataille dont ils étoient demeurés maîtres.

Le 26, il n'y eut qu'une canonnade vive de part et d'autre. C'est M. de Champeaux qui a envoyé la copie de cette lettre. Cette affaire s'appelle la bataille de Zorndorf; on peut l'appeler aussi de Gross-Kamin, parce qu'elle s'est donnée près de ce lieu.

M. de Soubise est toujours à Embeck. Il a envoyé Fischer avec un détachement jusqu'à Hanovre. M. le maréchal de Belle-Isle croit que M. d'Isenbourg est à Hameln, qu'il n'a qu'environ 7,000 hommes dont la plus grande partie est de milice.

M. le prince Ferdinand lui a envoyé 7 bataillons et 10 escadrons. On me paroît très-décidé ici à désirer que M. le maréchal de Contades attaque les ennemis.

L'armée du prince Henri est de 26,000 hommes. Les Impériaux et les Autrichiens avoient résolu de concert de les attaquer. L'arrivée du roi de Prusse a dérangé ce projet; il paroît que le Brandebourg est à découvert, et que les Suédois et les Russes ne doivent pas trouver d'obstacles qu'ils ne puissent surmonter.

Du mardi 26. — Mme de Rochechouart (Charleval), l'une des dames de Mesdames cadettes, ayant demandé permission de se retirer à cause de sa mauvaise santé, a obtenu cette grâce sans quitter la Cour (1). Mme de Rochechouart conserve ses appointements, son logement et ses entrées à la suite de Mesdames. Elle étoit, avec Mlle de Werderen et Mlle de Braque, une des demoiselles de confiance qui furent attachées à Mesdames cadettes à leur arrivée de Fontevrault, et elle avoit été attachée en particulier à Madame Victoire.

J'ai marqué, dans l'année dernière, la très-jolie fête que Mme de Monconseil donna au roi de Pologne dans le bois de Boulogne, près Madrid, le jour de son départ pour Lunéville; elle désiroit beaucoup que ce prince lui fît encore cet honneur cette année, et s'étoit donné beaucoup de mouvement pour obtenir cette grâce. Le roi de Pologne avoit toujours dit qu'il iroit, mais qu'il ne vouloit point de fête. Il n'étoit point question d'un dîner comme l'année passée, mais seulement de prendre du café et d'un amusement d'une heure ou deux (2). Mme de Monconseil, qui a beaucoup de goût et qui est parfaitement bien servie dans ces sortes d'occasions, avoit déjà fait tous ses arrangements; tout étoit prêt pour les différents divertissements, soit dans le jardin, soit dans la maison, suivant le temps. On avoit fait une répétition et elle se flattoit qu'elle obtiendroit jour pour aujourd'hui mardi. Elle vint à Versailles et ne put jamais savoir autre chose, sinon que le roi de Pologne iroit un jour chez elle sans dire lequel; de ce moment elle renonça à tous projets. Aujourd'hui, le roi de Pologne a donné l'ordre pour des carrosses disant qu'il vouloit aller voir l'École militaire; en conséquence, on envoya avertir M. le chevalier de Croismare, qui commande cette école. Le roi de Pologne ayant relayé à Sèvres, on

---

(1) Son mari, frère de M. l'évêque de Laon et du ministre auprès de l'Infant, est menin de Mgr le Dauphin. (*Note du duc de Luynes.*)

(2) Mme de Monconseil n'étoit pas sans espérance que peut-être la Reine voudroit y aller avec le Roi son père. (*Addition du duc de Luynes*, datée du 8 octobre.)

le menoit le long de la rivière, lorsqu'il donna l'ordre que l'on passât le pont de Sèvres et qu'on allât au bois de Boulogne; il est arrivé chez Mme de Monconseil, qu'il a trouvée toute seule avec sa famille. Cette surprise n'a pas empêché qu'il n'ait eu quelques vers et quelques chansons de fort bon goût et très-flatteuses; elles ont été chantées par Mlle de Monconseil, qui a neuf ou dix ans; elle a une jolie figure et beaucoup de grâce. Le roi de Pologne a pris un peu de café; il y a eu de bonnes plaisanteries, et le tout a duré un bon quart d'heure.

OCTOBRE.

Affaires de Lorraine. — Questions d'étiquette. — Départ du roi de Pologne. — Le roi et la reine des Deux-Siciles. — Nouvelles de l'armée. — Assemblée du clergé. — Nouvelles diverses de la Cour. — Le Pape nomme l'abbé de Bernis cardinal. — Nouvelles de l'armée. — Mort de M. Delavigne. — Le Roi à Fontainebleau. — Mort du cardinal Archinto. — Nouvelles des armées de Contades et de Soubise. — Bataille de Lutternberg, gagnée par M. de Soubise. — Assassinat du roi de Portugal. — Réflexions sur les armées autrichiennes, suédoises et russes, et sur le peu de profit que les intérêts de la France et de la Saxe retirent de leurs opérations.

Du dimanche, 1er *octobre.* — M. de la Galaisière, le fils, a remercié aujourd'hui pour l'intendance de Lorraine, à laquelle le Roi vient de le nommer sur la démission de son père, qui reste toujours chancelier de Lorraine. M. de la Galaisière, le fils, étoit intendant de Montauban depuis deux ans et demi; il y a trouvé des esprits aigris et prévenus. On sait que la cour des aides de Montauban a refusé constamment de recevoir pour premier président M. de Saint-Michel, lieutenant général de Marseille, que le Roi y avoit nommé (1). M. de la Galaisière s'est con-

---

(1) Et S. M., par bonté, a changé cet arrangement et a accordé d'autres grâces à M. de Saint-Michel, pour lui marquer la satisfaction qu'elle avoit du zèle avec lequel il s'étoit attaché à faire exécuter ses ordres à Marseille. On peut juger que ces événements avoient laissé de la chaleur dans les es-

duit avec tant de sagesse et de douceur qu'il a ramené les esprits et tout concilié. Mais voici la véritable occasion du changement d'intendance. L'établissement du second vingtième a excité beaucoup de murmures dans la cour souveraine de Nancy ; elle a refusé l'enregistrement. Le roi de Pologne a voulu être obéi et ne l'a point été ; on a été obligé d'en venir à des punitions ; on a exilé trois membres de cette cour, entre autres un M. de Châteaufort, qui, d'avocat habile et estimé, est parvenu au grade de conseiller par le choix même de M. de la Galaisière. Cet exemple de sévérité a fait interrompre aux juges la continuation de leurs fonctions. Cette situation a duré longtemps ; le déchaînement est tombé sur M. de la Galaisière. Libelles, écrits, propos, se sont répandus dans la Lorraine, même un prétendu mandement de M. l'évêque de Toul, aussi faux qu'injurieux. Le roi de Pologne a été vivement piqué de cette désobéissance ; il en a parlé avec force aux ministres, et a pris le parti d'écrire au Roi pour le prier de vouloir bien reprendre la juridiction sur la Lorraine, dont il ne vouloit plus se mêler, puisqu'il n'étoit pas le maître de s'y faire obéir. En effet, la cour souveraine de Nancy, outre la résistance à la volonté de son souverain, avoit eu encore une conduite aussi peu convenable, pour ne pas dire davantage, qu'elle étoit contraire au respect que les sujets doivent à leur maître. Lorsqu'on avoit essayé de ramener les esprits à la raison, ils avoient délibéré à la pluralité des voix de ne rien écouter au sujet du second vingtième, et de ne reprendre même leurs fonctions qu'après qu'on leur auroit rendu leurs exilés. On avoit espéré que cette marque de bonté les détermineroit à une soumission entière et raméneroit le calme ; on leur accorda donc le retour des trois membres envoyés en exil. Cette nouvelle

---

prits, et il y avoit beaucoup de murmures contre l'intendant qui avoit précédé M. de la Galaisière. (*Note du duc de Luynes.*)

fut reçue avec des transports de joie qui furent marqués de la manière la plus scandaleuse. Le peuple sortit de toutes parts pour aller au-devant de M. de Châteaufort; les principaux de la ville de Nancy et plusieurs magistrats s'avancèrent jusqu'à une ou deux lieues pour le recevoir; le grand nombre de carrosses, les acclamations et toutes les marques de joie que l'on peut donner firent une espèce de triomphe. Deux gentilshommes lorrains étoient venus ici comme députés de la noblesse pour faire des représentations; et lorsqu'on leur parla de ces indécentes réjouissances, ils osèrent dire, pour se justifier, qu'ils ne donneroient pas moins de marques de satisfaction lorsque le roi de Pologne rentreroit dans ses états. Ce prince, voulant donc se délivrer de tous embarras semblables, demandoit au Roi qu'il voulût bien faire, dès ce moment, le même arrangement qui seroit fait après sa mort, et qu'en lui laissant la souveraineté territoriale de la Lorraine pendant sa vie, la justice en fût dès ce moment réunie à la France. La Reine a parlé aussi, de son côté, avec la plus grande force à quelques uns des ministres; il s'est tenu plusieurs comités pour examiner les raisons pour et contre; enfin on a jugé que dans les circonstances d'une guerre qui obligera vraisemblablement à de nouvelles impositions et mettra dans la nécessité de les faire autoriser par les parlements, le parti de supprimer la cour de parlement de Nancy et de la réunir au parlement de Metz, comme on l'avoit proposé, pouvoit être dangereux; que les esprits des Lorrains étoient déjà disposés peu favorablement pour la France; que l'espèce de liaison intime, pour ne pas dire ligue, nom trop odieux, qu'on ne voyoit que trop entre les parlements du royaume, pourroit engager le parlement de Paris à prendre avec vivacité les intérêts de la cour souveraine de Nancy. Ces considérations ont déterminé le Roi à faire une réponse au roi de Pologne, par laquelle il le prie de vouloir bien continuer à gouverner la Lorraine de la même manière qu'il l'a gouvernée jusqu'à présent, et sans faire aucun changement. En même temps, la cour souveraine a enregistré le double vingtième sans modifications, a déclaré qu'elle n'avoit inscrit dans ses registres aucun arrêté injurieux à M. de la Galaisière, et a condamné à être lacérés et brûlés tous les libelles qui s'étoient répandus dans la province. Le Roi, voulant en même temps donner à M. de la Galaisière des marques de la satisfaction qu'il a de ses services et ôter tout prétexte aux plaintes que la prévention a pu faire naître contre lui, n'a accepté sa démission de la place d'intendant de Lorraine qu'en lui donnant pour successeur son fils, dont il a reconnu le mérite et la capacité pendant les deux ans et demi qu'il a été à Montauban.

J'ai remarqué, ces jours-ci, une particularité peu importante et qui cependant mérite une place ici. Il a été décidé, comme je l'ai dit, que le deuil de la reine d'Espagne ne seroit que d'un mois pour le Roi et la Cour, mais il est plus long pour Mgr le Dauphin et pour Mme la Dauphine, et encore plus pour Madame Infante, qui, suivant l'usage de la cour d'Espagne, le portera six mois. Je trouvai chez le Roi M. le chevalier d'Havrincourt, exempt des gardes du corps, avec des pleureuses; je crus que c'étoit quelque deuil particulier et lui en demandai la raison; il me dit qu'il étoit auprès de Madame Infante. Il sembleroit que les officiers des gardes du corps devroient être ou en uniforme, ou porter le même deuil que le Roi; mais Mme la Dauphine, à la mort de la reine de Pologne, sa mère, ayant remarqué que l'officier des gardes qui étoit auprès d'elle n'avoit point de pleureuses, le trouva mauvais et lui en fit parler; l'officier des gardes demanda les ordres de M. le maréchal de Luxembourg, qui en rendit compte au Roi. S. M. trouva bon que cet officier mît des pleureuses, et cet exemple a été suivi pour Madame Infante.

C'est aujourd'hui que les quartiers se relèvent, tant

dans les troupes de la garde du Roi que dans sa maison. Le présent deuil donne occasion à une observation, c'est que dans les deuils de Cour, les officiers des gardes du corps qui entrent en quartier sont dans l'usage de se présenter en deuil, dès le premier jour, apparemment parce qu'ils doivent suivre le Roi dans l'extérieur des appartements. Je dis l'extérieur, parce qu'ils n'entrent point, comme on sait, dans l'intérieur; du côté de la galerie; ils restent à la porte de glace en dehors; et du côté de l'OEil-de-bœuf, ils restent à la porte de la chambre en dehors. Les officiers des gardes du corps du quartier de juillet, qui descendent au 1er octobre, n'étant plus obligés de suivre le Roi, se présentent en uniforme; les officiers des gendarmes et chevau-légers de quartier, tant ceux qui descendent que ceux qui relèvent, sont aussi en uniforme.

On sait positivement que les armées autrichiennes et de l'Empire, fortes d'environ 100,000 hommes, se retranchent et sont en présence du roi de Prusse, qui a 55 ou 60,000 hommes. Les Russes marchent à Berlin; ils n'ont devant eux qu'un corps de 12,000 hommes, commandé par le général Lentulus.

Du mardi 3. — Le roi de Pologne est parti ce matin, à neuf heures, pour retourner à Lunéville. Il est allé voir Mme de Talmont chez elle, à Paris; cette visite a été fort courte; il n'en fait jamais de bien longues. Il a été de là dîner au cabaret, à Bondy; c'est son usage; il a toujours un cuisinier qui marche devant lui et lui apprête son dîner. Il va coucher à Lusancy, chez M. le maréchal de Berchiny, pour qui il a beaucoup de bonté et d'amitié.

Du mercredi 4. — M. de Massiac fut fait grand'croix de l'ordre royal et militaire de Saint-Louis.

Extrait d'une lettre de M. le cardinal de Luynes.

Naples, le 16 septembre.

Le Roi et la Reine m'ont reçu avec toutes sortes de bontés et de

6.

grâces. La reine des Deux-Siciles (1) est grande comme Mme de Flavacourt, faite à peindre et marchant bien. Son teint est gâté par la
petite vérole, mais elle a des yeux agréables, un regard fort doux et
beaucoup de physionomie. Le Roi (2) est mieux que dans ses portraits,
et encore mieux quand il est animé. C'est un prince vertueux, rempli
de probité et de justice, qui décide tout par lui-même, et qui est aimé
et respecté ici. Il a l'attachement le plus tendre pour le Roi, pour M. le
Dauphin et pour tout le sang des Bourbons.

Copie d'une lettre de l'armée, du 30 septembre 1758.

M. de Saint-Pern a passé la Lippe à Lunen, la nuit du 27 au 28,
avec un détachement de 15 compagnies de grenadiers, les carabiniers
et un régiment de cavalerie. Il est arrivé à cinq heures du matin sur
des hauteurs. Son avant-garde a attaqué des postes ennemis dans un
bois qui étoit sur sa route ; elle en a tué 4 ou 500 et fait 150 prisonniers (3) ; de notre côté, il y a eu 50 à 60 grenadiers tués ou blessés.

M. de Saint-Pern, après ce premier avantage, s'est avancé à la vue
du camp des Hanovriens, qui pendant la résistance de leurs postes
avancés ont eu le temps de battre la générale et de se mettre en bataille par delà leur camp. Dès qu'ils l'ont aperçu, ils ont pris la fuite,
laissant plus de la moitié de leur camp tendu. Lorsqu'ils ont été assez
loin pour qu'il ne fût plus possible de les attaquer, M. de Saint-Pern a
fait piller une partie du camp et brûler le reste ; et il écrit que les
grenadiers sont contents de leur journée et que lui l'est de leur bravoure et de leur sagesse.

Il auroit poussé plus loin les ennemis, s'ils ne s'étoient pas repliés
du côté de Dülmann, d'où il pouvoit leur arriver un secours supérieur à lui qui auroit empêché sa retraite.

M. le comte de Broglio commandoit l'avant-garde. Le colonel
d'Orléans a été légèrement blessé.

Le camp des ennemis étoit de 6,000 hommes commandés par M. le
prince de Holstein-Gottorp. Cette petite affaire s'est passée auprès
d'un endroit nommé Bork.

Du jeudi 5. — M. Després, un des premiers commis

---

(1) Marie-Amélie de Saxe, fille aînée de l'électeur de Saxe, Frédéric-Auguste III, roi de Pologne, née le 24 novembre 1724, mariée le 19 juin 1738.

(2) Dom Carlos, infant d'Espagne, né le 20 janvier 1716, roi des Deux-
Siciles en 1734.

(3) Il y a erreur sur le nombre des prisonniers, car il n'y en a eu que 83.
Nous avons eu 6 hommes tués et 31 blessés, (*Note du manuscrit.*)

du bureau de la guerre, mourut hier à deux heures après midi; il est fort regretté.

Du vendredi 6. — M. le cardinal de Tavannes a été prié par le Clergé de se charger de faire les remontrances pour le rappel de M. l'archevêque de Paris, parce qu'il est d'usage d'inviter aux assemblées l'évêque diocésain. On est très-content du sermon que M. l'évêque de Senlis (Roquelaure) a fait pour l'ouverture de l'assemblée du Clergé.

Les prélats et les députés du second ordre, qui composent l'assemblée du clergé de France, s'assemblèrent le 1er de ce mois chez M. le cardinal de Tavannes pour remettre leurs procurations. Ils tinrent, le 3, une seconde assemblée dans laquelle les procurations furent admises. Le 5, l'ouverture solennelle de l'assemblée se fit, dans l'église des Grands-Augustins, par la messe du Saint-Esprit. M. l'archevêque de Narbonne y officia pontificalement, et tous les députés y communièrent.

Du dimanche 8. — M. le comte de Sartirane eut son audience de congé du Roi. C'est M. le bailli de Solar de Breille qui remplace M. de Sartirane. Il est neveu de celui qui a été ambassadeur de Sardaigne avant M. de Saint-Germain. M. de Sartirane le présenta, ressortit et ensuite prit congé.

Du lundi 9. — Le Clergé en corps vint haranguer le Roi. On lui rendit les honneurs ordinaires, qui est d'entrer dans la salle des ambassadeurs où M. de Saint-Florentin vient les prendre; d'être conduits par le grand maître ou le maître des cérémonies (c'étoit ici M. Desgranges), et d'avoir les deux battants chez le Roi; ils ont aussi l'honneur des armes. Les présidents de l'assemblée sont : M. l'archevêque de Narbonne, M. l'archevêque de Toulouse, M. l'évêque de Valence, M. l'évêque de Tulle et M. l'évêque de Nevers. Ce fut M. l'évêque de Nevers qui porta la parole.

Du mardi 10. — On apprit par un courrier extraordinaire, dépêché de Rome le 2, et arrivé ici la nuit du 9 au 10, que dans le consistoire que le Pape avoit tenu ce jour-là, il avoit déclaré que le prélat Rezzonico, son neveu, étoit le cardinal que S. S. avoit créé le 11 et qu'elle s'étoit réservé *in petto*. Le Pape créa en même temps cardinaux M. l'abbé comte de Bernis, ministre et secrétaire d'État des affaires étrangères en France, et M. Priuli, évêque de Vicence.

On trouvera ci-après l'extrait d'une lettre de Recklinghausen, du 1er octobre.

M. le maréchal de Contades a envoyé ordre à M. de Chevert, qui é oit à Hamm, d'aller joindre le corps des Saxons qui étoit à Soest. Il doit se porter du côté de Beuren, et de là à Rhuden où il sera à même d'agir de concert avec M. le prince de Soubise et de resserrer le corps de M. le prince d'Isenbourg (1). M. de Bréhan a été détaché aujourd'hui avec 6 compagnies de grenadiers et 6 piquets pour aller occuper Malenberg. La brigade de Picardie s'y portera demain.

Les détails de l'affaire de M. de Saint-Pern ne sont pas tout à fait aussi considérables qu'on l'avoit dit d'abord.

M. de Lorges fait faire plusieurs redoutes à son camp pour que les ennemis ne prennent pas leur revanche sur lui.

Il y a deux jours que M. Delavigne mourut à Versailles. Il avoit soixante-trois ans. C'étoit un fort honnête homme, très-appliqué à sa profession, uniquement occupé de son devoir, aimant beaucoup l'étude et la lec-

---

(1) J'ai vu les ordres donnés par M. le maréchal de Contades pour la marche du détachement commandé par M. de Chevert et d'un corps séparé commandé par M. le duc de Fitz-James, qui marchoit à une journée de M. de Chevert et faisoit son arrière-garde, pour être en état de s'opposer aux entreprises que pourroient faire les détachements de la garnison de Lipstadt. Tout étoit prévu dans ces ordres. M. de Contades avoit fait les arrangements pour les subsistances, ayant fait prendre du pain pour certain nombre de jours. Il avoit averti M. de Chevert et M. de Fitz-James de ce qu'ils avoient à faire l'un et l'autre, et il en avoit prévenu M. de Soubise, le laissant le maître de disposer de ces deux corps lorsqu'ils seroient arrivés au lieu qui étoit marqué, et ne voulant pas leur donner d'ordre ultérieur, afin que M. de Soubise pût en disposer de la manière qu'il jugeroit la plus convenable à sa situation présente. (*Note du manuscrit.*)

ture. Il étoit fort peu répandu dans le monde; il tenoit un état fort honorable, et avoit toujours un bon dîner chez lui, quoiqu'il ne fût pas riche. Il avoit été longtemps médecin ordinaire de la Reine, place qui rapporte fort peu. M. Delavigne étant premier médecin de la Reine avoit 12,000 livres. Il avoit outre cela une charge de médecin ordinaire de Mme la Dauphine, qui vaut 2,400 livres. Quand M. Bouillac fut nommé premier médecin de Mme la Dauphine, il donna sur cette place à M. Delavigne, qui l'avoit demandée, 3,000 livres. A la mort de M. Helvétius, M. Delavigne avoit demandé la place de médecin consultant du Roi, qu'avoit M. Helvétius; mais comme S. M. vouloit supprimer ces charges à la mort de ceux qui les avoient, on donna à M. Delavigne, pour le dédommager, une pension de 3,000 livres; il en avoit eu une anciennement de 2,000 (1). Sa femme, qui a une figure fort agréable, paroît avoir de l'esprit; elle est fille de feu M. Chevalier, maître de mathématiques du Roi, lequel étoit neveu du fameux feu M. Sauveur, qui avoit montré les mathématiques à M. le duc de Bourgogne. M. Delavigne a eu, de son mariage avec Mlle Chevalier, trois filles et un garçon, âgé de dix-sept ou dix-huit ans. Une des trois filles est morte il y a deux ans de la petite vérole; les deux autres sont mariées, l'une à M. Go, qui est d'une famille de commerçants à Troyes. L'autre fille a épousé M. Chateland, contrôleur ordinaire de la bouche du Roi. Le fils de M. Delavigne commence à travailler, et la Reine a eu la bonté de lui faire obtenir une place pour le mettre à portée, par la suite, d'entrer dans les fermes générales. La Reine a nommé pour son premier médecin M. de la Saune, qui avoit été son médecin ordinaire lorsque M. Delavigne eut la

---

(1) M. Delavigne avoit peu de bien par lui-même; il avoit deux maisons à Paris de peu de conséquence. Il étoit fort bien logé au grand commun; c'est l'appartement attaché à la charge. (*Note du duc de Luynes.*)

place de premier médecin à la mort de M. Helvétius. M. de la Saune garda fort peu de temps cette place, parce qu'elle est d'un revenu trop peu considérable et qu'elle le détournoit de ses occupations ordinaires à Paris. C'est un homme qui aime beaucoup le travail, fort poli, d'un caractère doux. Il est membre de l'académie des sciences.

Aujourd'hui, le Roi a vu les étrangers ce matin, et il est parti à neuf heures pour Fontainebleau, où il restera jusqu'au 17. C'est un détachement de la bouche qui marche pour ce voyage. Les dames et les courtisans qui suivent le Roi auront l'honneur de manger avec S. M. Il y aura une table, qu'on appelle table du bureau, pour les officiers des gardes du corps. Les gardes du corps seront aussi nourris comme à Choisy. Les dames nommées pour le voyage de Fontainebleau sont Mme la marquise de Pompadour, Mme d'Ecquevilly, Mme de Chateaurenaud et Mme de Baschy.

Du jeudi 12. — Nous avons appris par une lettre de mon frère, du 2, par un courrier qui a apporté la calotte à M. l'abbé de Bernis, que le cardinal Archinto étoit mort subitement; il étoit grand mangeur et avoit peu d'attention à ce qu'il mangeoit. Mme de Trivala craint qu'on n'ait traité une indigestion pour une apoplexie; Il avoit soixante-deux ans. C'est une grande perte; il étoit fort attaché à la France. M. l'évêque de Laon et nos deux cardinaux françois avoient regardé comme un grand avantage d'obtenir qu'il fût continué dans la place de secrétaire d'État. Le Pape, sur-le-champ, a fait une petite promotion; il a déclaré que le cardinal *in petto* qu'il avoit fait le 11 de septembre étoit le prélat Rezzonico, son neveu; il a nommé M. l'abbé de Bernis et M. Priuli, Vénitien.

Toute l'attention pour les opérations militaires étoit portée sur M. le prince de Soubise, qui s'étant avancé dans le pays de Hanovre depuis la victoire de M. le duc de Broglio à Sanderhausen, avoit été obligé de se replier sur Cassel fort promptement, pour empêcher que la communication ne lui fût coupée avec cette place par les 18,000 hommes que le prince Ferdinand avoit détachés sous les ordres du général Oberg. Les deux armées étoient en présence, mais dans des positions difficiles à attaquer de part et d'autre ; M. de Contades, instruit de cette situation, a pris le parti d'envoyer sous les ordres de M. de Chevert environ 15,000 hommes avec une arrière-garde commandée par M. le duc de Fitz-James, pour couvrir la marche de M. de Chevert contre les inquiétudes que pourroient lui donner les troupes venant de Lipstadt, dont les ennemis sont maîtres. Toutes les précautions que la sagesse peut prendre ont été employées par M. de Contades ; il a fait prendre du pain aux troupes pour un certain nombre de jours ; il a donné les instructions les plus claires à M. de Chevert et à M. de Fitz-James, a averti de tout M. de Soubise, à qui il a mandé que MM. de Chevert et de Fitz-James seroient à ses ordres, parce qu'il ne pouvoit savoir quel usage il voudroit faire de ce détachement. Sur la nouvelle de cette marche, le général Oberg et M. d'Isenbourg, qui s'étoient joints, ne se trouvant pas en sûreté entre nos deux corps d'armée, se sont retirés à 2 lieues en arrière, dans des bois où l'on croit qu'il est impossible de les attaquer.

Du lundi 16. — M. le prince de Rochefort, fils de M. le prince de Montauban, arriva hier à Fontainebleau, où étoit le Roi, avec la nouvelle d'une bataille gagnée par M. le prince de Soubise, près de Cassel, au lieu nommé Lutternberg.

Du mercredi 18. — M. de Conflans est arrivé aujourd'hui avec le détail de la bataille de Lutternberg. M. de Chevert avoit joint l'armée de M. le prince de Soubise. Le 8, les ennemis étoient campés auprès de Sanderhausen, lieu où ils ont été battus par M. le duc de Broglio, comme je l'ai déjà marqué. M. de Soubise fit avancer, le 9, M. de Chevert pour tourner les ennemis par leur gauche. Le prince Xavier, qui s'est fort distingué dans cette action, marcha du même côté que M. de Chevert et sous ses ordres. M. de Broglio fut envoyé en même temps pour suivre les ennemis, qui, voyant M. de Soubise en bataille devant eux, avoient pris le parti de se retirer par une gorge de montagnes qui mène jusqu'à Munden. M. de Broglio avoit avec lui 6 pièces de canon. Les ennemis, se voyant au moment que leur arrière-garde alloit être écrasée, prirent le parti de faire revenir l'avant-garde qui étoit déjà dans la gorge des montagnes; ils se mirent en bataille sur une hauteur. M. de Fitz-James étoit à la droite du corps de M. le prince de Soubise et devoit attaquer le centre; mais il y avoit entre M. de Soubise et M. de Fitz-James et l'armée ennemie un vallon où passe un petit ruisseau. Toutes les troupes étoient à midi dans cette position, et on auroit commencé alors l'attaque si on n'avoit pas voulu que tout attaquât en même temps. Pour que M. de Fitz-James pût marcher en avant, il fallut ouvrir des passages dans le vallon; ce travail dura près de trois heures, et l'attaque ne put commencer qu'entre trois et quatre. Elle se fit avec beaucoup de vigueur et dura environ une heure et demie; les troupes saxonnes furent fort incommodées par une batterie des ennemis qui les tiroit de fort près; ils prirent le parti de monter sur la hauteur où étoit cette batterie, et la baïonnette au bout du fusil ils en chassèrent les ennemis; alors leur retraite dans les bois se fit en grand désordre. On leur prit deux drapeaux des troupes de Hesse et un étendard des troupes de Brunswick; on a pris aussi beaucoup de canons. Les troupes couchèrent sur le champ de bataille et on chanta le *Te Deum*. La retraite des ennemis fut si précipitée, que lorsque M. de Fitz-James arriva pour les attaquer, il les trouva en fuite, et M. de Soubise ne trouva plus personne devant lui.

M. l'abbé de Salabéry a remercié aujourd'hui pour la

place de conseiller d'État que le Roi lui a accordée sur la démission de M. le cardinal de Bernis. Il y avoit bien longtemps qu'il étoit conseiller au Parlement, où il a toujours été fort estimé. Il prend des lettres de vétérance.

On voit par les nouvelles du 12 septembre, de Lisbonne, que le roi de Portugal (1) a été saigné. On dit que c'est pour une chute dans laquelle on prétend qu'il s'est blessé au bras droit ; mais on sait positivement que cette blessure est une balle, et qu'il a été tiré par deux assassins qui avoient chacun sept balles dans leur fusil. Cet événement singulier est arrivé à neuf heures du soir, le 1er septembre. Le roi de Portugal étoit sorti dans une petite voiture à deux mules, ouverte par devant ; c'est la façon de voyager, dans Lisbonne, quand on ne veut pas faire mettre six chevaux ou six mules aux carrosses. La ville est si haute et si basse qu'on ne peut pas y aller à deux chevaux. On prétend que cette voiture n'étoit pas au Roi, mais à son premier valet de chambre. On fait différents raisonnements sur cette tragique et singulière aventure, mais on ne sait rien de certain sur ce qui peut en être la cause. On sait seulement que le roi de Portugal a été saigné plusieurs fois, et que, le 9, il déclara la Reine (2) régente. Ce qu'il y a de fort singulier, c'est qu'on a eu des nouvelles du 18 septembre, et qu'on n'y dit pas un mot de cet événement. Il faut 25 jours pour avoir ici des nouvelles de Lisbonne par la poste.

Du vendredi 20. — M. l'abbé de Bouillé, nouvel évêque d'Autun, a prêté aujourd'hui serment entre les mains du Roi. Le Roi retourne dimanche 22 à Fontainebleau, pour jusqu'au dimanche 29 ; ce sera son second voyage.

---

(1) Joseph, né le 6 juin 1714, roi le 31 juillet 1750.

(2) Marie-Anne-Victoire d'Espagne, née le 31 mars 1718, mariée le 19 janvier 1729. Cette infante d'Espagne, qui avait dû être mariée à Louis XV, était venue en France et avait été renvoyée en Espagne par les intrigues de la marquise de Prie.

Le premier a été du mardi 10 au mardi 17 ; il n'y avoit, à ce premier voyage de dames, que Mme de Pompadour, Mme de Baschi et Mme de Chateaurenaud, mais en tout il y avoit 21 personnes à souper avec le Roi.

J'appris hier que M. de Massonès, ambassadeur d'Espagne ici, est parti de Paris ces jours-ci sans qu'on sache où il est allé ; il est sorti de chez lui par la porte de derrière, a monté dans un carrosse avec son confesseur, qui est un jésuite, lequel étoit confesseur de feu M. de Pignatelli, son prédécesseur ; il avoit avec lui dans son carrosse deux valets de chambre, et étoit suivi par deux hommes à cheval ; il a chargé son secrétaire d'ambassade d'ouvrir toutes ses lettres. On dit qu'il est allé aux eaux de Pougues, près de Nevers ; il est assez singulier qu'il en ait fait un mystère, et d'ailleurs la saison ne paroît guère favorable pour les eaux.

On ne voit point, par les nouvelles des armées de nos alliés, qu'ils fassent des progrès qui puissent donner lieu d'espérer la paix. On avoit cru que M. de Daun étant joint à l'armée de l'Empire, ce qui faisoit plus de 100,000 hommes, pourroit attaquer avec avantage le prince Henri, qui n'avoit que 26,000 hommes sous Dresde, et il a paru singulier que le projet d'attaque de ces deux armées ait été assez retardé pour que le roi de Prusse ait eu le temps d'arriver au secours de son frère avec 24,000 hommes. On pouvoit croire outre cela que ces deux corps réunis n'empêcheroient point les Autrichiens et l'armée de l'Empire de profiter de leur extrême supériorité ; mais ils sont restés jusqu'à présent dans une espèce d'inaction ; et quoique le point principal doive être de dégager Dresde, ce qui devenoit possible si on avoit obligé le roi de Prusse à se retirer, on n'a encore rien fait pour parvenir à ce but ; il paroît, au contraire, que l'Impératrice, plus occupée de la Silésie que de tout autre objet, a destiné un autre corps de ses troupes, avec un renfort que M. Daun y a envoyé, pour faire le siége de Neiss, place très-forte, et dont le siége peut fort bien durer trois mois si elle est bien défendue ; et quand même il seroit possible de faire cette conquête dans une saison aussi avancée, on en tireroit peu d'avantage pour l'objet principal. Les Suédois, de leur côté, n'avancent point, et il seroit bien difficile qu'ils fissent beaucoup de progrès, étant obligés de tirer leurs subsistances de Stralsund et laissant derrière eux une place aussi importante que Stettin. On jugeoit que les Russes, ayant peu d'obstacles devant eux, s'avanceroient jusqu'à Berlin ; mais on n'apprend point qu'ils profitent de leurs avantages, et quoique la Czarine paroisse bien déterminée à secourir puissamment son alliée l'Impératrice-Reine, et qu'on voie dans les gazettes un corps de 40,000 Russes qui s'avance pour renforcer le général Fermor, on ne voit point que toutes ces mesures conduisent à une fin décisive, et tant que le roi de Prusse conservera Stettin, Dresde et Magdebourg avec toutes ses places de Silésie; il ne faut pas se flatter qu'on l'obligera à faire la paix.

EXTRAORDINAIRE.

1758.

Le commandement de l'armée offert au maréchal de Belle-Isle. — Le maréchal de Belle-Isle nommé ministre de la guerre et retraite de M. de Paulmy. — Jalousie du duc de Richelieu contre le maréchal de Belle-Isle. — Caractère du maréchal d'Estrées. — De quoi le maréchal de Richelieu avait à se justifier à son retour. — Entrevue du maréchal avec Mme de Pompadour. — Ce que pense le maréchal de Belle-Isle sur les pillages du maréchal de Richelieu dans le Hanovre. — Observations sur la conduite coupable du maréchal de Richelieu pendant la campagne. — Combat et perte de Brême. — Mémoire justificatif du maréchal de Richelieu. — Grâces accordées à la famille de l'évêque d'Orléans. — Réconciliation des maréchaux de Richelieu et de Belle-Isle. — M. de Crémille. — Une promesse du Roi. — Indiscipline d'un général et faiblesse du Roi. — La Reine à Bellevue. — Efforts du maréchal de Belle-Isle pour rétablir l'ordre dans le militaire. — Indiscipline et révoltes des matelots ; cause de ces révoltes. — Voleries aux Invalides et à l'armée. — Mme Duchatel. — MM. Crozat. — Anecdotes sur la Dauphine. — La convention Duras. — Retour du comte de Clermont.

Du 12 janvier, Dampierre. — On trouvera ci-après l'extrait d'une lettre que je reçus avant-hier de Versailles.

On n'a rien oublié pour engager M. le maréchal de Belle-Isle à prendre le commandement de l'armée, les titres, le pouvoir sans bornes ; tout a été refusé à cause de son âge et de sa santé ; il trouve impossible de se charger d'un emploi aussi important et de ne pas voir par soi-même ; cela lui est impossible. Cela est bien sage. D'ailleurs, si l'on croit que la correspondance soit utile, il offre de faire les premières démarches ; mais je crois qu'elles seroient mal reçues ou bien que les procédés ne seroient pas sincères ; on n'a pas encore pris de parti et l'embarras est grand.

Du 1er mars, Versailles. — On trouvera dans mon journal, au 1er mars, le changement qui vient d'être fait dans le ministère de la guerre. M. de Paulmy, qui a une mauvaise santé, a donné sa démission. Le Roi a voulu que M. le maréchal de Belle-Isle se chargeât du département de la guerre; M. le maréchal de Belle-Isle a représenté à S. M. l'immensité du travail peu convenable à son âge, à sa santé et à ses autres occupations, ajoutant cependant qu'il étoit prêt d'obéir, mais qu'il lui étoit impossible d'entrer dans tous les détails et d'être chargé des signatures qui prennent beaucoup de temps. M. de Belle-Isle a ajouté à ses représentations au Roi ces mots : « Il auroit peut-être été à désirer que V. M. eût fait cet arrangement il y a six mois; Elle sait combien ce qui regarde sa gloire et ses intérêts m'affecte par l'attachement que j'ai pour elle. Tout mon désir seroit que V. M. en fût affectée de même. »

M. de Belle-Isle ajouta plusieurs autres détails dont il voulut que le Roi fût instruit; mais ce fut en adressant la parole à Mme de Pompadour, qui étoit présente, et en disant toujours : « Il ne faut pas que le Roi sache telle et telle chose. »

C'est volontairement que M. de Paulmy a donné sa démission. Il est cependant vraisemblable qu'il savoit la disposition des esprits et qu'il se doutoit du changement que l'on voudroit faire; mais ce qui est certain, c'est que le moment de ce changement n'étoit pas arrivé, et on a même été fâché et étonné de la prompte détermination de M. de Paulmy. Dès qu'il sut la volonté du Roi pour M. le maréchal de Belle-Isle, il mena dès le lendemain chez lui tous les chefs de bureaux. On auroit désiré que cette démarche eût été retardée jusqu'à l'arrivée de M. de Crémille, sur qui le Roi a jeté les yeux pour travailler avec M. le maréchal de Belle-Isle, d'autant plus que M. le maréchal de Belle-Isle, ne pouvant entrer dans tous les détails, il a été nécessaire que M. de Paulmy continuât le travail afin que rien ne fût en souffrance.

Du mardi 7 mars, Versailles. — On peut juger que M. de Richelieu, à son arrivée, a été fort occupé d'avoir une conversation avec Mme de Pompadour. M. de Richelieu s'est déclaré ouvertement contre M. le maréchal de Belle-Isle. L'entrée de M. de Belle-Isle dans le conseil, la confiance dont le Roi l'honore, le choix de M. le maréchal d'Estrées pour aller commander l'armée, choix que l'on a regardé avec raison comme l'ouvrage de M. de Belle-Isle, toutes ces différentes raisons ont excité la jalousie de M. de Richelieu.

M. le maréchal d'Estrées, qui n'a pas un certain liant et qui n'est pas capable de prévenance et d'attention jusqu'à un certain point, n'avoit pas apparemment recherché avec assez de soin l'amitié des gens qui devoient concourir avec lui à l'exécution des ordres du Roi. M. Paris Duverney, homme nécessaire par sa grande capacité et expérience, par rapport à la fourniture des subsistances de l'armée, a paru peu satisfait du choix de M. d'Estrées et s'est fort lié avec M. de Richelieu. L'arrangement pris pour rappeler M. d'Estrées, l'ordre est arrivé, comme il a été dit, immédiatement après la bataille d'Hastenbeck, époque singulière et remarquable. Les événements de la campagne, depuis l'arrivée de M. de Richelieu, n'ont pas eu le succès qu'on en pouvoit attendre; on croyoit qu'il profiteroit de la victoire d'Hastenbeck, et qu'il pousseroit les ennemis au moins jusqu'à Stade et peut-être même plus loin. Le défaut de subsistances l'a arrêté; la position des troupes a déplu ici. La prise de Harbourg sans être secouru suffisamment, la convention de Closter-Severn sans pouvoirs et à des conditions que le Roi ne pouvoit accepter, l'inobservation de cette convention, les événements qui en ont résulté, et par-dessus tout l'indiscipline dans les troupes, le pillage et les vexations énormes des officiers généraux et particuliers, et par conséquent les plaintes qui sont venues de tout le pays conquis : on voit que voilà une ample matière à un général pour se justifier auprès de son maître.

M. de Richelieu a donc demandé cette conversation à Mme de Pompadour. Il y trouva M. de Soubise, à qui il fit beaucoup d'amitiés, et étant entré seul dans le cabinet, Mme la marquise lui dit que ce n'étoit point à elle qu'il falloit expliquer tous les détails; que s'il croyoit avoir de bonnes raisons à donner de sa conduite, c'étoit à M. de Belle-Isle à qui il falloit s'adresser, puisque le Roi l'avoit honoré de sa confiance pour ce qui regarde le militaire. Les choses en sont demeurées là. M. de Belle-Isle n'a point entendu parler de M. de Richelieu, et cela est fort aisé à croire, puisque M. de Richelieu avoit déclaré, en partant pour l'armée, qu'il ne prétendoit pas être, comme le maréchal d'Estrées, traité comme un écolier de M. de Belle-Isle, lui rendant compte de tout et n'agissant que par ses ordres. Malgré l'indisposition et l'aigreur de M. de Richelieu, M. de Belle-Isle a cru devoir lui faire donner quelques conseils. Il s'est adressé au prince de Beauvau, ami de M. de Richelieu, et lui a dit qu'il étoit prêt à entrer dans tous les éclaircissements, mais que si M. de Richelieu ne les jugeoit pas à propos, il devoit au moins prendre garde aux propos qu'il tiendroit; que l'affaire étoit grave et les plaintes du pays de Hanovre bien considérables, et que les suites de pareilles accusations méritoient de sa part l'attention la plus sérieuse; qu'il devoit, pour son honneur (1), désirer une justification publique, qui, étant appuyée sur des témoignages certains, pourroit être imprimée et mise dans les gazettes; que cette justification même étoit nécessaire pour la gloire du Roi et du nom françois.

On trouvera ci-après des observations sur la conduite du général de l'armée du Roi (2) en Allemagne, depuis

---

(1) Les soldats avaient flétri le maréchal de Richelieu du surnom de *Père la maraude*, pour la pratiquer lui-même et la laisser faire par les autres.

(2) Le maréchal de Richelieu.

le 2 d'août qu'il en a pris le commandement en chef.

Lorsqu'il a joint l'armée, Hameln avoit capitulé avec M. le maréchal d'Estrées ; un détachement de son armée étoit allé se rendre maître de Minden et de Nienbourg que les ennemis ont abandonné. Nous étions maîtres, à cette époque, de tout le cours du Weser jusqu'à Brême. La régence de Hanovre avoit député M. de Hardenberg pour se soumettre au maréchal d'Estrées. Il en étoit de même des villes de Brunswick et de Wolfenbuttel. M. le maréchal d'Estrées renvoya ces députés au nouveau général qui le remplaçoit. L'on étoit maître de toute la Hesse et de toutes les places qui en dépendent, de Marbourg, même de celles qui les avoisinent, telles que Gottingue, Northeim et autres châteaux. Le nouveau général étoit d'autant plus le maître de faire de bonnes dispositions, qu'outre la grande supériorité qu'avoit déjà le maréchal d'Estrées par le nombre et par le gain de la bataille d'Hastenbeck, il étoit suivi d'un renfort de 35 à 40,000 hommes; et il a eu à ses ordres, dans le courant du mois d'août, le pied d'environ 130,000 hommes, non compris le corps de M. de Soubise. Il n'a donc tenu qu'à lui de former le plan le plus solide, le plus glorieux aux armes du Roi et pour lui-même, n'ayant dans ce moment d'autre ennemi que M. le duc de Cumberland à la tête d'une armée d'environ 40,000 hommes, battue, déconcertée et composée de troupes les plus médiocres, excepté les 10,000 Hessois. Tout le pays entre le Weser, le Rhin et la Meuse étoit ou ami ou soumis. Nous occupions Embden ; Gueldres étoit aux abois, et s'est en effet rendu un mois après. Il n'étoit donc plus nécessaire que d'un très-médiocre nombre de troupes pour occuper les places principales et assurer les communications, qui eussent été bien libres et bien tranquilles, si on eût maintenu une exacte discipline, et que qui que ce soit n'eût rien exigé ni pris dans tous ces différents pays.

Le nouveau général eût dû, dès le premier moment, en formant son plan pour le reste de la campagne, quel qu'il fût :

1° Donner ses ordres pour former des magasins considérables de fourrages sur les bords du Rhin, à la tête de tous les chemins de communication qui peuvent conduire au Weser, dans la Hesse et dans le pays de......... qui sont à la droite de Marbourg et de la forêt du Hartz jusque sur Eisenach, etc. Il auroit vu qu'il y a un grand chemin qui mène d'Emmerich sur Osnabruk., Minden et Nienbourg ; un autre qui mène de Wesel à Munster, et de Munster au Weser ; un autre de Dusseldorf par le Sauerland à Paderborn ; un autre de Cologne à Cassel ; un autre partant d'Andernach sur Marbourg ; un autre de Coblentz, qui se porte par le pays de Nassau, et par lequel on peut s'avancer plus à droite ou plus à gauche suivant les circonstances ; et enfin un autre allant à Mayence et à Francfort.

Rien de si facile que de faire accommoder tous ces chemins pendant le mois d'août, en chargeant des officiers généraux dont il regorgeoit et des aides-maréchaux-des-logis, un pour chaque chemin, pour diriger le travail de plusieurs milliers de pionniers qu'il ne tenoit qu'à lui de faire commander à cet effet, sans que cet ouvrage eût surchargé ni molesté le pays, en les prenant de proche en proche, sans même qu'ils eussent découché de chez eux.

2° Cette multiplicité de chemins étant ainsi mise en état, rien de plus facile ni à si bon marché que d'avoir des foins et des avoines, par le Rhin et par la Meuse, pour arriver à ces débouchés ; sans compter tous les fourrages et grains que l'on eût tirés de tous les différents pays qui bordent lesdits chemins, et qui en ont d'autres dans leur intérieur qui y aboutissent.

La quantité de voitures, quelque immense qu'elle fût, partagée sur une aussi grande quantité de contribuables, n'eût point été onéreuse, parce que chacun n'eût eu que peu de chemin à faire ; observant de remplir préalablement les formes vis-à-vis des différents souverains et seigneurs. Une grande partie eût concouru avec plaisir pour le bien de la cause commune; les autres, par la crainte et le respect dû aux armes du Roi, protecteur de la paix publique, encouragés surtout par le bon ordre, la règle et l'exacte discipline observés partout par les François; cette condition qui devroit marcher d'elle-même devant servir de fondement et d'appui à tout le reste de nos opérations.

3° En chargeant de toute cette manutention des officiers et commissaires actifs, intelligents et intègres, le nouveau général eût acquis la confiance de toute l'Allemagne, et eût formé, sans se détourner un instant de tous ses projets, des magasins immenses sur toute la rive gauche du Weser, de la Werra et de tout le pays jusqu'à Eisenach, qui lui assuroient une ressource pour tous les événements et pour ne pas se trouver obligé, à la fin de la campagne, de pousser plus loin que cette ligne aucune troupe de son armée, et, suivant les circonstances et les événements des mois de septembre et d'octobre, pouvoir tirer desdits magasins les quantités qui lui seroient nécessaires.

Lorsque le nouveau général s'est porté sur Hanovre, où il a séjourné pour faire toutes ses dispositions pour se porter en avant, il s'y est fait un gaspillage et une destruction de fourrages inexprimable. On y a consommé en trois semaines de temps, par le défaut d'ordre et d'attention, ce qui, avec du soin, eût nourri toute l'armée six semaines de plus dans l'automne.

Il eût fallu dès lors s'occuper à former de nouveaux magasins dans le pays intermédiaire entre l'Ocker, la Leine et le Weser, relativement au plan d'opérations qu'a dû projeter le général, et en user de même sur sa droite dans le haut de la Werra.

Lorsque le général a été maître du château d'Harbourg, de Brême, de Verden et autres postes, et que M. le duc de Cumberland a proposé la convention qui a été faite à Closter-Severn, le 8 septembre, le général n'a pas ignoré que cette proposition ne lui étoit faite que par les embarras de toute espèce où M. le duc de Cumberland se trouvoit réduit. Obligé de se soutenir au milieu des marais pour sa sûreté, un tiers de son armée étoit malade; il y avoit une méfiance respective entre les différents princes à qui les troupes de cette armée appartenoient; il y avoit un mécontentement réciproque entre les deux rois d'Angleterre et de Prusse ; fort peu de subsistances assurées et encore moins de moyens pour s'en pourvoir.

L'on ne parle point ici des omissions essentielles que le général a faites dans la rédaction de cette convention ; elles ont été assez relevées et discutées par le ministère. Il falloit, du moins, dès que cette convention souffroit de nouvelles explications, commencer par faire sortir de l'armée d'observation les troupes de Brunswick et de Hesse, qui ne demandoient pas mieux et s'étoient déjà mises en marche, avant de faire aucune mention du désarmement. Ces troupes, une fois arrivées au milieu des nôtres, et en deçà de l'Aller, il n'y eût eu aucune difficulté pour celles de Brunswick, puisqu'on en étoit convenu à Vienne ; celles de Hesse eussent été certainement moins à craindre une fois séparées du reste; le général avoit des troupes de reste pour les envelopper. Mais enfin cette première faute ayant été commise, le général en a commis une seconde inexcusable; car dès qu'il a vu que la convention souffroit des difficultés, bien loin de ralentir et de cesser, comme il a fait, toutes ses dispositions, il devoit au contraire se mettre plus en force, s'approvisionner en conséquence, et faire arriver sa grosse artillerie à Lunebourg, et même à Harbourg ou autres lieux, dont il a dû avoir connoissance; donner un terme préfixe et fort court à M. le duc de Cumberland pour l'exécution de la convention, lequel expiré, il n'y avoit qu'à recommencer et agir de vive force. Il est plus que moralement certain que ce prince en eût passé par où on vouloit, ne pouvant faire autrement. Le général auroit prévenu le malheureux événement du 5 novembre dont il sera parlé ci-après.

Le général de l'armée du Roi a reçu, dans le temps de la convention de Closter-Severn, une lettre de la main du Roi qui lui ordonne expressément d'envoyer à M. le prince de Soubise un renfort de 20 bataillons et 24 escadrons; il n'en a rien fait, et pour colorer sa désobéissance, il s'est porté avec presque toute son armée, sans aucune nécessité, à Halberstadt, et a commencé une première destruction de ses troupes par des marches forcées, toujours avec le même désordre, tant pour l'indiscipline que pour le pillage, et une consommation et gaspillage énormes de toutes les subsistances.

Il n'y avoit en deçà de Magdebourg qu'un corps de 9 à 10,000 hommes aux ordres du prince Ferdinand de Brunswick; il suffisoit donc de lui en opposer un supérieur ou double. Cette marche a été d'autant plus nuisible, que le général a abandonné par ce mouvement l'armée hanovrienne à sa discrétion et maîtresse de faire tout ce qu'elle auroit voulu jusqu'à Lunebourg et Hanovre, toute cette partie étant absolument dégarnie de troupes; et ce qu'il y a de plus surprenant, c'est qu'en se portant ainsi avec toutes ses forces à Halberstadt il n'a jamais eu l'intention de l'occuper (1).

---

(1) Pendant le long séjour que le général a fait à Halberstadt, sa détermination étant bien prise de n'y point demeurer et de ne point pousser un corps jusqu'à Bernbourg, il devoit donc s'occuper d'enlever par toutes sortes de voies et de moyens toutes les subsistances, grains et fourrages du pays de Magdebourg; se porter jusque sur cette place afin d'y tout manger, gaspiller et détruire, tandis qu'il feroit transporter derrière ce corps toutes les subsistances sur Brunswick et Wolfenbuttel, afin que quand il se retireroit il ne laissât plus rien dans tout le pays intermédiaire; et c'étoit même là le cas de détruire et brûler tout ce qu'il n'auroit pas pu emporter et consommer, afin de faire un désert de tout cet espace, et assu

Le général de l'armée du Roi, ayant tant fait que de venir en si grande force à Halberstadt, devoit du moins pousser un corps suffisant jusque sur Bernbourg. Le détachement qu'il avoit envoyé à M. de Soubise un mois trop tard, avoit donné le loisir au roi de Prusse de renforcer les troupes qu'il avoit en Saxe et en Thuringe.

M. de Soubise et M. le prince de Saxe-Hildburghausen avoient perdu l'occasion de marcher à Leipsick par le retardement du renfort ordonné au général de l'armée du Roi, et ce n'étoit plus qu'en poussant un corps considérable sur Bernbourg qu'on obligeoit le roi de Prusse à repasser l'Elbe et qu'on assuroit les opérations de l'armée combinée.

Enfin, pour mettre le comble, le général sépare son armée et commence la dispersion de ses troupes dès le 23 ou le 24 d'octobre, pour les renvoyer en quartiers d'hiver, et cela à 30, 40, 50 et plus de 60 lieues, comme si l'on étoit en plein armistice. Cette démarche si inconsidérée et si peu réfléchie a accumulé trois ou quatre inconvénients irréparables à la fois :

1° C'étoit dans le moment que le roi de Prusse réunissoit toutes ses troupes, et étoit dans la plus grande activité pour marcher contre l'armée combinée.

2° La convention n'étoit point signée, ni assurée, et rien n'a été plus capable d'en déterminer l'infraction, comme cela est en effet arrivé.

---

rer par cette sage et nécessaire précaution la tranquillité de ses quartiers.

Il falloit en même temps faire également consommer par toute sa cavalerie les fourrages de la Vieille-Marche, les plus à portée de l'Elbe, entre Magdebourg et Lunebourg ; et en même temps faire transporter par toutes les voitures possibles tous les fourrages de la rive droite de l'Ocker, les plus éloignés, pour en former des magasins à la rive gauche, à Wolfenbuttel, Brunswick et autres quartiers, jusqu'à l'embouchure de l'Aller.

Le général, connoissant toute l'importance dont il étoit de conserver le château de Harbourg, auroit du moins dû l'approvisionner des choses essentielles qui y manquoient, au lieu qu'il a fallu après coup y en faire passer de Hambourg dont la plus grande partie a été prise.

3° Est-ce le moment de séparer une armée aussi prépondérante dans la cause commune, et la disperser à cet excès, quand vos principaux alliés sont dans le plus fort de leurs opérations? Les Autrichiens achevoient le siége de Schweidnitz et étoient obligés d'aller donner une bataille pour prendre Breslau.

4° Les Suédois s'avançoient dans la Poméranie, dans la confiance ou de recevoir un renfort de ce général, ou du moins une diversion efficace en s'approchant de l'Elbe.

Plus l'on réfléchit sur l'époque et les circonstances de cette séparation de l'armée, et moins il est possible de la comprendre et de pouvoir trouver aucune espèce d'excuse pour la pardonner, surtout quand on voit tous les malheurs irréparables qu'elle a occasionnés et les suites funestes qu'il y a à en craindre. Dans quelle perplexité une pareille manœuvre ne réduit-elle pas le Roi vis-à-vis de ses alliés, pour pouvoir leur donner une raison valable de cette démarche?

Après cette séparation si extraordinaire, le général de l'armée du Roi apprend les infractions commencées de la part des Hessois et Hanovriens; il commence à en être piqué, et sans réfléchir au peu de troupes qu'il s'est conservé, qu'il ne s'est ménagé aucun moyen, il passe l'Aller et marche à Lunebourg; il pousse des corps sur plusieurs colonnes en avant et jusques à 3 lieues de Harbourg, annonçant qu'il forcera bien les généraux de l'armée d'observation à tenir la convention ou qu'il les en fera repentir.

Il reçoit, le 28 novembre, une lettre de M. le prince Ferdinand, qui lui déclare qu'il va agir hostilement. Ce même jour le général envoie un renfort de 550 hommes dans le château d'Harbourg, et c'est le lendemain 29 qu'il se retire pour repasser l'Aller avec une précipitation honteuse et qui déshonore les armes du Roi. Car, faute d'aucune précaution, il laisse en différents endroits des petits magasins qu'il avoit commencé de former; il omet d'ordonner que du moins on les brûle, et il en laisse un assez considérable dans Lunebourg et 200 malades à la merci de l'ennemi.

C'est dans cette circonstance qu'il se trouve obligé de faire revenir de 15 et 20 jours de marche, et même de Cassel et de toute la Hesse, des troupes qu'il a si mal à propos renvoyées à la fin d'octobre, et qui à peine ont eu le temps d'arriver dans leurs quartiers.

L'on peut juger de l'état de toutes ces troupes, dont une partie même ne put arriver à temps. Pendant l'attente, il a la mortification de voir l'ennemi le chasser des faubourgs de Zell, qui est son quartier général, et camper vis-à-vis de lui en front de bandière, avec une armée de plus de moitié inférieure, parce que le général n'a pas eu la prévoyance nécessaire. Il se trouve forcé, par cette attente, à consommer les subsistances les plus précieuses; et enfin quand une partie suffisante de ses troupes est arrivée, il est si lent dans ses dispositions qu'il donne le loisir au prince Ferdinand de se retirer, et il se trouve réduit, par son défaut de connoissances, à ne savoir quelle position prendre, et à retenir dans cette incertitude des troupes à qui il a déjà fait faire deux fois des marches et contre-marches inutiles. C'est dans cet état qu'il laisse le commandement d'une armée, dont il a détruit peut-être le tiers, sans avoir combattu un ennemi qui lui étoit inférieur de plus de moitié en nombre et infiniment en qualité, qu'il possède moins de pays que ne lui en avoit laissé son prédécesseur, et laisse le général qui lui succède dans le plus grand embarras où on ait jamais pu être, au milieu d'un pays dévasté, pillé et tellement révolté par les violences et les vexations tolérées, qui ont en quelque manière décomposé tout l'état militaire par l'anéantissement de toute discipline et de toute subordination.

Voilà, en substance et en raccourci, l'usage qu'a fait ce général intermédiaire d'une armée de 120,000 hommes, des plus belles que le Roi ait jamais eues, pendant les six mois qu'il l'a commandée. Que l'on rapproche l'état où il l'a trouvée et les affaires le 2 d'août, et celui où il les laisse au commencement de février, et que l'on prononce sur les catastrophes les plus humiliantes et vraisemblablement les plus destructives qui doivent en résulter pendant cet hiver.

On trouvera ci-après la copie d'une lettre d'un homme fort instruit, au sujet de la retraite de Brême.

De Vechte, le 26 février.

La nuit du 23 au 24, M. de Saint-Germain reçut la nouvelle de la prise d'Hoya. Il avoit été attaqué, le même jour, 23, par un corps qu'on a dit fort de 5 à 6,000 hommes commandés par le prince héréditaire de Brunswick. On escarmoucha dès les dix heures du matin ; à six heures du soir ils parurent vouloir attaquer le pont sérieusement. Mais quelque vive que fût leur attaque, il est vraisemblable qu'elle n'étoit faite de ce côté-là que pour y attirer nos forces et détourner notre attention de leur véritable objet, qui étoit le passage du Weser. Il est bien étonnant sans doute que le passage d'une rivière aussi considérable se soit pu faire sans aucune opposition de notre part, et même sans que nous en ayons eu le moindre vent. C'est cependant la plus exacte vérité. Tandis que les gardes lorraines, avec les 2 compagnies de grenadiers et les 2 piquets de Bretagne, soutenoient vigoureusement l'attaque du pont, où M. de Chabot avoit fait faire la veille un retranchement de palissades qui en embarrassoit toute la tête, les ennemis, qui avoient passé la rivière à 1 lieue au-dessous d'Hoya, débouchèrent en colonnes par deux différentes rues et nous prirent à revers. Notre défense ainsi partagée ne fut pas de longue durée ; nous nous repliâmes aussitôt dans une espèce de vieux château qui occupe la rive droite du Weser, et nous rappelâmes pour capituler. Il étoit alors environ onze heures du soir. M. de Chabot a obtenu les honneurs de la guerre, et bien lui en a pris d'avoir affaire au jeune prince de Brunswick ; car le général hanovrien qui étoit avec lui et qui arriva une demi-heure après la signature des articles, vouloit qu'on nous passât au fil de l'épée pour venger l'incendie de quelques maisons qui étoient sur la rive droite du Weser et qui auroient beaucoup nui à la défense du pont. On fait monter notre perte à 300 hommes ; celle des ennemis est à peu près égale.

M. de Saint-Germain, ayant reçu cette nouvelle dans la nuit, prit le parti d'abandonner Brême, ce qu'il fit le 24 à midi, pour venir coucher à Bessum (1), où, revenant de Hanovre, je le trouvai avec son quartier général. Ce ne fut pas sans une extrême surprise ; j'aurois souhaité qu'on eût pris une résolution plus vigoureuse, qu'on eût rassemblé tout ce que nous avons de troupes de ce côté-ci, en y joignant la garnison de Brême, et qu'on eût marché sur Hoya pour le reprendre. Je fis à cet effet mes représentations, mais fort inutilement. Nous vînmes hier à Wildeshausen et aujourd'hui à Vechte, d'où nous marchons demain à Damme en tirant sur Minden pour donner la main à M. le comte de Clermont, qui doit diriger sa retraite sur cette ville. Jusqu'à présent, nous n'avons pas été suivis. A l'égard des équipages, outre la précipitation singulière avec laquelle on est sorti de Brême, qui a obligé force gens d'y laisser quantité d'effets, il faut s'attendre que la difficulté des chemins, qui est incroyable, rendra cette retraite presque impossible pour plusieurs : en tout cas s'ils échappent à l'ennemi, je les tiens pour prédestinés s'ils évitent le pillage des nôtres. Je ne puis vous exprimer à quel point sont portés l'indiscipline et le brigandage. Plusieurs chariots restés en arrière, entr'autres celui de Lelez le commissaire, ont été entièrement pillés par 2 ou 300 maraudeurs, qui forment une arrière-garde aussi dangereuse pour nous qu'inutile contre nos ennemis. Je supprime les réflexions ; elles seroient trop longues.

Extrait d'une lettre d'Osnabrück, du 6 mars 1758.

Nous apprendrons peut-être que de faire occuper à une armée cent lieues de pays pendant l'hiver occasionne souvent sa destruction. Après la montre de Zell (2), si on eût mis le Weser devant soi, ceci n'arriveroit pas. Ceci complète les obligations que cette armée a à M. le Maréchal. Nous laissons à messieurs les Hanovriens des hôpitaux bien garnis, et ce mouvement coûtera bien cher au Roi et à ses troupes.

On trouvera dans mon journal que M. de Richelieu a fait une seconde visite à M. le maréchal de Belle-Isle, dans laquelle il lui a remis le double d'un mémoire présenté au Roi. C'est celui dont il lui avoit parlé dans la première visite ; ce mémoire n'est fait que pour prouver que la position des troupes ordonnée par M. de Riche-

---

(1) Ou Bassum.
(2) Après la revue ou l'inspection faite à Zell.

lieu étoit à l'abri de tout inconvénient, et même avantageuse; on en trouvera la copie ci-après (1).

Les troupes établies dans les quartiers d'hiver reconnus entre l'Ocker et le Weser, l'Aller et le Hartz formoient un corps de 100 bataillons et de 80 escadrons que je pouvois porter, suivant les circonstances, en moins de 4 ou 5 jours, à la droite, à la gauche ou au centre; il falloit moins de temps encore pour en rassembler seulement une partie suffisante et s'opposer à l'entreprise que les ennemis viennent de faire.

Les positions reconnues à la droite étoient celle de Borgdorf entre le haut Ocker et Goslar; celle d'Ellershausen entre Goslar, le Hartz et la haute Leine. Ces deux emplacements étoient préparés par un corps de 30 ou 40 bataillons et de 30 escadrons, qui suffisoient pour les soutenir contre une armée fort supérieure.

J'avois pris les mêmes précautions pour le centre, en mettant Brunswick et Wolfenbuttel dans le meilleur état de défense. Il falloit nécessairement tout l'appareil d'un siége et du temps pour prendre ces places.

J'avois préparé, en arrière, les positions de Peina et d'Hupen (2) en avant d'Hildesheim. On pouvoit y placer 30 ou 40 bataillons qui auroient arrêté une armée beaucoup plus nombreuse, tant par l'avantage du terrain que par les précautions que j'avois prises d'y faire des redoutes, des abattis et des approvisionnements. J'ajouterai encore que les positions que je viens de désigner avoient été approuvées par M. de Crémille, et que M. le comte de Clermont a trouvé celle d'Hupen si bonne qu'il la fait occuper. En quoi il a été fort approuvé ici, où l'on a cru qu'il se détermineroit à soutenir également les autres dès qu'il les connoîtroit. Il paroît que ce qu'on lui a mandé n'a pu lui laisser aucun doute sur le désir qu'on avoit de le voir tenir dans les positions reconnues. Celle d'Hupen lui donnoit la facilité de faire, dans son centre et sur sa gauche, tous les mouvements qu'auroient exigés les circonstances et qui auroient pu déconcerter les projets de l'ennemi.

La gauche présentoit plusieurs positions, comme celles de Nienbourg Neustadt, Bisendorf, Burgdorf et Hanovre, dans lesquelles je pouvois rassembler plus ou moins de troupes, suivant le plus ou le moins

---

(1) On remarquera que ce mémoire, œuvre d'un militaire peu intelligent, ne répond pas à une seule des accusations auxquelles il fallait répondre pour sauver l'honneur, comme disait le maréchal de Belle-Isle.

(2) Peut-être Upener. Les noms géographiques de ce mémoire sont fort mal écrits, et plusieurs ne se retrouvent sur aucune carte.

d'inquiétude que les ennemis auroient pu me donner sur l'Ocker et sur le Hartz.

Toutes ces précautions acquéroient encore plus de solidité par l'occupation de Brême, qui couvroit toute la gauche des quartiers d'hiver, et qui n'auroit pu jamais être inquiété si j'avois eu le temps de faire exécuter les premiers ordres que j'avois donnés à M. le duc de Broglio, de chasser les ennemis de Burkdamm sur la Wumme avant qu'ils y fussent en forces. M. de Broglio pensa que les troupes qu'il avoit étoient trop fatiguées pour exécuter sur-le-champ cette opération, et crut devoir au moins suspendre la marche de celles qui étoient en mouvement pour aller le renforcer. J'envoyai sa lettre originale à M. de Paulmy et lui mandai que je laissois à M. le comte de Clermont, dont je venois d'apprendre la prochaine arrivée, et à M. le duc de Broglio l'examen de ce qu'il y avoit à faire de mieux; mais je sentois que si les ennemis nous obligeoient à lever nos quartiers, les troupes seroient bien plus fatiguées, et bien plus désagréablement, qu'elles ne pouvoient l'être par les mouvements qui eussent empêché [les ennemis] de nous inquiéter.

Un moyen sûr de prévenir leurs desseins, ou du moins d'en être averti longtemps à l'avance, étoit d'attaquer toutes les têtes de troupes qui paroîtroient sur la Wumme et à Halberstadt, ce qui étoit très-facile, et ce qui eût certainement réussi. Cela me paroît évident, et je ne répéterai pas ici les raisons pour lesquelles M. le duc de Broglio se défendoit de penser comme moi sur l'importance de cet objet.

Dans le projet de défensive des quartiers d'hiver, toute la gauche, le long de l'Aller, depuis Brême jusqu'à Gyfhorn, devoit être attaquée sans succès :

1° Parce que la possession de Brême donnoit une protection sûre à toute la rive droite de l'Aller depuis le Weser jusqu'à la Leine ;

2° Par la disette de fourrages, dont je m'étois assuré à 10 ou 12 lieues en delà de cette rivière ;

3° Par la solidité des positions de Nienbourg, Neustadt, Bisendorf, Bürgdorf et Hanovre, qui pouvoient, quelque supérieur que fût l'ennemi, l'arrêter assez de temps pour faire échouer tous ses projets, même sans action, puisqu'il eût manqué totalement de subsistances.

Toutes les dispositions relatives à l'occupation de ces postes avoient été projetées avant que M. de Crémille quittât l'armée, et remises à M. de Villemur en présence de M. de Monteynard, avant que je partisse d'Hanovre. Tous les ordres étoient prêts ; il n'y avoit que les dates à remplir au moment où les mouvements des ennemis auroient obligé de se porter dans les places ci-dessus.

On voudroit en vain objecter que le défaut de subsistances a fait abandonner l'entre deux de l'Ocker et de la Leine. Non-seulement tous les postes dont on a parlé étoient approvisionnés, mais l'évêché d'Hildesheim est encore plein de fourrages, et l'on verra, par la perte de plus de 60,000 sacs de grains dont le munitionnaire peut rendre compte et par les ressources que trouveront les ennemis pour se porter en avant, que ce prétexte de retraite seroit absolument illusoire si l'on prétendoit s'en servir.

En vain diroit-on aussi que le défaut de moyens pour conduire ces subsistances empêchoit de pouvoir y compter si l'on eût porté les troupes en avant. J'avois conservé une quantité de chevaux de caissons plus que suffisante et tout prêts pour ces opérations. Les Srs de Bourgade et de Peyne ne nieront sûrement pas que tous nos moyens de subsister ne fussent bien établis. Les ennemis seuls auroient été dans l'impossibilité de vivre, si nous eussions gardé nos positions et si nous n'eussions pas perdu tous nos avantages en voulant les combattre.

Ce qu'on dira de la foiblesse de l'armée n'est plus plausible, car quelque diminution qu'on veuille supposer dans les bataillons et escadrons, il est incontestable que le nombre de troupes qu'on pouvoit rassembler en 4 ou 5 jours eût fait un corps de 40,000 hommes, et que celui des ennemis qui a précipité notre marche rétrograde n'étoit pas de plus de 20,000 hommes.

Il n'est pas moins constaté que les corps qui ont agi sur le bas Weser et sur le haut Ocker étoient à 30 lieues l'un de l'autre, et conséquemment hors d'état de s'entre-soutenir.

J'ajouterai à toutes les vérités que je viens d'avancer, et que personne n'osera contredire par écrit, que j'avois singulièrement prévu le mouvement que les ennemis viennent d'exécuter. Toutes les dispositions que j'avois faites avant mon départ existent et prouvent que l'attaque sur l'Aller par le flanc gauche des quartiers étoit non-seulement la moins à craindre, mais la plus à désirer, pour la facilité qu'elle donnoit de procurer aux armes du Roi une action avantageuse, avec des troupes contre lesquelles il ne faut que de la constance et de la fermeté.

Il est même plus que vraisemblable, comme je l'ai fait voir, que les ennemis n'auroient jamais osé tenter une entreprise dans laquelle leurs troupes devoient nécessairement être détruites en entier, si nous n'eussions pas divulgué nos dispositions de retraite sur le premier bruit de leur marche. On a vu par la lettre du prince Ferdinand au roi de Prusse, interceptée vers le milieu du mois dernier, et dont il est venu des copies par la Hollande et par Bruxelles, combien ce prince appréhendoit que je marchasse à lui. Il y déclaroit que ne se croyant pas en état de me résister, il étoit résolu, au premier mouvement que je ferois, à repasser l'Elbe ou à se retirer sous Stade, de façon que si nous eussions aussi peu ménagé nos troupes que les ennemis ont peu épargné les leurs, et que si les ordres que j'ai donnés eussent été suivis, comme M. de Villemur s'en étoit chargé, non-seulement nous aurions gardé nos conquêtes, mais en outre nous nous serions rendus maîtres de tout le pays jusqu'à l'Elbe.

Toutes les dispositions ci-dessus étoient connues de M. de Crémille, qui ne niera aucun des faits que j'avance. Il savoit très-bien que non-seulement il y avoit des fourrages en quantité suffisante pour les troupes qu'il eût été nécessaire de porter dans les positions préparées, mais encore que l'évêché d'Hildesheim pouvoit en fournir pour des mouvements plus considérables sur l'ennemi, si l'on eût jugé à propos d'en faire. Il savoit aussi que chaque régiment partant de ses quartiers pouvoit en porter pour quatre jours, ce qui eût suffi pour le coup de main qu'on eût pu avoir à faire.

Il est sûr que M. de Crémille ne contredira rien de ce que j'avance ici.

Du dimanche, 9 avril, à Versailles. — Les grâces que le Roi a accordées à M. l'évêque d'Orléans et à sa famille sont calculées avec malignité par ceux qui n'aiment pas ce prélat; et l'on compte qu'elles vont au moins à 190,000 livres de rentes : 1° l'abbaye de Saint-Vandrille, ensuite l'évêché d'Orléans, l'abbaye d'Ainay à un de ses frères, sur quoi 8,000 livres de pension pour d'autres frères, une pension de 25,000 livres à sa sœur qui a épousé M. de de la Régnières, mariage qui a procuré aussi des avantages à M. de la Régnières; 12,000 livres de pension à une autre sœur qui n'est point mariée.

J'ai déjà marqué, dans mon journal, le raccommodement de M. le maréchal de Richelieu avec M. le maréchal de Belle-Isle. Depuis ce temps, les visites de M. de Richelieu à M. de Belle-Isle ont été presque tous les deux jours. M. de Richelieu a sollicité avec empressement d'aller commander dans son gouvernement de Guyenne, et l'a enfin obtenu avec des patentes pareilles à celles qu'il avoit pour aller commander l'armée du Bas-Rhin. On ne peut s'empêcher d'être extrêmement étonné de cette vivacité de M. de Richelieu pour M. de Belle-Isle, après ce qu'on a vu et entendu. M. d'Aiguillon, comme je l'ai déjà marqué, a été le plus empressé à procurer ce raccommodement; il est parent et ami de M. de Richelieu, et d'un autre côté il est aimé et estimé de M. le maréchal de Belle-Isle depuis longtemps, et se trouvoit fort embarrassé entre eux dans les termes où ils en étoient.

On trouvera dans mon journal l'arrangement enfin décidé pour M. de Crémille. Un détail que j'ignorois sur M. de Crémille, c'est qu'il étoit écuyer de quartier du Roi, avec des talents naturels pour la guerre et surtout pour les fonctions de maréchal-des-logis de l'armée, talents que l'expérience a encore augmentés. Ce sont ces talents assurément qui ont contribué à son avancement, et l'on peut dire à sa fortune, mais il avoit besoin d'être connu et mis en usage, et c'est une obligation qu'il a à M. d'Argenson. M. de Crémille a de l'esprit et a travaillé aussi pour lui-même; et dans le temps que M. d'Argenson étoit en place, il avoit dès lors des audiences particulières de Mme de Pompadour. Enfin il est parvenu à être lieutenant général, cordon rouge et directeur général, adjoint à M. de Paulmy. Il a actuellement des lettres patentes du Roi pour faire les signatures qu'on appelle en commandement, et beaucoup de bienfaits du Roi.

On trouvera aussi dans mon journal que M. de Graville, qui commandoit en Roussillon, en est revenu, et que M. de Mailly-d'Haucourt a été envoyé en sa place. Il passe pour constant que c'est par une volonté décidée du Roi, et même sur un ordre à M. le maréchal de Belle-Isle, que ce changement a été fait, et que M. de Belle-Isle avoit pris la liberté de représenter au Roi que M. de Graville, s'étoit si bien conduit en Roussillon, et s'y étoit occupé avec tant de succès à rétablir toutes choses, qu'il étoit de l'intérêt de son service de l'y laisser; mais le Roi dit qu'il l'avoit promis à M. de Mailly.

Du mardi 9 mai, Versailles. — Il y a environ quinze jours ou trois semaines que M. de Fronsac arriva de l'armée. M. de Richelieu fut extrêmement en colère contre lui et lui ordonna de repartir sur-le-champ; cependant il se radoucit et lui permit d'aller à la campagne, à condition qu'il ne se montreroit point. Cet ordre ne fut pas suivi bien exactement par M. de Fronsac. Malgré tout cela, il eut enfin la permission de venir ici. On crut que le Roi ne lui diroit rien pour lui marquer son mécontentement, mais ce fut tout le contraire ; le Roi le reçut très-bien et lui dit : « Je suis fort aise de vous voir; vous souperez ce soir avec moi. » C'est assurément une grande marque de bonté, mais la sévérité du maître est quelquefois nécessaire, surtout lorsqu'il est question de rétablir une discipline trop mal observée.

La Reine alla hier se promener à Bellevue; c'étoit la première fois depuis que le Roi a acheté cette maison. Elle entra dans le jardin, et alla voir des bosquets entourés de treillages et garnis de lilas; il y en a plusieurs qui sont dans la partie du jardin du côté de Meudon. Il y en eut un entre autres où l'inspecteur dit à la Reine : « C'étoit ici le bosquet de l'amour, présentement c'est celui de l'amitié. » Il vouloit apparemment expliquer la différence de la statue qui est au milieu de ce bosquet(1), mais le propos n'en est pas moins remarquable.

Du jeudi, 18 mai. — Les représentations qu'on a faites sur la promotion ne paroissent point faire aucune impression sur M. le maréchal de Belle-Isle. Il a su que Mgr le Dauphin avoit été supplié de lui parler pour un de ses menins ; il a dit à Mgr le Dauphin les raisons qui avoient déterminé à faire la promotion telle qu'elle est, et lui a représenté en même temps qu'il n'y avoit personne dans l'État qui eût plus d'intérêt que lui à ne pas autoriser par ses demandes des plaintes contre les volontés du Roi, ni donner occasion à des changements qui seroient réputés foiblesse dans le gouvernement ;

---

(1) C'était la statue de Mme de Pompadour, exécutée en 1753 par Pigalle, et qui se trouve aujourd'hui dans le parc de Bagatelle appartenant à M. le marquis d'Hertford.

ajoutant qu'il étoit plus essentiel que jamais d'entretenir une subordination trop négligée et dont les suites ne pourroient être que très-dangereuses, comme on ne l'avoit que trop éprouvé dans la dernière campagne. M. le maréchal de Belle-Isle a eu aussi des représentations d'une dame de Mesdames, qui est vive, et qui, peu contente des raisons qu'il lui expliquoit avec politesse, lui parla dans des termes peu mesurés. M. de Belle-Isle, sans se fâcher, lui dit qu'ayant l'honneur d'être ministre du Roi et chargé de ses ordres, c'étoit au Roi même qu'elle manquoit en se servant des termes qu'il venoit d'entendre; que s'il faisoit son devoir, il en rendroit compte au Roi; mais qu'il espéroit qu'elle ne le mettroit pas dans cette nécessité. Cette dame sentit qu'elle avoit été trop loin, elle changea de ton, le pria de n'en point parler, et lui fit des excuses.

Du jeudi 8 juin, Versailles. — On trouvera dans mon journal la prise de M. Duquesne avec deux des trois vaisseaux qu'il commandoit, *l'Oriflamme* et *l'Orphée*. M. Duquesne a envoyé une relation de cette affaire. On y voit que les matelots de son équipage se soulevèrent et refusèrent absolument de faire aucun service. Il usa d'autorité et en fit exécuter quatre ou cinq des plus mutins. Cette punition n'eut aucun effet; ils protestèrent tous qu'ils aimoient mieux mourir que de faire leur devoir, disant pour raison qu'on ne les payoit point. Le même esprit de révolte règne encore actuellement à Toulon; les commandants des vaisseaux qui sont en rade sont obligés de faire tirer sur les matelots qui se sauvent à la nage pour déserter. Le matelot ne meurt pas de faim quand il est embarqué; on vient même d'augmenter son traitement, car on ne leur donnoit par mois que depuis 9 livres jusqu'à 15 livres, et actuellement la moindre paie est de 15 livres et la plus forte de 18; mais ces matelots, pour la plupart, ont femme et enfants, et ne peuvent songer qu'avec horreur à l'affreuse misère où ils les laissent lorsqu'ils ne peuvent leur donner d'argent sur ce qui leur est dû, et on prétend qu'il leur est dû 5 millions. Ce qui est dû pour la marine en total monte actuellement à 40 millions.

La disgrâce de M. de Maillebois a donné occasion d'examiner ce qui s'est passé dans le dépôt des Invalides. Le premier commis s'est trouvé en faute; il est accusé de grandes malversations et est actuellement en fuite.

On examine aussi actuellement ce qui s'est passé par rapport aux payements faits à l'armée. Il y a eu des plaintes contre ceux qui étoient chargés de faire les payements ; on a allégué contre eux que le changement des monnoies leur avoit valu beaucoup ; ils ont prétendu se justifier par le détail des sommes et des espèces qui leur ont été remises. M. de Montmartel, par l'ordre duquel ces remises ont été faites, a prouvé, par un mémoire détaillé, que depuis le 1er avril 1757 jusqu'au 15 décembre de la même année, il a fait remettre 16,074,640 livres ; il a détaillé les dates de ces différents payements et les espèces dans lesquelles ils ont été faits. On a conduit au château de Vincennes deux des principaux accusés sur cette matière. On trouvera ci-après l'extrait du mémoire de M. de Montmartel.

Bordereau des traites tirées par M. de Montmartel sur MM. Meinerzhagen [sic] de Cologne, ses correspondants, qui les ont acquittées.

SOMMES DES TRAITES.	ÉCHÉANCES.
150,000 liv. » s.	1er avril 1757.
300,000 »	idem.
500,000 »	25 dudit.
400,000 »	5 mai.
500,000 »	idem.
500,000 »	15 dudit.
371,000 »	idem.
900,000 »	25 dudit.
3,621,000 »	

3,621,000 liv. » s. (report)
850,000	»	....	15 juin.
345,455	»	....	idem.
574,440	»	....	25 dudit.
519,332	»	....	30 dudit.
900,000	»	....	15 juillet.
400,000	»	....	20 dudit.
300,000	»	....	25 dudit.
519,332	»	....	30 dudit.
400,604	11	....	10 août.
900,000	»	....	20 dudit.
319,332	»	....	30 dudit.
1,050,000	»	....	20 septembre.
1,000,000	»	....	10 octobre.
539,731	»	....	25 dudit.
1,045,000	»	....	10 novembre.
453,750	»	....	25 novembre.
250,000	»	....	30 dudit.
462,000	»	....	idem.
304,664	»	....	15 décembre.
1,320,000	»	....	10 dudit.

16,074,640 liv. 11 s.

Les espèces détaillées en l'acquit sont :

Les écus neufs à...........	6 l.		
Les écus de	6		
Les carolins de...........	24		
Les louis d'or neufs à.......	24		
Les vieux à	19		
Les ducats à............	11	2 s.	
Les pistoles de Lunebourg à....	19	10	
Les carolins à...........	24	3	
Les pistoles de Prusse à.......	19	12	
Les ducats à	10	17	6 d.
Les louis vieux à	19	10	
Les carolins à...........	24	3	
Les louis au soleil à........	23	18	
Les souverains d'or à	33		
Les pistoles d'Espagne à......	19	12	
Les Noailles à...........	36		
Les guinées à	24		
Les max d'or à	16	12	

Copie d'une des lettres de change tirées par M. de Montmartel sur MM. Meinerzhagen, ses correspondants, avec les endossements et acquits étant au dos.

A Paris, le 28 mars 1757. — Pour liv. 500,000. — Je payerai au 25 avril prochain, chez MM. Meinerzhagen, à Cologne, à l'ordre de M. de Villette, trésorier général de l'extraordinaire des guerres, cinq cent mille livres, valeur reçue de mondit S^r suivant l'avis de.....

Pour cinq cent mille livres. Signé PARIS DE MONTMARTEL.

A Messieurs
    Messieurs de Meinerzhagen,
      A Cologne.

Au dos est écrit :

Payé à l'ordre de M. de Mauvillain, trésorier de l'armée du Bas-Rhin, valeur en compte ; à Paris, ce 2 avril 1757. Signé DE VILLETTE.

Au-dessous :

Reçu en 72,001 1/2 écus neufs à L. C. . . . . 432,009 livres.
En. . . . 381 1/2 louis neufs à 24 livres. . . 9,156 —
En ordonnances de M. de Lucé et effets payés
  pour mon compte. . . . . 58,835 —
                Somme totale. 500,000 —

Signé DE MAUVILLAIN.

Au-dessous est encore écrit :

Laquelle somme, en espèces et effets, a été remise en mes mains au nom et pour M. de Mauvillain, à Cologne, le 20 avril 1757.

Signé : SAULY ; commis de l'extraordinaire des guerres.

Nota. Toutes les autres lettres sont dans la même forme que celle ci-dessus, et les acquits bien détaillés.

Du jeudi, 13 juillet. — On trouvera dans mon journal la mort de Mme du Châtel. Elle étoit fille ainée de M. de Gouffier, tué à Ramillies, et de Mlle de Luynes (1). Mme du Châtel a pour frère M. le marquis de Gouffier d'Heilly, retiré du service, et qui a été mestre de camp du régiment de Condé-Cavalerie, et pour sœur Mme la comtesse

---

(1) Catherine-Angélique d'Albert de Luynes, fille de Louis-Charles d'Albert, duc de Luynes, et d'Anne de Rohan, sa seconde femme.

de Gouffier. Ils sont de la branche de Gouffier-Braseux ou d'Heilly, descendante de celle de Thois. M. le marquis de Gouffier, frère de Mme du Châtel, a épousé Mlle Phélypeaux d'Outreville, dont il a eu des enfants. Mme la comtesse de Gouffier, sœur de Mme du Châtel, avoit épousé en premières noces un M. Colbert de Saint-Mars, et en secondes noces elle a épousé son cousin, le comte de Gouffier, qui est mort en 1754 sans enfants. Il avoit épousé en premières noces une autre demoiselle de son nom dont il n'a point non plus laissé d'enfants.

MM. Crozat, frères, fils ou neveux, dit-on, d'un bedeau, porteur de clochette et donneur d'eau bénite à Saint-Eustache, étoient : l'aîné, surnommé *le Riche*, receveur général des finances à Bordeaux. Sa grande fortune venoit de ses possessions en Amérique ; il avoit gagné son bien sur mer et acheté le Mississipi ; enfin il avoit eu la charge de grand trésorier des ordres du Roi. Son frère, *le Pauvre*, étoit trésorier général du Clergé ; celui-ci n'a point laissé d'enfants. Parmi ceux qu'a laissés *le Riche*, il y a Mme la comtesse d'Évreux, mariée en 1707, qui est morte sans enfants. C'est à l'occasion de son mariage qu'on fit une chanson sur les oncles de M. le comte d'Évreux et de sa femme, qui disoit : *L'un est doyen des cardinaux* (le cardinal de Bouillon) *et l'autre doyen des bedeaux*.

Mme Crozat, la Riche, étoit fille de M. le Gendre, fermier général ; elle avoit pour père M. le Gendre, fermier général, qui s'est ruiné à chercher la pierre philosophale, et pour frère un abbé le Gendre qui étoit un original et qui a fait quelques chansons. Elle avoit pour sœurs Mme Doublet, qui vit encore, veuve d'un secrétaire des commandements de M. le Régent, et Mme la présidente Durey de Vieuxcourt, mère de M. le président de Mainières et de feu Mme la présidente d'Aligre et de feu Mme Hérault, première femme du lieutenant de police ; enfin la troisième sœur de Mme Crozat étoit Mme Bosc, femme du procureur général de la cour des aides et mère de Mme du Guesclin et de Mme Talhouet de Souscarrière, dont le mari, ci-devant maître des requêtes, est enfermé à Pierre-Encise.

Du mardi, 18 *juillet*. — M. l'archevêque de Lyon (Montazet) étoit aumônier du Roi lorsque Mme la Dauphine d'aujourd'hui vint en France ; il fut envoyé au-devant d'elle ; il m'a conté des détails sur ce voyage qui méritent d'être remarqués.

Lorsque Mme la Dauphine arriva à Troyes (1), les écoliers lui donnèrent une pastorale dont ils avoient fait imprimer plusieurs exemplaires. On avoit rassemblé dans cette pastorale tout ce qu'on croyoit pouvoir servir à l'éloge de Mme la Dauphine : ses talents, sa science, son caractère; elle avoit fait un petit ouvrage dont il étoit parlé. Ces exemplaires furent distribués dans la maison de Mme la Dauphine. Mme la Dauphine, ayant écouté cette pastorale avec attention, fit réflexion que toutes ces louanges pouvoient être mal placées et lui donner une réputation de savante et d'auteur, qu'elle ne vouloit point avoir, et sans consulter personne de ce qui étoit auprès d'elle, elle redemanda à chacun ces exemplaires et les fit jeter au feu. M. l'archevêque de Lyon n'avoit pas fait attention à ces différents endroits en entendant la pastorale ; le parti que prit Mme la Dauphine lui donna la curiosité de voir l'exemplaire de Mme de Lauraguais, qui fut emporté chez elle et qui ne fut point brûlé, et il reconnut que Mme la Dauphine avoit eu raison.

Mme la Dauphine recevoit avec beaucoup de marques de bonté tous ceux qui avoient l'honneur de lui faire leur cour ; elle paroissoit satisfaite de l'empressement des peuples ; elle avoit un regard touchant et expressif dont elle a fait peu d'usage depuis qu'elle est arrivée. Il paroît certain qu'elle a été avertie que ces regards pouvoient faire trop d'impression et déplaire à

---

(1) Le 4 février 1747.

Mᵍʳ le Dauphin. Étant à Troyes, on lui avoit préparé à souper dans une assez grande pièce, et la foule du peuple étoit incroyable. Mᵐᵉ la Dauphine s'étant mise à table avec ses dames, on apporta pendant le souper une lettre à Mᵐᵉ de Brancas; cette lettre étoit de Mᵍʳ le Dauphin. Mᵐᵉ de Brancas crut ne pouvoir la décacheter trop promptement; c'étoit la réponse à une qu'elle avoit eu l'honneur d'écrire à Mᵍʳ le Dauphin, dans laquelle elle lui rendoit compte de toutes les grâces de Mᵐᵉ la Dauphine. Au nom de Mᵍʳ le Dauphin, Mᵐᵉ la Dauphine voulut voir la lettre, elle la prit des mains de Mᵐᵉ de Brancas. M. l'abbé de Montazet étoit derrière elle; il fut fort étonné de la voir se lever sur-le-champ et s'en aller chez elle; il avoit déjà aperçu quelques larmes qui commençoient à couler. On crut que Mᵐᵉ la Dauphine alloit revenir; on continua le souper, mais il fut fort court. Elle s'enferma dans sa chambre et ne reparut plus. Dans la lettre qui avoit donné occasion à cette scène, Mᵍʳ le Dauphin remercioit Mᵐᵉ de Brancas de l'éloge qu'elle lui faisoit de Mᵐᵉ la Dauphine, mais il ajoutoit que quelque charme qu'elle pût avoir, elle ne lui feroit jamais oublier celle qu'il venoit de perdre. On peut juger de l'impression que firent ces paroles, et il est certain que si Mᵐᵉ de Brancas avoit eu le temps de lire la lettre, elle ne l'auroit jamais laissé voir.

Une autre circonstance de ce voyage qui est remarquable par sa singularité, sans être importante, c'est ce qui arriva à M. l'abbé de Montazet. Mᵐᵉ la Dauphine savoit fort bien la musique; elle chantoit, jouoit du clavecin, mais elle ne connoissoit que la musique italienne. Mᵐᵉˢ de Brancas et de Lauraguais lui parlèrent de la musique françoise et lui dirent qu'il ne tiendroit qu'à elle d'en juger; que M. l'abbé de Montazet la savoit fort bien et avoit une voix très-agréable. M. de Montazet étant chez lui, à onze heures du soir, fut fort surpris qu'on vînt lui dire, de la part de Mᵐᵉ la Dauphine, de lui aller parler. Il y arriva, ne sachant de quoi il étoit question ; Mme la Dauphine étoit avec sa dame d'honneur et sa dame d'atours et prête à se coucher. Elle proposa à M. de Montazet de lui chanter un air françois. Il se souvint heureusement d'un morceau d'opéra dont les paroles sont de Roy et la musique de Mouret ; les voici :

> Jeune beauté, régnez sur votre auguste maître,
> Entre la terre et lui partagez vos regards ;
>   C'est vous que le ciel a fait naître
> Pour embellir encor le trône des Césars.
>   Une paisible victoire
> Enchaîne sous vos lois les plus riches climats ;
>   Vous triomphez des plus charmants appas ;
>   Tout applaudit à votre gloire.

Ces paroles étoient si bien faites pour le moment que Mme la Dauphine crut qu'elles avoient été faites exprès et que tout s'étoit arrangé de concert entre ces dames et M. l'abbé de Montazet. Tout fut cependant l'effet du hasard, mais un hasard fort heureux et un choix fait avec esprit.

Du jeudi, 20 *juillet.* — J'ai parlé en grand détail dans mon journal, au 20 juillet, de plusieurs réflexions sur la convention de Closter-Severn. Cette convention a été appelée dans le public la convention Duras. En effet, M. le duc de Duras est le seul qui en ait tiré un avantage considérable, puisqu'elle lui a valu la charge de premier gentilhomme de la chambre, qui étoit promise à M. de Nivernois. La maladie de M. duc de Gesvres étoit un moment décisif pour obtenir cette charge, et la nouvelle arriva fort à propos.

Du mercredi, 26 *juillet.* — On trouvera dans mon journal (1) que M. le comte de Clermont vit le Roi dans son cabinet, le 21. Il en fut averti par un billet que le Roi

---

(1) Au 26 juillet.

écrivit de sa main à M. le maréchal de Belle-Isle. Il y étoit dit : « M. le comte viendra à huit heures avec M. le maréchal. » Le Roi lui dit qu'il le trouvoit maigri ; il lui parla de sa santé, de la ville de Cologne, de l'élection du Pape, enfin il fit la conversation avec lui pendant trois quarts d'heure, comme à l'ordinaire. On dit que M. le comte de Clermont prétend n'avoir agi que sur des ordres ; cela seroit aisé à vérifier si on vouloit.

FIN DES MÉMOIRES DU DUC DE LUYNES.

TABLE ALPHABÉTIQUE

DES NOMS ET DES MATIÈRES

MENTIONNÉS DANS CE VOLUME.

A.

ABERCROMBY (Le major général), 55.
ADÉLAÏDE (Madame). *Voy.* FRANCE (Marie-Adélaïde de).
AIGUILLON (Duc d'), 66-73, 111.
ALARY (Abbé), directeur de l'Académie française, 4.
ALBERT (Chevalier, puis marquis d'), chef d'escadre, 26.
ALBERT (Marquise d'), née d'Harville, 25.
Angleterre (Roi d'). *Voy.* GEORGES II.
ARCHINTO (Cardinal), 88.
AREMBERG (M. et Mme d'), 73.
ARGENSON (Marc-Pierre de Voyer de Paulmy, comte d'), 112.
ARGENTRÉ (Louis-Charles du Plessis d'), évêque de Limoges, 58.
AUBIGNY (M. d'), capitaine, 66, 68, 69, 70.
AUMONT (M. d'), premier gentilhomme de la chambre, 15.
AUTICHAMP (M. d'), 28, 47.

B.

BALLEROY (M. de), 70, 71.
BASCHI (Mme de), 88, 92.
BEAUVILLIERS (Duchesse de), seconde douairière, 25.
BELLE-ISLE (Chevalier de), 8.
BELLE-ISLE (Louis-Charles-Auguste Fouquet, marquis de), maréchal de France, ministre de la guerre, 4-10, 16, 17, 19, 22, 27, 29, 32, 34, 35, 41, 46, 47, 59, 66, 68, 76, 77, 94-97, 107, 111-114, 121.
BENOÎT XIV, pape, 33.
BÉON (M. de), lieutenant-colonel, 69.
BERCHINY (M. le maréchal de), 83.
BERCHINY (Mme de), 35.
BERNAGE DE SAINT-MAURICE (M. de), 55.
BERNIS (Abbé-comte de), ministre secrétaire d'État des affaires étrangères 20, 24, cardinal, 31, 34, 35, 76, 86, 88, 91.
BERRIER (M.), conseiller d'État, 1.

BERRY (Louis-Auguste de France, duc de), petit-fils de Louis XV, 38.
BERTIN (M.), lieutenant général de police, 63.
BÉTHUNE (Comte de), chevalier d'honneur de Madame, 41.
BOCQUART (M.), maréchal de camp, sa lettre au comte de Clermont, 2.
BOISSY (M. de), de l'Académie française, 4.
BONNAC (Mme de), 49.
BOUILLÉ (Nicolas de), évêque d'Autun, 91.
BOUSQUET (M. du), 71.
BOUVILLE (Abbé de), vicaire général de Chartres, 76.
BRANCAS (Comte de), 32.
BRANCAS (Duchesse de), dame d'honneur de la dauphine, 56, 119, 120.
BRÉHAN (M. de), 86.
BRETEUIL (Baron de), envoyé à Cologne, 1.
BROC (M. de), colonel, 66, 68, 70-72.
BROGLIE (Comte de), 84.
BROGLIE (Duc de), lieutenant général, 11, 29, 36, 41, 88, 90, 109.
BROGLIE (Maréchal de), 8.
BROGLIE (M. de) le fils, 41.
BRUNSWICK (Charles, prince héréditaire de), 3, 106.
BRUNSWICK (Ferdinand, duc de), 13, 19, 32, 40, 41, 59, sa lettre à M. de Saint-André, 60, 77, 88, 89, 102, 104, 105.
BUTLER (M. de), 57.

C.

CARLOS (Don), roi des Deux-Siciles, 83, 84.
CASTELAS (M. de), 41.
CASTRIES (M. de), 24.
CHABOT (M. de), 18, 106.
CHAMPEAUX (M. de), 77.
CHATEAUFORT (M. de), conseiller à la cour de Nancy, 80, 81.
CHATEAURENAUD (Mme de), 88, 92.
CHATEL (Mme du), née Goufflier, 117.
CHATRE (M. de la), 67, 70.
CHAUVELIN (M.), 42.
CHAUVELIN (Mme), 42.
CHEMILLE (Comte de), 39.
CHÉVERT (M. de), lieutenant général, 11, 36, 40, 86, 89, 90.
CHEVREUSE (Marie-Charles-Louis d'Albert, duc de), fils du duc de Luynes, gouverneur de Paris, 15, 18, 30, 32, 35, 50.
CHEVREUSE (Henriette-Nicole d'Egmont-Pignatelli, duchesse de), femme du précédent, 15, 76.
CHIMAY (Princesse de), née Beauvau, 28.
CHOISEUL-PRASLIN (Mlle de), 39.
CLÉMENT XIII, pape, 15, détails sur son élection, 24, 32, 34, 74, 86, 88.
CLERMONT (Louis de Bourbon-Condé, comte de), 2-4, 10, 13, 15, 19, 22, 27, 32, 65, 107-109, 121.

CLERMONT-TONNERRE (M. de), 48.
COETLOSQUET (Jean-Gilles de), évêque de Limoges, 57.
Comédie française (Détails sur la), 15, 30.
CONFLANS (M. de), 89.
CONTADES (M. de), lieutenant général, 11, 18, 19, 32, 35, 40, 41, maréchal de France, 51, 77, 86, 89.
CRÉMILLE (M. de), 95, 108, 109, 111, 112.
CROISMARE (Chevalier de), commandant l'École militaire, 78.
CROY (Prince de), 46.
CROZAT (MM.), 18.
CUCÉ (Marquis de), 72.
CUMBERLAND (Duc de), 21, 98, 101.
CURNE DE SAINTE-PALAYE (M. de la), de l'Académie française, 4.
Czarine (La). *Voy.* ÉLISABETH PETROWNA.

D.

DAUN (Le maréchal), 10-12, 35, 92.
Dauphin (M. le). *Voy.* LOUIS DE FRANCE.
Dauphine (Mme la). *Voy.* MARIE-JOSÈPHE DE SAXE.
DELAVIGNE (M.), premier médecin de la reine, 86.
DELFELD (M.), officier du prince Charles de Saxe, 64.
DESCRANGES (M.), maître de cérémonies, 16, 85.
DESPRÉS (M.), premier commis du bureau de la Guerre, 85.
DRUCOURT (M. de), commandant à Louisbourg, 23.
DUBOIS DE LA MOTHE (M.), capitaine de vaisseau, 72.
DURAS (Duc de), premier gentilhomme de la chambre, 20, 121.
DURAS (M. le maréchal de), 42.
DURFORT (Chevalier de), colonel, 32.
DURY (Le général), 72.

E.

ECQUEVILLY (Mme d'), 88.
EGMONT (M. d'), 73.
ELISABETH PETROWNA, impératrice de Russie, 93.
ESCARS (M. d'), menin du dauphin, 56, 57.
ESCARS (Mme d'), dame du palais de la reine, 57.
Espagne (Reine d'). *Voy.* MADELEINE-THÉRÈSE DE PORTUGAL.
Espagne (Roi d'). *Voy.* FERDINAND VI.
ESTISSAC (Duc d'), 51.
ESTRÉES (M. le maréchal d'), 1, 34, 96-98.
ESTRÉES (Mme la maréchale d'), 10.

F.

Faculté de théologie (Assemblée de la), 60-63.
Ferdinand VI, roi d'Espagne, 39, 57.
Ferdinand (Le prince). *Voy.* Brunswick.
Fermor (M. de), 64, 76, 93.
Fitz-James (Comte de), 57.
Fitz-James (Duc de), 89, 90.
Flavacourt (Hortense-Félicité de Mailly-Nesle, marquise de), dame du palais de la reine, 42, 44, 49.
Fontelle (Chevalier de), 71, 72.
Fontenay (M. de), envoyé extraordinaire de Saxe, 63.
France (Louise-Élisabeth de), première fille du roi, nommée *Madame Infante*, 82.
France (Marie-Adélaïde de), nommée *Madame Adélaïde* et *Madame*, troisième fille du roi, 37.
France (Marie-Louise-Adélaïde-Victoire de), nommée *Madame Victoire*, quatrième fille du roi, 37.
France (Sophie-Philippine-Élisabeth-Justine de), nommée *Madame Sophie*, cinquième fille du roi, 37.
France (Louise-Marie de), nommée *Madame Louise*, sixième fille du roi, 37.
Frédéric II, roi de Prusse, 10-12, 35, 49, 63, 77, 83, 93, 101, 103.
Fronsac (M. de), premier gentilhomme de la chambre, 35, 112.
Fumel (Jean-Félix-Henri de), évêque de Lodève, 57.

G.

Galaizière (M. de la) le fils, intendant de Lorraine, 79.
Georges II, roi d'Angleterre, 101.
Gesvres (Étienne-René Potier, cardinal de), évêque de Beauvais, 24, 75.
Gesvres (François-Joachim-Bernard Potier, duc de), premier gentilhomme de la chambre du roi, gouverneur de Paris, 31, 121.
Gisors (M. de), 30.
Gontaut (Duc de), 51.
Graville (M. de), lieutenant général, 112.
Guerchy (M. de), 18.
Guisthel (M. de), 76.

H.

Harcourt (Duc d'), 39, 47.
Hardenberg (M. de), 98.
Havrincourt (Chevalier d'), exempt des gardes du corps, 82.
Helvétius (M.) le fils, maître d'hôtel de la reine, 54.
Hildebrand (Mme), née Spaar, 73.

I.

Impératrice (L'). *Voy.* MARIE-THÉRÈSE.
Infante (Madame). *Voy.* FRANCE (Louise-Élisabeth de).
ISSELBACH (Baron d'), 13, 14, 19.
ISSEMBOURG (Prince de), 28, 77, 86, 89.

J.

JALAIS (M. de), intendant des Invalides, 16, 59.
JARENTE (Louis-Sextius de), évêque d'Orléans, 111.
JOSEPH, roi de Portugal, 91.

K.

KEITH (Maréchal), 11, 12.
KERGUESEC (M. de), 72.
KOULAS (Mme de), née Linange, 73.

L.

Laon (Évêque de). *Voy.* ROCHECHOUART.
LAUDON (Le général), 11.
LAURAGUAIS (Comte de), 34.
LAURAGUAIS (Duc de), 56.
LAURAGUAIS (Diane-Adélaïde de Mailly-Nesle, duchesse de), dame d'atours de la dauphine, 42, 44, 49, 120.
LAVAL (Duc de), 51.
LAVAL (Duchesse de), 56.
LAVAL-MONTMORENCY (Famille de), 51.
LE KAIN, de la Comédie française, 30.
LENTULAS (Le général), 83.
Limoges (Évêque de). *Voy.* COETLOSQUET.
LOBKOWITZ (Prince de), 6.
LORGES (Comte de), lieutenant général, 86.
LOUIS XIV, 45.
LOUIS XV, 1, 16, 21, 24, 27, 30, 32, 35, 37-39, 46, 51, 55, 57, 65, 66, 68, 75, 76, 79, 81, 82, 88, 89, 91, 95-97, 111-113, 121.
LOUIS DE FRANCE, dauphin, fils de Louis XV, 66, 82, 113, 119.
LOUISE (Madame). *Voy.* FRANCE (Louise-Marie de).
LUSACE (Comte de), lieutenant général, 55, 90.
LUSSAN (Mlle de), 4.
LUXEMBOURG (M. le maréchal de), capitaine des gardes, 39, 48, 76.
LUXEMBOURG (Mme la maréchale de), née Villeroy, 56.

Luynes (Charles-Philippe d'Albert, duc de), 26.
Luynes (Marie Brulart, duchesse de), dame d'honneur de la reine, femme du précédent, 26, 31, 32.
Luynes (Paul d'Albert de), cardinal, archevêque de Sens, premier aumônier de la dauphine, 24, 75, 83.

M.

Madame. *Voy.* France (Marie-Adélaïde de).
Madeleine-Thérèse de Portugal, reine d'Espagne, 32, 39, 57, 82.
Maillebois (M. de) le fils, 115.
Mailly (Comte de), premier écuyer de la dauphine, 76.
Mailly-d'Aucourt (Comte de), lieutenant général, 112.
Marie-Amélie de Saxe, reine des Deux-Siciles, 83, 84.
Marie-Anne-Victoire, infante d'Espagne, reine de Portugal, 91.
Marie-Josèphe de Saxe, dauphine de France, 82, 119-121.
Marie Leczinska, 32, 37, 46, 49, 54, 65, 73, 87, 113.
Marie-Thérèse, impératrice d'Allemagne, sa lettre au maréchal de Belle-Isle, 29, 93.
Marigny (Marquis de), secrétaire-greffier de l'ordre du Saint-Esprit, 75.
Massiac (M. de), secrétaire d'État de la Marine, 22, 50, 83.
Massones (M. de), ambassadeur d'Espagne, 92.
Mazarin (Cardinal), 42.
Mazarin (Mme de), née Duras, 42, 44, 49.
Meilleraye (Duché de la), 49.
Melun (Mlle de), 76.
Ménard (M.), premier commis de M. de Saint-Florentin, 38.
Ménil (M. du), 48.
Mesdames. *Voy.* France (Marie-Adélaïde, Marie-Louise-Adélaïde-Victoire-Sophie et Louise-Marie de).
Mina (M. de la), commandant en Catalogne, 22.
Monconseil (Mme de), née Curzay, 35, 78.
Monconseil (Mlle de), 79.
Montaigu (Marquis de), 72.
Montal (M. de), lieutenant général, 52.
Montazet (Antoine de Malvin de), archevêque de Lyon, 76, 118, 120, 121.
Montazet (Chevalier de), 35.
Monteil (M. de), ministre plénipotentiaire à Cologne, 1.
Montesson (M. de), le cadet, lieutenant général, 16.
Monteynard (M. de), 109.
Monti (M. de), ingénieur de la reine de Hongrie, 9.
Montmartel (M. Paris de), 115.
Montmirail (M. de), colonel, 34.
Mortagne (M. de), 8, 11, 22.
Mortani (M. de). *Voy.* Mortagne.
Mouret, musicien de la chambre du roi, 120.

N.

Narbonne (Archevêque de). *Voy.* ROCHE-AYMON.
Nevers (Évêque de). *Voy.* TINSEAU.
NIVERNOIS (Duc de), 121.
NOVION (M. le président de), 35.

O.

OBERG (Le général), 89.
Orléans (Évêque d'). *Voy.* JARENTE.

P.

Pape (Le). *Voy.* CLÉMENT XIII.
PARIS DU VERNEY (M.), 96.
PARTYET (M.), intendant des Invalides, 17, 18, 30, 59.
PAULMY (M. de), ministre d'État, 95, 109.
PÉREUSE (M. de), lieutenant général, 16.
PINON (M. le président), 35.
PITT (M.), 55.
POLIGNAC (Chevalier de), 69.
Pologne (Roi de). *Voy.* STANISLAS LECZINSKI.
POMPADOUR (Marquise de), dame du palais de la reine, 88, 92, 95-97, 112, 113.
PONTCARRÉ DE VIARMES (M. de), prévôt des marchands, 55.
POYANNE (Marquis de), lieutenant des carabiniers, 30.
Prévôt des marchands (Le). *Voy.* PONTCARRÉ DE VIARMES.
PRIULI (Cardinal), 86, 88.
PRUSSE (Guillaume-Auguste, prince de), 39, 49.
PRUSSE (Le prince Henri de), 92.
Prusse (Roi de). *Voy.* FRÉDÉRIC II.
PUISIEUX (M. de), 1, 34, 44.
PUYSÉGUR (M. de), maréchal de camp, 29.

Q.

QUESNE (M. du), 114.

R.

RAIGECOURT (Plaicard de), évêque d'Aix, 41.
RAIMOND (M. de), maréchal de camp, 38.
REDEMONT. *Voy.* ROIDEMONT.

Reine (La). *Voy.* MARIE LECZINSKA.
REZZONICO (Cardinal). *Voy.* CLÉMENT XIII.
RICHELIEU (Louis-François-Armand de Vignerot du Plessis, duc de), maréchal de France, 20, 22-96, 97, 107, 111.
ROBIEN (M. de), sous-lieutenant de grenadiers, 72.
ROCHE-AYMON (Charles-Antoine de la), archevêque de Narbonne, 85.
ROCHECHOUART (Jean-François-Joseph de), évêque de Laon, grand aumônier de la reine, ambassadeur à Rome, 88.
ROCHECHOUART (Mme de), née Charleval, dame de Mesdames cadettes, 77.
ROCHEFORT (Prince de), 89.
Roi (Le). *Voy.* LOUIS XV.
ROIDEMONT (Chevalier de), maréchal de camp, 71, 72.
ROQUELAURE (Jean-Armand de), évêque de Senlis, 85.
Rouen (Archevêque de). *Voy.* SAULX-TAVANNES.
ROY, auteur dramatique, 120.
RUVIGNY (M. de), 44.

S.

SAINT AIGNAN (Duc de), 76.
SAINT-ANDRÉ (M. de), 59.
SAINT-FLORENTIN (Comte de), ministre secrétaire d'État, chancelier de l'ordre du Saint-Esprit, 38, 75, 85.
SAINT-GERMAIN (M. de), 106.
SAINT-MICHEL (M. de), lieutenant général de Marseille, 79.
SAINT-PERN (Chevalier de), 70, 71.
SAINT-PERN (M. de), 84.
SAINTE-HERMINE (Abbé de), aumônier de la reine, 76.
SALABÉRY (Abbé de), conseiller d'État, 90.
SAONE (M. de la), premier médecin de la reine, 87.
SARTIRANE (Comte de), ambassadeur de Sardaigne, 85.
SARTIRANE (Mme de), 76.
SAULX-TAVANNES (Charles-Nicolas de), cardinal, archevêque de Rouen, grand aumônier de France, 85.
SAXE (Prince Xavier de). *Voy.* LUSACE.
SAXE-HILDBURGHAUSEN (Prince de), 103.
SCHEFFER (Baron de), envoyé de Suède, 74.
SÉCHELLES (M. de), contrôleur général des finances, ministre secrétaire d'État, 6, 8.
Sens (Archevêque de). *Voy.* LUYNES.
SÉRAN (Mme de), née d'Olonne, 41.
SOLAR DE BREILLE (M. le bailli de), ambassadeur de Sardaigne, 85.
SOPHIE (Madame). *Voy.* FRANCE (Sophie-Philippine-Élisabeth-Justine de).
SOUBISE (Charles de Rohan, prince de), capitaine des gendarmes de la garde, 3, 21, 22, 29, 48, 77, 86, 87, 88-90, 102, 103.
STAINVILLE (M. de), ambassadeur à Vienne, 35; duc héréditaire, 51.
STANISLAS LECZINSKI, roi de Pologne, duc de Lorraine, 65, 73, 78, 80, 81, 83.

T.

TALMOND (Princesse de), 83.
TAVANNES (Cardinal de). *Voy.* SAULX-TAVANNES.
TAVANNES (M. de), menin du dauphin, 57.
TINSEAU (Jean-Antoine), évêque de Nevers, 85.
TOUR D'AUVERGNE (Comte de la), 72.
Tuilerie (Maison de la), 37.

U.

USSON (Mme d'), 49.

V.

VALLIÈRE (M. de), 13.
VAUGUYON (Duc de la), gouverneur du duc de Bourgogne, 51.
VILLEMUR (M. de), 109, 111.
VILLEPATOUR (M. de), 71, 72.
VILLETTE (M. de), trésorier général de l'extraordinaire des guerres, 58.
VOYER (M. de), maréchal de camp, 41.

W.

WAL (M.), principal ministre en Espagne, 17.

X.

XAVIER (Prince). *Voy.* LUSACE.

FIN DE LA TABLE.

TABLE CHRONOLOGIQUE

DES

MÉMOIRES

DU DUC DE LUYNES

1735.

Décembre. — Audience de la Reine à Mme l'ambassadrice de Venise. — Elle dîne chez M. de Chalmazel et soupe chez M. le garde des sceaux. — Baptême de son fils dans la chapelle de Versailles. — Maladie dans les bœufs qui sont pour l'artillerie en Italie. — Mariage de Mlle de Montmorency avec M. le duc d'Havré.. I, 53

1736.

Janvier. — M. le Dauphin entre aux hommes. — Entrées chez M. le Dauphin. — État de tout ce qui compose la maison de M. le Dauphin. — I, 58

Février. — MM. de Pérignan et de Châtillon faits ducs. — Présentation de Mme la duchesse de Châtillon. — Difficultés sur ladite présentation. — M. de Châtillon, auparavant d'Olonne, change de nom.......... I, 63

Mars. — Promotion et distribution par le Roi de dix-huit croix de Saint-Louis. — Agrément à M. de Bissy de vendre son régiment et d'acheter la charge de commissaire général de la cavalerie, et à M. de Clermont-Tonnerre, celle de mestre de camp général de cavalerie. — Mesdames à Ténèbres, auxquelles assistoit le Roi; difficulté.................... I, 66

Mai. — M. le Dauphin se fait peser. — Deuil de M. le duc de Luynes pour le prince Eugène. — Réception au parlement de MM. d'Épernon, de Châtillon et de Fleury. — Usage de Mme de Ventadour de servir la Reine, refusé à Mme de Tallard. — Généalogie suivant laquelle le Roi est vingt-cinq fois petit-fils d'Henri IV. — Accouchement de la Reine et dispute entre les exempts et les chefs de brigade. — Mort de M. le duc du Maine; disposition que le Roi fait de ses charges. — Détail des cérémonies au sujet de cette mort et pension accordée par le Roi. — Pension à Mlle de Sens. — Service de la Reine dans ses couches. — Signature du contrat de mariage de M. le marquis de Fleury avec Mlle d'Auxy. — Grâce donnée à un déserteur qui a rencontré le Roi, et refusée à un autre pour qui Mme la comtesse de Toulouse la demandoit. — Changements de plusieurs appartements. — Obligation des valets de chambre de la Reine de reconduire, et qui ils recondui-

sent. — Remerciment de M. Pelletier pour la charge de premier président.
— Ventes de deux maisons à Mme de Mazarin et à Mme de Rupelmonde, à Paris. — Pension à Mme Portail, veuve du premier président. — Pension de 6,000 livres à M. Portail sur sa charge de président à mortier et translation du Parlement à Pontoise...................................... I, 68

Juin. — Mariages de M. de Marsan avec Mlle de Soubise, et de M. de Soyecourt avec Mlle de Saint-Aignan. — Arrivée de M. de Monti, ambassadeur. — Traitement à Mme la maréchale de Boufflers à la cour. — Agrément du Roi pour la charge de mestre de camp général des dragons à M. le duc de Chevreuse, et détail des charges de colonels et mestres de camp généraux de cavalerie et de dragons, et même de commissaires généraux desdits corps. — Arrivée du roi de Pologne et sa réception. — Pension à M. de Saint-Séverin, envoyé de Parme, et brevet de colonel réformé. — M. de Monti. — M. l'archevêque d'Embrun. — Audience du général des Carmes.. I, 84

Juillet. — Fin de lettre au Roi, adressée par M. le Dauphin... I, 92

Août. — Fête donnée à la Reine par S. A. R. [Mme la duchesse d'Orléans].. I, 93

Septembre. — Service du feu Roi où le Roi assiste. — États de Languedoc; l'évêque de Montauban harangue. — Audience de congé de Mme Zéno, ambassadrice de Venise. — M. le Dauphin envoie complimenter M. le duc et Mme la duchesse de Luynes sur la mort de Mme de Dangeau... I, 94

Octobre. — Eau bénite de la part de la Reine à Mme la princesse de Conty. — M. Bridou du Mignon, gentilhomme, vend sa charge; bonté du Roi. — Commandement dans la Flandre donné à M. de Boufflers. — Chute de cheval de M. de la Fayette en suivant le Roi. — Remarques sur l'eau bénite à Mme la princesse de Conty de la part de la Reine; détail et exemples. — Plaintes au sujet de ceux qui ont l'honneur de manger à la table du Roi. — Audience de la Reine aux envoyés de Modène; circonstance du chef de brigade. — Indépendance des aumôniers du Roi et leur service. — Dîner de Mme la princesse d'Armagnac avec la Reine à Meudon. — Comédie pour Mme la Duchesse mère et circonstance. — Chaise à dos; princesses sur le théâtre. — Chaise avec un dossier dans le salon, à Marly, pour Mme la Duchesse. — Tabouret à Saint-Denis, pour M. le Premier, ôté. — Pliant violet à Saint-Denis pour M. le cardinal de Polignac et carreaux pour les autres cardinaux. — Mariage de la Reine; salue les princesses du sang; exemple contraire. — Conduite du convoi de Mme la princesse de Conty par Mlle de de la Roche-sur-Yon et Mme de Lambesc. — Raisonnements sur M. l'archevêque d'Embrun. — Bidets pour M. le Dauphin et exemple. — Audience particulière de la Reine au nonce; rose d'or. — M. le maréchal de Noailles remet à M. d'Ormesson le détail de la surintendance de Saint-Cyr. — M. Dubois remet au Roi la surintendance des ponts et chaussées en gardant les appointements; S. M. la donne à M. le contrôleur général. — Extrémité de M. d'Antin; détail sur ses charges. — États de Bretagne et détail. — Lieutenance d'Alsace à M. le marquis d'Antin. — Le Roi ne touche les malades que le jour de la Toussaint. — Circonstance de MM. de Rochechouart et la Trémouille à Rambouillet. — Déclaration envoyée aux États de Bretagne; difficulté de l'enregistrement par le Parlement. I, 97.

Novembre. — Charge de maître de la garde-robe de M. de Maillebois donnée à son fils. — Mort de M. d'Antin et détail sur les voyages du Roi à Rambouillet. — Dettes et testament de M. d'Antin; don de Petit-Bourg au Roi, peu d'envie de l'accepter; fonds pour des pensions à vingt-cinq ouvriers. — Présent du roi de Sardaigne à M. d'Asfeld et autres. — Voyages de la Reine à Meudon; détail sur les repas qu'elle y fait, et circonstance par rapport à Mme la duchesse de Luynes et Mme la duchesse de Tallard. — M. d'Épernon prend le nom d'Antin. — Arrangement de M. le Cardinal pour ce qui regarde la place de directeur général des bâtiments. — M. le contrôleur général accepte la place au conseil d'État qu'avoit M. d'Antin; détail du conseil. — M. de la Galaisière, intendant de Lorraine; détail et changement dans quelques intendances. — *Te Deum* pour Mme de Ventadour. — Visites de la Reine à Mme de Montauban. — Première révérence au Roi de Mme de Rochechouart depuis qu'elle est veuve; circonstance. — Nouvelles des États de Bretagne. — Dispute entre les sous-gouverneurs et les officiers du gobelet de M. le Dauphin. — Détail sur un démêlé entre Mme la duchesse de Luynes et Mme de Mazarin au sujet de la serviette. — Présentation de Mme la comtesse de Bavière; qui elle est. — Plaintes des valets de pied de la Reine contre les gens de Mme la duchesse de Luynes et de Mme de Mazarin. — Mort de Mme de Verrue; son caractère, son bien et ses dernières volontés. — Service des gardes du corps à la comédie. — Raisonnement sur le voyage de Mme de Tallard à Meudon, exemple du temps de Mme la Dauphine et décision du Roi. — Petite honnêteté de Mme de Mazarin à Mme la duchesse de Luynes sur son tort avec elle. — Entrées de la chambre à M. le duc de Rohan; raisons de cette distinction. — Cérémonie de la rose d'or et détail. Bref du pape à la Reine. Remarques sur la rose d'or.. I, 118

Décembre. — Usage des aumôniers du Roi, attendent son coucher, déchus des entrées, et nouvelle difficulté faite par les valets de chambre; confirmation dudit usage. — Sollicitation de M. le cardinal de Polignac pour un procès; son habillement. — Aigrette donnée par le Roi à Mme la Duchesse jeune, de préférence à un portrait du Roi, et les raisons. — Ordre de la part du Roi pour un nouveau meuble dans la chambre de la Reine. — Décision en faveur des sous-gouverneurs de M. le Dauphin contre les officiers du gobelet; circonstance et détail sur son service à table. — Mort de M. Maréchal, premier chirurgien; éloge de lui et détail sur sa charge. — L'appartement de feu M. le duc d'Antin donné à M. de la Rochefoucauld et ses changements. — Détail des arrangements de la Lorraine pour être cédée au Roi. — Droit des officiers de cavalerie d'entrer dans les gardes du corps, et détail. — M. le comte de Clermont vend avantageusement au Roi la terre de Châteauroux. — La Reine dit ses intentions à Mme la duchesse de Luynes au sujet de la serviette et du service. — Clôture des États de Bretagne. — État des gratifications des États de Bretagne; circonstance du Sr Brilhac d'Amilly, président. — Procès en séparation de M. et Mme de Mortemart. — M. le cardinal de Polignac perd son procès. — Retour d'Espagne de M. le duc de Villars et ce qu'il a remarqué en ce pays-là sur la cour et la magnificence des seigneurs. — Gratification des États de Bretagne à M. le prince de Léon et cessation du dixième promise. — M. de la Fare chargé de la même promesse pour les États du Languedoc. — Sermon du P. d'Héricourt et son compliment. — Le Roi touché. — Chasse du Roi, les fêtes de Noël. — Établissement des Récollets à Versailles et du couvent..   I, 137

1737.

Janvier. — Nomination de cinq chevaliers de l'Ordre. — Dîner du Roi à son petit couvert le jour de l'an. — Note sur M. le prince Vaini. — Jour de la bénédiction de la rose d'or et de l'estoc, et explication. — Conseil de M. de Lyonne au feu Roi pour des chevaliers étrangers. — Bruits contre M. le garde des sceaux et plaisanterie de M. le Cardinal aux ambassadeurs au sujet desdits bruits ; exemple de M. Colbert. — Entrées de la dame d'honneur chez le Roi. — Changements dans des appartements. — Ce que le Roi fait à la chapelle le jour des Rois. — Ordre à l'huissier de la chambre de la Reine de laisser entrer les grandes entrées depuis cinq heures jusqu'à sept heures. — Réforme dans la cavalerie et les dragons. — Saignée de la Reine parce qu'elle est grosse. — M. le duc de Chartres attend à la porte de la Reine à cause de son gouverneur ; raisons de la Reine. — M. de la Galaisière déclaré intendant de Lorraine. — L'archevêque de Nicomédie allant à Bruxelles nonce. — Part du mariage de la reine de Sardaigne. — Mort du sous-lieutenant des mousquetaires gris, et usage dans ce corps pour remplacer. — Ce que la Reine fait le premier jour de sa sortie après la saignée, et remarques sur la comédie...................   I, 157

Février. — Jour de la Chandeleur. — Réception de quatre nouveaux chevaliers et petite dissertation sur ce sujet. — Procès de M. le duc de Rochechouart au sujet d'un échange fait par la veuve d'un chevalier de l'Ordre. — Jugement du procès de Mlle de Kerbabu. — Procès en séparation de M. de Mortemart. — Remontrances du Parlement au sujet d'un mandement de M. l'archevêque de Cambray et circonstance de M. Portail. — Changement pour les jours de spectacles. — Dépense pour serrer de la glace, suivant les années. — Soupers du Roi dans les petits cabinets, et remarques. — Souper du Roi à Versailles chez M. le comte de Toulouse ; comment et avec qui. — Cassette de M. de Vaugrenan retrouvée. — Thèse de M. l'abbé de Fleury et assistants. — Part au Roi, à la Reine, etc., de la mort du grand maître de Malte et de l'élection du successeur, et détail de la cérémonie des audiences données à l'ambassadeur de Malte. — Entreprise de M. de Châtillon contre le droit de M. de Mirepoix à l'étude de M. le Dauphin, et décision. — La manière dont M. de Châtillon est auprès de M. le Dauphin pendant les repas, et exemples qui l'ont fait décider. — Quête du jour de la Chandeleur. — Jour de la naissance du Roi ; décoration de la chapelle. — Agrément du Roi pour le mariage de M. le comte d'Ayen fait duc et de quelle façon. — Démission de M. de Charost de sa charge de capitaine des gardes et celle de M. de Béthune de sa pairie, toutes deux en faveur de M. d'Ancenis, présenté au Roi comme duc, et exemples sur l'exercice de la charge. — Remercîment de Mme de Béthune avec Mme la duchesse de Luynes au Roi, et circonstance presque semblable à celle de Mme de Tallard avec Mme de Montmorency rapportée. — Mme d'Armagnac nommée pour la conduite de la reine de Sardaigne ; difficulté levée et comment. — Conduite du Parlement au sujet d'un mandement de M. de Cambray et de l'enterrement d'un chanoine. — Dispute qui empêche le cours des affaires. — Arrêt du conseil. — Remontrance au Roi. — Droit de convoquer et de demander à délibérer. — Mesures prises pour un ballet au sujet de la paix. — Disgrâce de M. le garde des sceaux, lesquels sont rendus à M. le chancelier. — M. Amelot présenté par M. le Cardinal au Roi et à la Reine. — Projet d'audience de Mme de la Mina; détail et exemple. — Discours sur M. Chauvelin au sujet d'un diamant. — Difficulté entre M. Amelot et M. le contrôleur général pour la séance au conseil; détail et décision. — Prétention de MM. les secrétaires d'État contre M. le contrôleur général. — Revenu de ladite charge. — M. de Fulvy achète de M. Amelot sa charge de surintendant des finances; valeur et revenu. — Compliment de M. de Nicolaï à M. de Chauvelin étant fait garde des sceaux. — Audience de Mme l'ambassadrice d'Espagne fort détaillée. — Droit des chaises à porteurs. — A cette audience le Roi ni M. le Dauphin n'ont point été reconduits par Mme de Luynes. — Mariage de la reine de Sardaigne, princesse de Lorraine; embarras pour les places dans son carrosse et à l'église. — Présentation de Mme la duchesse d'Ayen remarquable par le nombre de dames titrées.. I, 165

Mars. — Plusieurs voyages de M. de Cassini à Versailles pour l'éclipse de soleil et pour la comète. — Bal chez M. de Chalais, où le Roi a été sans en avoir averti; circonstance de M. le duc d'Ayen. — Contrat de mariage de M. d'Ancenis; ce qui empêche qu'il ne prête serment. — État actuel de la vénerie; sa dépense ancienne et courante; nouveau chenil. — Le Roi va au bal de l'Opéra, et comment. — Usage du parlement de Rennes pour les écoliers. — Requête de Mme de Bauffremont. — Détail du voyage du Roi allant à l'Opéra et imprudence de quelques officiers des gardes. — Plaintes au Roi faites par M. de Tonnerre contre M. le comte de Clermont. — Pénitence de M. le Dauphin. — Discours contre M. Chauvelin au sujet de M. Bernard. — Les chambres continuent de s'assembler; fin de cette affaire et copie de l'arrêt. — Deuil pour la mort du frère de M. l'électeur palatin. — M. de Villars nommé pour faire compliment au roi et à la reine de Sardaigne. — Pénitence de M. le Dauphin finie et marque de son bon cœur. — Degré de parenté entre le Roi et l'évêque d'Augsbourg. — Stafette; ce que c'est. — Mort de Mme la duchesse de Gramont douairière; son nom; circonstance pendant son mariage. — Présentations de Mme la duchesse d'Ancenis et de Mme la comtesse de Lorges. — Petite affaire d'un exempt par rapport aux gens de Mme la princesse de Conty. — Assemblée des ministres chez M. le Cardinal deux fois la semaine. — Prise de possession du duché de Bar, au nom du roi de Pologne, et de la Lorraine. — Présentation de Mme d'Arcussia, difficulté. — Étoffes dont le duc de Lorraine fait présent à la reine de Sardaigne. — Embarras causé par la présence de Mme la duchesse de Richelieu pour le voyage de Craon. — Le Roi va au nouveau chenil; M. le Dauphin le suit à la chasse du lièvre. — Déjeuner au grand maître. — Quelque découverte sur les francs-maçons nuisible à cet ordre; défenses aux traiteurs et cabaretiers de rien donner à leurs assemblées. — Départ de M. le prince de Nassau et pourquoi. — Cerfs lâchés de Meudon. — Nom du prédicateur, arrangement des jours de sermon; ceux qui y ont pris place. — Quantités de toiles pour les cerfs. — Démêlé entre

M. le grand prieur et M. de Conflans ; jugement de cette affaire. — Substitution d'un pape et légitimation de César Monsieur en termes singuliers. — Règlement pour la distribution de la glace. — Banc des aumôniers de quartier au sermon. — Tabouret de M. de Maillebois derrière le Roi et décision sur cela. — Gouvernement d'Orléanois ; pension à M. d'Épernon. — Renonciation du Roi au legs de Petit-Bourg. — Ordre à M. de Belle-Isle pour les troupes pour la réception du roi de Pologne en Lorraine ; officiers de la maison de ce prince. — Charge de directeur général des bâtiments donnée à M. le contrôleur général. — Officier qui place au sermon, aux spectacles. — Factions des gardes écossois différentes chez le Roi de celles des autres gardes. — Ordre des places des grands officiers derrière le fauteuil du Roi. — Saignée de la Reine ; remarque sur la comédie. — Visite d'adieu du roi et de la reine de Pologne au Roi. — Bontemps sert d'écuyer à la reine de Pologne allant chez le Roi. — Le Roi fait à Meudon ses adieux au roi et à la reine de Pologne ; détail sur cela. — Accouchement de Mme de Coigny ; lettre du Roi.. I, 193

Avril. — Chute du Roi du lit en rêvant, et la suite. — Sermon et places derrière le Roi. — La Reine à vêpres, le Roi au salut. — Position des gardes du corps, des Cent-Suisses, et plusieurs autres remarques. — Il n'y a point de sermon à la chapelle sans le Roi, et il y a comédie quoiqu'il n'y n'y soit pas. — Raisonnements sur la chute du Roi. — Mme Ossolinska ne salue point le Roi. — M. de Belsunce présente un pied de loup. — Arrivée de M. de Craon ; sujet de son voyage. — Dispute au sujet du tabouret à la chapelle, derrière le Roi, au maître de la garde-robe. — Maladie de M. le Dauphin ; les entrées réglées par M. de Châtillon. — Il n'y a point de musique chez la Reine deux jours où il devoit y en avoir ; pourquoi. — Ancien usage pour les concerts chez la Reine dans la semaine de la Passion et changement. — Audience de la Reine à M. de Craon et à ses enfants. — M. le duc d'Ancenis prête serment de capitaine des gardes ; bonté du Roi. — Dimanche des Rameaux. Le Roi entend la messe en bas ; officiers derrière lui. — Le Roi va chez M. le Dauphin ; ce qu'il dit au sujet de la guerre et de Philippe de Comimnes. — Passage de la reine de Sardaigne dans le royaume. — Retour de M. Villars, qui a fait les compliments, et détail. — Habit de M. le Dauphin pour son baptême. — La Reine fait ses pâques et la cène, quoique grosse. — Petite découverte du secret des frimassons. — Cène du Roi et de la Reine, et détail. — Pâques du Roi, touchement, aumônes. — Usage de la musique aux ténèbres et des missionnaires. — Présentation de Mme Amelot. — État de la maison du roi de Pologne. — Remarque sur M. de la Galaisière. — Exemple de désunion des sceaux et de la chancellerie. — Adoration de la croix et détail. — Question au sujet de la suite du Saint-Sacrement et réponse du Roi. — Dispute pour la place de maître de la garde-robe derrière le Roi. — Baptême de M. le Dauphin ; détail sur les tabourets des ducs aux cérémonies. — Prétentions à ce sujet de M. de Châtillon. — Traitement des ducs et duchesses chez les princes du sang. — Rangs des princes et princesses, des ducs et duchesses à la cérémonie du baptême. — Décision du feu Roi contre les maisons de Rohan et de Bouillon. — Le feu Roi approuva Mme de Villequier dans un démêlé avec Mme de Bouillon. — Discussion dans laquelle le Roi veut bien entrer, au sujet d'un rang pour M. de Valentinois fils ; clause de son contrat de mariage et prétention de M. de Grimaldi. — M. de Monaco obtient l'habit à brevet ; à quelle condition. — Il refuse sa fille au roi de Sardaigne. — M. de Gesvres prend la robe de la Reine chez le Roi. — Le colonel du régiment du Roi-infanterie a les entrées de la chambre ; raisonnement sur cela et exemples. — M. de Nangis a la permission de suivre le feu Roi à la chasse ; détail sur cette grâce......................... I, 217

Mai. — Remarques sur le baptême de M. le Dauphin et de Mesdames, sur les nourrices, les gratifications et les femmes de chambre. — Promenades de la Reine ; circonstance et remarque sur les gardes du corps. — Le colonel du régiment du Roi passe ledit régiment comme inspecteur ; il prend congé différemment des autres ; manière de remplacer les officiers dudit régiment. — Ancien et nouvel usage pour avertir le Roi pour son dîner. — Entrées de la chambre à plusieurs charges qui ne les avoient point. — Salut à M. le Dauphin à la revue des gardes françoises et suisses ; droit de M. le prince de Dombes. — Pension à un laïque sur une abbaye. — Raccommodement de M. et de Mme de Mortemart. — Mme de Renel donne sa place à Mme de Bouzols. — Qui nomme les femmes pour les enfants du Roi. — Appointements des jardiniers de Versailles et Marly ; jets d'eau, leur consommation. — M. d'Havrincourt obtient la survivance de son père. I, 246

Juin. — Dîner chez M. de La Mina ; embarras par rapport à MM. de Pons et de Richelieu. — Lettre de cachet à M. de Fitz-James, pourquoi. — Dispute entre M. le contrôleur général et M. de Champcenetz pour une maison à Meudon. — Appointements des ambassadeurs et des envoyés de France à Vienne. — Départ de M. de Chavigny. — Appointements des ambassadeurs espagnols ici. — Reconduites de Mme de Luynes au Roi ; circonstance. — Dames du palais de la feue Reine. — Lettre de cachet pour M. Chauvelin. — Mort tragique de M. Lemoine, peintre du Roi. — Projet de M. le duc de Bouillon pour la vicomté de Turenne. — Prétention des officiers des gardes à la présentation des États de Bourgogne chez la Reine. — Entrées aux ambassadeurs d'Espagne ici, et en Espagne aux ambassadeurs de France. — Audiences particulières de la Reine aux ambassadeurs de Hollande et de Portugal. — Entrée de l'ambassadeur de Venise. — Dissertation sur toutes les entrées au sujet de M. de la Torela. — Changements dans les bâtiments du château de Fontainebleau ; gratifications et appointements du concierge. — Détail sur l'entrée de l'ambassadeur de Venise à Paris. — Frais et ameublement de l'ambassadeur d'Espagne. — Instruction de l'ambassadeur d'Espagne pour les visites ; règlement du cérémonial dans ses visites. — Entrée de l'ambassadeur de Venise à la cour. — Qui derrière le fauteuil de la Reine. — Droits du grand chambellan dans la chambre. — Détail de l'hôtel des gendarmes et du nouveau chenil que le Roi a été voir. — Remarque sur l'honorifique du grand chambellan sur le premier gentilhomme de la chambre. — Observation sur l'audience de l'ambassadeur de Venise ; compliment audit ambassadeur de la part de LL. MM. — Dispute entre les capitaines des gardes et les premiers gentilshommes de la chambre pour la place derrière le fauteuil ; exemple ; réponse de M. de Tresmes. — Jeu de cavagnole. — Départ de M. de Cambis ; appointements, gratifications, etc., à l'ambassadeur en Angleterre. — Bâtiments de Compiègne; fonds ordinaires pour les bâtiments et augmentation. — Remarque sur la face du château de Versailles depuis le bout de l'aile neuve jusqu'à celui de la galerie des princes. — États de la dépense des petits cabinets. — Augmentation au château de la Meutte. — Projet pour le nettoyement du canal. — Entrées à M. de la Torela. — Détails sur la procession le jour du Saint-Sacrement, à laquelle assiste le Roi. — Revue des mousquetaires; salut à M. le Dauphin. — La Reine partage avec le Roi les honneurs. — Usage des rouges pour les maréchaux des logis et pour le salut. — Marques de bonté du Roi en trois occasions. — Décision pour les gendarmes et chevau-légers au sujet du salut. — M. le Dauphin au cours... I, 254

Juillet. — Plusieurs remarques sur l'excessive cherté des extraordinaires chez M. le Dauphin. — M. et Mme de Léon prennent congé. — Revue générale de la maison du Roi; détail. — Lettre de cachet pour des manuscrits chez M. de Seignelay. — Chasses moins fréquentes du Roi; il se prive du vin de Champagne; ses promenades sur les toits. — L'établissement des gendarmes à Versailles occasionne des disputes pour le mot; prétentions des officiers inférieurs; opposition du premier gentilhomme de la chambre. — Régiment de Chevreuse donné. — Ordre donné à l'huissier au sujet du mot; conciliation de ce démêlé. — Visites et promenades du Roi après souper. — Visites de la Reine à Mme de Béthune. — Vie de la cour de Pologne. — Mme de Lorraine à Commercy. — Prétentions des officiers inférieurs contre les supérieurs des gendarmes et chevau-légers, sur quoi fondée. — Raisons de M. de Rochechouart contre la redite du mot; exemples qui les détruisent. — Prérogatives des étendards des gendarmes et chevau-légers. — Représentation de M. de Chaulnes contre ceux de la gendarmerie; réponse du Roi. — Bonté du Roi pour les chevau-légers. — Remarques sur les prétentions des officiers ci-dessus et sur le droit de M. de Rohan. — Trait honorable pour les chevau-légers. — Règlement pour le service de la maison du Roi à l'armée, en 1690. — Ancien usage des deux compagnies ci-dessus pour le salut à M. le Dauphin; mémoire présenté au Roi. — Visite du Roi à Mme de Luynes. — Accouchement de la Reine; grand détail; circonstance. — Question entre les gardes françoises et les gendarmes. — Mort du Grand-Duc. — Droit de la dame d'honneur chez la Reine en couches. — Extrémité de M. le cardinal de Bissy; singularité d'un abbé de Saint-Germain. — M. le duc de Chartres sans entrées voit la Reine ainsi que l'ambassadrice d'Espagne. — M. de Tessé grand d'Espagne. — Régiment Royal-allemand à M. de Nassau. — État où se trouve M. le cardinal de Bissy. — Ce qu'il en coûte pour prendre le tabouret. — Il faut un brevet du Roi pour les grands d'Espagne. — Visites du Roi tous les jours à la Reine. — M. le Dauphin entend le salut de la place du Roi; circonstance. — Agrément du Roi à M. d'Aubigné. — La Reine voit plusieurs personnes qui n'ont point les entrées. Les dames changent d'habillement. — Accouchement de Mme de Châtillon. — Mort de M. le cardinal de Bissy. — Remarques du Roi sur l'exposition des corps dans leur paroisse. — Visite de M. le Dauphin chez la Reine. — Remarques sur un sous-gouverneur au sujet des entrées. — La Reine voit tout le monde le matin et non l'après-dînée. — Revenu du régiment Royal-allemand; réservé; ce que c'est que l'état-major. — Livre de M. Carré de Montgeron. — Audience aux gens du Roi à l'occasion de M. de Montgeron. — Clochette à la Reine contre le tonnerre. — Exposition et enterrement de M. le cardinal de Bissy. — Visite du Roi à Mme de Luynes. — Heures que l'on fait la cour à la Reine.. I, 283

Août. — Grêle en Berry. — Lever du Roi. — Audience du Parlement à Versailles. — Incendie de l'Hôtel-Dieu. — Visite du Roi au duc de Luynes. — Chasses du Roi. — Fête de Mlle de Clermont à Luciennes. — Voyage du Roi à Rambouillet. — Affaires d'un maître des requêtes et du curé de Saint-Louis de Versailles. — Travaux historiques des Bénédictins. — Manuscrits arabes. — Affaire du maître des requêtes et de l'abbé Fantin. — Cassette de M. de Chavigny. — Le comte de Clermont, abbé de Saint-Germain. — Appartement de l'abbé de Vaubrun à la Sorbonne. — Le pot royal à Rambouillet. — Enterrement du président Paris. — Chasse du Roi. — Le jeu de brelan. — Ordre du Saint-Esprit de Montpellier. — Prix de l'Académie française. — Gratifications de M. de la Trémoille et de Mme de Béthune. — Voyage de Maupertuis au pôle nord. — Soufflet donné par le roi d'Angleterre. — Arrêté de la cour de Parlement. — Discours de l'abbé Pucelle. — Procès entre le duc d'Orléans et Mme de Modène. — Mort de la duchesse de Béthune. — L'évêque de Bayeux officie à Saint-Denis. — Compliment du Dauphin. — Saint-Simon, évêque de Metz..... I, 313

Septembre. — Accouchement de la duchesse d'Hostun. — Mme d'Ancenis nommée dame du palais. — Logements de Versailles. — Usage de la communion à Saint-Denis. — Relevailles de la Reine. — Procès du duc d'Orléans et de Mme de Modène. — Marionnettes chez le Dauphin. — Communion du Roi et de la Reine. — Affaire du maître des requêtes. — Le Roi à Vauréal. — Pots de fleurs à Trianon. — Le voleur solitaire. — Évêchés de Meaux et de Mirepoix donnés. — Procès du prince de Léon et du comte de Toulouse. — Conclusions de M. Gilbert pour le duc d'Orléans. — Le Parlement à Versailles. — Diminution sur les tailles. — Plaisanterie du Régent à M. de Harlay. — Service du premier valet de garde-robe. — Époques des communions du Roi. — Second voyage du Roi à Vauréal. — Baptême du fils de M. de Châtillon. — Présentation de la baronne de Travers. — Portrait du cardinal de Fleury par Autereau. — Arrêté du Parlement et réponse du Roi. — Frais de représentation de l'ambassadeur de Vienne. — Chasse du Roi. — La duchesse de Dorset aux eaux de Versailles. — Tabouret de Mme de Tessé. — Prétention de la baronne de Travers; exemple de Mme de Besenval. — Revenus du roi d'Espagne. — Le duc de Dorset présenté au Roi. — Dons du Roi aux baptêmes. — Manufacture des Gobelins. — Tableau de de Troy. — Esprit du Dauphin. — Chevaux donnés par le duc de Wurtemberg. — Chasses du Roi. — Soupers du Roi chez la Reine. — Vers de l'abbé Regnier. — Affaire des gendarmes de la garde du Roi. — Départ du Roi pour Fontainebleau. — Soupers du Roi. — Jeu de cavagnole. — Vol du cabinet. — Arrivée de la Reine et du Dauphin à Fontainebleau. — Aumônes du Roi. — Chasse du cormoran. — Porte-nain du Roi; gouverneur des petits chiens de la chambre. — Messe du Roi et de la Reine. — Difficulté sur le mot. — Le musicien Farinelli. — Magnificence du roi d'Espagne. — Les musiciens Dota, Falco et

Poirier. — Privilége du grand écuyer d'Espagne. — Maison du roi de Naples. — Retraite de M. de Vernassal. — Le cardinal de Fleury au jeu de paume. — Audience de congé de l'envoyé de Danemark..... I, 340

Octobre. — Passage d'un ambassadeur d'Angleterre. — Service de la Reine. — Voyage de M. de Luynes à Montargis. — Circonstances sur la cour d'Espagne. — Cour nombreuse à Fontainebleau. — Mlle Dumesnil. — Motets de Mâdin. — Bruits contre M. Orry. — Retour du prince de Rohan. — Mariage de Mlle de Guémenée. — Fils de grands d'Espagne. — Circonstance des premiers gentilshommes de la chambre. — Brevet de duc à M. de Roucy. — Gouvernement de Lorraine. — Friponnerie sur les entrées de raisins dans Paris. — Entrée de la cour de la Conciergerie réservée aux gens titrés. — Le duc de Fleury nommé au gouvernement de Lorraine. — Départ de M. de Ségur. — L'abbaye de Saint-Germain affermée. — Devise de la maison de Guzman. — Espagnols venus avec M. de la Mina. — Présentation de Mlle de Rohan; ses fiançailles; elle prend congé. — Repas chez M. de la Mina. — Incendie de la chambre des comptes. — Instances pour la nomination des cardinaux. — Fonds des aumônes. — Souper du Roi; ivresse de M. de Sassenage. — La Reine à la chasse; déjeuner dans les calèches.................................. I, 368

Novembre. — Le Roi et la Reine à vêpres la veille de la Toussaint. — Différence entre les chapelles de Versailles et de Fontainebleau. — Papiers de la chambre des comptes à la place Royale. — Mme Amelot entre dans les carrosses de la Reine. — Entrée au service des jeunes gentilshommes dans le régiment du Roi. — Sermon de la Toussaint par le P. la Neuville. — Flambeaux du Dauphin. — Bruits de la mort du duc de Modène. — Maladie du comte de Toulouse. — Souper du Roi. — Mort de M. de Chamarande; son indiscrétion avec M. de Lauzun. — Dîner de M. de la Torela. — Enlèvement de Mlle de Moras. — La Saint-Hubert. — Ballet de M. de Blamont. — Visite du Roi au comte de Toulouse; il soupe chez Mme de Tallard. — Dispute sur le mot. — Visite du cardinal de Fleury à M. le Duc. — Bruit sur le comte d'Auvergne. — Arrestation de M. de Seckendorf. — Congrès de Niemiroff. — Époque du départ du Roi. — Contestation entre les services de la vénerie. — Souper du Roi. — Détails du séjour à Fontainebleau. — Lettre de Mlle de Moras. — Entrées chez le Dauphin. — Nouvelles du comte de Toulouse. — Adjudication des fermes générales. — Bâtiment projeté à Ablon. — Vanhoey, ambassadeur de Hollande. — Circonstances du service du Roi et de la Reine. — Retour de la Cour. — Le Roi soupe au grand couvert; difficulté sur le *Benedicite*. — *Castor et Pollux*. — Nomination des cardinaux. — Bonté du Roi. — Affaire de la vicomté de Turenne. — Les vingt-quatre violons. — L'abbé Franquini nommé envoyé de M. de Lorraine. — Appointements de l'ambassadeur à Vienne. — Meuble nouveau de l'appartement de la Reine. — Madrigal de M. de Saint-Aulaire................................. I, 382

Décembre. — Le Roi au salut. — Mort du comte de Toulouse; son testament. — Mort de la marquise d'O. — Autopsie du comte de Toulouse; son deuil; son fils naturel; son enterrement. — Toilette neuve de la Reine. — Visites du duc de Penthièvre. — Dévotions de la Reine; la garde ne bat pas quand elle passe. — Ordre de Saint-Georges de Bavière. — Mort de la reine d'Angleterre et du cardinal Zondondari. — Distinction de la famille de l'Isle-Adam. — Maladie de la grande-duchesse et de la reine d'Espagne. — Salut de la guérite. — Mariage de Mlle Mercier. — Retranchement de l'argent pour la remonte de la cavalerie. — Le prince de Dombes fait les premières fonctions de la charge de grand veneur. — Manière de parler et d'écrire au Dauphin. — Révérence de Mme de la Ferté-Imbault. — Deuil de la reine d'Angleterre. — Visites du Roi, de la Reine et du Dauphin. — Canonisation de saint Vincent de Paul. — Sermon du P. la Neuville sur le scandale. — Fête de la Conception. — Discours devant le Roi. — Présentation de Mmes de Belzunce et d'Ancezune. — Souper et cavagnole chez Mme la Duchesse. — Bals chez Mesdames et chez le Dauphin. — Service pour le comte de Toulouse. — Affaire de Mlle de Moras. — Dîner de M. de la Mina. — Deuil du duc de Modène. — Survivance de la surintendance générale des postes donnée à M. Amelot. — Mort de M. de Saint-Victor. — Le Roi recommence à coucher chez la Reine. — Service de la Reine chez le Dauphin. — Audiences de M. de Stainville et de milord Waldegrave. — Fête de Noël. — Maladie du Roi. — Mort du maréchal d'Estrées. — Service de la Reine. — Rhume du Roi. — Service du Dauphin. — L'archevêque de Vienne nommé cardinal. — Enterrement du maréchal d'Estrées. — Maladie du Roi... I, 405

Appendices. — Maximes de morale composées par le duc de Chevreuse, en 1738.. I, 439
Mémoire de M. le duc de Luynes, sur les services militaires de M. le duc de Chevreuse, son père... I, 442
Le duc de Saint-Simon... I, 443
Lettres du duc de Saint-Simon................................... I, 448
Portrait de Marie Leczinska par madame du Deffand............ I, 458
Mademoiselle de Moras... I, 459

1738.

Janvier. — Mariage du roi des Deux-Siciles. — Cardinal *in petto*. — Lettre du maréchal de Roquelaure au cardinal de Fleury. — Rangs des ducs et des maréchaux de France. — M. Pouletier nommé conseiller d'État. — Maladie du Roi. — Mort de M. de Verthamon. — Messe de la Reine. — M. de Maurepas nommé ministre d'État. — Audiences du prince de Lichtenstein et de l'abbé Franchini. — Souper de la Reine. — Dîner et souper du Roi. — Braconnages dans le petit parc. — Vol chez la princesse de Conty. — Aventure de M. de Fervaques. — Morts de la duchesse de Nevers et de Mme de Moras. — Affaire de M. de Courbon. — Baraques de Nantes accordées à la maréchale d'Estrées; scellés chez le maréchal d'Estrées. — La duchesse de Lorges nommée dame d'honneur de la duchesse d'Orléans. — Serment du prince de Dombes après le dîner du Roi. — Automate de Vaucanson. — Nouvelle glacière. — Changement dans les logements. — Bal chez Mesdames. — Honneur de danser avec les enfants de France. — Bureaux du conseil d'État. — Mort du prince Jacques Sobieski. — Maladie et jeu du Roi. — Le Dauphin au salut et chez le Roi. — Règlement pour les bals. — Fournitures pour le lit de la Reine. — Mort de l'évêque de Boulogne.

— Lettres patentes pour la tutelle du duc de Penthièvre. — Affaire du mariage de M. de Brancas. — Maladie du cardinal de Fleury et de M. d'Angervilliers ; M. de Maurepas signe par intérim. — Organisation du grand conseil. — Mariage de M. de Souvré. — Mlle Martin. — Mort du duc de Mazarin. — Maladie du Dauphin............................ II, 1

Février. — Affaire du mariage de M. de Brancas. — Maladie du Dauphin. — Bruits de Paris sur la maladie du Roi. — Jeu du Roi. — Opération faite au Dauphin. — Visite du Roi au cardinal de Fleury. — Mort de l'abbesse de Remiremont. — Serment de l'évêque de Meaux. — Audience des États de Bretagne. — Réception du duc de la Trémoille à l'Académie françoise. — Détails sur le Dauphin. — Mascarade des Suisses et des gardes du corps. — Lettre du Roi au Cardinal. — Règlement pour les compliments chez le Dauphin. — Droit à payer pour la grandesse. — Usage pour la résignation des compagnies aux gardes et des canonicats de Notre-Dame. — Entrées chez le Dauphin. — Le Roi et la Reine reçoivent les cendres. — Fin de la maladie du Roi. — Difficulté pour les carrosses du Roi. — Détails sur le Dauphin. — Le Roi retourne à la chasse. — Aventure de M. de la Tour. — Mort de M. de Lassay. — Maladie du Cardinal. — Conversations du Roi. — Dîner de la Reine. — Visite du Roi au Cardinal. — Jeu du Roi. — Visite de la duchesse du Maine. — Promotion de lieutenants généraux et maréchaux de camp. — Mort de M. de Plelo. — Absence de l'aumônier de quartier. — Chasse de Roi. — Serment de l'évêque de Mirepoix. — Visite du Roi à la comtesse de Toulouse. — Dent arrachée au Dauphin. — Mariage de M. de Brancas. — Lettres de noblesse à M. Silva. — Mort de M. Bogues. — Maladie de Mme Henriette et du Cardinal........ II, 26

Mars. — Maladie du Cardinal. — Seconde dent arrachée au Dauphin. — Chansons contre la Cour. — Travail du Cardinal. — Droit de *committimus*. — Messe du Roi. — Détail sur les conseillers d'État. — Places près le prie-Dieu du Roi. — Abbaye de Remiremont. — Santé du Roi et du Cardinal. — Travail des régiments; le chevalier de Viltz. — Thèse de l'abbé de Ventadour. — Gouvernement de Niort. — Attention de Louis XIV. — Réception de M. de la Trémoille à l'Académie françoise. — Mort du marquis de Monti. — Pot-de-vin pour la charge de fermier général. — *Maximien*, tragédie de la Chaussée. — Circonstance de l'ordre de Malte. — Disgrâce du comte Sulkowski ; relation. — Motets de l'abbé Blanchard. — Maladie de la duchesse d'Hostun. — Mariage de M. de Goësbriant le père. — Passe-partout donné au duc de Penthièvre. — Régiment donné à M. de Carignan. — Nouvelles du Cardinal et du Dauphin. — Audience de M. de Brignole. — Auteurs des chansons contre la Cour ; M. de Tressan. — Le marquis d'Amboise nommé maréchal de camp. — Détails sur l'audience de M. de Brignole. — Présent du Cardinal à M. Mendez. — Mission du comte de Torring. — Affaire des régiments. — Procès de l'abbesse de Fontevrault. — Départs de MM. de Lauzun et de Creuilly. — Affaire de la promotion de M. de Resnel. — Troisième dent arrachée au Dauphin. — Mort de Mme de Puyguion. — Chasses du Roi ; chute du marquis de Talleyrand. — Régime du Roi. — Remerciments de MM. de Casteja et du Châtelet. — Changements à Marly. — Gouvernement de Nantes, vacant par la mort du maréchal d'Estrées, donné au marquis de Brancas. — Revenus et dé-

penses des gouvernements. — Affaire de la vicomté de Turenne. — La
Reine fait ses pâques à la paroisse... II, 51

Avril. — Convalescence du Cardinal. — Le comte de la Marck nommé ambassadeur en Espagne. — Durazzo et Delci présentés au Roi. — Affaire du concile de Florence. — Pensions aux veuves des maréchaux de France. — Gouvernement du Neuf-Brisach donné à M. de Polastron. — Mort du chevalier de Viltz. — Difficultés au sujet de la cène; détails sur le carême et la semaine sainte. Le Roi fait ses pâques à la paroisse. — M. de Tessé à la cène du Roi. — Affaire de la gendarmerie à Arras. — Mme Vanhoey. — Voyages de Marly réglés. — Vue de Saint-Pierre de Rome par Servandoni et automate de Vaucanson. — Affaire du mariage de M. de Goësbriant. — Mort de l'évêque de Montpellier et de la comtesse de Vertus. — Régiments donnés; mouvements dans la gendarmerie. — Pensions et gratifications données par le Roi. — Départ de Mesdames pour Fontevrault. — Guillemain, Selle et Ferrière, musiciens. — Détails sur la Prusse. — Changement pour le voyage de Marly. — Audience de congé du nonce; pourquoi les nonces nommés cardinaux ne reçoivent pas le chapeau en France. — Le Roi donne la barrette au cardinal d'Auvergne; distinction des cardinaux d'avoir un tabouret devant la Reine. — Droit pour l'entrée dans les carrosses de la Reine. — Mort du marquis de Gondrin. — Maladie de la comtesse de Tresmes. — Difficulté au sujet des Cent-Suisses. — Affaire de M. de Montgeron. — Mariage du duc de Chevreuse avec Mlle d'Egmont. — Difficulté sur les titres. — Régiment de Brendlé donné à M. de Seedorff................. II, 90

Mai. — Le Roi à Marly. — Santé du Cardinal. — Le duc d'Orléans exerce la charge de gouverneur de Bretagne. — Revue du Roi dans la plaine des Sablons. — Histoire de la disgrâce de la princesse des Ursins. — Gouvernement de Schelestadt donné à M. d'Arbouville. — Mort de M. de Collandre. — L'évêque de Saint-Papoul a l'évêché de Montpellier. — Mort du maréchal de Roquelaure. — Les salonistes ou polissons à Marly. — M. de la Mina reçoit la Toison d'Or. — Grandesse des fils de MM. de Tessé et de Saint-Simon. — Retour de Marly à Versailles par la Meutte. — Rebelles de Corse. — Mort du prince Maximilien de Bavière. — Enterrement et succession du maréchal de Roquelaure. — Mort du petit comte de Tallard. — Le mont Vésuve. — Le royaume de Suède; alliance conclue entre la France et la Suède au début de la guerre de la succession de Pologne; pourquoi elle n'a pas de suite. — Voyages du Roi. — Élection de l'abbesse de Remiremont. — Départ de Mesdames réglé. — Salut des gendarmes et chevau-légers. — Règlement des limites du Nord. — Nouveau détail sur Mme des Ursins. — Rang de l'abbesse de Fontevrault devant Mesdames. — Composition de la compagnie des chevau-légers. — Changement dans les postes. — Départ de M. de Fénelon. — Mlle Rotissée, musicienne. — Le comte de Tarlo. — Mort de M. d'Avéjan; son remplacement aux mousquetaires par M. de Jumilhac. — Tapisserie d'après Oudry. — Toison d'Or accordée au duc de Penthièvre. — M. du Châtelet a les entrées de la chambre. — Règlement pour le service de la gendarmerie. — Sermon du P. Jouvenet. — Eaux de Versailles; carioles pour les dames. —. — Maisons de Compiègne, bâties sur des souterrains. — Présent du roi d'Espagne à M. de Vaulgrenant; détails sur la cour d'Espagne..... II, 126

T. XVII. 10

Juin. — Reliques de saint Onézime. — Mort du prince de Bade-Dourlach. — Le Roi soupe dans ses cabinets. — Chandelier de cristal de roche. — Mort de Mme Lanmary. — Mariages de M. de Sauroy, de Mme de Villeneuve et de M. d'Hautefort. — Nouvelles de Hongrie et des grandes Indes. — Mlle Aguette, musicienne. — Statue du Roi par Le Moyne. — Départ de Mesdames. — Maladie de Mme d'Hostun. — Bruits sur les imprimeurs de Paris et sur M. de Chauvelin. — Le cardinal de Fleury à Vaucresson. — Voyages de Rambouillet. — Remontrances et arrêté du Parlement. — Gouvernement de Charlemont donné à M. de Silly. — Mariage du duc de Chevreuse et présentation de la duchesse de Chevreuse. — Mort de M. Crozat. — Combat entre la livrée du prince de Conty et celle du prince de Carignan. — Dispute de Mme de Brunswick et de Mme de Bouillon. — Le pot royal. — Mort du duc de Liria. — Promenade de la Reine à Marly. II, 167

Juillet. — M. de Montgeron transféré dans le diocèse de Valence. — Difficulté sur les audiences du Parlement. — Soupers dans les cabinets chez Mademoiselle et à la Meutte. — La faveur de Mme de Mailly commence à devenir publique. — Départ du Roi pour Compiègne. — Discours sur le voyage de Chantilly. — Revues du Roi. — Accouchement de Mme d'Ancenis; baptême de son fils. — Observations du Roi au maréchal de Noailles et à M. d'Aumont. — Anecdotes sur la valeur française et sur la Régence. — Arrivée de Mesdames à Fontevrault. — Intendances données. — Nouveaux cardinaux. — Mme la Duchesse à Compiègne. — Lettres du Roi, de la Reine et du Dauphin; comment cachetées. — Mme de Chevreuse à la promenade de la Reine; la Reine dîne à Saint-Cyr, soupe à Montretout; difficultés pour le service de la Reine. — Protocole pour les actes signés par le Roi. — Jugement de M. de Courbon. — Passage du Roi à Chantilly. — Place dans les carrosses de la Reine. — Travaux des bâtiments de Compiègne; appartement du Roi. — Les femmes sont sans paniers dans les calèches du Roi. — Rangs des fils des princes légitimés. — Victoire de l'Empereur sur les Turcs. — Fête de Saint-Jacques à Compiègne. — Indisposition du Cardinal. — Arrivée du roi de Pologne............... II, 178

Août. — Intrigues d'une dame à Chantilly, à Rambouillet et à Compiègne; le jeu du papillon; M. de Maurepas. — Retour du Roi. — Le roi de Pologne à Compiègne. — Le comte de Tarlo; détails sur les palatins. — Mort de M. de Louvain. — Usage de garder son chapeau en mangeant avec le Roi. — Procès de M. de Joyeuse. — Soupers de Compiègne. — Maladie du Cardinal. — Chasse du Roi; ordre de ne pas laisser sortir les dames du château. — Lettre de cachet à Mme d'Antin pour l'obliger à aller à Compiègne. — Mort de la duchesse d'Hostun. — Plusieurs personnes mordues par une petite chienne enragée. — Particularités sur la Russie. — Mort du prince de Léon. — Médaille de la place des Victoires. — M. de la Coste fait brigadier. — Visite du Roi au roi de Pologne. — Audience des envoyés de Genève. — Vœu de Louis XIII. — Retour de M. de Lauzun. — Voyage de Chantilly. — Buste et médailles antiques acquis par le Roi. — Gourmandise du prince de Léon. — Refonte des pièces de 2 sous. — Remarques sur le roi de Pologne. — Mme de Mailly. — Circulaire du Roi aux Évêques. — Droit des ducs pour les carreaux. — Audiences du Corps de Ville et des États de Languedoc. — Réponses des ducs de Villars et de Gramont au Roi. — Droits des ducs. — Le musicien Philidor. — Soupers à la Meutte. — Conversation du Roi avec la comtesse de Toulouse. — Anecdote sur la cour de Sicile. — Droit du confesseur de la Reine. — Liste pour les voyages de la Meutte ; droit du capitaine des gardes. — Mariage de M. de Goësbriant. — Mort de M. de Belle-Isle. — Mauvaise volonté du Roi pour M. d'Arquien. — Souper de Mesdames à Trianon. — Mariage du prince de Sulzbach. — Mort de M. de Saumery..... II, 197

Septembre. — Le précepteur du Dauphin entre avec lui chez le Roi. — Famille du comte de Saumery. — Contestation chez la Reine. — Le duc de Villars obtient pour la noblesse de Provence d'entrer au parlement d'Aix avec l'épée. — Affaire entre MM. du Laurent et de Versalieu. — Groupe et bas-relief de Coustou. — Service de Louis XIV à Saint-Denis. — Le Roi soupe pour la première fois dans les cabinets à Marly. — Mort de M. de Bonac. — Chasse dans le parc de Versailles. — Entrée et place dans les carrosses de la Reine, réglée par le Roi pour Mme de Mailly. — Retraite du cardinal de Fleury à Issy. — Familiarité des soupers de Louis XIV à Marly. — Ambassade de Russie. — Affaire de MM. de Saumery. — Service des aumôniers. — Conseil de dépêches. — Femme âgée de cent trente-neuf ans. — Voyage de Fontainebleau. — Mariage de M. de Mirepoix. — Santé du Cardinal.................................... II, 232

Octobre. — L'archevêque de Bourges élu coadjuteur de Cluny. — Détails sur le séjour de la Cour à Fontainebleau. — Santé du Cardinal. — Siége de Belgrade. — Ambassade de Russie. — Mort de la duchesse d'Alincourt. — Présentation de l'évêque de Boulogne à la Reine. — Mort de M. de Bezenval. — Traitement de MM. de Brancas en Bretagne. — Musique de la Reine. — Travaux à Versailles et à Fontainebleau. — Mort du marquis de Choiseul... II, 252

Novembre. — Affaire de M. de Mauriac. — Vol singulier. — Détails sur le séjour à Fontainebleau. — Indisposition du Roi. — Mort de l'abbesse de Jouarre. — Mme de Richelieu prend congé. — Les gimblettes pour les chiens. — Construction de Marly et de Trianon. — Départ de la Reine. — Démolition de la galerie d'Ulysse. — Arrivée du Roi à Versailles. — Lettre du Roi à Mme de Ventadour. — M. de la Trémoille et M. de Brancas. II, 270

Décembre. — Liaison du cardinal de Fleury et de Mme d'Ancezune. — Voyages à Madrid et à la Meutte. — Présentation de la duchesse de Beauvilliers. — Mariage de Mlle de Mancini. — Charge de premier aumônier du cardinal d'Auvergne. — Le Roi mange debout chez la Reine. — Le P. la Taste nommé évêque de Bethléem. — Mort du primat de Pologne. — Bal chez Mesdames. — Représentation d'*Andromaque*. — Usage de saluer la nef abandonné. — Retour du Cardinal à Versailles. — Exécution de M. de Mauriac. — Maladie de Samuel Bernard. — Mort du duc Ferdinand de Bavière. — Maladie de la princesse d'Auvergne. — Bal chez le Dauphin. — Entrée du prince de Lichtenstein ; audience du Roi. — Audience du prince Cantimir. — Mme de Mailly et ses sœurs. — Fêtes de Noël. — Mort de l'évêque de Soissons. — Deux cent huit cerfs pris par le Roi. — Maladie de Madame septième. — Mort de M. Trudaine.............. II, 283

1759.

Janvier. — Cérémonie des chevaliers de l'Ordre. — Mort du chevalier de Soldeville. — L'abbé de Fitz-James nommé évêque de Soissons. — Projet de double mariage avec l'Espagne. — Promenades en traîneaux. — Perte du Roi au jeu. — École de Mars. — Mort de M. Cochet de Saint-Vallier. — M. Gilbert de Voisins succède à son père. — Difficulté sur la garde de Mesdames. — Bal chez Mme de Rohan. — Remarque sur l'entrée de M. de Lichtenstein. — Maison de Conflans donnée à l'archevêché de Paris. — Faucons de Malte présentés au Roi. — Audiences du comte de Solar et de M. de Brignole-Sale. — Rhume du Dauphin. — Projet d'envoyer des troupes en Corse. — Difficulté sur la réception du duc de Penthièvre dans l'ordre de la Toison d'Or. — Affaires de l'université et des Carmélites. — Le Roi à l'Opéra. — Mort de M. d'Autichamp. — Mlle le Maure et Chassé refusent de chanter à l'Opéra devant le Roi. — Mariage de Mlle de Lambesc avec M. de Cadaval. — Détails sur la cour de l'Empereur. — Revenu de la duchesse d'Orléans. — Usage de servir le Roi avec la serviette sur l'épaule. — Maladie de Mme Adélaïde. — Mariage de Mlle de Mailly avec M. de Flavacourt. — Sampietro et Vannina. — Mariage de M. d'Artagnan. — Chanson sur M. Destouches *petit canon*. — Mort du maréchal du Bourg. — Voyage à la Meute. — Préparatifs du bal dans le grand appartement de Versailles; billet d'invitation. — Aventure à un bal chez la duchesse de Bourgogne. — Mort du duc de Brancas. — Détails sur le carrousel de 1662. — Fête militaire donnée par le roi de Pologne. — Bal rangé dans le salon d'Hercule, et bal en masque dans le grand appartement. — Présentation du prince de Beveren. — Mort du marquis de Saint-Simon et du prince de Talmond. — Disgrâce de M. de Bonneval. — Dépenses des bals. — Affaires de Corse. — L'*Ode à la Postérité*.. II, 301

Février. — Souper du Roi; le prince de Dombes y fait une fricassée de poulet. — Bal chez le Dauphin. — Promotion de neuf chevaliers de l'Ordre. — Le Roi va au bal de l'Opéra avec Mme de Mailly. — Mascarade des garçons de Versailles admise dans la cour du château. — Chasses et soupers du Roi. — Bal chez Mesdames. — L'archevêque d'Embrun proposé pour le chapeau; choix du nonce. — Circonstance du bal de l'Opéra; observation du Cardinal à ce sujet et réponse du Roi. — Mot du Roi à M. de Croissy. — Aversion du chevalier de Gesvres pour les Capucins; pourquoi. — Mort de Mme de Montmartel. — Présentation de Mme de Béarn. — Mariage de M. de Lesparre avec Mlle de Gramont. — Observations sur les bals du 26 janvier. — Note sur un bal donné aux Tuileries en 1722. — Le prince du Liban et son fils à Versailles. — Dépenses que doit faire un ambassadeur à la cour de Russie. — Déclaration du mariage de Madame avec l'infant don Philippe... II, 347

Mars. — Audience de la princesse de Lichtenstein chez la Reine. — L'archevêque d'Embrun nommé cardinal; le Roi lui donne la calotte. — Régiments vacants et donnés. — Départ du prince du mont Liban. — Confirmation de Mesdames. — Nouvelles difficultés sur l'affaire de l'Université; mot du Roi sur le chancelier. — Le Roi n'aime pas la chasse du vol. —

Pérte considérable de M. de Fulvy au biribi. — Mort de Mmes de Dreux, de Bonac et d'Hérouville. — Jugement et condamnation de M. de Courbon. — Le Roi et le Dauphin reçoivent le collier de la Toison. — Le Roi va à la chasse du vol. — Le Roi ne touche pas les malades; mauvaise humeur du grand prévôt à ce sujet. — Nouveaux détails sur l'affaire de M. de Fulvy. — Construction de Saint-Sulpice et dépenses. — Mort de M. Brillon, curé de Saint-Roch.. II, 374

Avril. — M. le Cardinal remet le portrait de don Philippe à Madame. — Mort du duc de Médina-Céli, du duc d'Albe, du vicomte de Polignac et de M. de Castelmoron. — Bénéfices donnés. — Appointements de divers ambassadeurs dans les cours étrangères. — Missel de l'évêque de Troyes et querelles qu'il suscite. — Le Roi soupe en secret dans ses cabinets. — Songes de M. de Belzunce et de Mmes d'Hautefort-Duras, de Simiane et de Montmartel. — Souper du Roi. — Le P. Bonjean exilé à la Flèche à cause de son livre sur l'âme des bêtes. — Observation au sujet d'un Ordre étranger porté par un officier suisse au service du Roi. — Dames nommées pour faire le voyage avec Madame Infante et dépenses du voyage. — Remontrances du Parlement. — Mort du duc de Tresmes. — Le Roi soupe avec des dames dans ses cabinets. — La Reine soupe avec deux de ses dames. — Le cardinal d'Auvergne veut vendre sa charge de premier aumônier à l'abbé de Berwick; difficultés. — Le musicien Mondonville. — Lettre du cardinal de Fleury aux religieuses du Calvaire. — La Reine est saignée; le Roi la visite. — Plaisanterie sur la publication de la paix toujours ajournée.. II, 396

Mai. — Revue du Roi dans la plaine des Sablons. — Les sœurs de Mme de Mailly; par qui élevées. — Mort du prince de Guise. — Mort de M. de Belleforière et de M. de Châteaurenaud. — Mort de la princesse de Conty, fille de Louis XIV. — Voyage de Marly. — Chapitre de l'ordre du Saint-Esprit. — Circonstances du voyage de Marly. — Pension accordée à M. Boizot, premier président du parlement de Besançon. — Espèce de sédition des avocats de ce parlement. — Grande misère dans le diocèse de Chartres, et discours de l'évêque de Chartres au Roi à ce sujet. — Voyage du Roi à la Meutte. — Mort du duc de Lauzun. — La duchesse de Modène visite le Roi et la Reine. — Présentation de M. de Guise et de Mme de Marsan. — Mariage de M. de Courtenvaux avec Mlle de Champagne. — M. de Courtenvaux prend le nom de comte d'Estrées. — Mariage de M. de Rothelin avec Mme du Palais. — Anecdote sur M. de Rothelin. — Le Roi va souper à Lucienne. — Bruits de paix entre l'Empereur et la Porte; cadeau de l'Empereur à notre ambassadeur à Constantinople. — Mme de Mailly a peur de jouer aux gros écus. — L'abbé du Bellay, nommé évêque de Fréjus. — Mme d'Aiguillon gagne un procès contre le Roi... II, 418

Juin. — Projet de voyage à Chantilly; difficulté au sujet de Mme de Mailly. — Présentation à la Reine du comte de Beveren. — Solution de la difficulté au sujet de Mme de Mailly. — Nomination de deux dames attachées à Mesdames. — Publication de la paix. — Revue des mousquetaires. — Neuf harangues faites au Roi à propos de la paix; discours hardi du premier président de la cour des aides. — Mort de M. de Nocé. — Mort de Mme Strafford; vers qu'elle avait faits sur la Mésangère. — Présentation de

Mme de Polignac. — M. de Jonville fait sa révérence au Roi et à la Reine. — L'évêque de Soissons prête serment. — Le Cardinal blâme la présentation de Mme de Polignac. — Difficulté à propos des chevaux du Roi amenés à Chantilly. — Voyage de la Cour à Chantilly. — Le comte de Biron prend le titre de duc de Biron. — Voyage de la Cour à Compiègne ; le comte d'Eu y commande le camp. — Décision de la Reine au sujet de ses dames qui étant de service doivent souper avec le Roi. — Détails sur le camp et les troupes. — Mme de Mailly va voir les troupes et est saluée des drapeaux. — *Te Deum* à Compiègne........................ II, 438

Juillet. — Suite du séjour de la Cour à Compiègne. — École d'artillerie ; perfection de l'école de la Fère. — Le Roi fait changer les gardes d'une serrure des cabinets dont le Cardinal avoit la clef. — Mort de M. de Saint-Fargeau. — Revue du régiment du Roi et de plusieurs détachements de divers régiments ; perfection de leur tenue et de leur instruction. — Manœuvres et exercices en forme de bataille ; pont construit sur l'Oise. — Attaque d'un ouvrage de fortification. — Mort de M. du Fay et de Mme de Souvré. — On fait sauter plusieurs mines ; précision des travaux des mineurs. — Le Roi soupe chez le maréchal de Biron. — Dépenses du siége du polygone de Compiègne. — Bruits à propos du mariage du comte d'Eu avec Mlle de Nesle. — Dispute à l'occasion des entrées. — Présentation de Mme de Lichtenstein chez Mlles de Clermont et de la Roche-sur-Yon. — Le Roi, la Reine et le Dauphin vont à la grande messe à Saint-Jacques de Compiègne ; le Roi blâme le duc d'Orléans sur son manque de politesse envers Mlle de Clermont ; observations à ce sujet. — Arrangements pour le mariage de Madame. — Récompenses données aux troupes du camp. — Mort de l'abbé de Livry et du duc d'Uzès. — Conversation du Dauphin avec Mme de Luynes. — Préparatifs de l'ambassadeur d'Espagne pour le mariage de Madame........................ II, 452

Août. — Retour de la Cour à Chantilly, puis à Versailles. — Brouillerie entre M. le Duc et Mme la Duchesse. — Observation de M. de Chavigny sur le caractère du roi de Danemark. — On montre le linge de Madame ; plaisanterie du Cardinal à ce sujet. — Chapitre de l'ordre du Saint-Esprit. — Difficulté entre le duc de Chartres et le comte de Charolois au coucher du Roi. — Froideur du Roi envers le cardinal de Fleury. — Mariage de M. de Tréville avec Mlle de Rannes. — Mort de l'archevêque de Narbonne. — Le Roi visite Mme de Mailly ; luxe de sa toilette pour dormir. — Arrangements pour les fiançailles de Madame, préparatifs de la fête à Versailles et à Paris ; difficultés qu'elle provoque. — Voyage du Roi à Rambouillet. — Continuation des bruits sur le M. Duc et Mme la Duchesse. Mort du prince de Hesse-Rheinfels. — Formation d'un régiment corse. — Arrivée des galions en Espagne ; contestations entre l'Espagne et l'Angleterre. — Mort du duc de la Vallière. — Le comte de Tessin présenté au Roi et à la Reine. — M. de la Mina fait la demande de Madame Infante. — Nouveaux règlements pour la fête du mariage. — Observation sur les carreaux des ducs. — Mort du vicomte de Melun. — Fiançailles de Madame Infante. — Mariage de Madame Infante. — Fête donnée par M. de la Mina. Difficulté sur une visite à la reine d'Espagne. — Causes des contestations entre l'Espagne et l'Angleterre. — Détail de la fête de M. de la Mina. — Préparatifs de départ de M. de la Mina. — Feu de la ville de Paris; le Roi y assiste. — Bal de la Ville; anecdote sur Mme de Mailly. — Départ de Madame Infante. — Le Roi va à Rambouillet. — Audience de congé du nonce Lercari.......... III, 1

Septembre. — Conseils du Roi à Madame Infante. — Anecdotes sur Madame. — Mme de Mailly va voir à Paris la salle du bal. — La Ville présente au Roi le scrutin. — Le Roi fait donner 500 louis à la Reine; lésinerie du Cardinal. — Voyage du Roi à Rambouillet. — Mme de Fleury déclarée dame du palais surnuméraire. — Mariage de Mlle de Nesle avec M. du Luc. — Mort du marquis de Ménars. — Mort de la princesse de Soubise. — L'abbé de Chamron nommé trésorier de la sainte Chapelle. — Mort du duc d'Hostun. — Projet de marier Mlle de Nesle au comte de Noailles. — Voyages du Roi à Rambouillet et à la Meutte. — Le Roi achète Choisy. — Mariage de Mlle de Nesle; le Roi assiste à la toilette et au coucher de la mariée. — — Audiences de MM. de Solar et Venier................... III, 39

Octobre. — Voyage du Roi à Villeroy et à Fontainebleau. — Mme de Vintimille présentée à la Reine. — Mort de la maréchale de Noailles. — Régiments donnés. — Deuil du prince de Hesse-Darmstadt. — Audience du nonce Crescenzi. — Présentation des princes des Deux-Ponts. — Lettre de Mme des Deux-Ponts à Mme de Luynes. — Particularités sur le gouvernement de l'Espagne. — Mort du duc d'Ancenis. — Lettre du Roi à Mme de Ventadour. — Difficulté à la comédie. — Règlement des affaires du marquis de Nesle et son exil. — Régiment de M. d'Ancenis donné au marquis de Brancas; équité du Roi. — Changement dans les gendarmes de la garde. — Soumission de la Corse et description de cette île.......... III, 53

Novembre. — Suite du séjour de la Cour à Fontainebleau. — Acquisition de Choisy pour le Roi. — Travaux à Fontainebleau. — Mort de Mme de Beuvron. — Prédiction de Mme de Noailles à sa fille. — Arrivée de Madame en Espagne et mariage. — Prétention du maréchal de Coigny pour entrer chez la Reine. — Présents donnés à Madame Infante. — Maladie de Mmes de Mailly et d'Antin. — Bénéfices donnés. — Le duc de Luynes ne marque pas dans son journal les événements publics que l'on apprend par la gazette; nouvelles étrangères. — Voyage du Roi à Choisy. — Retour de la Cour à Versailles. — Détail sur la maison de Choisy. — Meuble neuf dans la nouvelle chambre du Roi; richesse de l'étoffe. — Consommation du bois et du blé à Paris.. III, 66

Décembre. — Mme de Soubise n'arrivait jamais qu'à la moitié du dîner du feu Roi; observation à ce sujet. — La Reine prend le cavagnole en grande affection et pourquoi; règles sur le jeu de la Reine. — Rappel de M. de la Mina. — Conduite remarquée de Mme de Mailly au jeu de la Reine. — Détails sur le rappel de M. de la Mina. — Affaire de M. le Duc au sujet du mariage de M. de la Guiche avec une bâtarde de M. le Duc. — Le Roi très-satisfait de l'acquisition de Choisy. — Commission de mestre de camp à M. de Pressure. — Présentation de l'abbé de Chamron. — Voyage du Roi à Choisy. — Titre que prennent les seigneurs d'Angleterre dans leurs adresses au Roi. — Audience du duc de Castropignano. — Légitimation de Mlle de Verneuil, bâtarde de M. le Duc. — La Tour fait le portrait de Mme de Mailly. — Mort de M. de Brossoré. — Dettes de l'Espagne envers la France. — Anecdote sur Marion Delorme. — Le Roi se trouve mal à la messe, quitte la chapelle et va à la chasse. — Le Roi va à la Meutte sans y conduire Mme de Mailly ; menaces de cette dame pour obliger le Roi à la mener à Choisy. — Histoire d'une fille sauvage. — Mort de M. de Harlay. — Étrennes de Mme de Mailly au Roi. — Mariage de Mlle de Guiche avec le comte de Brionne. — Lettre de Louis XV à Mme de Ventadour.......................... III, 79

1740.

Janvier. — Réception de M. de la Mina. — Bourses de jetons présentées tous les ans au Roi et à la famille royale. — Messe des morts de l'ordre du Saint-Esprit. — Revenus de la famille de Gramont. — Étrennes du Roi à Mme de Vintimille. — Voyages de Choisy. — Révérences de MM. de Fénelon et de Brancas à la Reine. — Le marquis du Guesclin nommé gentilhomme de la chambre du duc d'Orléans. — Mariage de M. d'Agénois avec Mlle de Plélo. — Mariage de Mlle de Guise avec M. de Brionne. — Retraite de l'abbé de Broglie. — MM. de Béringhen ; leur charge de premier écuyer. — Soupers chez la comtesse de Toulouse. — Milices de Bretagne. — Mot du Dauphin. — Soupers de la Reine. — Gouvernement de Maubeuge donné au chevalier de Givry. — Mort de Clairambault. — Promenades en traîneaux. — Rappel de M. de la Mina. — Audience de Mme de Castropignano. — Mort du prince de la Torella. — Maladie de M. le Duc. — M. de Fénelon reçu conseiller d'État d'épée. — Apostrophe du cardinal de Fleury à M. de Bissy. — Mort de M. le Duc. — Le duc de Penthièvre reçu chevalier de la Toison d'or.................................... III, 101

Février. — Testament de M. le Duc. — Sermon du P. Neuville. — Nouveaux maréchaux de camp et brigadiers. — Voyage de la Meutte. — Souper dans les cabinets. — Mort de Mme de Rhodes. — Bals. — Promenades en traîneaux ; Mme de Mailly et Mme de Vintimille. — Jeu de la Reine. — Eau bénite de M. le Duc. — Mort du prince de Chimay, gendre du duc de Saint-Simon. — Mort de la duchesse de Châtillon. — Régiments de M. le Duc. — Mariage du duc de Biron avec Mlle de Roye. — Incendie du salon de Marly. — Parodie de chasse par les valets de chiens. — Mort du pape Clément XII. — Lettre de Silva à Mme de Vintimille. — Mort de M. d'Angervilliers ; M. de Breteuil le remplace. — Appartements de Mme de Mailly à Marly et à Versailles. — Pillage du bois des Célestins. — Bal de M. de Lichtenstein. — Serment du comte de Charolois pour la charge de grand-maître de la maison du Roi......................... III, 127

Mars. — Bal en masque chez le Dauphin. — Le chevalier de Mailly obtient le régiment de dragons-Condé. — Mort de l'archevêque de Lyon. — Mme la Duchesse la jeune reçoit la visite du Roi. — Usage du chapitre de Notre-Dame pour les services de deuil. — Ballet de *Basile et Quitterie*. — Le Roi et Mme de Mailly. — Pension à Mlle de Bouillon. — Mort de M. de Saujon. — Promotion d'officiers généraux. — Audience de congé de Mme de la Mina. — Travaux de Choisy. — Comédie-ballet du *Roi de Cocagne*. — Rentrée de Mlle Lemaure à l'Opéra. — Mort de la duchesse de Lesdiguières. — Suite de la promotion. — Incendie au Louvre. — Vers sur Mlle Lemaure. — Présentation de la duchesse de Biron........ III, 147

Avril. — Voyage de Choisy. — Mort de Mme la duchesse de Brissac. —

M. de Vigny, écuyer de quartier. — Mort de M. de la Briffe. — Cérémonies de la semaine sainte. — Révérence de Mme de Fénelon. — Audience des États de Bourgogne. — Mouvement dans les intendances. — Nouvelles du royaume de Naples. — Mort de M. de Vaubourg. — Revue des gardes françaises et suisses.. .... III, 169

Mai. — Mariage de Mlle d'Harcourt avec M. de Guerchy. — Retraite du chevalier d'Aydie ; détail sur les majors des gardes du corps. — M. de la Grandville, nommé conseiller d'État. — Les frimassons salonistes-polissons. — Conversation à Choisy. — L'abbé Néel nommé évêque de Séez. — Porcelaine de Réaumur. — Nouvelle cuisine du Roi. — Le duc de Chartres à Marly pour la première fois. — Relations de la Reine avec le Roi. —Mort de M. Briçonnet. — Rhume du Roi. — Douceur du Roi pour ceux qui le servent. — Mort de la duchesse de Lauzun. — Naissance du comte de Dunois. — Bénéfices de l'accoucheur de la Reine. — Forme des jugements en Angleterre. — Mort du chevalier Crozat.......... III, 180

Juin. — Mort de la duchesse de Bouillon ; de l'évêque d'Agde. — Le duc de Chartres reçu chevalier de l'ordre du Saint-Esprit. — Mort du comte de Charny. — Audience de l'assemblée du clergé. — Mort du roi de Prusse. — Remarque sur les voyages de Rambouillet. — Ouverture de l'assemblée du clergé. — L'abbé de Charleval nommé à l'évêché d'Agde. — Séjour du roi et de la reine de Pologne à Trianon. — Manière dont sont reçus les conseillers d'État à l'assemblée du clergé. — Mariage du prince Yachi avec Mlle de la Châtre. — Régiment de la Reine-dragons donné à M. du Terrail. — M. de Castellane nommé à l'ambassade de Constantinople. — Mort de la marquise de la Vieuville. — Le Roi ne veut plus admettre d'ordres étrangers en France. — Comédie et ballet. — Charge de colonel-général de la cavalerie donnée à M. de Turenne. — Détails sur deux opérations singulières...................................... III, 190

Juillet. — Le Roi à Saint-Léger. — Mort de Mme de Sourches. — Esprit du Dauphin. — Départ du roi et de la reine de Pologne. — Mondonville, maître de musique de la chapelle. — Opéra composé par le duc de la Trémoille. — Mme de Mailly demande un congé à la Reine qui ne lui répond rien. — Mort de M. de Senozan. — Le Roi vient à Paris voir un nouvel égout. — Mort de M. le Pelletier Desforts. — La Cour à Compiègne. — Audience de M. de Camas, envoyé extraordinaire du roi de Prusse. — M. et Mme de Lichtenstein. — Mort du comte du Luc et de Mme de Chabot. — Conseillers d'État d'épée et ecclésiastiques. — Pension à Mme des Fors. — Mort du marquis de Bezons. — Détail sur les entrées. — La princesse de Lichtenstein va à la toilette de la Reine ; conduite d'un huissier de l'antichambre. — Mouvement entre les princes du sang et les légitimés ; plaintes des princes contre les ducs. — Mort de la reine douairière d'Espagne. III, 208

Août. — Deuils de Cour. — Traitements des ambassadeurs. — Morts de Mme de Richelieu, de M. Hérault, de M. Dubois, frère du cardinal. — Comédiens établis dans les fossés de Compiègne. — Différences des usages de Compiègne et de Versailles. — Nominations diverses. — Présentation de la princesse de Campo-Florido. — Audience des États de Languedoc. — Frédéric II et Voltaire ; épître de Voltaire au roi de Prusse. — Réponse de J.-B. Rousseau à des vers attribués à Voltaire. — Affaire des principautés de Neufchâtel et de Valengin. — Présentation de Mlle de Campo-Florido. — Harangue des États de Languedoc. — Tabatière et reliquaire donnés à la Reine et à Mme de Luynes. — Portraits de centenaires. — Audience de la ville de Paris; harangue de M. d'Aligre. — Harangue du clergé. — Détail sur la compagnie des chevau-légers. — Étais de l'appartement du Dauphin à Versailles. — Sédition à Versailles. — Élection du pape Benoît XIV. — Mort de la duchesse de Gontaut................ III, 222

Septembre. — Audience de congé de M. de Nassau. — Nouveaux détails sur l'élection du Pape. — La Reine va à Bagnolet. — Le roi de Prusse à Strasbourg. — Gondole donnée au Roi par la ville de Paris. — Audience de l'ambassadeur de Venise. — Droit de la dame d'honneur de nommer le garçon chargé de faire du feu dans l'appartement de la Reine. — Lettre de l'évêque de Bayeux sur un armateur espagnol. — Trait du Dauphin. — Bénéfices donnés. — Visite du Roi au cardinal de Fleury. — Séditions causées par la cherté des blés. — Translation de la châsse de saint Onésime à la chapelle de Versailles. — Voyage de Fontainebleau.......... III, 246

Octobre. — Arrestation du Sr Pecquet. — Émeute à Besançon. — Détails du séjour de Fontainebleau. — M. de Camas. — Les géants. — Affaire du cardinal Aldovrandi. — Pénitence du Dauphin............. III, 259

Novembre. — Mort de l'empereur Charles VI. — L'*Anti-Machiavel* du roi de Prusse. — Départ de Fontainebleau. — Audience du prince de Lichtenstein. — Mort de la czarine Anne Ivanovna. — Testament de Ferdinand Ier, frère de Charles-Quint. — Mme de Mailly impose silence à la maréchale d'Estrées; son caractère. — Plaisanterie du Dauphin. — Mariage de Mlle de Verneuil avec M. de la Guiche. — Audience de congé de M. de Camas. — Mort de M. de la Tournelle. — Mme de Talleyrand déclarée dame du palais de la Reine. — Mort de M. de Saint-Hilaire... III, 265

Décembre. — Tapisseries des Gobelins. — Affaire du régiment de Condé. — Prétentions de l'électeur de Bavière. — Révérence de M. de Rottenbourg au Roi et à la Reine. — Arrestation du duc de Courlande. — M. de Belle-Isle nommé ambassadeur à Francfort. — Visite du Roi au duc de Charost; détails donnés par ce duc au duc de Luynes. — Mme de Chevreuse prend congé du Roi et de la Reine. — Présentation de la marquise de Castel dos Rios, du marquis de Stafort et de M. de Busset. — Débordement de la rivière. — Mort du comte de Montmorency................ III, 282

1741.

Janvier. — Cérémonie des chevaliers du Saint-Esprit; messe de *Requiem* pour les chevaliers morts. — Mme de Mailly veut voir le Roi en perruque naturelle. — Difficultés sur la présentation de M. de Saint-Micault. — Renouvellement du linge et des dentelles chez la Reine. — Détail sur les entrées. — Soirée chez le Dauphin. — Lettre sur les droits de l'électeur de Bavière. — M. de Poniatowski. — M. de Jablonowski. — Présentation du prince de Hesse-Darmstadt; détails sur la maison de Hesse. — Souper du Roi chez Mme de Mailly. — M. de Belle-Isle. — Le Roi travaille en tapisserie. — Présentations. — Circonstances de l'ambassade de Naples. — Grandesse du comte de Noailles. — Le prince de Schwartzbourg. — Procès de l'évêque de Metz. — Mariage de M. de Monaco avec Mlle de Bouillon. — Loterie pour les pauvres. — Le comte de Montijo, ambassadeur d'Espagne à Francfort.. III, 297

Février. — Audience de M. de Montijo. — Mort du bailli de Mesmes. — — Le cardinal de Rohan blessé à l'œil par une fusée. — Procès de l'évêque de Metz. — Prophétie trouvée à Kaiserslautern. — Effets du tonnerre dans l'église de Montigné. — Fête donnée par M. de Campo-Florido. — Mort du marquis de Vérac. — Promotion de maréchaux de France; mot de Mme de Mailly au Roi sur sa discrétion. — Mort du grand maître de Malte. — Nouveaux détails sur l'élection du Pape. — Audience de congé des princes de Hesse. — Confirmation du Dauphin..................... III, 319

Mars. — M. de Breteuil déclaré ministre. — Contestation entre M. de Châtillon et Mme de Tallard. — Audience de congé de M. Montijo. — Affaire de Mlle de Nogent. — Mort de Mme d'Angervilliers. — Plantations de Choisy. — Lettre du roi de Pologne à la reine de Hongrie. — Confession de foi du roi de Prusse. — Nominations diverses. — Présentations. — Rupture du mariage de M. de Monaco avec Mlle de Bouillon ; anecdote sur la duchesse de Luynes. — Mort de la comtesse d'Uzès. — Voyage de Choisy. — Accident sur la route de Paris à Versailles. — Accouchement de la reine de Hongrie. — Mort de M. de Riom. — Affaires des princes du sang et des légitimés... III, 337

Avril. — Gouvernement de Cognac donné au chevalier d'Allemans. — La semaine sainte. — Bruits sur le roi de Prusse. — Mort du prince de Carignan et de Mme de Chalais. — Maisons de jeux du prince de Carignan et du duc de Gesvres. — Opinion du cardinal de Fleury sur l'alliance avec l'Espagne; proposition faite à Louis XIV au sujet de la couronne d'Espagne. — Première communion du Dauphin. — Équipages de M. de Belle-Isle brûlés à Francfort; prudence de ses domestiques. — Mort de M. de Vassé et du chevalier de Gesvres. — M. de Castro-Pignano. — M. de Bombarde. — Présent fait à Mme de Mailli. — Audience du bailli de Froulay. — Régiments donnés. — M. de Chauvelin. — Le jubilé non publié en France. — Girandole de cristal achetée par le Roi. — Les jeux interdits, même dans les Maisons royales. — Combat de quatre vaisseaux français contre six anglais. — Mort de Mme de Bonneval et de Mme de Courtenvaux. — Bataille de Molwitz. — Mort de M. de Camas................. III, 358

Mai. — Voyage de Marly. — Mort du marquis d'Antin. — Conduite du Roi avec la Reine. — Mort de milord Waldegrave. — Mort d'un chapelain du Roi, auteur de plusieurs ouvrages d'horlogerie. — Dispute entre les gardes françaises et les gardes du corps. — Promotion d'officiers généraux de marine. — Les *polissons* ou *salonistes*. — Perte du vaisseau *le Bourbon*. — M. de Chavagnac. — M. de Maupertuis à la bataille de Molwitz. — Mort de M. d'Avéjan, de la princesse de Léon. — Mort du duc de Gramont. — Augmentation dans les troupes. — Retour à Versailles. — Audiences de congé de M. et de Mme de Castro-Pignano. — Héritage de milord Clare. — Logements des gardes françaises et suisses dans les faubourgs de Paris. — Mort de M. de la Trémoille. — Maladie du Dauphin. — Changements dans les logements.. III, 381

Juin. — L'évêque de Laon. — Mort de M. de Chavagnac et du chevalier

Rosen. — Réception du duc de Gramont comme colonel du régiment des gardes françaises. — Le duc de Fleury nommé premier gentilhomme de la chambre; circonstances de cette nomination. — Mariage de M. de Clermont-Tonnerre avec Mlle de Breteuil; maison de Clermont-Tonnerre. — Entrée du nonce. — Revue des mousquetaires. — Régiments donnés. — Changement de logements à Versailles. — Serment du duc de Fleury. — Mort de Mme la Duchesse. — Nouvelles de Carthagène. — Présentations de Mme de Fontaine-Martel et de Mme de Montmorency. — Mort de l'abbé du Vigean. — L'abbé de Rechechouart-Faudoas nommé évêque de Laon. — Gouvernement de Champagne accordé au prince de Soubise. — Eau bénite à Mme la Duchesse. — Conseil de dépêches. — Cérémonial pour l'eau bénite aux princes et princesses du sang. — Détail curieux sur le clergé à l'eau bénite de Mme la Duchesse. — Audience de l'ambassadeur de Naples.   III, 406

Juillet. — L'abbé d'Oppède nommé maître de l'Oratoire. — Tutelle du prince de Condé. — Mort de l'évêque de Pamiers et de M. de Livry. — Arrivée de M. de Belle-Isle; détails sur le roi de Prusse et sur l'ambassade de Francfort. — Mort de la reine de Sardaigne. — La Reine à Dampierre. — Mouvement de troupes. — Appartements donnés. — Audiences du prince de Nassau-Weilbourg et de Mme d'Ardore. — Changements dans la maison du Dauphin. — Mariage de M. de Castries avec Mlle de Chalmazel.   III, 431

Août. — Affaire de MM. de Goësbriant et de Locmaria. — Le Roi renonce pour l'année aux voyages de Fontainebleau, Marly, etc.; dernier voyage de Choisy. — Mariages de MM. de Fresne et de Sourches. — Mort de Mlle de Clermont; suppression de sa charge. — Adjudants nommés auprès de M. de Belle-Isle. — Le bassin du Dragon. — Le Roi donne Trianon à la Reine. — Logement de Mme de Vintimille à Versailles. — Funérailles de Mlle de Clermont. — Nouvelles étrangères; perfidies de la diplomatie autrichienne. — Le comte Benne. — Les troupes françaises passent le Rhin. — Appartements de Versailles. — Archevêques et évêques nommés. — Audience de la Ville. — La Reine à Trianon. — Le Roi essaye la voiture qui doit ramener Mme de Vintimille de Choisy. — Mme de Vintimille installée à Versailles dans l'appartement du cardinal de Rohan; son humeur, plaisanterie du Roi. — Audience des États de Languedoc. — Feu d'artifice à Paris pour la fête du Roi. — Appartements de Versailles. — Mort de M. de Gassion le fils; de la maréchale de Brancas. — Circonstances sur les armées. — Présentations de milord Chesterfield et de M. de Bernachea. — Mort du chanteur Thévenard; de l'archiduchesse gouvernante des Pays-Bas; de M. de Montpipeau. — Établissement du dixième..................   III, 447

Septembre. — Logements de Versailles. — Accouchement de Mme de Vintimille. — Armée de Bavière. — Mort de M. de Surbeck. — La reine de Hongrie et le cardinal de Fleury. — Révérence de la duchesse de Buckingham. — Combat naval du chevalier de Caylus contre les Anglais. — Gardes du pavillon. — Gouvernement du fort Louis donné à M. de Meuse. — Mort de Mme de Vintimille; douleur du Roi; son séjour à Saint-Léger. — Mort des abbés Rollin et Sévin. — Partis de la Cour. — Vers sur les maréchaux de Noailles et de Coigny. — Service funèbre pour la reine de Sardaigne. — Mort de M. de Belsunce. — Nouvelles de Suède. — Mort de MM. de Bretonvilliers, de Pons et de Plainmon.......   III, 467

Octobre. — Mort de la princesse de Tingry. — Caractère de la douleur du Roi. — Mort de M. d'Estourmel. — Nouvelles des armées. — Fin des voyages de Saint-Léger. — Mariage du prince de Soubise avec Mlle de Carignan ; billet de faire part. — Contestation sur le service du Dauphin. — Audience du comte de Loss. — Conversation du Roi avec M. de Meuse sur son logement. — Mémoire de M. de Châtillon sur le service du Dauphin et décision du Roi. — Permission à M. de Lignerac de vendre sa charge. — Épitaphe en vers de l'empereur Charles VI. — Communion du Dauphin.. IV, 1

Novembre. — Office de la Toussaint ; sermon du P. Fleury. — Le Roi, Mme de Mailly et M. de Meuse. — Détail sur les audiences des ambassadeurs turcs et persans. — Nouvelles d'Allemagne et de Suède. — Lettre du roi de Prusse. — Le Roi retourne à Choisy. — Mariage du comte de Noailles avec Mlle d'Arpajon ; privilége de la maison d'Arpajon de porter la croix de Malte. — Le prince de Saxe-Gotha et sa sœur la princesse de Galles. — Mort du cardinal de Polignac. — Nouvel appartement de Mme de Mailly ; elle a cinq appartements à Versailles. — Nouvelles de Bohême. IV, 14

Décembre. — Prise de Prague. — Présentation de Mme de Soubise. — Mort de Mme de la Mothe, de M. de Lignerac et de M. de Montbrun. — Contestation entre les premiers gentilshommes de la chambre et le contrôleur général. — Nouvelles des armées. — Mme de Loss. — Mémoires du directeur général des bâtiments, des premiers gentilshommes de la chambre et du contrôleur général, présentés au Roi. — Relations du duc de Chevreuse sur l'escalade de Prague. — Dispositions pour l'audience de l'ambassadeur turc. — Présentation de Mme de Mirepoix. — Mort de la reine de Suède. — Révolution de Russie. — Étrennes de Mme de Mailly à Mademoiselle... IV, 29

1742.

Janvier. — Nomination de chevaliers du Saint-Esprit. — Préparatifs de l'audience de l'ambassadeur turc. — Bal chez Mesdames. — Nouvelles de l'armée. — Mémoires de Dangeau consultés par le Roi. — Accouchement de Mme Infante. — Mort du duc de Beauvilliers et de Mme de Dromesnil. — Entrée et audience de l'ambassadeur turc. — Présentation de Mme de Crillon. — Remerciment de M. de Mailly d'Haucourt. — Le duc de Fleury arrive de l'armée. — Présentation de Mme de Bauffremont et de Mme de Castellane. — Arrivée du chevalier de Belle-Isle. — Nouvelles étrangères. — Bals de Mesdames et du Dauphin. — Mme de Mailly. — M. de Meuse. IV, 63

Février. — L'Université présente un cierge au Roi, à la Reine et au Dauphin. — Réception de chevaliers du Saint-Esprit. — Le P. Tainturier. — Mort de la comtesse de Brionne. — Prise de Lintz. — Mort du chevalier de Bezons. — Audience des États de Bretagne. — Appartement de Mme de Mailly. — Présentation de la marquise de Vérac. — Bal chez le Dauphin. — Gale de Madame. — Mlle d'Aumont. — Portrait du roi de Prusse. — Contestation entre le maréchal de Broglie et M. de Séchelles. — Audience de l'envoyé de Modène. — Le Roi et Mme de Mailly. — Mariage du prince d'Havré. — Retraite du ministre anglais Robert Walpole. — Conversation du Roi. — L'évêque de Soissons achète la charge de premier aumônier. — Le comte d'Œttingen. — Visites de l'ambassadeur turc. — Régiments donnés.. IV, 87

Mars. — Mariage de M. de Forcalquier avec Mlle d'Antin. — Arrivée du maréchal de Belle-Isle. — Nouvelles de l'armée. — Régiment et guidon donnés. — Mme de Grancey. — Assemblée des ministres à Issy. — Femmes de chambre de la Reine. — Mort de M. d'Heudicourt. — La comtesse de Priego. — Le maréchal de Belle-Isle est nommé duc héréditaire. — Mort de M. de Courson. — La comtesse de Toulouse à la paroisse. — Abbaye de Poissy. — Pâques de la Reine. — Audience de congé de M. de Montijo. — Cène de la Reine. — Régime du Roi pendant le carême. — Compliment du P. Tainturier au Roi. — Régiment et guidon donnés. — Mme de Saint-Aubans... IV, 103

Avril. — Remplacement du maréchal de Broglie par le maréchal de Belle-Isle à l'armée de Bohême. — Mort du chevalier de Charost. — Audience du marquis de Peralada. — Bénéfices donnés. — La Cour à Fontainebleau. — Caractère du Dauphin. — Mort de Mme de Béthizy. — Mort de M. de Leuville en Bohême. — Service de la Reine. — Talent du prince d'Ardore sur le clavecin. — Chute du Roi à la chasse. — Mme de Bourbon est transférée de l'abbaye de Saint-Antoine à celle de la Saussaie. — Ouverture de l'assemblée du Clergé. — Mort de l'abbé Perot et de Gabriel, premier architecte du Roi. — Arrivée du comte de Broglie; prise d'Egra. — Guidon donné... IV, 119

Mai. — Gabriel est nommé premier architecte du Roi en remplacement de son père. — Compagnie des chevau-légers donnée à M. de Colbert. — L'ambassadeur turc à Fontainebleau. — Nominations diverses. — M. de Poniatowski. — Mariage du marquis de la Force. — Mort de l'impératrice Amélie. — Le prince de Grimberghen. — Le duc de Bizache. — Profession de foi du Dauphin. Mme la Duchesse soupe dans les cabinets. — Nouvelles de l'armée. — Mylord Stairs. — Le Dauphin reçu chevalier de l'Ordre. — Note sur le duc d'Orléans. — Mort de M. de Polastron; son caractère. — Le comédien Romaniensi. — Lettre de M. de Polastron. — Retour de Fontainebleau. — Mort de Mme de Croissy. — Architectes et contrôleurs des bâtiments. — Bâtiments de Choisy. — Bataille de Czaslau. — Mort de M. de Ravignan. — L'abbé de Ventadour élu coadjuteur de Strasbourg. — Mort du comte de Saint-Pol. — Audience du Clergé. — Le colonel Borck. — Petit appartement de Mme de Mailly. — Maladies du prince de Rohan, de Mme de Ventadour, du maréchal de Nangis et du cardinal de Fleury. — Départ de MM. de Soubise et de Picquigny. — Audiences de congé de MM. de Flaming et de Lomellini. — L'évêque de Laon reçu pair au Parlement. IV, 132

Juin. — Audience de MM. d'Ekeblad, de Borck et du prince de Masseran. — Bataille de Sahay. — Lettres du maréchal de Belle-Isle et extraits de lettres de l'armée. — Relation de l'affaire de Sahay. — Mort de Mme de Soyecourt, de Mlle de Boufflers, de Mme de Montboissier et du primat de Pologne. — Audience de congé de l'ambassadeur turc. — Voyages du Roi à Saint-Léger. — Échec du duc d'Harcourt en Bavière. — Le maréchal de Broglie est créé duc. — Mort de la reine douairière d'Espagne; son caveau à Saint-Sulpice. — Mort de M. Alexandre. — Procès du duc de Chevreuse contre Mme de Caylus. — Retraite de Frauenberg. — Préliminaires du traité de Berlin. — M. et Mme de Forcalquier............... IV, 156

Juillet. — Insolences des Anglais. — Mort de la duchesse douairière d'Antin. — Régiment donné. — Lettre de M. d'Havrincourt sur les travaux de Dunkerque. — Voyages de Saint-Léger. — Nouvelles de l'armée. — L'abbé de Choiseul nommé primat de Lorraine. — Fête chez le prince Cantimir. — L'ambassadeur d'Espagne donne part de la mort de la reine douairière; rires de la Cour à cette occasion. — Conférence du maréchal de Belle-Isle avec M. de Konigseck. — La Reine va voir le Dauphin monter à cheval. — Présentation de Mme de Forcalquier. — Mort de M. d'Argenson fils et de la comtesse d'Estrées. — Santé de M. Orry. — M. Mendès et son crédit auprès du cardinal de Fleury. — Mort de M. de Fortia et de Mme de Bouville. — Les frères Paris. — M. de Jablonowski............. IV, 186

Août. — M. de Séchelles nommé conseiller d'État. — Nouvelles des armées. — Mort de Mme de Biron. — Régiments donnés. — Mouvements de l'armée de M. de Maillebois. — Voyages de Choisy. — Présentation du prince de Condé et de Mlle de Conty. — Le comte de Saxe. — Action du maréchal de Broglie. — Détails sur Choisy. — Mort de Silva, médecin du Roi. — Mademoiselle et Mme de Mailly. — MM. de Rennepont; goût singulier de Mlle du Plessis-Praslin. — Audiences des États de Languedoc et de la ville de Paris. — Lettre du cardinal de Fleury à M. de Konigseck. — Projets des maréchaux de Puységur, d'Asfeld et de Noailles. — M. Orry. — Audience du Roi au maréchal de Noailles. — Entrée au conseil du cardinal de Tencin et de M. d'Argenson le cadet. — Régiment vendu. — M. Renauld commissaire des guerres. — Visites de la Reine......... IV, 197

Septembre. — Nouvelles diverses. — Baptême du fils de l'ambassadeur des Deux-Siciles. — Voyage de Choisy. — M. de la Rochefoucauld. — Feu d'artifice pour la convalescence de M. Orry contremandé par lui. — Logement du cardinal de Tencin. — Intendance de Paris. — Morts et maladies. — Nouvelle de Prague. — Mort de Mme de Mazarin; la duchesse de Villars la remplace comme dame d'atours de la Reine. — Départ secret du prince de Conty pour l'armée; la princesse de Conty et Mme de Mailly. — Serment de Mme de Villars. — La princesse de Conty à Choisy. — Installation du cardinal de Tencin et de M. d'Argenson. — La Reine demande pour Mme de la Tournelle la place de dame du palais; elle est nommée par le Roi. — Charge de premier écuyer de la Reine. — Mme de Belle-Isle prend son tabouret; le Roi ne lui parle pas. — MM. de Belle-Isle et de Broglie. — Mme de Mailly cède sa place de dame du palais à Mme de Flavacourt. — Régiments donnés. — Conseils du Roi. — Affaire de M. Lœwenstein. — Le comte de la Marche obtient du Roi le pardon du prince de Conty, son père. — Levée du siége de Prague. — Compliments à la famille de Mme de Mazarin; embarras du Roi. — Entrées chez la Reine.. IV, 215

Octobre. — Conseils du Roi. — Nouvelles de Prague. — MM. de Brissac et de Chevreuse. — Timidité du Roi. — Audience de congé de l'ambassadeur de Venise; cérémonie du baudrier. — Nouvelles de l'armée de M. de Maillebois. — Mort de la comtesse de Mortemart. — M. de Beauvau. — Mort du maréchal de Nangis; son caractère; son testament. — Départ des princes pour la Flandre. — Parti des Broglie contre le maréchal de Belle-

Isle. — Prétendants à la place de chevalier d'honneur de la Reine. — M. de Boufflers. — Appartements donnés. — Le Roi parle à M. de Beauvau. — Nouveaux détails sur la retraite de Frauenberg; justification de M. de Belle-Isle. — Nouvelles de Bohême; division des généraux. — Altération de la mémoire du cardinal de Fleury. — Affaires de Flandre. — Mort de Massillon.................................... IV, 242

Novembre. — Service de la Toussaint. — Le Roi fait mettre du rouge à Madame. — Affaires militaires. — Le Roi, Mme de Mailly et Mme de la Tournelle; Mlle de Mailly. — Départ de Mme de Mailly pour Paris; le Roi lui écrit. — Nouvelles de Prague. — Installation de Mme de la Tournelle à Choisy. — Sacre de l'abbé de Ventadour à Strasbourg. — M. de Grimberghen. — M. de Belle-Isle remonte sa cavalerie; le duc de Chevreuse vend sa vaisselle pour remonter les dragons. — Détails sur le voyage de Choisy. — Position de Mme de Mailly. — Conversation du Roi avec M. de Soubise. — Places vacantes à l'Académie française. — Nouvelles de l'armée. — Présentation de Mme de Montauban. — M. de Richelieu et Mme de la Tournelle. — La Reine prend part à la position de Mme de Mailly. — Mot du Roi sur M. de Belle-Isle. — Souper secret du Roi. — Nouveau voyage de Choisy. — Chansons sur le Roi et Mme de la Tournelle. — Habitudes de la Reine. — Mort de l'abbesse de la Saussaye. — Présentation du baron de Sickengen.................................. IV, 263

Décembre. — Baptême du prince de Condé, du comte de la Marche et de Mlle de Conty. — Voyage de la Meutte. — Mme de Mailly. — Nouvelles des armées. — Le Roi va voir sa statue équestre. — Billet du Roi. — Appartements de Mme de Mailly démeublés et changements dans les logements. — Mariage de M. de Lauraguais. — Jeu du Roi dans sa petite galerie. — Continuation de la correspondance du Roi avec Mme de Mailly. — Départ du petit de Vintimille. — Mariage du chevalier de Polignac avec Mlle de la Garde. — Conversation du Roi avec Mme la Duchesse. — Mme de Mailly aux Tuileries. — La tabatière du Roi. — Mariage du prince Jules de Rohan avec Mlle de Bouillon. — Habitudes de la Reine. — Ses regrets prolongés de la mort du maréchal de Nangis. — Prise de Leitmeritz. — Le Roi ennuyé de travailler avec ses ministres. — Départ de M. de Richelieu. — Accouchement de Mme de Flavacourt. — Arrangement de Mme de Mailly. — Indifférence du Roi pour les officiers blessés qui reviennent de Bohême. — Réception de Marivaux à l'Académie française. — Gouvernement d'Amiens donné à M. de Picquigny. — Petite vérole de Mme de Chevreuse. — Conseil des ministres chez le cardinal de Tencin. — Mort de M. Saint-Aulaire; son caractère. — Colère du Roi. — Nouvel appartement de Mme de la Tournelle. — Liste des bénéfices. — Nouvelles diverses. — Arrivée de M. de Boufflers. — Mort de M. de Fargis. — Pension donnée au sculpteur Lemoyne; dépenses de la statue du Roi.............. IV, 286

Appendice. — Lettres de M. de Puysieux, etc............... IV, 310

1743.

Janvier. — Nouvelles de la Cour et de l'armée. — Maladie de Mme de Chevreuse. — Arrivée du chevalier de Belle-Isle. — Mort de l'électeur pa-

latin et de M. de Breteuil. — Retraite de Bohême. — Mort du prince de
Bisache. — Incendie à Brest; agents de l'Angleterre arrêtés. — Serment
de M. de la Mothe, nouveau chevalier d'honneur de la Reine. — Logement
de Mme de Flavacourt. — Gouvernement donné. — Maladie du cardinal de
Fleury. — Voyage de Choisy. — Grave indisposition du Roi. — Visites au
cardinal de Fleury. — Mort de la duchesse de Saint-Simon. — Mariage de
M. de Lauraguais. — Maison de Mme de Mailly à Paris. — Charges de chancelier et de grand-aumônier de la Reine. — Mort du cardinal de Fleury; douleur du Roi. — Feuille des bénéfices donnée à l'ancien évêque de Mirepoix;
l'archevêque de Rouen nommé grand-aumônier. — Mort de M. de Collandre
et de Mme de Soyecourt. — M. de Montaigu nommé ambassadeur à Venise.
— Élection à l'Académie française de M. de la Bletterie annulée.   IV, 375

Février. — Qualité de prince de l'Empire. — Les abbés de Fleury. — Trans-
lation du corps du cardinal de Fleury. — Promotion de chevaliers du
Saint-Esprit. — Mort du vicomte de Rohan. — Présentation de Mme de
Lauraguais et du vicomte de Rohan. — Réception à l'Académie du duc de
Nivernois et de Marivaux; élection de M. de Mairan. — Mort du prince
René de Rohan. — Exil de M. de Chauvelin à Issoire. — Le chevalier de
Fénelon passe au service de l'Empereur. — Loterie nouvelle. — M. de
Saint-Florentin nommé chancelier de la Reine. — Présentation de Mlle de
Bouillon. — Mme de Fleury; usage des mantes et des manteaux de deuil.
— Le prince Jules prend le nom de duc de Montbazon. — Mort de Mme de
Sassenage. — Le duc de Saint-Simon; son deuil. — Mariages. — Fian-
çailles dans l'Œil-de-Bœuf. — Bal chez le Dauphin. — Discours sur M. de
Belle-Isle. — Présentations. — Mort de l'abbesse de Chelles. — Promotion
d'officiers généraux. — Bal chez Mesdames. — Bénéfices donnés. — La
Reine va à la paroisse Notre-Dame; difficulté sur le carrosse..   IV, 399

Mars. — Souper dans les cabinets. — Intendances données. — M. de
Coulonges. — Mort du chevalier d'Hautefort et de Mme de Tournon. — La
duchesse de Choiseul. — Le maréchal de Belle-Isle est reçu par le Roi. —
Lettre de Voltaire. — Deuil de l'abbesse de Chelles. — Mort de M. Bignon.
— Le comte de Saxe. — Le maréchal de Belle-Isle et les officiers généraux.
— Retour du duc de Chevreuse. — Mort du maréchal d'Asfeld. — Pré-
sents de la czarine à M. de la Chétardie. — Mort de M. d'Hautefort-Bo-
zein. — Entrée au conseil du maréchal de Noailles. — Retour du prince
de Conty. — Nouvelles grâces accordées à la famille du cardinal de Fleury.
— Le prince de Conty soupe dans les cabinets. — Direction des fortifications. — Détails sur le maréchal de Belle-Isle et sur le siège de Prague. —
Gouvernements donnés; M. de Danois. — Dignité de prince de l'Empire.
— MM. de Saint-Peru et de Castellane. — Conduite du duc de Chevreuse
avec le maréchal de Broglie. — Mort de l'abbé Bignon et de M. de Brienne.
— Mme de Coronini. — Compagnie des chevau-légers. — Gouvernements et
places de conseiller d'État données. — M. d'Aubigné; nouveaux détails sur
l'armée de M. de Belle-Isle. — Habitudes du Roi. — Appartements donnés.
— Le duc de Saint-Simon ne vient plus à la Cour; ses revenus; son caractère. — Conversation du Roi avec M. de Meuse. — Les officiers généraux du parti de M. de Belle-Isle restent sans emploi. — Mort de la duchesse de Rohan. — Mme de Mailly. — Chasse du Roi à Fausse-Repose;

incident. — Présentations; M. de la Tour d'Auvergne. — Mariages. — Élection de l'évêque de Bayeux à l'Académie française.......... IV, 420

Avril — Mort de l'électeur de Mayence et de l'électrice palatine. — Audience de l'envoyé de Gênes. — Mariages. — Départ des officiers généraux pour l'armée. — Arrivée du maréchal de Maillebois. — Mort de M. de Champigny. — La *Mérope* de Voltaire. — Mariage de Mlle de Goësbriant. — M. de Vissec ou *le doux marquis*. — Cène de la Reine. — Le Roi fait bon accueil à Chevert. — Opinion de M. de Broglie sur la guerre. — Croix de Saint-Louis donnée au duc de Chevreuse. — Reproches faits à M. d'Aubigné sur ses opérations en Bohême. — Audience de M. de Piosasque. — Fin du carême. — Guidons de gendarmerie et régiment donnés. — Disgrâce de tous les amis du maréchal de Belle-Isle. — Nouvelle Cour des cabinets. — Conduite de Mme de la Tournelle; son peu de crédit; son désir d'être duchesse. — Le Roi et M. de Meuse. — Crédit de M. de Noailles; le maréchal de Belle-Isle n'est consulté en rien. — M. de Montijo, ambassadeur d'Espagne; son habileté et sa magnificence. — Le roi de Pologne à Trianon. — M. de Castellane est nommé major de la gendarmerie. — La Reine envoie souper chez le Roi Mmes de la Tournelle, de Flavacourt et d'Antin. — Propos de M. d'Ayen. — Nouvelles étrangères. — Habitudes du roi de Pologne... IV, 453

Mai. — Mariage de Mlle de Durfort. — La Reine dîne à Trianon avec le roi de Pologne. — Les dames de semaine qu'on appelle *la semaine sainte*. — Arrivée du chevalier de Broglie. — Gouvernements donnés; billet anonyme du Roi à M. de Meuse. — Le roi de Pologne à Choisy; froideur du Roi pour lui. — Progrès de Mme de la Tournelle. — Mort du comte de Marsan et de Mme de Flamarens. — Présentation de Mme de Jaucourt. — Départ du chevalier de Broglie; maladie du maréchal de Broglie. — Départ du roi de Pologne. — Présentation de M. de Marmier. — Congé du comte de Piosasque. — Audience du prince de Grimberghen. — Mort de l'abbé de Saint-Pierre. — Le Roi travaille avec M. de Maillebois. — Mariages. — Le Roi n'aime pas la chasse au faucon. — Mmes de la Tournelle et de Lauraguais envoient quérir leur souper chez le traiteur. — Livrée des porteurs de chaise. — Retraite du P. de Linières. — Régiments donnés; M. de Bouzols. — Les oblats. — Audience des États de Bourgogne. — Nouveau meuble de la chambre de la Reine; commencements du style et du goût chantourné. — Réception de l'évêque de Bayeux; détails sur les séances de l'Académie française. — Chapelle de Saint-Népomucène aux Récollets. — Audience des députés de Tunis. — Présence du Dauphin et de Mesdames à une chasse du Roi avec Mme de la Tournelle et ses sœurs. — Souper de Mmes de la Tournelle et de Lauraguais. — Mariage du chevalier de Meuse. — Mort de Mme de Calheta. — Lettre du maréchal de Belle-Isle. — Nouvelles de Bavière. — Pourquoi on appelle la semaine de quatre dames de la Reine *la semaine sainte*. — La Reine ne néglige point les occasions de manger. — Service funèbre du cardinal de Fleury à Notre-Dame. — Conférence du maréchal de Broglie avec l'Empereur; état des affaires en Bavière et opinions sur la manière de conduire cette guerre. — Nouvelles de Bavière. — Meuble du grand appartement du Roi. — Présentation du P. Pérusseau, nouveau confesseur du Roi......................... V, 1

Juin. — Régiment donné. — Manuscrits de M. de Chavigny. — M. de Gassion reçu chevalier du Saint-Esprit. — Confirmation de Mme Adélaïde. — Mauvaises nouvelles de Bavière. — Maréchaux de camp nommés. — Régiments et guidon donnés. — Prétention du prince de Charolois d'être assis devant Mesdames. — Élection de Maupertuis à l'Académie. — Voyage du Dauphin à Paris. — Mort de M. de la Billarderie et de M. de Campillo. — Mémoires de Dangeau consultés. — Le Roi pose la première pierre de l'église de Saint-Louis à Versailles. — Procession du Saint-Sacrement. — Malheureux succès des affaires de Bavière. — Les ministres n'osent parler au Roi du maréchal de Broglie; le cardinal de Tencin essaye d'occuper le Roi des affaires de Bavière; indifférence du Roi pour les événements. — La guerre dirigée par le comité des ministres, où il n'y a pas un militaire; comparaison avec les conseils de Louis XIV. — Mort du comte d'Egmont. — Régiment gris ou de gentilhomme. — Prochaine arrivée de Mme de Modène. — Troisième voyage de la Reine à Dampierre. — Mort de la duchesse de Bourbon; son testament; ses funérailles. — Prérogatives des ducs. — Le Roi consulte M. de Torcy. — Présentation de Mme de Beringhen. — Réponse aux cahiers des États de Bourgogne; détails. — Pays de grands États. — Le Dauphin à l'Opéra. — L'archevêque de Bourges nommé ambassadeur à Rome. — Mort de Mme de Flavacourt la belle-mère. — Deuil de la duchesse de Bourbon. — Le P. la Neuville et l'oraison funèbre du cardinal de Fleury. — Le P. Pérusseau. — Appartements donnés et conservés. — Bénéfices donnés; le Roi oublie les noms de ceux auxquels il les donne. — Son indifférence pour les opérations de l'armée. — Les Franco-Bavarois sont chassés de Bavière; plaintes des généraux contre le maréchal de Broglie. — Audience de M. de Grimberghen. — Passion du Roi pour Mme de la Tournelle. — Tabouret des princes du sang. — Grâce du Roi au prince de Conty .... V, 25

Juillet — Conversation de M. de Maillebois et de M. de Châtillon. — Anecdote sur le maréchal de Villars. — Pension à Mme de Flavacourt. — Présentation de M. de Hautefeuille. — Premières nouvelles de la bataille de Dettingen. — Voyage de Choisy. — Les ducs de Chartres et de Penthièvre nommés maréchaux de camp. — Audience du prince de Grimberghen. — Duel de M. d'Armentières avec un officier qui allait à la maraude déguisé. — L'Empereur, abandonné par l'armée française, déclare à l'Empire que ses troupes sont neutres. — Terre de Bizy. — Lettre du roi de Prusse au cardinal de Fleury après l'escalade de Prague. — Compagnies nouvelles de cavalerie. — Détails sur l'évacuation de la Bavière et sur la conduite du maréchal de Broglie. — Arrangement pour la compagnie des gendarmes de la garde. — Arrivée de la duchesse de Modène. — Promenade du Roi; Mmes de la Tournelle et de Lauraguais. — Surnoms des trois sœurs, plaisanterie du Roi à ce sujet. — Mme de Ventadour; anecdote sur l'enfance du Régent; commencements de l'abbé Dubois. — Lettre du prince de Conty à la duchesse de Luynes. — M. de Coigny remplace M. de Broglie, qui est exilé. — Pensions à Mme et à Mlle de Vandeuil. — Mort de M. de Valan. — Chevaux de Mme de la Tournelle. — M. de Meuse. — Nominations diverses. — Nouvelle position des armées. — Le maréchal de Coigny et son fils. — Auteurs et causes de la guerre de la succession d'Autriche. — Caractère

11.

du gouvernement; irrésolution des ministres; comment se décident les affaires. — M. Orry; son portrait et son administration. — Anecdote sur M. de Pontchartrain. — M. de Maurepas; son portrait, sa prodigieuse mémoire. — M. Amelot; son portrait. — M. d'Argenson; son portrait. — Le cardinal de Tencin; son portrait. — Le maréchal de Noailles; son portrait. — Portrait de la maréchale de Noailles la mère. — Importance de la maison de Noailles; origine de sa puissance et de sa faveur. — Le Roi; son caractère. — Particularités sur Mme de Mailly. — Portrait de Mme de la Tournelle; son caractère. — Mme de Lauraguais; son portrait. — Particularités sur les soupers et les dîners des cabinets. — Aventure singulière de Mme Adélaïde; son aversion pour les Anglais. — Mme Henriette; son caractère. — Prisonnier mené à la Bastille. — Morts diverses. — Note généalogique.................................. V, 59

Août. — Voyage de Choisy. — Visite de la Reine à la duchesse d'Orléans. — Visite du Dauphin aux Invalides; particularités. — Menus plaisirs du Dauphin et de Mesdames. — Augmentation de la cavalerie. — Plan en relief de la ville de Lille. — Embarras du Roi pour prendre une décision. — Particularités sur le cardinal de Fleury et sur le Roi. — Affaire du faux bon du Roi. — Audience de l'ambassadeur d'Espagne. — Amusements et occupations du Roi. — Nombre des pots de fleurs de Trianon sous Louis XIV. — Singulière conduite du maréchal de Broglie à l'armée de Bavière. — Corps de troupes envoyé en Dauphiné. — Le Roi à Choisy, la Reine à Trianon. — Raisons de M. de Broglie pour la justification de sa retraite. — Deuil de l'abbesse de Farmoutiers. — Mort du maréchal de Puységur. — M. de la Suze. — Conduite de M. de Montemar en Italie; son inertie. — M. de Bauffremont — Départ du maréchal de Coigny. — Souper donné par M. de Campo-Florido. — Mort de Mlle du Maine. — Maladie de Mme de la Tournelle. — Nouvelles d'Allemagne. — Mlle Rotisse de Romainville. — Projet d'accommodement entre l'Espagne et la Sardaigne. — Fête dans le bosquet du Dauphin. — Logements de Fontainebleau. — Nouvelles fortifications de Dunkerque. — Ministres qui dirigent les fortifications et détails sur les ingénieurs militaires. —, Régiments donnés. — Audience des États de Languedoc. — Office de la Saint-Louis. — Le Roi à Choisy et la Reine à Trianon.................. V, 102

Septembre. — La Reine à Dampierre. — Le Roi travaille avec ses ministres. — Mort du prince de Lambesc. — Entrée de l'ambassadeur de Venise; privilège des princes lorrains d'accompagner les ambassadeurs à l'audience du Roi. — Mme de Grave monte dans les carrosses de la Reine. — Le prince Charles attaque l'Alsace. — Charité de M. de Maniban, archevêque de Bordeaux. — M. de Balincourt; sa belle conduite en Allemagne. — Bénéfices donnés. — Voyage de Fontainebleau. — Arrivée de M. Groolier, chambellan de l'Empereur. — Animal singulier envoyé au Roi. — Capitulation d'Egra. — Table du chambellan. — Arrivée de M. de Chavigny, ambassadeur en Portugal. — Détails sur la cour d'Espagne. — Détails sur le roi de Portugal. — Charge de premier valet de chambre de la Reine. — Départ du nonce Crescenti. — Capitulation d'Ingolstadt. — Le Roi à Villeroy. — Prétendue lettre écrite de Berlin.................. V, 135

Octobre. — Démission du président le Pelletier. — Nouvelles de l'armée d'Alsace. — Appartement de Mme de la Tournelle à Fontainebleau. — Mademoiselle est en défaveur. — M. de Chavigny envoyé à Francfort. — Rupture des relations diplomatiques avec la Sardaigne. — Appartement de Mme d'Antin à Versailles. — *La belle semaine*; dames qui la composent. — Commencement de maison pour Mme de la Tournelle. — M. de Meuse. — Renouvellement des fermes. — Capitulation d'Ingolstadt. — Affaires d'Italie et d'Allemagne. — Priviléges des princes du sang qui servent à l'armée. — Politique de la Hollande. — Pourquoi le roi de Prusse avait abandonné les Français. — Négociations souterraines du cardinal de Fleury. — Anecdotes sur le cardinal de Fleury. — Mme de la Tournelle créée duchesse de Châteauroux; détail sur la ville et la terre de Châteauroux. — Présentation de Mme de Châteauroux. — Présentation de M. Groolier. — Arrivée de M. de Senneterre, ambassadeur en Savoie. — Mariage du prince de Turenne. — Anecdote sur la duchesse de Bourgogne; son mot à M. de la Fare. — Affaire de la tour du Pont. — Note sur Mmes de la Vallière et de Fontanges. — Arrivée de M. de Montijo.................. V, 149

Novembre. — Les ministres étrangers ne sont pas logés dans les lieux que le Roi habite. — Titre de ministre plénipotentiaire. — Le Roi reçoit très-bien le duc de Gramont. — Nouveaux détails sur la bataille de Dettingen. — Office de la Toussaint. — Comment les puissances de l'Europe écrivent à la République de Venise. — Mariage du prince de Turenne. — Nouvelles de la Cour. — Mariage du duc de Chartres et de Mlle de Conty. — Compagnie des chevau-légers. — Liste de Choisy. — Le Roi donne les premières entrées au duc de Richelieu. — Ordre pour le lever du Roi. — Mariage de M. de Charlus (Castries) et de Mlle de Fleury. — Rupture du mariage de M. de Guise; sa distraction. — La duchesse d'Orléans mécontente du mariage de son petit-fils — Pierreries du duc d'Orléans. — Raisonnements sur l'affaire de Dettingen............................. V, 175

Décembre. — Le comte de Bavière nommé ambassadeur à Vienne. — Les maréchaux de Coigny et de Noailles. — Audience de MM. de Montijo et de Campo-Florido. — Présentation de la princesse de Turenne. — Nouvelles de la Cour. — Mort du duc d'Antin. — Gouvernement de Montpellier donné. — Mort du prince de Liège. — Détails sur les familles d'Antin et de la Rochefoucauld. — Présentation de Mme de Simiane. — Réception de chevaliers de Saint Louis. — Question des carreaux et des voiles. — Fiançailles du duc de Chartres. — Mort de la princesse d'Yachi. — Mariage du duc de Chartres. — Mœurs et usages de la Cour. — Morts — Charge de premier gentilhomme de la chambre; nombre de ceux qui la demandent. — Mariage de M. Castries. — Établissement d'une bourse à Poissy pour les bouchers de Paris. — Procès dans la maison de Condé. — Fêtes de Noël. — Mme de Mailly; comment elle apprécie le caractère du Roi. — M. de Fénelon. — Le duc de Richelieu nommé premier gentilhomme de la chambre. — Présentation de MM. d'Harcourt. — Le duc de Chartres au Palais-Royal. — Mort de la comtesse de Bienne. — Logement du premier président du Parlement à Versailles. — Taxe des boues et lanternes..... V, 195

Appendice à l'année 1743. — Officiers généraux en Bavière.... V, 230
Lettre du maréchal de Belle-Isle au duc de Luynes............ V, 236
Portrait du cardinal de Fleury................................ V, 237

Pièces sur la bataille de Campo-Santo...................... V, 243
Relation de l'action de Dettingen........................... V, 250
Mémoire du duc de Chaulnes................................ V, 255

1744.

Janvier. — Affaire du duc de Bouteville avec la duchesse de Modène. — Cérémonie des chevaliers de l'Ordre. — M. de Montijo. — Le prince de Conty déclaré général de l'armée d'Italie. — Le Roi à l'Opéra. — Voyage de Marly et nouvel habillement des dames. — Arrangements de l'armée d'Italie. — Mort d'Hyacinthe Rigaud. — Chute du chevalier de Saumery. — Voltaire. — Logement du duc de Chartres. — Anecdotes sur Mme de Montbazon et sur le maréchal de Créquy. — Mauvais effet de la présence du Roi à l'Opéra. — Madame et Mme Adélaïde. — Lettre de M. de Maurepas. — Concerts de la Reine. — Appartements de Marly. — Mariages. — Bal en masque chez Mesdames. — Bruits sur MM. Amelot et d'Argenson. — Détails sur le séjour de Marly. — Prétention de la princesse de Conty. — Coucher de la Reine. — Les *Salonistes* ou *polissons* de Marly ; le bailli de Saint-Simon. — Incendies à Lunéville et en Bourbonnais. — Changements dans les intendances. — Le Roi ordonne à Mesdames de mettre du rouge. — Mariages. — Le chevalier de Grille. — Uniforme des officiers généraux. — Moncrif nommé lecteur de la Reine. — Manque d'égards du Roi envers la Reine imité par les courtisans. — Pertes du Roi et de Mme de Châteauroux au lansquenet. — Preuves de la faveur de Mme de Châteauroux. — Détail sur le salon de Marly. — Dîner de la Reine à Luciennes. — Élection du duc Théodore à l'évêché de Liége. — Mariage de M. Coëtlogon avec Mlle Rivier...................... V, 285

Février. — Pertes du Roi à Marly. — Retour du Roi à Versailles. — La Reine soupe chez le cardinal de Rohan et chez le duc de Luynes. — Usage pour les comédies à la Cour. — Mort de M. de Bissy. — Régiment de M. Grassin. — M. de Lowendal. — Sacre de l'évêque de Dijon. — Mariage du comte d'Egmont. — Le maréchal de Noailles ; sa mémoire et ses souvenirs de jeunesse. — Mariage de M. de Cossé. — Présentations. — Le Roi va au bal masqué donné par les maîtres à danser de Versailles. — Gouvernement du Louvre donné. — Incendies à Brest et à Strasbourg ; soupçons sur les Anglais et la maison d'Autriche. — Bal à la Cour. — Rupture du mariage du prince de Tingry avec Mlle de Noailles. — Lettre du Roi au maréchal de Noailles. — Le prince de Galles. — Nouvelles des flottes. — Mort du comte de Kevenhuller. — Le Roi soupe chez la Reine avec Mme de Châteauroux. — Signature de contrats de mariage. — Fortications de Bitche. — Premières entrées données à MM. de Soubise et de Luxembourg. — M. de Chavigny. — Mort du bailli de Coullans. — Mariage de Mlle de Boufflers. — Anecdote sur le cardinal de Tencin. — Régiments donnés. — Traitement des mousquetaires. — Le Roi passe le carnaval à la Meutte. — La Reine soupe chez la duchesse de Luynes et chez Mme de Villars. — Bal chez le Dauphin. — Fausse nouvelle de la mort de la Czarine. — Le comte de Bène. — Respect du Roi pour la religion. — Nouveau régiment de dragons. — Départ de plusieurs officiers généraux. — Sermon du premier dimanche de carême. — Présentations. — Retraite de plusieurs colonels. — Habillement des dames à la comédie. — Affaires d'Angleterre. — Affaires du baptême du fils de M. de Lautrec. — Nouveaux inspecteurs des fortifications. — Nouvelles de la flotte de Toulon................................. V, 316

Mars. — Présentations. — Affaires de l'Océan et de la Méditerranée. — Présentation de M. de Lowendal. — Mariage du duc de Penthièvre. — Mme de Châteauroux jalouse de sa sœur. — Régiment du Perche. — Épisode d'un voyage du Dauphin à Paris. — Usage pour le pain bénit. — M. de Séchelles intendant de l'armée de Flandre. — Mort du président Talon. — — Mémoire des ducs. — Départ du prince de Conty — Gouvernement donné. — Banqueroute des notaires Laideguive et Bapteste, et du caissier de M. de Penthièvre. — Nouvelles des flottes de la Méditerranée et de l'Océan. — Indisposition du Roi. — Entrée refusée à M. de la Mothe. — M. de Muy. — Retraite de Mme de Castellane. — Le duc de Chartres. — Nouvelles des flottes; M. de Court. — M. de Pontchartrain. — M. de Belle-Isle. — Mort de Mme de Bacqueville et de M. du Bordage. — Audience de M. Tempi. — Mémoires des pairs de France et des princes du sang. — Anecdotes sur le Roi, le Régent et le cardinal de Fleury. — Audience de congé de l'envoyé de Suède. — Présentation des comtes de Holstein et de Fougger. — Trait de courage du chevalier de Mézières. — Mort de Mlles de la Trémoille et de Chevreuse. — Vols au château de Versailles. — Régiment donné — Pâques de la Reine. — Déclaration de guerre contre le roi d'Angleterre. — Mariage de Mlle de Noailles avec le comte de la Marck. — Revenus des duchés de Modène, de Parme et de Milan............ V, 347

Avril. — Cène du Roi et de la Reine. — Le comte de Tarlo tué en duel par M. de Poniatowski. — Prétention de la princesse de Conty. — Le comte de Saxe nommé maréchal de France. — Indisposition de Madame. — Revue des mousquetaires; régiment donné. — Préparatifs du départ du Roi pour l'armée. — Murmures sur la nomination du maréchal de Saxe. — L'oculiste Gendron. — Mort de M. de Coëtenfao. — Solitude à Versailles pendant le séjour du Roi à Choisy. — Détail sur la compagnie des grenadiers à cheval. — Logement du dentiste Capron aux Tuileries. — Famille de la Mark. — Retard du départ des princes du sang. — Souper de la Reine chez le duc de Luynes. — Bruits sur la maison de la future Dauphine. — Nouveau logement de M. de Richelieu. — Affaire du duc de Chevreuse. — Suite de l'affaire du baptême du fils de M. de Lautrec. — Lettre de l'Empereur au duc de Chevreuse. — Départ de M. de Fénelon. — Présentation de Mme de la Marck. — La Reine écrit au Roi pour lui demander de le suivre à la frontière. — Mort de M. de Valjouan Daguesseau. — Accident à la chasse du loup. — Mort de M. de Coëtlogon. — Procès du cardinal d'Auvergne. — Compagnie des gardes du prince de Conty. — Difficultés sur lesquelles le Roi ne décide pas. — Mystère des préparatifs du départ du Roi et des opérations militaires. — Maison de la future Dauphine. — Vaisselle de la duchesse de Bourgogne payée par M. de Villacerf et non remboursée. — La Reine ne peut faire nommer Mme de Saulx dame du palais de la Dauphine. — Appartement du duc de Chartres. — Nouvelles de l'armée d'Italie. — Destitution de M. Amelot. — Superstition du vendredi. —

Anecdote sur le duc de Charost et Louis XIV. — Preparatifs du départ du Roi.. V, 375

Mai — Retraite de M*me* de Villefort. — Les duchesses de Beauvilliers et de Brissac nommées dames de Mesdames. — Départ du Roi pour la Flandre; froideur pour la Reine. — Details sur la suite du Roi. — Anecdotes sur les fortifications de Dunkerque et de Saverne. — Arrangements pendant l'absence du Roi. — Conquête du comté de Nice. — Le Roi à Péronne. — La Reine reçoit les ambassadeurs. — M*mes* de Châteauroux et de Lauraguais. — Le Roi à Valenciennes. — Dépenses de la maison de la Reine. — La Reine soupe chez la duchesse de Luynes. — Service des Cent-Suisses à l'armée. — Mot du Dauphin à la Reine. — Mort de Fagon, conseiller d'État, et de M. de Goësbriant. — Prières de quarante heures. — Régiment donné. — Mort du chevalier de Béthune. — Le P. Pérusseau. — M. de Conflans. — Détails sur le roi et la reine d'Espagne et sur leur façon de vivre. — Mort de M. de Saint-Chaumont. — Détails sur la formation de la maison de la Dauphine. — Le conseil des ministres tenu à Paris. — Mariage de la duchesse de Rochechouart. — Mécontentement de M. de Brissac. — Les ambassadeurs étrangers convoqués à Arras. — La Reine à la paroisse Notre Dame. — M. de Maurepas. — Le cardinal de Tencin. — Correspondance de la Reine avec le Roi. — M*mes* de Moldes et de Vaubecourt. — *Te Deum* pour les succès du prince de Conty. — Logement de l'évêque de Mirepoix. — Charges de la maison de la Dauphine vendues. — Mort du prince de Contimir. — Voyage de la princesse de Conty et de la duchesse de Chartres en Flandre. — Places de M. Fagon données. — M. de Bissy nommé chevalier de l'Ordre. — Promotion pour l'armée du prince de Conty. — Investissement de Menin. — Occupation de Courtray. — Le président Hénault; son abrégé de l'histoire de France; son caractère. — Service de la Pentecôte. — Retraite de M. de Varennes. — Départ de la princesse de Conty et de la duchesse de Chartres; la Reine ne les salue pas. — Lettre du Roi à M*me* de Ventadour.. V, 408

Juin. — M. d'Ormesson d'Amboisle intendant des finances. — Raisonnements sur la nomination de M. Bissy. — La Reine aux Récollets. — L'abbé Nollet. — Le comte de Matignon. — Détails sur les intendants des finances, les conseillers d'État, les conseillers au conseil royal, les secrétaires d'État et ministres. — M. de la Grandville. — Mandements des archevêques et évêques — Difficulté faite à la maréchale de Nangis. — La Reine à la paroisse Saint-Louis. — Contributions levées par le maréchal de Saxe. — Mariage de M. de Prie. — M*mes* de Cambis et de la Rivière. — Prise de Menin. — Réponse d'un vieux soldat au Roi. — Départ de M*mes* de Châteauroux et de Lauraguais. — La Reine passe par Paris pour se rendre à la Madeleine de Tresnel. — M. et M*me* de Brissac. — Retard du *Te Deum* pour la prise de Menin. — Le Roi et M*me* de Châteauroux à Lille. — Prise du vaisseau anglais *Le Cumberland*. — Promotion d'officiers généraux — M. de Wassenaer. — M*me* de Sabran. — La Reine à Saint-Cyr. — Nouvelles de Lille. — Souper de la Reine à Sèvres; souper de ses dames commandé au cabaret. — *La craie* et *le pour* aux ambassadeurs à Arras. — Siège d'Ypres. — La Reine à Trianon. — Caractère du Dauphin. — Lettres du Roi pour le *Te Deum*. — Audience du nonce Dorini. — Ma-

riage de M. du Frétoy. — Capitulation d'Ypres et investissement de Furnes.
— Mort de M de Beauvau.................................... V, 450

Juillet. — Prise du fort de la Knoque. — Les ducs de Chartres et de Penthièvre faits lieutenants généraux. — Expériences de physique de l'abbé Nollet. — La Reine à Trianon. — Passage du Rhin par le prince Charles. — Lettre au duc de Béthune. — Lettre du Roi au duc de Charost. — Le roi et la reine de Pologne quittent Lunéville. — Les Autrichiens passent le Rhin; inaction de M. de Seckendorf; il est soupçonné de perfidie. — Portrait de M. de Seckendorf. — Accidents arrivés à un garde du corps et à un tambour des gardes françaises. — Prise de Weissembourg. — Lettre de M. d'Argenson à la Reine. — La Reine soupe à Luciennes. — Chute du prince Charles. — Mort de M. d'Hiern. — Réponse du Roi relative à Mmes de la Guiche et de Prie. — Le Dauphin va au *Te Deum* chanté à Paris. — Compagnie de M. Lussan. — Le Dauphin à l'hôtel de ville; cérémonial réglé par le Roi. — Mme de Coronini. — Mme de Brissac rend son brevet. — Capitulation de Furnes. — Arrivée du roi de Pologne à Metz et de la reine de Pologne à Meudon. — Le Roi marche en Alsace. — Les maréchaux de Coigny, de Belle-Isle, de Saxe et de Noailles. — Retour des ambassadeurs étrangers à Paris. — Les ducs de Chartres et de Penthièvre. VI, 1

Août. — La Reine et le Dauphin à Dampierre. — Mort de M. Bosnier de la Mosson. — M. de Lamouroux et son fils aveugle. — Nouvelles de l'armée d'Alsace. — Lettre de la Reine à la duchesse de Luynes. — Mort de Mme des Fors. — Première nouvelle de la maladie du Roi à Metz. — Le roi de Prusse envahit la Bohême. — Combat de Bitche. — Détail de la maladie du Roi. — Mmes de Châteauroux, de Lauraguais et M. de Richelieu. — Le comte de Clermont. — La Peyronie. — Renvoi des deux sœurs. — Arrivée de la Reine. — Convalescence du Roi. — Joie de Paris et de la France. — Tableau de Versailles à la nouvelle de la maladie du Roi. — Détails sur le voyage de la Reine. — Entrevue du Dauphin et du Roi. — Le duc de Luynes à Metz. — Douleur de Mesdames. — Prise de Demonte. — Détails sur la convalescence du Roi. — Nouvelles de l'armée du Rhin. — Dévastation du château de Saverne. — Frescati, maison de campagne de l'évêque de Metz.. VI, 30

Septembre. — Nouveaux détails sur la maladie du Roi; continuation de sa convalescence — Composition de l'armée de l'Empereur. — *Te Deum* pour le retour de la santé du Roi. — Retraite du prince Charles. — M. de S. hmettau et le maréchal de Belle-Isle. — Déchaînement contre M. de Noailles dans l'armée d'Alsace. — Manque de direction pour les affaires étrangères. — Désunion dans le conseil des ministres. — Arrivée à Metz du maréchal de Noailles. — Logement de Mme de Luynes. — Appartement du Roi. — Mme de Flavacourt entre chez le Roi avec les dames de la Reine. — Comités tenus pour les affaires. — Conversation du Roi avec M. de Noailles. — Nouvelles du comte de Clermont et du roi de Prusse — Siége de Fribourg. — Départ du Dauphin et de Mesdames. — La duchesse de Chartres et la princesse de Conty. — Monotonie de la vie de la Cour à Metz. — Avantage remporté par les Prussiens en Bohême. — Pension donnée à Mme de Lauraguais. — Régiment refusé au gendre de M. de Bouillon. — Capitulation de Prague. — Les chanoinesses de Sainte-Marie.

— Ignorance de la Reine sur les projets du Roi. — Préparatifs de départ de la Cour. — Indifférence du Roi pour la Reine. — Les sentiments religieux du Roi diminuent avec son retour à la santé. — Départ de la Reine; son passage à Nancy. — Le Roi et la Reine à Lunéville. — Chanheux, maison du roi de Pologne près de Lunéville. — Dames présentées au Roi. — Mécontentement du Roi contre le parlement de Bourgogne.... VI, 59

Octobre. — Gratification au médecin Castras. — Le Roi reçoit les chanoinesses de Remiremont et d'Épinal. — Nomination de M. Laval au gouvernement de Béthune et de M. Belle-Isle à la lieutenance générale de Lorraine. — Dureté du Roi pour la Reine. — Maisons de campagne du duc de Lorraine. — M. de Verneuil et la *Gazette de France*. — Revue passée par le Roi — Nouvelles du siége de Fribourg. — Le maréchal de Saxe. — Le Roi et M. de Belle-Isle. — Mort de M. de Leuville. — Ordre de la maison du duc de Lorraine. — Impolitesse du Roi; son départ. — Mort de Madame sixième. — Difficultés faites par les ducs. — Détails sur la cour de Lorraine. — Bon sens de la reine de Pologne. — Description d'Ainville. — Le Roi à Saverne. — Nouvelles des armées d'Italie et de Bavière. — La Reine à la Malgrange. — Le couvent de la Mission. — La maison du primat. — Départ de la Reine. — Habitudes du roi de Pologne. — L'église de Saint-Nicolas. — La maison du prince Charles. — Arrivée de la Reine à Versailles. — Jugement sur le caractère du Roi. — Victoire du prince de Conty près de Coni. — Nouvelles des armées. — Siége de Fribourg. — Blessure de M. de Soubise........................... VI, 94

Novembre. — Nouvelles de Coni et de Fribourg. — Le P. Beauvais, prédicateur. — Le duc de Chevreuse et les dragons au siége d'Ypres; mot du Roi. — Caractère du duc de Chartres et du duc de Penthièvre. — Opinion du duc de Chevreuse sur le maréchal de Saxe. — Nouvelles de Fribourg. — Préparatifs aux Tuileries pour l'arrivée du Roi. — Mort de la princesse de Grimberghen. — Mariage du duc de Penthièvre. — M. et Mme de Mirepoix. — M. de Saint-Hérem. — Service funèbre de Mme de Grimberghen. — Nouvelles de Coni et de Fribourg. — Appartement du Dauphin de la future Dauphine. — Capitulation de Fribourg. — Mort du maréchal de Chaulnes. — Exil de M. de Châtillon; cause de sa disgrâce. — Le maréchal de Belle-Isle. — Exil de M. de Balleroy. — Dames de la future Dauphine. — Enterrement de M. de Chaulnes... — Mort du cardinal de Gesvres; ses richesses; son testament. — La Reine aux Tuileries; description des appartements. — Arrivée du Roi. — *Te Deum* à Notre-Dame. — Démission de M. de Villeneuve. — Bruit à la porte de la Reine. — Dépenses du siége de Coni. — Décoration de la place du Carrousel. — Dîner du Roi à l'hôtel de ville. — Décoration de la place de Grève. — Le peuple pille le fruit du Roi. — Chasse du Roi au bois de Boulogne; les chiens verts. — La Cour aux Tuileries. — Le Roi entend treize harangues. — M. d'Argenson l'aîné nommé secrétaire d'État. — Retour du Roi à Versailles. — Arc de triomphe élevé sur l'avenue de Paris. — Dames de la future Dauphine. — Dames présentées aux Tuileries. — Mme d'Antin. — Aventure de M. de Monchenu. — Nomination de MM. de Brou et de Sauvigny. — Maladie de M. Chauvelin. — Rentrée à la Cour de Mmes de Châteauroux et de Lauraguais. — Lettre de Mme de Châteauroux à Mme de Boufflers. — Détail de la visite de M. de Maurepas à Mme de Châteauroux. — Liaison de Mme de Modène avec Mme de Châteauroux. — Départ de la maison de la Dauphine. — Commencement de la maladie de Mme de Châteauroux. — Effet dans le public du rappel de Mme de Châteauroux. — MM. de la Rochefoucauld et de Bouillon disgraciés ; exil du premier. — Capitulation des châteaux de Fribourg. — Le P. Pérusseau et le confesseur de la Dauphine. VI, 119

Décembre. — Service du Dauphin depuis l'exil de M. de Châtillon. — Suite de la maladie de Mme de Châteauroux. — Révérences de Mmes de Rohan et de Chaulnes. — Prise de Burghausen. — Nouvel appartement du Dauphin. — Abattement du Roi. — Remarque sur la généalogie du Roi. — La Reine respecte la douleur du Roi, qui fait dire des messes pour la guérison de Mme de Châteauroux. — Mort de Mme de Châteauroux. — M. de Meuse passe seize heures avec le Roi. — Départ du Roi pour la Meutte. — Mme de Mailly ne peut voir sa sœur. — Date du commerce de Mme de Mailly avec le Roi. — Arrivée de M. de Lauraguais. — Places dans les carrosses de la Dauphine. — La douleur du Roi l'empêche de donner le mot d'ordre. — Enterrement de Mme de Châteauroux ; son testament ; son peu de fortune — Vie du Roi à la Meutte. — Mauvais état de Trianon. — *Te Deum* pour la prise de Fribourg. — Bénéfices donnés. — Le Roi à Trianon. — Mort de Mme de Ventadour ; son caractère ; confiance de Louis XIV pour elle ; contre-poison qu'elle fait prendre au Dauphin (Louis XV) ; visite que lui fait la Reine. — Mmes de la Mothe et de Ventadour ont élevé vingt-trois enfants de France. — Termes de l'érection du duché de Rohan-Rohan. — Le duc de Chartres demande à porter le deuil de Mme de Châteauroux, sa parente. — Amitié de Madame pour Mme de Ventadour. — Vie du Roi à Trianon. — Famille de Mme de Ventadour. — Arrivée du prince de Conty ; son logement à Trianon. — Ni la Reine ni Mesdames ne vont à Trianon. — Mort de l'archiduchesse gouvernante des Pays-Bas ; du comte de Béthune. — Le duc de Penthièvre entre au conseil de finances. — Enterrement de Mme de Ventadour. — Le Roi revient de Trianon. — M. de Richelieu. — Le maréchal de Saxe. — Le poëte Roy et son opéra des *Quatre parties du monde*. — Mort de la duchesse de Lorraine. — Présentation de Mme de Lowendal ; bigamie de M. et de Mme de Lowendal. — Embarras du Dauphin avec le Roi. — Mariage du duc de Penthièvre. — Étrennes du Roi à Mesdames. — Arrivée de six vaisseaux des Indes....... VI, 169

Appendice à l'année 1744. — Voyage de Marly, 15 janvier 1744. VI, 203
Lettres patentes portant don du duché de Châteauroux en faveur de la marquise de la Tournelle........................... VI, 207
Mémoires de MM. les Ducs .... VI, 211
Traité entre Louis XIV et le duc de Lorraine............... VI, 217
Lettres et relations de M. de Court........................ VI, 218
Déclarations de guerre au roi d'Angleterre et à la reine de Hongrie... VI, 225-227
Discours du marquis de Fénelon........................... VI, 228
Lettres du Roi... VI, 235
Mandement de l'archevêque de Paris....................... VI, 236
Discours de l'ambassadeur de Hollande au Roi............. VI, 238
Lettre du roi de Prusse.................................. VI, 239

Mandements de l'archevêque de Lyon et de l'évêque de Bayeux.   VI, 240-242
Lettres et nouvelles diverses..........................   VI, 242-252

1745.

Janvier. — Retraite de l'abbé de Salabéry et ses motifs. — Mariage du comte de Brionne. — Nouveaux chevaliers de l'ordre du Saint-Esprit. — Grandesse du prince de Beauvau. — Le maréchal de Belle-Isle et son frère faits prisonniers. — Présentation de la comtesse de Brionne. — Dames de la duchesse de Penthièvre. — Serments du coadjuteur de Strasbourg comme grand-aumônier en survivance et commandeur de l'ordre du Saint-Esprit. — Régiment donné. — Habitudes du Roi. — Maladie de l'ambassadeur de Venise; usage pour les maladies des ambassadeurs. — Présentations chez la duchesse de Penthièvre. — Mouvement dans Paris au sujet des actions de la compagnie des Indes. — Deuil pour la mort de la duchesse de Lorraine. — M. de Laval-Montmorency fait grand-chambellan du roi de Pologne. — Mort du marquis de Castel dos Rios. — Mort de l'ambassadeur de Venise et de la maréchale d'Estrées. — Arrivée de Mme de Lauraguais. — Entrées chez le Roi. — Opéras du poëte Roy, composés pour le mariage du Dauphin; préférence donnée à Voltaire. — Régiments donnés. — Le chevalier de Meuse. — Le chevalier Courten est envoyé en Prusse. — Arrivée des galions d'Espagne. — Régiments donnés. — Changements dans la gendarmerie. — Famille de Gramont-Falon. — Assemblées des actionnaires de la compagnie des Indes. — Arrivée de la Dauphine en France. — Exil de M. de la Mina. — Départ du maréchal de Schmettau. — Satisfaction de la cour d'Angleterre à propos de l'arrestation du maréchal de Belle-Isle. — Changements aux entrées chez le Roi. — Lettres de la Dauphine au Roi, à la Reine et au Dauphin; détails sur cette princesse. — Boutiques de Nantes données à Mme de Lauraguais. — Anecdote sur Mme de Châteauroux. — Présentations de Mmes d'Aubigné et de Puységur. — Cessation de l'exil de M. de Court. — Le chevalier de Meuse. — Mort de l'empereur Charles VII. — Anecdote sur Mlle de Valois, depuis duchesse de Modène. — Assemblée du Clergé. — Mariage du comte de Maillebois. — M. de Sade envoyé auprès de l'électeur de Cologne. — Mort de l'abbé Pucelle. — Entrées de Mme de Belle Isle chez la Reine. — Mme de Lauraguais va chez la Reine ....   VI, 253

Février. — Nouvelles du maréchal de Belle-Isle. — Dispute entre les ducs d'Ayen et de Richelieu. — Usages anciens; places aux bals, à la comédie et au souper du Roi. — Révérences de Mme de Goësbriant. — Mme de Senneterre. — Nouveaux chevaliers de l'ordre du Saint-Esprit. — Logements du château de Sceaux. — Mariage de M. Dufort, fermier général, et de M. d'Amboise. — Bal chez Mesdames; le Roi et la Reine au bal en masque. — La Dauphine à Bordeaux. — Arrivée de M. de Lauraguais. — Détails peu considérables négligés dans les Mémoires. — Préparatifs pour la réception de la Dauphine. — Mariage de M. de la Saône. — Salle de spectacle construite dans le manège de la grande écurie. — Le Roi va au bal dans la ville. — Mort du musicien Paccini. — Ouverture de l'assemblée du Clergé. — Présentations de Mmes de Nogaret et de Polignac. — La comtesse de Bavière. — Menins du Dauphin. — Bal chez Mesdames. — Audience du Clergé. — L'abbé de Termont. — Comédie à la Cour. — Signature de contrats de mariage. — Mariage du comte d'Esterre. — Mémoire sur la détention de MM. de Belle-Isle. — Carrosses de la Dauphine. — Anciennes charges de la couronne. — Préparatifs pour les fêtes du mariage de la Dauphine. — Mot du Dauphin à la Reine. — Billet d'invitation pour le bal de Versailles. — Cérémonial de l'assemblée du Clergé. — Présentations de Mmes de Fontenois et de Pierrecourt. — Illumination de l'hôtel de ville. — Départ de la Reine pour Sceaux. — Le Roi à Étampes. — Arrivée de la Dauphine. — Forme des lettres du Roi et de la Reine. — Le chevalier d'Albert. — Séjour de la Cour à Sceaux. — La Dauphine à Versailles; cérémonies du mariage. — Ballet de *La Princesse de Navarre*. — Bal paré à la salle du manége. — Appartement dans la grande galerie. — Ballet des *Éléments*. — Caractère de la Dauphine. — Histoire de jambons à Bayonne. — Mme de la Gardie. — Mort du chevalier de Créquy et de l'abbé de Livry. — Envoi de M. de Vaulgrenant à Dresde. — M. de Sade arrêté par les Autrichiens. — Description de la salle du ballet. — Signature de contrats de mariage... VI, 283

Mars. — Bal de la ville de Paris. — Heure du lever du Roi — Opéra de *Thésée*. — Attentions du Roi pour la Dauphine. — Voltaire et le ballet de *La Princesse de Navarre*. — Bal en masque dans l'appartement du Roi. — Arrangement de la salle du manége. — Goût du Roi pour les bals masqués. — Meuble de la Dauphine. — Organisation du service de la maison de la Dauphine. — Reprise des assemblées du Clergé. — Changements dans les logements. — Entrées chez la Reine et chez le Roi. — Fin du procès de M. et de Mme de Brissac. — Présentation de Mme de Saint-Hérem. — Mariages. — La duchesse d'Angoulême et Mme de Bouchet. — Goûts et occupations du Dauphin et de la Dauphine. — Mme d'Étioles. — Nouvelles de MM. de Belle-Isle et de Sade. — Le fils du Prétendant se trouve incognito aux bals de Versailles. — Dépenses de la Dauphine. — Le Dauphin et la Dauphine à Saint-Cyr. — Présents faits par la Dauphine. — Faits anciens sur MM. de Riolet, de Luce et de Tavannes. — Anecdote sur un frère de Ravaillac. — La princesse de Conty au bal de Versailles. — Anecdote sur Monsieur, frère de Louis XIV, et sur sa fille. — Mariages projetés. — Mort de Mme de Tréville. — Argent donné au maréchal de Saxe. — M. de Firmacon. — *Mérope* et *Le Sylphe*. — Mme O'Brien. — Émeute à Lyon. — Mort de M. d'Imécourt. — Le duc de Béthune nommé chef du conseil des finances. — Santé du Dauphin. — Incommodité de l'appartement de la Dauphine. — Mort de Mme de Gamaches. — Présentation de Mmes de Sourches et de Resnel. — Nouvelles de l'armée du maréchal de Maillebois. — Mort de Mme de Balleroy. — Visite de la Reine au Dauphin — Ballet à Saint-Cloud. — Mot du Roi au duc de Chevreuse. — Le cardinal d'Auvergne. — L'abbé d'Aydie. — Indisposition du Roi. — M. de Rubempré. — Reglement du Roi pour les entrées des personnes de la maison de la Dauphine. — Mariage du prince de la Tour-Taxis et de Mlle de Brionne. — Spectacle à la salle du manége. — Préparatifs pour la campagne de Flandre. — Voltaire a une pension, l'expectative de la place de gentilhomme ordinaire du Roi et le brevet d'historiographe du Roi. — Maladie de la princesse de Soubise. —

Présentation de Mme de Froulay et du comte d'Elmstatt. — La Dauphine accompagne le Roi à la chasse. — M. de Maulevrier-Langeron déclaré maréchal de France. — Mariage de Mlle de Sourches. — La duchesse de Nivernois nommée dame du palais de la Reine.................. VI, 334

Avril. — Représentation de *Platée*, ballet de Rameau. — Mme d'Étioles à la comédie italienne. — Revue passée par le Roi. — Difficulté entre Mme de Brancas et M. de Rubempré. — Différence du rang des princesses du sang à la cour de Louis XIV et à celle de Louis XV. — Gratifications aux intendants. — Jéliotte, musicien. — Tremblement de terre à la Jamaïque. — Voyage du Roi à Choisy. — Mariages. — Arrivée du chevalier Courten. — Caractère du roi de Prusse. — Départ de M. de Vaulgrenant pour Dresde. — Démolition des fortifications de Menin. — Timidité de la Dauphine avec le Roi. — Mort de Mme de Soubise. — Mort de M. d'Avaray. — Mariage de M. de Saint-Aignan fils et de Mlle de Fervaques. — Détails sur le séjour à Choisy. — Service de Mme de Soubise. — M. de Chaulnes reçu au Parlement. — Les abbés d'Aydie et de la Fare. — Souper du Roi; Mme d'Étioles. — Mort de Catinat, conseiller au Parlement. — Suite de l'affaire de M. de Rubempré; conduite de la Reine. — Présents du roi et de la reine des Deux-Siciles à la Dauphine. — Cène du Roi et de la Reine. — Abbayes données aux économats. — Liste des bénéfices. — Pâques du Dauphin et de la Dauphine. — Souper du Roi dans ses cabinets. — Nouvelles des armées. — Santé du maréchal de Saxe. — La Reine chez le duc de Luynes. — La comtesse de Noailles porte la croix de Malte. — MM. de Coulanges. — Mme de Rochambeau. — Passion de M. et de Mme de Chartres. — Pension du cardinal de Tencin. — Mariage de M. d'Argenson fils. — Faveur de Mme de Lauraguais. — Présentation de la princesse de Beauvau. — Détails sur Ninon de Lenclos. — Fête donnée par l'ambassadeur d'Espagne. — Assassinat dans un bosquet de Versailles. — Évêchés donnés. — Grâce accordée au duc de Châtillon. — Binet et Mme d'Étioles. — Cabales contre l'évêque de Mirepoix. — Mort de l'abbesse de l'abbaye aux Bois. — Le maréchal de Saxe. — Mme d'Étioles occupe l'appartement de Mme de Mailly. — Mort de M. de Fervaques. — Nouvelles de Bavière; mort de M. de Rupelmonde. — Pension à Mme d'Argenson. — Fête donnée par l'ambassadeur de Naples. — Mort de M. de Courson. — Séparation de M. et de Mme d'Étioles; le Roi donne le marquisat de Pompadour à Mme d'Étioles. — Accident du duc de Chartres. — Investissement de Tournay. — Le Roi annonce son départ pour la campagne de Flandre. — Froideur de la Dauphine pour le Roi, attribuée à la Reine et à l'évêque de Mirepoix. — Combat de Pfafenhofen. — Mort de M. de Linières. — Argent touché par le duc de Saint Simon en Espagne........................ VI, 380

Mai. — Armée de Flandre. — Propos sur le contrôleur général. — Ouverture de la tranchée devant Tournay. — L'abbaye aux Bois donnée à l'abbesse de Caen. — Mort du marquis d'Auxy. — M. de Meuse et son neveu. — M. Vidreshem. — Soupers de Louis XIV et de Louis XV. — Départ du Roi. — Gouvernement du pays du Maine donné à M. de Bouteville. — Cambray assigné pour séjour aux ambassadeurs étrangers. — Maître des requêtes à la suite du Roi. — Le musicien Poirier. — Gratifications du Roi aux gens de sa maison. — Prix des charges de la maison de la Dauphine. — Arrivée du

Roi à Tournay. — Mort de M. de Talleyrand. — Lettres du Roi, du Dauphin et de M. d'Argenson à la Reine, sur la bataille de Fontenoy. — Louis XV déplore la conduite des gardes françaises. — Mort du duc de Gramont. — Divers documents sur la bataille de Fontenoy. — Audience de M. de Bernstorf. — *Te Deum* à la chapelle; dispute entre l'abbé Blanchard et Colin de Blamont. — Ordres aux surintendants de la musique de la chambre. — Vie de la Dauphine et de la Reine. — Portrait de M. de Bernstorf. — Nouvelles de l'armée. — La Dauphine à Marly. — Brigadiers nommés et officiers récompensés par le Roi. — Belle conduite de M. de Saint-Pern. — Prières de quarante heures de l'assemblée du Clergé. — Mandements de l'archevêque de Paris. — Capitulation de Tournay. — Droit du premier page de la petite écurie. — Lettre de M. de Richelieu et de la duchesse de Luynes. — Note sur le jubilé. — Pension à Mme de Talleyrand. — Mort de la maréchale de Chaulnes et du maréchal de Broglie. — Députation du Parlement au Roi. — Maladie de la duchesse de Luynes; visites de la Reine. — Régiments donnés. — Procès entre l'archevêque de Paris et le grand prieur de France. — Pension à M. de Lowendal. — Lettre du Roi au duc de Charost................................ VI, 428

Juin. — Gouvernement donné au comte de Bavière. — Affaire du grand prieur avec le Clergé. — Bruits sur une lettre du Dauphin. — Poëme de Voltaire sur la bataille de Fontenoy. — Droit des Cent-Suisses. — Mort de l'avocat Le Normant. — M. de Castelmoron. — Siége de la citadelle de Tournay. — Récompenses accordées par le Roi. — Logements de Versailles. — Lettres du marquis d'Argenson et du maréchal de Saxe. — Services à la chapelle; cérémonial. — Détails sur le Dauphin à l'armée. — Retour de la députation du Parlement. — Château de Chin. — Bontés de la Reine pour Mme de Luynes. — Avantages remportés par le roi de Prusse sur les Autrichiens. — Humanité du Roi devant Tournay. — Expériences de physique de l'abbé Nollet. — Discours du président Le Camus au Roi. — Lettre du Dauphin au duc de Charost. — Le duc d'York à Fitz-James. — Commencement du jubilé. — Régiments donnés. — Mot du Roi sur le duc de Chevreuse. — Bataille de Friedberg. — Brouilleries dans le quartier du Roi. — Régiments donnés. — Faveur de M. de Richelieu. — Occupation du Roi; on ne trouve pas assez de monde pour remplir sa table; ses relations avec le Dauphin. — Caractère du duc d'Ayen. — Vers sur la bataille de Fontenoy, composés par Roy. — Mme d'Étioles; on lui prépare l'appartement de Mme de Châteauroux. — Réponse du Roi sur une demande de Mme de Belzunce. — Vers de Voltaire à Mme d'Étioles. — Capitulation de la citadelle de Tournay. — Hulans du maréchal de Saxe. — Soupers de la Reine chez Mme de Luynes................................... VI, 467

Juillet. — Sortie de la garnison de Tournay; entrée du Roi. — *Te Deum* à Versailles et à Paris. — Dédicace de l'église de Saint-Sulpice. — Assemblée des syndics de la compagnie des Indes. — Mort de M. de Villeneuve, du chevalier de Brancas et de Mme de Mortemart. — Ordres du Roi pour les couches de la duchesse de Chartres. — Explosion à Essonne. — Terre de Pompadour. — Retard des nouvelles de l'armée. — L'équipage vert. — Correspondance du Dauphin. — Surprise de Gand. — Accouchement de la duchesse de Chartres. — Mort de M. d'Épinoy et de Mme d'Argenson. —

Bulletin de la prise de Gand. — Négligence du duc d'Orléans. — M. de Caumartin nommé conseiller d'État. — Logement du maréchal de Saxe à Versailles. — Nouvelles de Flandre, d'Allemagne et d'Italie..... VII, 1

Août. — Capitulation d'Oudenarde. — La Reine à Dampierre. — Jeu du Roi à l'armée. — Le Roi à Gand et à Bruges — Embarquement du prince Charles-Édouard; combat soutenu par un navire de son escorte. — Nouvelles des armées d'Italie, de Flandre et d'Allemagne. — Promenades de la Dauphine et de Mesdames — Sévérité de la Reine pour les entrées. — Difficultés dans le service de la Reine. — M. du Chayla déclaré directeur général de la cavalerie. — Permission à M. de Châtillon de traverser Paris — Mme de Pauly. — Dispute dans le service de la Reine. — Réparation d'un salon de Versailles; la Reine occupe l'appartement du Dauphin. — Réception du Roi et du Dauphin à Gand et à Bruges. — Les chevaux de Marly. — Mme de Pauly soupe avec la Reine. — M. de Castelmoron tué en duel. — Audience des États de Languedoc. — Soupers de la Reine. — Arrangements pour les actions de la compagnie des Indes. — Prise de Dendermonde. — La Reine joue de la vielle. — Dîner de la Dauphine à la Meute; elle visite les Tuileries. — Siège d'Ostende. — Affaire de MM. de Belle-Isle. — Prise de Louisbourg. — La Reine à Chaillot. — Visites de la Reine et de la Dauphine à la duchesse de Chartres. — Le duc et la duchesse de Luynes à Gaillon; description de cette maison. — Prise d'Ostende. — Vaisseaux pris par les Anglais. — Départ du duc et de la duchesse de Chartres. — Arrivée de MM. de Belle-Isle à Calais. — Itinéraire du Roi pour son retour; lettre de M. de La Vauguyon avec *post-scriptum* du Dauphin................................. VII, 13

Septembre. — MM. de Belle-Isle reçus par le Roi. — Diète de Francfort. — Mort de M. de la Baume-Montrevel. — Service de Louis XIV à Saint-Denis. — La Reine rentre dans son appartement. — Nouvelles du prince Édouard. — Le chevalier de Muy nommé menin du Dauphin. — Procès de M. de Chalais contre M. de Joyeuse. — Préparatifs pour l'entrée du Roi à Paris. — Dette du Parlement remontant à l'époque de la Ligue. — Entrée du Roi. — Mot du Roi au prince de Dombes. — Séjour aux Tuileries. — Mme de Saissac. — *Te Deum* à Notre-Dame. — Le Roi à l'hôtel de ville. — Mme de Pompadour incognito à l'hôtel de ville. — Rentrée de la Cour à Versailles. — Le roi Stanislas attendu à Trianon; cause de son retard. — Prise du château de Tortone. — Présentation de Mme d'Estrades. — Le Roi mène la Dauphine chez le roi Stanislas. — Présentation de Mme de Pompadour au Roi et à la Reine par la princesse de Conty. — Le Roi et Mme de Pompadour à Choisy. — Mme de Coronini. — Le roi Stanislas à Dampierre. — Maladie du Roi. — La Reine à Choisy. — Élection de l'empereur François Ier. — La Reine dîne avec Mme de Pompadour; ses reproches à M. d'Ayen. — La famille royale à Choisy; changements dans cette maison. — Froideur du Roi pour le roi Stanislas. — Mort de Mme de Bercy. — M. Poisson, père de Mme de Pompadour. — Le roi Stanislas à Choisy; son départ. — M. d'Ossolinski. — Retour de Choisy. — Vaisseaux de la Compagnie des Indes vendus à Batavia. — Mort de M. d'Aubigné. — Audience de l'envoyé de Liége. — Investissement d'Ath. — Nouvelles de Hollande. — Présentation de Mme de Marville. — Révérences de Mmes Bosc et de Chaumont. — Préparatifs du départ de la Cour pour Fontainebleau. — Le chevalier d'Apchier. — Retour du duc et de la duchesse de Chartres.   VII, 43

Octobre. — Arrivée du Roi et de la Reine à Fontainebleau. — Prétention de Mme du Châtelet. — Appartements du Dauphin et de la Dauphine. — Accident au carrosse de la Reine. — Prise de Pavie. — Bataille de Bassignano. — Emplois militaires donnés par le Roi. — Mme de Pompadour occupe à Fontainebleau l'appartement de Mme de Châteauroux. — Attention de la Reine pour Mme de Lauraguais. — Nomination dans le clergé de Fontainebleau. — Entrées accordées aux menins du Dauphin. — Le duc d'Orléans à Sainte-Geneviève. — Échec subi par le comte d'Estrées. — Milord Drummond. — Famille de Mme de Brienne. — Couvent des Bénédictines de Montargis. — Rôle des princesses du sang avec les maîtresses du Roi. — Anecdote sur la princesse de Léon. — Soupers du Roi. — Détail sur l'appartement de la Reine. — Le duc et la duchesse de Chartres à Fontainebleau. — Audience particulière de M. Diedo. — Présentation de M. des Issarts. — Mort de M. de Creil fils. — Continuation de la disgrâce de M. de Châtillon. — Anecdote sur une maladie de Louis XIV. — Grande piété du Dauphin. — Avantage remporté par M. de Lautrec. — Assemblée et sermon chez la Reine. — Caractère et conduite de Mme de Pompadour. — Bataille de Soor ; M. d'Ecoville. — Présentation de la princesse de Palazzolo. — Nouveau régiment. — Les princes Colonne. — Prise d'Alexandrie. — Régiment levé aux frais du roi Stanislas. — Succès du prince Édouard en Écosse. — Mort de Mme de Choiseul. — Prise d'Ath. — Perte d'une frégate. — Réponse du Roi au Dauphin. — Réponse du Dauphin au duc de Chevreuse. — Occupations du Dauphin et de la Dauphine. — Mort de la comtesse de Tonnerre et de l'abbesse de Saint-Amand. — Présentation de la duchesse douairière de Brancas. — Bénédiction des cloches de la paroisse de Fontainebleau. — Exil de M. de Sourches. — Aventure du comte de Clermont. — Départ de M. d'Argenson le fils pour l'Italie. — Entrevue du duc d'York avec le Roi et le Dauphin. — Présentation de M. de Fersen. — Deux accidents. — Danger du Roi à la chasse. — Revenus de Mme de Pompadour ; son caractère ; sa conversation ; son goût pour le spectacle. — Le Roi travaille à la raccommoder avec Mme de Lauraguais. — Promotion d'officiers généraux. — M. de Mortaigne........   VII, 77

Novembre. — Entrevue du duc d'York avec le cardinal de Tencin ; bruits d'envoi de troupes en Angleterre. — Entrées chez le Roi de Moncrif et de Voltaire. — Motet composé par Cardone. — Changement à la chambre à coucher de la Reine. — Gains du Roi pendant la campagne de de Flandre ; sa cassette. — Mort de l'abbé de Nettancourt et du prince de Robecque. — Mariage de M. de Chabannes. — Anecdote sur Law. — La Reine soupe chez la duchesse de Boufflers. — Nouveau bâtiment des Enfants trouvés. — Permission à M. de Fersen de lever un régiment. — Inspection donnée à M. de Crémille. — Conversation du Roi avec le Dauphin et la Dauphine. — Propos sur le contrôleur général. — Détails sur M. de Fersen et son régiment. — Le duc des Deux-Ponts. — Les princes de Hesse. — La Reine dîne chez la comtesse de Toulouse. — Mort de l'abbé Combes. — Prise de Valenza. — Arrivée de M. de Saint-Séverin. — Conduite du prince de Conty à l'armée d'Allemagne. — Attention du Roi pour la Reine inspirée par Mme de Pompadour. — Bruits du départ de M. de Richelieu pour l'Écosse. — Caractère de M. d'Argenson. — Mort de M. d'Eu. — La Cour quitte Fontainebleau. — Séjour à Choisy; le Roi et Mme de Pompadour y reçoivent la Reine, qui repart seule pour Versailles. — Mariage du prince de Soubise. — Présentation de Mme de Chabannais. — Rang de prince du sang aux enfants de M. de Penthièvre. — Prise du château d'Asti. — Pension aux enfants de Mme de Talleyrand. — Ballet du *Temple de la Gloire*, par Voltaire.................................... VII, 112

Décembre. — Régiments et compagnies de gendarmerie donnés. — Retraite du contrôleur général Orry, remplacé par M. de Machault. — Éloge de M. Orry. — Mariage de milord Tyconnel. — Nouvelles du roi de Prusse et du prince Édouard. — Arrivée du prince de Conty. — Entrée du roi de Prusse à Leipsick. — Retraite de M. du Theil, remplacé par l'abbé de la Ville. — Installation de M. de Machault. — Présentation de Mlle de Tonnerre. — Sermon de l'abbé Ardouin. — La comtesse de Noailles reçue grande-croix de l'ordre de Malte. — Mort de Mademoiselle, fille du duc de Chartres. — Audience de l'envoyé de Gênes. — Entrevue de la Reine et du duc d'York. — Mort de M. Bernard de Rieux. — Bruits d'envoi de troupes en Angleterre. — Retour de M. de Sade. — Mort de M. de Maillé. — Retraite de M. Orry de Fulvy, remplacé par M. Rouillé. — Conduite de la Dauphine avec Mme de Luynes. — Caractère du Dauphin et de la Dauphine. — Cérémonial du service de la Reine, du Roi du Dauphin et de Mesdames. — Anecdote sur Fénelon et l'abbé de Tavannes. — Le Roi et Mme de Pompadour à la Meutte. — *Jupiter, vainqueur des Titans*, et *Zélindor, roi des Sylphes*, ballets. — Mouvement de troupes en Flandre. — La direction générale des bâtiments est donnée à M. de Tournehem, la survivance à M. de Vandières, et l'inspection générale à M. Gabriel. — Présentation de Mme de Marignane. — Préparatifs de l'expédition d'Angleterre. — Bataille de Kesselsdorf. — Retour de MM. de Chavigny et de l'Hôpital. — Présentation de nouvel ambassadeur de Venise. — Débarquement de milord Drummond en Écosse. — Mort de Mme Poisson. — Entrée du roi de Prusse à Dresde. — Départ du duc d'York. — Automates dans le goût de ceux de Vaucanson. — Reprise de l'opéra d'*Armide*... VII, 133

Appendice à l'année 1745. — Harangues de l'évêque de Rennes. VII, 159
Relation de la bataille de Fontenoy...................... VII, 161
Mandement du grand prieur de France................... VII, 167
Harangues du Parlement et de l'Académie............... VII, 169
Relation de la bataille de Bassignano................... VII, 170
Lettres du Roi... VII, 174
Bénédiction de cloches................................. VII, 175
Établissement des Enfants trouvés...................... VII, 175
Documents sur la bataille de Fontenoy.................. VII, 178

1746.

Janvier. — Promotion de chevaliers du Saint-Esprit. — Étrennes de la Reine; sa timidité avec le Roi. — Le duc et la duchesse de Luynes veulent se retirer de la Cour; instances de la Reine pour les conserver auprès d'elle; correspondance à ce sujet. — Retard de l'embarquement à Dunkerque. — Paix entre le roi de Prusse, la reine de Hongrie et le roi de Pologne. — Tabouret de la duchesse de Broglie. — Lettre du Roi à l'évêque de Mirepoix. — Grandesse du maréchal de Maillebois. — Logements de Versailles. — Le duc de Rambouillet. — Mme de Bukler. — Régiment donné à M. de Béthune. — Soupers du Roi chez Mme de Pompadour; M. de Vandières nommé directeur général des bâtiments en survivance. — Mariages. — Présentation du fils aîné du duc d'Uzès. — Étrennes de la Reine au Roi. — Audience des princes de Bade-Durlach. — Congé de Mme de Priego. — Voyage de Marly. — Mariage du fils de M. d'Aligre avec Mlle Talon. — Travail du Roi. — Logements de Mesdames à Marly; amitié du Roi pour Madame. — Mme de Pompadour entre au coucher de la Reine. — Les salonistes ou polissons de Marly. — Jeu de Marly. — Facilité de pénétrer chez le Roi.................................... VII, 187

Février. — Mme de Castel dos Rios et M. de Sinopoli à Marly. — Usages pour les rencontres du Roi ou de la famille royale. — Mariage de Mlle de la Faluère. — La Reine rencontre le Roi avec Mme de Pompadour. — Logements de Versailles. — Tableaux du salon de Marly. — Conversations de la Reine avec le comte d'Argenson et avec le Roi. — Maison du futur enfant de la Dauphine. — Caractère du Dauphin et de la Dauphine. — Présentation de Mme de Soubise. — Voyage de Choisy. — Mariages. — Maison de Béthune. — Maison de Mesdames. — Représentation d'*Armide*. — Logements de Versailles. — Remise de Mesdames entre les mains du Roi. — Siège de Bruxelles. — Départ du duc de Chevreuse. — Bataille de Falkirk. — Régiment donné à M. de Brienne. — Caractère du duc de Chartres. — M. de Choiseul *le Merle* achète la lieutenance générale de Dauphiné. — Intrigues de Cour; correspondance de la duchesse de Luynes et de Mme de Pompadour. — Bâtiments de Marly. — Mariages de M. de Montmartel et de M. de Talleyrand. — Suite de l'affaire de Mme de Pompadour. — Audience du duc d'Huescar, ambassadeur extraordinaire d'Espagne. — Bal chez Mesdames. — Serment de la maréchale de Duras. — Droit de la gouvernante de Mesdames. — La Reine soupe chez le duc de Luynes. — Le Roi va dans de petits bals de la ville de Versailles et à celui de l'Opéra. — Prise de Bruxelles; mort du chevalier d'Aubeterre........ VII, 208

Mars. — Mariage de M. de Béthune. — Arrivée de l'ambassadeur de Hollande. — Négociations avec la Sardaigne. — Mort de Coustou. — Logements de Versailles. — L'accoucheur Pérat. — Présentation de Mme de Janson. — Mort de Mme le Peletier. — M. de Wassenaër et son aïeul l'amiral Obdam. — Soupers du Roi. — Retraite de M. de Chambonas. — Drapeaux pris dans Bruxelles. — Pillage du château de Grimberghen. — Détails sur les sièges de Bruxelles et de Philipsbourg. — Présentations à la Cour. — Procès de Mlles de Mailly. — Ballet de *Zélisca*. — Mise en liberté de M. de Sade. — Nouvelles d'Angleterre. — Le comte de Bentheim. — Mariage de Mlle de Choiseul-Beaupré. — Mort de l'archevêque de Paris et de l'abbé Lorenchet. — Expériences de l'abbé Nollet. — Arrivée du maréchal de Saxe. — Service de la Dauphine et de Mesdames. — Ballet de *la Félicité*. — Nouvelles d'Italie. — Le maréchal de Saxe à l'Opéra. —

12.

Concert chez la Reine. — Mort du président Bouhier. — Harangue des États de Bretagne. — Départ du maréchal de Noailles pour l'Espagne. — Caractère de la reine Élisabeth Farnèse. — Mesdames à la chasse avec le Roi et Mme de Pompadour. — Conseil d'État extraordinaire. — Suite des nouvelles d'Italie. — Attentions de Mme de Pompadour pour la Reine. — Présentation de Mme de Machault. — MM. de Pont-Saint-Pierre. — Difficulté d'avoir des chevaux anglais en France. — La Reine préfère le jeu de cavagnole à la musique. — Rapprochement entre le maréchal de Saxe et M. de Belle-Isle.. VII, 235

Avril. — Mort de M. de Senneterre. — Mariage de M. de Gouffier. — Appartement de la duchesse de Modène. — L'archevêque d'Arles nommé à l'archevêché de Paris; note sur son caractère. — L'abbé d'Harcourt. — Le Roi donne Chambord au maréchal de Saxe. — Bruits de la prochaine campagne. — Nouvelles du prince Édouard. — Caractère du Dauphin. — Démarches des ducs pour le service de la cène du Roi; mémoire du duc de Saint-Simon. — Toison de M. de Lauraguais. — Ordre de Saint-Janvier donné à M. de l'Hôpital. — Provocation du chevalier de Mailly au prince Camille. — Désir de Mme de Pompadour de quêter le jour de Pâques. — Cène du Roi et de la Reine. — Mort de MM. d'Ourches et de Berville. — Conduite de la duchesse de Chartres. — Cérémonie de l'adoration de la Croix. — Musique de la chapelle du Roi. — Dîner de Mesdames. — Mariage de M. d'Estaing. — Arrivée de M. de Montal. — Mot de Mme de Mailly. — Tête trouvée au château de Fontainebleau. — Abjuration de Mlle de la Gardie. — Remerciment de M. de Blancmesnil. — Préparatifs de départ du Roi. — Réception de M. de Lauraguais dans l'ordre de la Toison d'or. — Mort de Mme de Tresnel. — Arrivée d'un ministre plénipotentiaire de Hollande. — Mauvaises nouvelles d'Italie. — Présentations. — Entrée du nonce à Paris. — Bruit de grossesse de Mme de Pompadour. — M. d'Ardore reçu chevalier de l'ordre du Saint-Esprit. — Présentation de la princesse de Robecque. — Audience du nonce. — Élection de Voltaire à l'Académie. — Mariage de M. du Rumain. — Poids du Roi, du Dauphin et de Mme de Pompadour. — Audience de M. de Gillès........ VII, 267

Mai. — Mlle de Prulay, dame d'honneur de Mlle de Sens. — Mariage de M. de Villequier avec Mlle de Duras. — Audience du nonce et de l'envoyé de Gênes. — Charge de maître de l'oratoire. — Départ de MM. de Wassenaër et Gillès. — Évêchés donnés. — Départ du Roi. — Composition de l'armée de Flandre. — Usages pour l'entrée du Roi dans une ville conquise et pour la messe du Roi. — Avantage remporté par le prince Édouard. — Acquisition de Crécy pour Mme de Pompadour; sa conduite avec la Reine. — Dépenses de M. le Duc pour Mme de Prie. — MM. de Moussy et de Saint-Pau. — Mariage de Mlle de Marbeuf. — Mort du grand prévôt de France. — Le marquis de Torcy. — Service de la Dauphine. — Mme de Pompadour à Choisy; conversation du Roi avec elle. — Mort de Mme d'Armentières, de l'évêque de Chartres, de l'abbé de Thou, du P. Canappeville et de Mme de Sillery. — Nouvelles de Flandre et d'Italie. — Vente de l'hôtel de Longueville; histoire de cette maison — Logements de Versailles. — Prières de quarante heures. — Mort de M. de Ménars. — Siège d'Anvers. — M. et Mme de Woronzow. — Présent de la Reine à la duchesse de Luynes. — Accident du P. de Linières. — Mort de Mme de Choiseul. — Négociations avec les Hollandais. — Le P. Chrysostome, prédicateur. — Mort de M. de Maupeou...................... VII, 294

Juin. — Mort de MM. de Gassion, d'Avaray et de Meuse. — Prise de la citadelle d'Anvers. — Mort de Mmes de Brionne et de Rochechouart. — Retour du Roi. — Serment de l'archevêque de Paris. — Opérations militaires et négociations politiques. — Rareté des hommes politiques. — Indifférence du Roi. — Affaires d'Écosse et d'Italie. — Layette de l'enfant de la Dauphine. — Le maréchal de Noailles en Espagne. — Évêchés donnés. — Usage à la naissance d'un fils de France. — Renvoi de Mme d'Andlau, dame de Mesdames; cause de ce renvoi. — Élection de l'abbé de la Ville à l'Académie. — Nouvelles de Flandre et d'Italie. — Charges au Parlement vendues et données. — Retour de Mme de Talleyrand.......... VII, 323

Juillet. — Mission de M. de Puisieux en Hollande. — Arrivée du maréchal et du comte de Noailles. — Siége de Mons. — Bataille de Plaisance. — Grossesse de la Dauphine; impatience du Roi. — Plaisanterie contre le marquis d'Argenson. — Le comte de Noailles reçu chevalier de la Toison d'Or. — Caractère de M. d'Argenson; bruits de son remplacement. — Détails sur la bataille de Plaisance. — Le Roi veut retourner à l'armée pour y rétablir la discipline. — Prise de Mons. — Mort du duc de Ruffec. — Logements de Versailles. — Maladie d'Helvétius. — Départ de M. de Grimberghen. — Souper de la Reine chez le duc de Luynes. — Mort du roi d'Espagne. — Accouchement de la Dauphine. — Caractère du Dauphin et de Mesdames. — Nouvelles de l'armée de Flandre. — Mort de l'archevêque de Paris. — Mort de la Dauphine; lettre du duc de Luynes au prince de Grimberghen. — Départ de la Cour pour Choisy. — Les mémoires de Dangeau servent de règle pour les funérailles de la Dauphine. — Ouverture du corps de la Dauphine. — Vie de la Cour à Choisy. — Usage pour les deuils de Cour; droits et prétentions de préséance. — Deuil du roi d'Espagne et de la Dauphine. — Caractère du feu archevêque de Paris...... VII, 336

Août. — Retour du Roi à Versailles. — Mort de Mme de Vieuxpont et du duc de Mortemart; caractère de ce dernier. — Prise de Charleroi. — Opérations militaires en Flandre. — Révérences en manteau. — Harangue des États de Languedoc. — Nouveaux détails sur les révérences. — M. de la Guiche est fait brigadier. — Mort du grand pensionnaire de Hollande. — Ordre du Danebrog. — Aventure de M. de Bauffremont. — Voyage de Choisy. — Nouvelles de l'armée de Flandre. — Incertitude du départ du Roi pour l'armée. — Deuil de la Dauphine. — Le Roi reçoit les cours supérieures et les ministres étrangers; aventure de M. de Scheffer. — Caractère du Dauphin. — Nomination de l'archevêque de Paris. — Argent laissé par la Dauphine; ce que sa mort rapporte à Mme de Brancas. — Fin du deuil de la Dauphine. — M. de Maupeou le fils fait brigadier. — Mouvements des armées de Flandre. — Régiment donné. — Procession du vœu de Louis XIII. — Conférences de Bréda. — Arrivée du prince de Conty. — Caractère du roi d'Espagne Ferdinand. — Appartement du Dauphin; goût du Roi pour les bâtiments. — Nouvelles de Flandre et d'Italie. — Mort du roi de Danemark. — Lettre écrite du camp de Gest-Gerompon. — Retraite des Français en Italie. — Mort de M. de Puiguyon. — Prise de Huy. — Soupers fréquents de la Reine chez le duc de Luynes. — Acceptation de l'archevêché de Paris par l'abbé de Beaumont. — Gentilshommes nommés pour porter la mante de Mesdames. — Usage nouveau au grand couvert du Roi. — Anecdotes sur Louis XIV et ses maîtres d'hôtel. — Cérémonie de Saint-Denis; prétention du Parlement. — Voyage de Crécy. — Lettre du président Hénault; le roi Stanislas et le nain Bébé; chapitre de Remiremont...................... VII, 364

Septembre. — Procès de Mmes d'Ancenis et de Biron. — Rappel de M. de Campo-Florido. — Château de Crécy. — Mort de M. de Torcy et du comte de Vertus. — Investissement de Namur. — Nouveaux détails sur la retraite des Français en Italie. — Enterrement de la Dauphine à Saint-Denis. — Inventaire des papiers de M. de Campo-Florido. — Régiment donné. — Audience de congé de Mme de Campo-Florido. — Retour de M. de Tavannes. — Mmes de Rieux et de Montesquiou. — Siége de Namur. — Les Français sont refoulés sur Gênes. — Bénéfices donnés. — Affaires de l'Empire. — Les Autrichiens occupent Gênes. — Logement nouveau du Dauphin. — Pension à Mme d'Ancezune. — Prise de Namur. — Voyage de Choisy. — Mort de M. de Tessé et du vicomte de Beaune. — Nouvelles d'Italie et de Flandre. — Audience de congé de M. de Campo-Florido. — Réception de l'abbé de la Ville et élection de Duclos à l'Académie. — Bravoure de M. de Talaru.. VII, 404

Octobre. — Dîner de la Reine à Chaillot. — Mort de M. de la Luzerne. — Charge de premier écuyer de la Reine; décision du Roi. — Nouveau bâtiment des Enfants trouvés; Mme de Luynes en pose la première pierre au nom de la Reine. — Mort de M. d'Estaing. — Une flotte anglaise menace les côtes de Normandie. — Liaison de Mme de Saissac avec Mme de Pompadour; nouvelle démarche de Mme de Pompadour auprès de la Reine. — Service de Madame, fille du Dauphin. — Capitulation des châteaux de Namur. — Mme de Pompadour monte dans les carrosses de la Reine. — Voyages de Choisy et de Fontainebleau. — Goût de Mesdames pour la musique. — Incommodité du Roi à Choisy. — La Reine à Mousseaux. — Nouvelles de Flandre. — Débarquement des Anglais en Bretagne. — Changements à Fontainebleau. — Lettres de Bretagne; rembarquement des Anglais. — Bataille de Raucoux. — Grâces accordées par le Roi. — Harangue des États d'Artois. — Aventures et retour du prince Édouard. — Relation de l'affaire de Bretagne. — Serment de l'évêque de Vannes. — Nouvelle descente des Anglais à Quiberon. — Le prince Édouard et le duc d'York à Fontainebleau. — Promotion de maréchaux de France. — Détails sur l'expédition du duc d'Anville en Acadie. — Rembarquement des Anglais. — Détails sur l'arrivée du prince Édouard. — Mort de M. de Resnel. — Le prince Édouard et son frère soupent chez le duc de Luynes; portrait de ces deux princes; leur départ pour Paris. — Nouvelles d'Italie. — Intérêt de la Reine pour M. de la Mothe. — Les Anglais se retranchent à Quiberon. — Arrestation de milord Morton. — Les Anglais abandonnent Quiberon. — Bruit du nouveau mariage du Dauphin. — Aventure de M. de Montéclair. — Conduite de M. de Clermont-Gallerande à Raucoux. — Les prisonniers hollandais à Autun. — Serments prêtés. — Goût du Dauphin pour la musique.. VII, 422

Novembre. — Nouvelles de Bretagne et d'Italie. — Raisonnements sur la bataille de Raucoux. — Arrestation d'une femme de chambre de Mme de Pompadour. — Logements de Versailles. — Traits de Mme Adélaïde. — Accident de Mme de Modène. — Travaux des appartements de la Reine et du Dauphin à Versailles. — Audience du maréchal de Belle-Isle; il remplace M. de Maillebois à l'armée de Provence. — Arrivée du duc de Rohan. — Combats de M. de Conflans contre les Anglais. — Le prince de Conty travaille avec le Roi. — Le Dauphin chante l'*Ode à la fortune* de Rousseau, mise en musique. — Retour de la Cour à Versailles par Choisy. — Arrivée du maréchal de Saxe; lettre que lui écrit Piron. — Mort de l'abbé de Vaubrun. — Prise du vaisseau *le Mars* par les Anglais. — Mort du maréchal de Montmorency. — Service de la Dauphine à Notre-Dame. — Déclaration du mariage du Dauphin. — Nouveau meuble de Choisy; attentions du Roi pour la Reine.................... VII, 1

Décembre. — Gouvernement donné. — Portail des Théatins. — Logements de Versailles. — L'évêque de Bayeux nommé premier aumônier de la Dauphine. — Nouvelles de Provence. — Nouveaux détails sur la flotte du duc d'Anville. — La maréchale de Balincourt. — Le maréchal de Saxe; discours qu'il tient sur le Roi, l'armée et les princes du sang. — Le maréchal de Maillebois et sa grandeur. — Réception des grands d'Espagne. — Bains de la Reine. — Voyage de la princesse de Saxe. — Le prince Édouard et son frère à Versailles. — Projet d'entreprise sur Madras. — Mariage du marquis de Villeroy. — Présentation de Mme de Marsan. — Affaire du mariage de M. de Villequier avec Mlle de Duras. — Mariages projetés. — Présentation de Mme du Rumain. — Opéras de société chez Mmes de la Marck. — Service du roi à Notre-Dame. — Nouveaux aumôniers du Roi. — Révolte des Génois contre les Autrichiens. — Préparatifs du mariage du Dauphin. — Présentation de M. de Lewenhaupt. Prétendu fils naturel du prince de Danemark. — Maison de la comtesse de Toulouse à Versailles. — Logements de Versailles; le chevalier de Saint-Simon. — Embarras pour les soupers de la Reine chez le duc de Luynes; Mmes du Deffand, de Brienne, de la Chau-Montauban et de Lowendal. — Mort de Mme de Mérode. — Incommodité de la Reine; elle occupe provisoirement l'ancien appartement de Mme de Maintenon. — Mme de Saulx nommée dame du palais de la Reine. — Nouvelles de l'armée de Provence.. VIII, 20

Appendice à l'année 1746. — Arrêt du Conseil d'État du Roi.. VIII, 49
Lettre de Novi, du 18 mars 1746........................ VIII, 50
Mémoire sur la campagne d'Italie...................... VIII, 52
Journal de la maladie et de la mort de la Dauphine.... VII, 58
Lettre du maréchal de Saxe au roi de Prusse, et réponse du roi de Prusse.. VIII, 70

1747.

Janvier. — Chapitre de l'ordre du Saint-Esprit. — Le roi de Pologne Auguste III. — Étrennes données par le Roi. — Ordre de l'Aigle blanc. — Mort de M. de Verneuil. — Voyage de Choisy. — Répétitions pour les spectacles des petits cabinets. — Nouvelles de l'armée de Provence. — M. d'Argenson l'aîné. — Départ des dames de la Dauphine. — Noce de Mlle de Mailly d'Aucourt. — Retraite du marquis d'Argenson; sa négligence dans l'affaire de Gênes. — M. de Bussy et Mme de Pompadour. — M de Puisieux. — Le maréchal de Saxe nommé maréchal général; détails sur les maréchaux généraux. — Peine que le Roi éprouve à disgracier les ministres. — Le maréchal de Coigny fait duc héréditaire. — Indisposition de la Reine; ses soupers chez le duc de Luynes. — Mort du marquis de Tavannes. — M. de Jonsac et le commandement de Saintonge. — Représentation du *Tartufe* dans les petits appartements; difficulté d'y assister. — Faveur nouvelle de M. de Nivernois et de Mme de Brancas. — L'abbé de Bernis. — M. de Puisieux nommé secrétaire d'État. — M. de Richelieu annonce à la Reine le mariage de la Dauphine. — Mort de M. de Bellefonds. — Nouvelles de Provence. — Mort de la princesse de la Tour-Taxis. — Présentation de Mme Bachi, belle-sœur de Mme de Pompadour. — Maladie de M. de Puisieux. — Comédie dans les petits appartements. — Départ du prince Édouard. — Présentation de M. et de Mlles Ratcliffe. — Mme de Rubempré nommée dame de la Dauphine et Mme de Saulx dame du palais de la Reine. — Charge de secrétaire du cabinet avec la plume. — Incendie au château de Versailles. — Incertitude de la Reine levée par un ordre du Roi. — Mort de M. Talon. — Pension du Roi à Mlles Ratcliffe. — Arrivée de la Dauphine à Strasbourg. — Nouvel éclairage des galeries de Versailles. — Régiment donné. — Relation du maréchal de Belle-Isle sur ses opérations en Provence..................................... VIII, 75

Février. — Audience du baron de Keller. — Le duc d'York à Versailles. — M. de Bissy fils. — Lettres du roi et de la reine de Pologne et de la Dauphine. — Mort de M. de Volvire. — Mandement de l'évêque d'Amiens. — Sermon du P. d'Héricourt. — Maladie de M. de Puisieux. — Préparatifs pour l'arrivée de la Dauphine. — Présentation de la marquise de Villeroy. — Invitations pour Choisy. — Portrait de la Dauphine. — Plaisanterie de Mme de Pompadour sur sa position. — Arrivée de la Dauphine. — Suite du portrait de la Dauphine. — Dîner à Choisy. — Difficulté pour la cérémonie du mariage du Dauphin. — La Dauphine à Versailles; son mariage à la chapelle. — La Dauphine reçoit les serments de sa maison. — Bal paré à la salle du manége. — Coucher de la Dauphine. — Fêtes à la suite du mariage. — Mort du chevalier Daguesseau. — Ballet de *l'Année Galante*. — Souper de la Reine chez le duc de Luynes. — Bal masqué dans le salon d'Hercule et dans la grande galerie. — Titre des dames de la Dauphine. — Cérémonie du jour des Cendres. — Les ennemis repassent le Var. — Illuminations de Versailles. — La Dauphine à la chasse du Roi. — Caractère et habitudes de la Dauphine. — Présents donnés par la Dauphine. — Dames de la Dauphine avant son mariage et seigneurs de Dresde venus à sa suite. — Députation du Parlement; discours du Roi; affaire du mandement de M. d'Amiens; arrêté du Parlement. — Continuation des fêtes du mariage. — Représentation du premier président du Parlement. — Départ de M. de Puisieux. — Le Dauphin à la comédie des cabinets. — Mariage du chevalier de Brancas........................ VIII, 98

Mars. — Mariages de M. de Saint-Chamant et du prince d'Elbeuf. — Service de la Dauphine chez la Reine à la chapelle. — Grâces de la Dauphine. — Détails sur les spectacles des cabinets. — Nouvelles de Gênes. — Mariage de M. d'Escorailles. — Médailles du mariage du Dauphin. — Suites de l'affaire du Parlement. — Mort de M. de Vaubecourt. — Guidons de gendarmerie et régiments donnés. — Mort de Bontemps, premier valet de chambre du Roi. — Procès de Mme de Rupelmonde. — Assemblée du Clergé. — Dons du Roi. — Mme de Peyre. — Mariages. — Bonté de la Reine pour M. de la Mothe. — Détail sur l'ouverture de l'assemblée du Clergé. — Présentation de la marquise de Brancas. — Spectacles des cabinets. — Présentations. — Mariage. — Maladie de la reine de Pologne. — Nouvel opéra de Rameau; jugement sur sa musique. — Désordre au théâtre de la Cour pour les places. — Nouvelles étrangères. — M. de Macanas. — La Reine et la famille royale au spectacle des petits cabinets. — Mort de la duchesse de Lesdiguières; sa liaison avec le comte d'Évreux. — Mort de Mme du Bellay. — Mort de la reine de Pologne; douleur de la Reine. — Détails sur les deuils de Cour. — Arrivée de M. de Brassac, premier gentilhomme du roi Stanislas. — Obsèques de la reine de Pologne. — Départ de M. de Lubomirski et ses prétentions. — Attachement de la Reine pour M. de la Mothe. — Arrangements pour les chevau-légers. — Tentures de deuil des appartements. — Mmes de Montesquiou et de Ségur montent dans les carrosses de la Reine. — Mme de Mauconseil. — Plaisanterie du Roi au prince de Conty. — Morts. — Départ du maréchal de Saxe. — Retard de l'entrée de l'ambassadeur de Venise. — Procès de Mlle de Duras contre la famille de Mailly. — Révérences pour le deuil de la Dauphine. — Pâques de la Dauphine et de la Reine. — Cène du Roi; rétablissement du droit des ducs. — Cène de la Reine. — Réponse du maréchal de Saxe au duc de Luynes. — Détail sur la grande écurie.   VIII, 132

Avril. — Pâques du Dauphin. — Accouchement de la comtesse de Noailles. — — Prix de la garde-robe de la feue Dauphine. — Le jour de Pâques à la Cour. — Retour de M. de Belle-Isle et de M. de Puisieux. — Mariage du comte de Boufflers. — Présentation de Mme de Crussol d'Amboise. — Conversation avec le duc d'Huescar. — Voyage projeté de M. de Richelieu. — Pension à Mme d'Antin. — Révérences des ministres étrangers. — Départ projeté du duc de Boufflers. — Secours envoyé à Gênes. — Naissance de Louis-Philippe-Joseph d'Orléans. — Caractère du duc d'Orléans. — Accouchements et mort. — Harangues des cours supérieures. — Procès de Mme de Brun. — Visite du duc d'York. — Entrée de l'ambassadeur de Venise. — Voyage de Crécy. — Arrivée du roi Stanislas. — Promotion de cardinaux. — Dîner donné par M. de Loss. — Départ du duc de Boufflers. — Le minquiat, jeu de cartes. — Charges de président achetées. — Nouvelles de l'armée de Flandre. — Audience de M. de Loss. — Bâtiments de Crécy. — Départ des officiers pour l'armée. — Voyage de Choisy. — Mort des chirurgiens Peyrat et la Peyronie. — Le roi Stanislas à Versailles. — Mort du cardinal d'Auvergne et de l'archevêque d'Alby. — Retraite du maréchal de Biron. — Singularité du maréchal de Duras. — Donation faite par la duchesse de la Force. — Capitulation de L'Écluse. — Lettre du marquis d'Argenson à la duchesse de Luynes. — Le roi Stanislas dîne chez le duc Luynes. — Séance du dîner du roi de Pologne à Trianon....   VIII, 173

Mai. — Mort de M. de Bouzols. — Audience de Mme de Loss. — Présentation de Mme de Vérac. — Départ du maréchal de Belle-Isle et du marquis de Villeroy. — Nouvelles de Gênes. — Élection d'un stathouder de Hollande. — Audience du prince héréditaire de Saxe-Gotha. — Logement de La Peyronie donné. — Renvoi du confesseur du roi d'Espagne. — Portrait de la Reine par Carle Vanloo. — Capitulation du Sas de Gand. — Préparatifs du départ du Roi. — Règlement pour les cérémonies de Notre-Dame. — Château de Maisons. — L'abbé de la Rochefoucauld nommé archevêque d'Alby. — Expédition de M. de la Bourdonnais à Madras. — Maladie de Madame Adélaïde. — Conseil de commerce tenu par le Roi. — Pont de bateaux et cloches à plongeur d'une invention nouvelle. — Nouvelles de Bruxelles. — Siége et capitulation de Hulst. — Présentation de la comtesse de Boufflers. — Voyage de Choisy. — Mariage. — Service de la reine de Pologne à Notre-Dame. — Mort de M. Méliand. — M. de Marville quitte la police. — Capitulation d'Axel. — Présentation de Mme de Civrac. — Grâce du Roi à M. de Bauffremont. — Promotions de chevaliers du Saint-Esprit. — Sermon de l'abbé Bardonnet. — M. Berrier nommé lieutenant général de police. — Nouvelles de Gênes et de Flandre. — Mme de Pompadour à Dampierre. — Départ du Roi pour l'armée. — Nouvelles dames de Mesdames. — Nouvelles des armées.................... VIII, 197

Juin. — Procession du Saint-Sacrement. — Capitulation du fort Sainte-Marguerite. — Soupers de la Reine chez le duc de Luynes. — Arrivée du Roi à Mons. — Nouvelles de Gênes. — MM. de Béranger et de Polignac faits prisonniers de guerre. — La Martinière nommé premier chirurgien du Roi. — Départ de M. de Van Hoey. — Mort de M. de la Tour. — Combat naval du cap Finistère. — Lettre du Roi à Madame. — Mme de Pompadour reste à Choisy pendant l'absence du Roi. — Brigadiers nommés. — Nouvelles des armées. — Dévotions de la Reine. — Constestations dans la maison de la Dauphine. — Régiments donnés. — Relation du passage du Var. — Meubles neufs de la Dauphine et de Mesdames. — Mort de milord Stairs. — Appartements de Versailles. — Les ermites du mont Valérien. — Révolte des gardes du corps à Bruxelles. — Prise de Villefranche. — Salle des gardes du Dauphin. — Mort de M. de Bonneval et de Mme de Campo-Florido. — Présentation des princes de Saxe-Cobourg et du comte d'Ettingue. — Le duc de Chaulnes achète la lieutenance générale de Bretagne. — Mme de Manconseil. — Anecdote sur l'ordre du Saint-Esprit. — Tremblement de terre de Lima. — La Dauphine à Paris. — Mort du prince de Guise. — Détails sur la réception de la Dauphine à Notre-Dame et à Sainte-Geneviève...................... VIII, 232

Juillet. — Voyage de M. de Maulevrier. — Première nouvelle de la victoire de Lawfeld. — Petits escaliers de l'Œil-de-bœuf à Versailles. — Bulletin de M. d'Argenson et détails venus par lettres particulières. — Nouvelles de l'armée de Provence. — Présents de la famille royale à M. de Cabanac. — Mort de M. de Fontpertuis. — Le *François II* du président Hénault. — Échange de MM. d'Agénois et de Montmorency. — Mort du duc de Boufflers et de M. de Froulay. — Qui doit ôter la poussière des meubles de la Reine. — Levée du siége de Gênes. — Présentation de M. Onorati, camérier du Pape. — Anniversaire de la feue Dauphine à Saint-Denis. — Office du jour de la Madeleine. — Droit des fils de duc à la mort de leur père. — — Dîner de la Reine à Trianon. — Retraite de la reine Élisabeth Farnèse. — Combat d'Exilles. — Mort du chevalier de Belle-Isle et de M. de Brienne. — Mort de l'abbé de Guistel. — Siége de Berg-op-Zoom. — Honneur rendu à M. de Boufflers. — Accident de M. de Grimberghen...... VIII, 255

Août. — La Reine reçoit les États de Languedoc. — Nouveaux détails sur le combat d'Exilles. — Siége de Berg-op-Zoom. — Mort du chevalier d'Aubeterre. — Vie de la Reine pendant l'absence du Roi. — Service du Dauphin chez la Dauphine. — Conduite de M. de Roquépine à Gênes. — Dames qui mangent avec la Reine. — Suite du siége de Berg-op-Zoom. — Le duc de Boufflers associé à la noblesse génoise. — Régiments donnés; la vente des régiments est supprimée en cas de mort des colonels. — Raisonnements sur l'affaire d'Exilles. — Équipages de Mesdames à Fontevrault. — Les princes de Wurtemberg. — Le duc d'York accepte le chapeau de cardinal. — Service de la veille de Saint-Louis ; rideaux aux fenêtres de la chapelle. — Mort de M. Croissy et du comte de Matignon. — Accouchement de Mme de Périgord.................. VIII, 274

Septembre. — La famille royale au collège d'Orléans à Versailles. — Naissance du prince de Lamballe. — Audiences du baron de Kieler et du comte de Swarem. — Chasse au daim manquée; le Dauphin n'aime pas la chasse. — Dons du Roi. — Prise de Berg-op-Zoom. — M. de Lowendal est fait maréchal de France et MM. de Vallière et de Gourdon maréchaux de camp. — Lettre de M. de Lowendal au maréchal de Saxe. — Bulletins de l'armée. — Fin du deuil de la reine de Pologne. — Arrivée du Roi à Compiègne; Mme de Pompadour l'y rejoint. — Retour du Roi à Paris et à Versailles. — Lettre du duc de Luynes au prince de Grimberghen. — Conduite du duc de Chevreuse à l'armée. — Dons du Roi. — Présentation de la maréchale de Lowendal. — M. de Saulx nommé menin du Dauphin. — Harangue de la ville de Paris et de l'Académie. — Murmures sur la nomination de M. de Lowendal. — Conversation du Roi et du duc de Biron. — Prétentions des huissiers de la Reine pour les tentures de deuil.. VIII, 286

Octobre. — Mort de la duchesse d'Estrées à Anet. — Harangue de M. de Bernis. — Le Roi à Choisy. — Les chirurgiens de la Cour. — Bâtiments de la Meutte. — Voyage de la Reine à Choisy et à Fontainebleau. — Le président de Guébriant. — Prise du fort Frédéric-Henri. — Dîner de la Reine. — Maladie du duc de Charost. — Nouvelles de Gênes. — Le duc et la duchesse de Chartres à Versailles. — Lettre de la Reine à la duchesse de Luynes ; attentions du Roi pour la Reine. — Appartement de la Reine à Fontainebleau. — Prise de Lillo. — Loterie royale. — Mort du duc de Charost ; son portrait. — Nouvelles de l'armée de M. de Belle-Isle. — Santé de la Reine. — Présentation des princes de Saxe-Hildburghausen. — L'abbé de Catelan nommé évêque de Rieux. — Mort de la duchesse de Luxembourg. — Le comte de Wiette. — Dévotions de la famille royale. — Le prince Édouard à Saint-Ouen. — Compliments à Mme de Luynes sur la mort de M. de Charost.................................... VIII, 301

Novembre. — Révérences de la famille de Béthune. — Testament du duc de Charost. — Logements de Versailles. — Mort de Mme de Bérulle. —

Princes et princesses du sang à Fontainebleau. — Incident de la chasse du cerf. — Gouvernement et pension donnés. — Départ de la Reine pour Versailles ; elle demande la grâce d'un déserteur. — Le château de Petit-Bourg. — Billet de la Reine à Mme de Luynes. — Promotion de maréchaux de France. — Grâce accordée à des déserteurs. — Mme de Mauconseil. — La Dauphine remplace la Reine à Fontainebleau. — M. de Courteil nommé conseiller d'État. — La journée des grâces. — Mariages, naissance et morts. Vie de la Reine avec Mesdames. — Combat naval contre les Anglais. — Le médecin Cigogne. — Hôtel de Pontchartrain. — M. de Schmettau. — La Cour à Choisy. — Description de l'appartement du Dauphin à Versailles ; goût des décorations de cette époque. — Le Roi presse la Reine de venir à Choisy. — Détails sur le combat naval du Finistère. — La Reine à Choisy et son retour à Versailles. — Service des gardes françaises et suisses. — Maladie de Mme de Pompadour ; prolongation du séjour du Roi à Choisy. — Soupers de la Reine chez le duc de Luynes........ VIII, 317

Décembre. — Chasse du Roi avec ses enfants. — Serment des nouveaux maréchaux de France. — Le Roi et le duc de Penthièvre. — M. de Brancas et l'ordre de Saint-Janvier. — Retour du Roi à Versailles. — Nouvelles diverses. — Mariage de Mlle de Duras. — Mort de Mlle Antier. — Reprise des comédies à la Cour. — Mort de la duchesse de Brunswick. — Retour de M. de Châtillon à Paris. — Audience du cardinal de Soubise. — M. O'Brien. — Logement de Mme de Gramont. — Présentation de la princesse d'Elbeuf. — Mort de l'abbé de Ravannes. — L'infant don Philippe et Madame Infante. — Départ de M. de Boufflers. — L'archevêque de Sens nommé conseiller d'État. — Service de la Dauphine. — Comédies chez la duchesse du Maine, à Sceaux. — Lettre de Madame Infante à la duchesse de Luynes. — Nouvelles cantatrices. — Pension du Roi au duc d'Ayen. — Présentation de Mmes de Thianges et de Mazarin. — Tribunal de la connétablie. — L'abbé de Castellane nommé évêque de Glandève. — Spectacles des cabinets. — Suite de l'incommodité de la Reine ; elle se fait porter chez Mme de Luynes. — Le duc de Nivernois ambassadeur à Rome. — Arrivée du maréchal de Saxe. — Mort de Mme de Bouville. — Offices du jour de Noël. — Présentation du comte de Bentheim. — Mariage. — Places de la famille royale à la chapelle. — Pendule donnée par le Roi à la Reine. — Difficulté au sujet de l'archevêque de Paris. — Présentations. — *L'Enfant prodigue*, de Voltaire, joué dans les cabinets... VIII, 338

Extraordinaire, ou petit journal de l'année 1747. — Caractère de Mesdames, de la Dauphine et du Dauphin. — Anecdotes sur le cardinal de Fleury, M. le Duc et Mme de Prie racontées par la Reine. — Autres détails sur le caractère du Dauphin. — Portrait de M. de Boufflers. — Le duc et la duchesse de Villeroy ; causes de leur séparation. — Anecdote sur les gens de robe. — MM. de Chauvelin et Barjac. — Le comte de Matignon. — Le Dauphin à la chasse. — Manières de la Dauphine. — Capitainerie de Fontainebleau. — Le maréchal de Boufflers. — La Reine et le président Hénault. — Conversation entre le duc de Luynes et M. de Maurepas sur l'état de la marine et des affaires en 1747. — Détails sur M. O'Brien, chargé des affaires du prince Édouard. — Portraits de divers personnages de la

Cour. — Mot du Roi sur MM. de Châtillon et de la Rochefoucauld. — Situation des affaires du maréchal de Noailles. — Les sauvegardes en temps de guerre... VIII, 366

Appendice à l'année 1747. — Arrêts de la cour de parlement et du Conseil d'État............................ VIII, 391
Déclaration communiquée par ordre de S. M. T.-C. aux seigneurs États Généraux des Provinces-Unies................ VIII, 397
Discours du duc de Boufflers au sénat de Gênes............ VIII, 400
Lettre du duc de Chevreuse du 17 mai..................... VIII, 401
Relations de la bataille de Laufeld du 2 juillet 1747......... VIII, 402
Lettre du Roi à l'archevêque de Paris..................... VIII, 408
Diverses pièces sur le combat d'Exilles.................... VIII, 410
Lettres de la Reine à Mme de Luynes..................... VIII, 415
Spectacles des cabinets du Roi............................ VIII, 416
Liste des vaisseaux de guerre français pris et détruits depuis le commencement de la guerre jusqu'au 25 novembre 1747. VIII, 420

1748.

Janvier. — Réception de trois nouveaux chevaliers de l'Ordre et nomination de six chevaliers, parmi lesquels le duc de Luynes. — Promotion militaire. — Mort de Mlle de Lauraguais. — Comédie en ballet dans les cabinets et acteurs. — L'ordre du Saint-Esprit. — Comédie et pastorale dans les cabinets et acteurs. — Voyage de Marly. — Les gros joueurs. — Incommodité du Roi. — La comète remplace les autres jeux. — Jugement de M. de Montbéliard. — Aventure singulière à la messe de la Reine. — Mme de Lauraguais perd une boucle d'oreille. — Action aux environs de Gênes. — Le jeu à Marly. — Mort de M. d'Aubeterre et de Mme d'Alègre. — Le Roi donne son portrait à M. Grimberghen. — Détails sur la coutume qu'ont les souverains de donner leurs portraits aux ambassadeurs. — Présent de M. de Grimberghen à M. de Verneuil. — Grand nombre de salonistes à Marly. — Le Roi décide que Mme Victoire reviendra à Versailles. — Mlle de Charleval. — Nomination à divers emplois........................ VIII, 421

Février. — Mort de M. de Maulevrier. — La Cour revient à Versailles. — Cérémonie des chevaliers de l'Ordre. — Ce que c'est que les gens titrés. — Difficulté entre MM. de Luynes et de Brissac. — Comment se doit porter le cordon de l'Ordre. — Présentations. — Comédie et pantomime dans les cabinets, et acteurs. — Le Rhône gelé. — Signature de contrats de mariage. — Mme Lucas, son genre de vie. — Mlle Lucas. — Mme Adélaïde a la petite vérole volante. — Mort du confesseur de la Reine et de l'abbé Girard. — Ouvrage du P. Pichon et controverses qu'il soulève. — Signature de contrat de mariage. — Plaintes et démarches de l'abbé de Pomponne contre le P. Pichon. — Guérison de Mme Adélaïde. — Mort de la maréchale de Gramont et de M. de Guerchy. — Comédie et opéra dans les cabinets, et acteurs. — Éloge du talent de Mme de Pompadour. — Détails sur l'orchestre et les spectateurs ordinaires. — Le Roi à Choisy. — Mort de M. Danchet. Candidatures à l'Académie. — Mort de l'ancien archevêque de Besançon. — Le Dauphin et la Dauphine à Choisy. — Mort de Mlle de Saumery, de l'abbé de Fleury et de l'évêque de Montpellier. — Présentation de Mme de Berwick. — L'Université présente des cierges au Roi et à la Reine. — Aventure d'un seigneur du Holstein à Marly. — Ambassadeurs qui viennent à Marly. — Mariages. — Le duc d'Orléans ne veut plus de chancelier. — Mme du Châtelet joue l'opéra d'*Issé* à Lunéville. — Le Roi nomme à l'évêché d'Anvers. — Grades donnés; démissions et pensions. — Ce que l'on pensait de 4,000 livres de rente en 1746. — Comédie, opéra et danses dans les cabinets, et acteurs. — Chute de M. le Dauphin. — Le feu prend dans le cabinet du conseil. — Audience de congé du prince de Saxe-Hildburghausen.. VIII, 436

Mars. — Spectacles des cabinets. — Présentations et révérences. — Nouveau confesseur de la Reine. — M. de la Bourdonnais est mis à la Bastille, ses moyens de défense et ce dont on l'accuse; sa grande fortune. — Mort tragique de M. de Coigny; son portrait. — Mort de MM. de Blet et de Broglie. — Pension de retraite. — Détails sur la mort de M. de Coigny. — Mort de Mme d'Argenson, de M. de Bercy et de la princesse d'Épinoy. — Récompenses accordées au garde du corps qui empêcha le Dauphin de tomber. — Le prince Constantin achète la charge de premier aumônier du Roi. — Droits de la charge. — Le Roi donne l'évêché d'Autun. — Départ de la maréchale de Duras pour Fontevrault. — Spectacles des cabinets. — Présentation et mariages. — Capitaine de cinq ans et colonel de sept ans. — Mort du bonhomme Desplassons. — Mme de Pompadour achète La Celle. — Le spectacle des cabinets est contremandé à cause de la migraine de Mme de Pompadour. — Mort du marquis d'Harcourt. — Affaire de Voltri. — Présentation. — Mme de Carignan perd son procès. — Mort du marquis du Luc. — Le Parlement fait des remontrances. — Plaisanterie du Roi à M. de Maurepas. — Les Anglais prennent le vaisseau *le Magnanime*. — Mariages. — Spectacle des cabinets et acteurs. — Déclarations et édit du Roi. — Cause des remontrances du Parlement. — Le Roi modifie ses déclarations. — Fausse couche de Mme la Dauphine. — Arrivée de Mme Victoire à Versailles. — Spectacle des cabinets et acteurs. — Répétition. — Changements dans les contrôles. — Revue des gardes françaises et suisses......... VIII, 459

Avril. — Spectacles des cabinets, acteurs et décorations. — Cadeaux faits aux musiciens et à M. de Moncrif. — Nouveau contrôleur des bâtiments de Compiègne. — Grâce accordée au duc de Randan et mariage de sa fille avec le duc de La Trémoille. — Réception de M. de Paulmy et de Gresset à l'Académie. — Mort de Moustier, cuisinier. — Mouvements de l'armée dans les Pays-Bas. — Adoration de la croix. — La Reine fait ses pâques. — Présentation des princes de Wurtemberg. — Le Dauphin et la Dauphine font leurs pâques. — Investissement de Maëstricht. — Patente donnée au comte de Clermont. — Cène du Roi et de la Reine. — Affaire de Savone. — Musicien nouveau de la chapelle. — Concerts spirituels chez Mme de Pompadour. — Manufacture de porcelaine de Vincennes. — Ouverture de la tranchée devant Maëstricht. — Mort de M. de Savines et de M. de Caumartin. — Gouvernement et capitainerie de Choisy donnés. — Présentation. — Concert spirituel chez Mme de Pompadour. — On arrache une dent à Mme Victoire. — Présentation. — Nouvelles de Maëstricht. — Présentation du duc de Modène. — Nouvelles de Maëstricht. — Chasse du vol. — Mort du marquis de Saint-Pierre. — Signature de contrat de mariage. — Présentation. — Le cardinal de la Rochefoucauld revient de Rome. — Visites de l'ambassadeur de Venise. — Usages des ambassadeurs de la République. — Présentation et audience de congé. — Canonicats et grande prévôté du chapitre de Strasbourg. — Mort du grand fauconnier. — Nouvelles du siége de Maëstricht. — Le duc de Saint-Aignan gagne un procès contre les trésoriers de France. —Mort de la petite Madame, fille du Dauphin. — Signature de contrat de mariage. — Mort de Barjac. — Préparatifs du départ du Roi. — Intendant nommé conseiller d'État. — Signature de contrat de mariage. — La petite Madame emportée aux Tuileries. — Défense de porter des haltes à la tranchée devant Maëstricht. — Autopsie et convoi de la petite Madame............................ IX, 1

Mai. — Détails sur la maladie et le convoi de la petite Madame. — Mort de M. de Terlay. — Nouvelles de Maëstricht. — M. de Bissy blessé; e Roi lui envoie le cordon de l'Ordre; circonstances. — Changements dans les logements à Versailles. — Le Roi à Choisy. — Capitulation de Maëstricht. — Mort de M. de Vérac. — Le duc de la Vallière nommé grand fauconnier. — Nouvelles diverses. — Détails sur la capitulation de Maëstricht. — Projets de voyages du Roi. — Détails sur la charge du grand fauconnier. — Nouvelles d'Italie. — Mort du duc d'Elbeuf. — Milady Ogilwi. — Gouvernement donné à M. de Maulevrier-Colbert. — Pension donnée à M. de Cernay. — Appartement donné à Mme de Lauraguais. — Pension donnée à la comtesse de Coigny. — Sur les charges de premier aumônier et de grand aumônier. — Présentation. — Nouvelles des négociations d'Aix-la-Chapelle. — Mort de la comtesse de Maillé. — M. Hardion chargé de l'instruction de Mme Victoire. — Somme réglée par le Roi pour les dépenses de Mme Victoire. — Détail sur les sommes payées à Mesdames pour leurs menus plaisirs. — Le maréchal de Belle-Isle nommé pair de France. — Mort de Mme du Plessis-Bellière. — La reine de Hongrie adhère aux préliminaires d'Aix-la-Chapelle. — Suspension des travaux de l'église Saint-Louis de Versailles........................ IX, 22

Juin. — Baptême du fils du comte de Tresmes. — Cérémonie des chevaliers. — Le Roi à Dampierre; il y soupe et fait lui-même son café. — Louis XV accorde les grandes entrées au duc de Luynes. — Détails sur le voyage du Roi à Dampierre. — Détails sur la signature des préliminaires d'Aix-la-Chapelle. — M. de Béthune nommé mestre de camp général de la cavalerie. — Serment prêté par les cardinaux. — Indisposition du Dauphin. — M. de Castries nommé commissaire général de la cavalerie. — Logement donné à Mme d'Egmont. — Maladie de la duchesse d'Ayen. — Le Roi soupe à La Celle. — Prix de la charge de commissaire général de la cavalerie. — Mariage de M. d'Aremberg. — Mort de Mme de Saint-Chaumont. — Fête-Dieu et procession. — Mort de Mme de Champagne. — Détails sur la signature des traités. — Mort du grand prieur et détails sur ce personnage et ses revenus. — Affaires des loups et du maître des eaux et forêts d'Amboise; à quoi est employé l'équipage de la louveterie du Roi. — Procession. — Le Roi ne prend pas le deuil pour le grand prieur. — M. d'Humières se démet du gouvernement de Compiègne, qui est donné au duc d'Aumont. — Régiment Royal-Bavière. — Le Roi soupe à La Celle. — Mme Victoire

commence à aller à la chasse. — Suite de l'affaire du maître des eaux et forêts d'Amboise. — Visite de Mesdames à Saint-Cyr......... IX, 41
Juillet. — Changements dans les logements à Versailles. — Voyages du Roi et de la famille royale. — Audience du prince de Wurtemberg. — Le Clergé prend congé du Roi. — L'assemblée accorde 16 millions au Roi. — Pour qui le Roi prend le deuil. — Départ de la famille royale pour Compiègne. — La Chapelle se règle sur la Bouche. — Changements dans les logements de Compiègne. — Mme d'Egmont douairière et son fils gagnent un procès. — Le Dauphin à la grand'messe; difficulté. — Mort de la maréchale de Noailles; ses enfants, petits-enfants et arrière-petits-enfants. — Mort de Mme de Sabran. — Les princes de Wurtemberg. — Chasses du Roi. — Indisposition de la Reine. — Maladie à Compiègne. — Mauvaise qualité des eaux de cette ville. — Le duc de la Vallière présente des oiseaux au Roi. — Inutilité de cet usage. — Le maréchal de Saxe à Compiègne. — La Reine aux Carmélites. — Morts. — Fête de Saint-Jacques à la paroisse du château de Compiègne. — Prise d'habit aux Carmélites. — Éclipse de soleil. — Usage pour les quêtes. — Abbaye donnée. — Règlement pour les carrosses du Dauphin, de la Dauphine et de Mesdames. — Salle du grand couvert à Compiègne. — Décision de Mme de Luynes.................... IX, 57
Août. — Fluxion du Dauphin. — Mort de M. de Mailly. — Présentation. — Le Roi blesse M. de Buttler à la chasse. — Difficulté entre les aumôniers. D'où viennent en général les difficultés. — Chasses du Roi. — Chapitre de l'Ordre. — Travaux dans les appartements à Versailles. — La Reine, le Dauphin et la Dauphine font leurs dévotions. — Chasses du Roi. — Piété de la Reine et de ses enfants. — MM. de Saint-Séverin et de Lowendal font leurs révérences au Roi. — Aventure arrivée à la Martinique. — Procession pour le vœu de Louis XIII. — Aventure tragique arrivée pendant la procession. — Pourquoi la maison-bouche du Roi et celle de la Reine rendent le pain bénit le 16 août. — Indisposition de Madame. — Attention du Dauphin et de la Dauphine pour la Reine. — Retour de la Reine à Versailles; elle s'arrête à Sèvres chez Mme d'Armagnac. — Le Roi tombe de cheval. — Réduction de l'armée. — Mort de l'orfèvre Germain. — Retour du Roi à Versailles; il fait collation à La Celle. — Grand couvert le jour de la Saint-Louis. — Panégyrique de saint Louis. — Le Roi à Choisy. — Audience du Roi à la Ville et aux États de Languedoc. — Nouvel arrangement à la chapelle. — Le Dauphin et la Dauphine à Paris et à Sèvres chez Mme d'Armagnac. — Le roi de Pologne à Trianon et à Versailles... IX, 71
Septembre. — Fête donnée au Roi par Mme de Pompadour. — Chasses du Roi. — Morts. — Révérences à la Reine. — Le P. de Menou. — Procès entre les médecins et les chirurgiens. — Détail sur la mort de Germain. — Le roi de Pologne repart pour Lunéville. — Voyage de Louis XV à Crécy. — *Sémiramis*, tragédie de Voltaire. — Mme d'Ayen vient faire sa cour. — Construction d'un nouveau théâtre pour les cabinets. — Le prince de Condé à Chantilly. — Le Dauphin, la Dauphine et Mesdames au mont Valérien. — Mort de Mme de Vogüé. — La famille royale à Choisy. — Voyage de Mme Infante. — Détail sur le procès de MM. de Montbelliard. — Le Roi à Choisy. — M. et Mme de Loss. — Grâce accordée

par le Roi à Mme Victoire. — Départ de M. et Mme de Chalais, de M. de l'Hôpital, de la duchesse de Nivernois, de Mme de Bachi, de M. de Wiette... IX, 88

Octobre. — Dîner chez la Reine. — La famille royale à Choisy. — Contrat de mariage signé. — Mariage de M. de Brionne. — La Cour à Fontainebleau. — M. de Jablonowski et l'ordre de Saint-Hubert. — Appartement de Mesdames et changements faits dans les logements à Fontainebleau. — Mort de l'ancien évêque de Saint-Papoul. — Lettre de l'ambassadeur d'Angleterre au canton de Fribourg et réponse de ce canton. — Présentation. — Le maréchal de Saxe à Fontainebleau. — Chasses du Roi; favorables à sa santé. — Mort de l'abbé de Cîteaux. — Détails sur l'élection des abbés de Cîteaux. — Mort de la princesse Dorothée, première duchesse douairière de Parme. — Amusements de la Cour. — Chasses du Roi. — Mort et circonstance étrange. — Le cardinal de Soubise. — La Reine fait donner un grade à un Polonais. — Le chanteur Reginella. — Défense du roi de Suède au sujet des habits. — Morts et naissances. — Signature de la paix à Aix-la-Chapelle. — Le Roi nomme à l'évêché de Poitiers. — Mort de M. Dufort. — Statue équestre de Louis XV par Bouchardon. — Finances et crédit de la ville de Paris. — Nomination d'un fermier général. — Château de Petit-Bourg. — Fortune du duc d'Antin. — Mot de Louis XIV au duc d'Antin. — Reconnaissance des Génois envers le duc de Richelieu. — Don gratuit accordé par les États de Bretagne. — Indisposition de la duchesse de Luynes. — Marques d'amitié que lui donne la Reine. — Le duc de Biron à Baréges... IX, 99

Novembre. — Tragédie de *Sémiramis* représentée à Fontainebleau, et critiques. — Les comédiens italiens veulent jouer une parodie de *Sémiramis*. Voltaire écrit à la Reine à ce sujet. Ce que la Reine dit à la duchesse de Luynes à propos de la lettre de Voltaire. — Télescopes anglais. — Compliment de l'abbé Josset. Il félicite le Roi sur sa modération. — Diverses nouvelles de la Cour. — Morts. — Compagnie aux gardes donnée. — Nouvelles de la Cour. — Accouchement de la duchesse de Chevreuse. — Suite de l'histoire du faux prince de Modène à la Martinique. — La princesse de Conty empoisonnée par des champignons. — Le duc d'Aiguillon frappé d'apoplexie. — Affaire du prince Édouard. — Procès de M. de Séguiran, accusé de faux. — Contestation soulevée par la bouche du Roi. — Nouvelles diverses et sommaires. — Communauté de l'Enfant-Jésus. — Nombre des pauvres dans la paroisse de Saint-Sulpice. — Retour de la Cour à Versailles. — La marquise du Châtelet. — Audiences des ambassadeurs de Venise. — Le commandeur de Thianges. — Conclusion de la paix. — Otages anglais. — Allocution du Roi. — Concert et comédie à la Cour. La loge de la Reine. — Nouvelle salle de spectacle des cabinets. Détails et dépenses. — Opéra représenté sur le théâtre des cabinets et acteurs. — Le Roi va prendre le café à la Meutte. — Il passe la revue des houlans du maréchal de Saxe. Détails sur ce régiment. — Le Roi soupe à la Meutte avec ses enfants; il leur marque beaucoup d'amitié. — Audience de la Reine. — Nominations d'ambassadeurs. — Pension donnée. — Serment de l'abbé de Châtillon-sur-Saône. — A qui prêtent serment les généraux d'Ordre. — Élection de l'abbé de Cîteaux. — Suite de l'affaire du prince Édouard. IX, 114

Décembre. — Présentation. — M. Houel. — Révérences chez le Dauphin et la Dauphine. — Présentation et révérences chez le Roi. — Spectacle des cabinets. — Mort du musicien Pièche. — Petits concerts de Mme de Maintenon. — Vols à la chapelle. — Chasses et voyages du Roi. — Suite de l'affaire du prince Édouard. — Lettre du roi Jacques au prince Édouard. — Mariage. — Événement de chasse. — Mort. — Présentation. — Fête de la Conception. — Présentation et service d'un chevau-léger âgé de sept ans. — Le faux prince de Modène. — Spectacle des cabinets et acteurs. — Arrestation du prince Édouard. — Retour de M. de Saint-Séverin. — Spectacle des cabinets et acteurs. Les enfants du Roi y assistent. — Les maisons du Dauphin et de la Dauphine prennent le grand deuil. — Mort. — Départ du prince Édouard. — Arrivée de Madame Infante à Bayonne. — Mort de la duchesse douairière de Saxe-Meiningen. — M. de Saint-Séverin appelé au conseil d'État. — Démission du comte d'Argenson. — Spectacle des cabinets. La Reine y assiste. — Lionceaux et mouton présentés au Roi dans le salon d'Hercule. — Morts. — Tragédie de *Catilina.* — Le prince Édouard malade à Fontainebleau. — Formule des lettres des Infants à la Reine de France et nouvelles de l'infant don Philippe. — Mariage. — Abbaye de Gifre, centre janséniste. — Le Roi n'accepte plus les démissions de duchés faites en faveur des fils des titulaires. — Jeu chez la Reine et la Dauphine. — Spectacle des cabinets et acteurs. — Dévotions de la famille royale. — Voyage de Madame Infante. — Audience de M. de Sotomajor. — Arrivée du maréchal de Richelieu. — On défait le théâtre des cabinets. Accidents. — Promotion d'officiers généraux. — Aides de camp du Roi. — Détail sur l'enlèvement du théâtre des cabinets. — Histoire de M. de Lède... IX, 136
Appendice à l'année 1748. — Relation de l'affaire de Varano.. IX, 167
Orchestre des cabinets du Roi............................ IX, 168
Révolte d'esclaves chrétiens............................. IX, 168
Voyage du Dauphin et de la Dauphine à Paris, le mercredi 28 août 1748... IX, 169

Extraordinaire (1748).

Janvier. — Sur la promotion. — La Reine soupe presque tous les jours chez le duc de Luynes. — Ordre de la Reine au Dauphin et à Mesdames. — Le Roi donne de l'argent à Mme de Pompadour pour le jeu.   IX, 172
Février. — Ce que coûtent les officiers généraux employés. — Comment le cardinal Fleury fut nommé précepteur de Louis XV. — Lettre de Mme Victoire. — Travail du prince de Conty avec le Roi. — Finances, dette et revenus de l'Angleterre. — Abandon des colonies françaises en 1741. — Anecdotes sur Law, la banque et M. de Séchelles. — Le confesseur de la Reine. — Mme de Nivernois. — Anecdotes sur Marie de Gonzague et Mme Despoësse.. IX, 174
Mars. — Anecdote sur le Dauphin. — M. de Moncrif. — Assiduité du prince de Conty auprès de Mme Adélaïde. — Mort du comte de Coigny; douleur du Roi. — Chanson de M. Moncrif pour la Reine. — Changement apporté dans les droits de l'amirauté. — Règlement fait par le Roi pour Mme Victoire. — Anecdotes sur le cardinal de Fleury racontées par la Reine. — Mme de Pompadour achète la Celle; le Roi visite cette maison. — Anecdote sur MM. de Dombes et d'Eu................. IX, 185

Avril. — Sur l'investissement de Maëstricht. — Cène du Roi. — Mme Victoire. — Le maréchal de Belle-Isle et Mme de Pompadour. — Le Roi achète l'hôtel de Pontchartrain, et y loge Mme de Pompadour. — Mort du grand fauconnier; nombreux prétendants à sa place................ IX, 198

Mai. — Vers de Fontenelle. — Lettre de la Reine. — Quatrain de Fontenelle à la Reine. — Quatrain de Mme Tibergeau. — M. d'Argenson, les maréchaux de Noailles, de Belle-Isle et de Saxe. — Préliminaires de la paix d'Aix-la-Chapelle. — Voyage de Crécy; M. de Vandières. — Difficulté au voyage de Choisy. — Assemblée du Clergé. — Avantages du temps de guerre; patriotisme des rentiers. — Origine de la fortune de M. Frémont. — Anecdotes sur Colbert et Desmaretz. — Prétentions de M. de Bauffremont; on lui défend de paraître à la Cour............................ IX, 202

Juin. — Anecdote sur M. d'Ayen; mot du Roi. — Anecdote sur le duc d'Orléans; soupçons contre lui au sujet des empoisonnements des membres de la famille royale; mot de Louis XIV. — Lettres de noblesse données à M. Poisson, père de Mme de Pompadour. — Lettre de la Reine à la duchesse de Luynes. — Raisonnements du public sur la paix de 1748. — Le cardinal Fleury laisse périr la marine. — Facilité du Régent à accorder des grâces. — Fête donnée à Mme de Pompadour par le Roi, à la Celle. — Anecdotes sur le cardinal Fleury........................ IX, 209

Juillet. — Formules de respect des lettres des princes et princesses du sang au Roi et à la Reine. — Mot du duc de Mortemart sur les Noailles. — Anecdote sur le maréchal de Noailles. — Prétention de M. de Bouillon.. IX, 217

Août. — Mort de M. de Mailly, mari de la maîtresse du Roi. — Louis XV apprend cette mort à la Reine. — Mot étrange du Roi. — Anecdotes sur Louis XIV et sur le Régent. — Lettre de la Reine. — Difficulté faite par les aumôniers du Roi à l'aumônier de la Dauphine. — Opinion du Roi à ce sujet. — Anecdote sur le mariage du duc de Berry. — Détails sur le Dauphin.. IX, 220

Septembre. — Fête donnée au Roi par Mme de Pompadour. — Mauvaise humeur du Roi et opinion de la Reine sur cette mauvaise humeur. — Le comte de Clermont prête son appartement de Versailles au roi de Pologne. — Difficultés. — Lettre de la Reine à ce sujet. — Voyage de Crécy. — Lettre du roi de Pologne à Mme de Luynes. — Départ de M. de Wiette. — Voyage de Madame Infante. — Dépenses énormes qu'entraîne le déplacement de la maison du Roi. — Frais du voyage de Mme Victoire......... IX, 225

Octobre. — Indisposition de Mme de Luynes. — Bontés de la Reine à cette occasion. — Anecdotes sur le Dauphin et la première Dauphine. — Anecdote sur la maladie du Roi à Metz. — Détails sur le caractère de Louis XV. — La Reine mécontente de M. Molé, et pourquoi. — M. de Puisieux mécontente la Reine. — Anecdotes sur Louis XV. Crédit du Cardinal; la Reine soutient M. le Duc contre lui. — Moyen qu'emploie le Cardinal contre la Reine. — Anecdote sur le prince de Galles. — Madame Infante. — Le maréchal de Richelieu nommé maréchal de France. — Aventures d'un Dominicain. — Le secret des postes........................... IX, 229

Novembre. — Bontés de la Reine pour Mme de Luynes. — Prétention de plusieurs généraux au bâton de maréchal de France. — Commissaires

13.

nommés pour l'évacuation des pays conquis. — Murmure des premiers gentilshommes au sujet du théâtre des cabinets. — Ballet de Rameau. — Lettres de la Reine. — Anecdote sur François Ier. — Anecdotes sur MM. de Cinq-Mars et de Fontrailles. — Anecdote sur Mme de Maintenon. — Anecdote sur Louis XIV. — Anecdote sur Mlle de la Vallière. — Anecdote sur la maladie de Louis XIV à Calais. — Anecdotes sur le Dauphin. — L'Ermitage, nouvelle maison de Mme de Pompadour, et anecdote sur Clagny. — Traits d'exactitude. — Anecdote sur l'évêque de Rennes. — Le prince Édouard. — Le duc de Gesvres envoyé par le Roi ne peut obtenir que le prince quitte volontairement la France. — Sur l'intendance des postes. — Les Ferrand... IX, 243

Décembre. — Affaire du prince de Conty avec l'ordre de Malte. — Les gardes du prince payés par le Roi. — Le maréchal de Saxe à Chambord avec un régiment de 1,200 hommes. — Portrait de la Reine par Mme du Deffand. — Affaire du prince Édouard. — Le Roi va à l'Ermitage, et y fait une plaisanterie au duc de Chartres. — Billet de Mme de Pompadour à Mme de Luynes. — Son désir de faire sa cour à la Reine. — Pourquoi Louis XV se dégoûta de la Reine. Détails racontés par la Reine à Mme de Luynes. — Voyage de Choisy. — Étrennes données par Mme de Boufflers à la Reine... IX, 262

1749.

Janvier. — Arrivée de Madame Infante à Choisy et à Versailles. — Le marquis de Mirepoix. — Chapitre de l'Ordre; nouveaux chevaliers; M. de Saint-Séverin. — Les bourses d'or données par les trésoriers de l'extraordinaire des guerres. — Bouquet de fleurs fait à la manufacture de porcelaine de Vincennes et offert à l'électeur de Saxe. — Messe pour les chevaliers de l'Ordre morts pendant l'année. — Tragédie de *Catilina*; critique. — Augmentation à la promotion. — Tables pour la maison des deux Infantes. — Nouvelles diverses de la cour. — Arrivée de l'infante Isabelle. — Voyages et occupations du Roi. — Madame Infante. — MM. de Fleury. — Mort de Mme de Linemare. — Mme de Gonzalès et la petite Infante. — Tableaux présentés au Roi. — Signature de contrats de mariage. — Mme d'Estrades nommée dame d'atours de Mesdames. — Baptême du fils de M. Tessé et usage. — Abbayes données à l'abbé de Saint-Cyr. — Intendant nommé conseiller d'État. — Spectacle des cabinets; la Reine y assiste. — Le rhinocéros. — Chasse du Roi; combien le Roi a pris de cerfs depuis 1732. — Duels dans le régiment de Picardie. — Historique des canaux de Briare, d'Orléans et du Loing. — Indisposition du Dauphin et de Madame Infante. — Mort et mariage. — Consultation pour Mme la Dauphine. — Maladie de la duchesse d'Orléans et du prince de Rohan. — Spectacle des cabinets et acteurs. — Changement aux entrées chez le Roi. — Audiences. — Médaille à l'occasion de la paix. — Tableaux de Coypel et tapisseries pour l'électeur de Saxe. — Élection de la supérieure de Saint-Cyr. — M. et Mme Brignole. — Le Roi accorde plusieurs survivances. — Audience du général de l'ordre de Saint-Antoine et détails sur cet ordre. — Présentations. — Mort du prince de Rohan. — Pension accordée à M. de Puisieux. — Évacuation des pays conquis. — Maladie de la duchesse d'Orléans; douleur des pauvres. — Le duc d'Orléans embrasse son fils et ne veut pas se réconcilier avec lui. — Les Anglais attaquent l'Ile de France. — La Dauphine fait une fausse couche. — Détails sur l'attaque de l'Ile de France. — Retour et présentation de M. du Theil. — Mort du chargé d'affaires d'Autriche....... IX, 271

Février. — Mort de la duchesse d'Orléans. — Affliction de Paris. — Chapitre de l'Ordre; chevaliers nommés. — Un valet de chambre de la Dauphine persifle le duc de Saint-Aignan. —Le Roi donne les entrées à trois de ses aides de camp; plaisanterie qu'il fait à l'un d'eux. — Service de la fête de la Purification. — Exil de Mme O'Brien. — Nouvelles diverses de la Cour. — Origine de la fortune de M. de la Tournelle. — Destination de l'argent recueilli par la quêteuse à la chapelle. — Compliments au duc de Modène. — Audience des gens du Roi des cours supérieures. — Centenaire. — Envoyé de Tripoli. — Comment la duchesse d'Orléans nomme sa mère dans son testament. — Spectacle des cabinets. — Politesse de la duchesse d'Orléans. — La famille royale et la Cour font les compliments aux princes et aux princesses. Ceux-ci font ensuite leurs révérences. — Fautes, difficultés, prétentions, exemples. — Anecdote sur la paix d'Aix-la-Chapelle. — Publication de la paix. — Difficultés. — Accidents arrivés au comte de Noailles et à Mme de Duras. — Spectacle des cabinets. — Auteurs, acteurs et danseurs. — M. et Mme de Montbéliard. — Bouquet de fleurs de Vincennes envoyé à Dresde. — Manufacture de porcelaine de Vincennes. — Autres manufactures de porcelaine. — Mariages. — Mme Pinto. — Lady Ogilvy; ses aventures en Écosse. — L'ambassadeur d'Angleterre. — *Te Deum* à la chapelle. — Constestations entre la chambre et la chapelle, et entre les chapelains et les chantres. — Retraites de Mme de Lalande. — Nouvelles diverses de la Cour. — Le Roi dîne avec ses enfants dans le plus grand particulier. — Spectacle des cabinets. Auteurs, acteurs et danseurs. — Projet pour la place de Grève. — La *Gazette de France*; ce qu'elle rapporte et ce qu'on la vend. — La Reine va à la comédie. — Harangues des cours supérieures, du grand Conseil, de l'Université et de l'Académie; usages. — Procès de la duchesse de Ruffec contre le duc de Saint-Simon; biens et dettes de ce dernier. — Harangues des harangères et des corps de marchands de Paris; usages. — Présentations. — Projets de voyage pour la Cour et le Roi. — Incendie à la Trappe. M. de Ponac. — Remerciments et présentations. — Spectacle des cabinets. — Analyse de la pastorale de *Sylvie*. Auteurs et acteurs....... IX, 305

Mars. — Nouvelles diverses de la Cour. — Vol au château. — La comtesse de Mortemart. — Un grand buveur. — Réforme de l'infanterie française et allemande. — Détails sur la solde et sur les sergents devenus officiers. Corps des grenadiers. — Spectacle des cabinets. — La Reine obtient du Roi de se mettre sur le drap de pied, à la chapelle, sans être en grand habit. — Maladie du roi Stanislas. — Présentations. — Spectacle des cabinets et acteurs. — Mesdames à Saint-Cyr. — L'abbé de Brienne soutient sa *tentative*. — Milord Cornsbury et le spleen. — Le Prétendant quitte Avignon. — Spectacle des cabinets; pièce et acteurs. — Privilége du *Mercure*. Le le maréchal de Belle-Isle à Versailles. — Mariages. — Madame Infante indisposée; ses cameristes. — Morts. — Nouveaux ambassadeurs étrangers.

—. Spectacle des cabinets ; la famille royale y assiste. — Nouveau maître de l'Oratoire. — Gouverneur du Canada nommé. — Les Anglais lèvent le siége de Pondichéry. — Départ de MM. de Monteillano et de Carpentero; ce dernier ne trouve pas une seule jolie femme à la Cour. — Retraite de Mlle Gaussin. — Spectacle des cabinets. — Ce que c'est que *la capitation* à l'Opéra. — Mort de M. de Liancourt. — Autruches présentées au Roi. — Le spectacle des cabinets plait à Madame Infante. — Mariage. Il ne s'en fait plus la nuit. — Succession de milord Liffort. — Présentations et mariages. — Procès gagné par l'évêque de Bayeux. — Vol à la comédie. — Bonté du Dauphin. — Gouvernement et inspection donnés. — Service pour la duchesse d'Orléans. — Écrit anonyme contre le Roi. — Mort du chevalier de Villefort et de M. de Dreux. — Détails sur le commerce et les finances de la France et de l'Angleterre. — M. de Chavigny. Détails sur le le roi de Portugal. — Mort de l'infante Marie-Élisabeth . . . . IX, 346

Avril. — Anecdotes sur le siége de Vienne en 1683 et sur la reine Christine. — Mariage de Mlle de Bonac. — La Reine fait ses pâques. — Nouvelles du siége de Pondichéry. — M. et Mme de Gramont. — Cène du Roi et de la Reine. — Mort de M. de Mérode. — Mariage de Mlle de Maupeou. — Mort de Mme de Linière. — L'évêque de Beauvais nommé cardinal par le roi de Pologne. — Détails sur la nomination des couronnes. — Dame de Mlle de la Roche-sur-Yon. — Assassinat d'un curé à Paris. — Nouveaux régiments de cavalerie. — Siége de Pondichéry ; les Anglais y sont battus. — Quesnay nommé médecin consultant du Roi. — Le Roi soupe avec ses enfants. — Présentation de la comtesse de Béthune. — Procès des médecins et des chirurgiens. — M. d'Huescar nommé chevalier des ordres. — Arrivée à Versailles du roi Stanislas. — Le Dauphin et Mesdames à Choisy. — Nouveau vol à la chapelle. — Chasse du vol. — L'infante Isabelle va voir le rhinocéros — Usage chez Mme de Luynes quand la Reine y vient souper. — Audience des États de Bourgogne. — Présentations. — Pension accordée au commandeur de Rénon. — Polonais à Versailles. — Anecdote sur l'impératrice de Russie Élisabeth. — Départ de M. Palavicini et de M. et Mme d'Ardore. — Porcelaines trouvées à Trianon. — M. de Sassenage nommé chevalier d'honneur en survivance de la Dauphine. — Création d'un nouveau duché-pairie. — Assemblées chez M. d'Argenson. — Conseil de finances pour le dixième. — Augmentation du commerce. — Remerciments de Mme de Sassenage. — Occupations du Roi. — Manière de vivre à Versailles du roi Stanislas. — Uniforme des courtisans invités aux voyages du Roi. — Réception de M. de Belle-Isle au Parlement. — Procès de Mlles de Nesle contre Mme de Mazarin. — Exil de M. de Maurepas. — Présentations. — M. Rouillé ministre de la marine. — Nouvelles de Pondichéry. — Mort de la marquise d'Ancezune. — Partage des fonctions de M. de Maurepas. — Mort de Mme de Lutzelbourg. — Ouvrages d'une petitesse extraordinaire. — Oculiste allemand. — Départ du roi Stanislas. — Épidémie. — L'infant don Philippe s'établit à Parme. — L'infante Isabelle. IX, 373

Mai. — Procès des médecins. Mot de Daguesseau. — La Cour à Marly. Le Dauphin et la Dauphine restent à Versailles. — M. de Sassenage exerce les fonctions de chevalier d'honneur. — Mort de l'évêque de Saint-Papoul, de l'abbé Boursier et de M. de Crèvecœur. — Détails sur le siége de Prague et la retraite de Bohême. — Fausse couche de la Dauphine. — Revue des gardes françaises et suisses. — Procès de Mmes de Mailly contre Mme de Mazarin. — Assemblées du Parlement. Remontrances et usage. — Mort de M. Amelot. — Nouvelles de Marly. — Le lieutenant de police de Paris travaille avec le Roi. — La Reine va à la revue des gardes ; pourquoi elle n'y allait pas pendant la guerre. — Le Roi visite la maison de M. d'Argenson à Neuilly. — Élection du général des Augustins. — Mort de M. de Lanmarie. — Départ de M. de Finkenstein. — Salutations de M. de Bène et de l'évêque de Rennes. — Intendant nommé conseiller d'État. — Le lansquenet et le salon à Marly. Repartie de milord Cathcart. — Mort de Mme de la Cour. — Les gens du Roi viennent demander au Roi une audience pour le Parlement. — Le duc de Brancas opéré de la cataracte. — Le Roi donne audience au Parlement. — Le Parlement enregistre l'édit. — Départ du duc de Modène. — Ambassadeurs nommés. M. d'Havrincourt. — Aventure des pages à Versailles ; combat et punition. — Mort de M. Fournier. — Mesdames à Choisy. — Mort de M. de Bayers. — Le Roi chasse ; la Reine va à l'office et joue. — Chapitre de l'Ordre. — Contrats de mariage. — Nouvelles diverses de la Cour. — Présent du Dauphin à la paroisse. — Nouveaux détails sur le testament de la duchesse d'Orléans. — Le grand prieuré de France et le prince de Conty. — Présentation. — Voyages du Roi. — Testament de M. Fournier. — Édits et déclarations — Morts et Mariage .... IX, 400

Juin. — Mort de M. Fernand Nunnez. — Le Roi à Anet. — Mort de la vicomtesse de Beaune. — Présentations. — Chasses et voyages du Roi. — M. de Belle-Isle élu à l'Académie, et portrait. — Présentations. — Procession du Saint-Sacrement. — Chasses et voyages. — La Cour à Marly. — Le lansquenet à Marly et le cavagnole de la Reine. —. Mort de Mme de Chavigny. — Le prince Édouard. — Voyages du Roi. — Départ de la Dauphine pour Forges. — Helvétius maître d'hôtel ordinaire de la Reine. Mot du Roi. — Constructions nouvelles à Marly. — Budget des dépenses du Roi, de l'armée et de la marine. — Ce que coûtent un vaisseau et une frégate. Projet pour le rétablissement de la marine. — Effectifs de l'armée en 1748 et en 1749. — Revenus du Roi. Les fermes. — Grand maître des cérémonies de l'Ordre nommé. — Départ de la Dauphine pour Forges. — Présentations d'étrangers. — Le Roi et ses enfants à Rambouillet. — La Reine à Saint-Cyr. — Mlle Silvestre nommée lectrice de la Dauphine. — La Reine à Lucienne. — Mort et mariage. — Retour du Roi à Versailles. — Indisposition de Madame Victoire. — Nouveaux bâtiments aux Invalides et développements de l'institution. — Manière dont se font les élections à l'Académie. — Fouquet protégeait l'Académie et les belles-lettres. — Arrivée de la Dauphine à Forges. — Officier jugé pour avoir porté la croix de Saint-Louis sans l'avoir obtenue. — M. de Soubise achète la capitainerie de la plaine Saint-Denis ; sa maison de Saint-Ouen....... IX, 425

Juillet. — Arrestation de l'abbé Leblanc, janséniste. — Nouveaux détails sur l'affaire de M. Boursier, janséniste. — Réception du maréchal de Belle-Isle à l'Académie. — Présentation de lord Baltimore. — Affaire de l'archevêque de Tours. —. Grand ouvrage d'orfévrerie pour l'électeur de Cologne. — Statues de Pigalle et d'Adam données par le Roi au roi de

Prusse. — Voyages du Roi et de ses enfants. — Procès de Mlles de Nesle contre Mme de Mazarin. — Condamnation de l'officier qui avait pris la croix de Saint-Louis. — La Cour à Compiègne. — Procès de la duchesse de Lorges. — Mort du duc de Popoli et de M. de Beauharnois. — La Dauphine à Forges. — Procès entre le nonce et l'ambassadeur de Venise. — Honneurs rendus à l'infante Isabelle. — Nouveaux ambassadeurs étrangers. — Piété de la Reine. — Voyage de M. d'Argenson. — Présentation. — Audience de l'ambassadeur de Sardaigne. — Départ de M. de Mirepoix pour Londres. — La Dauphine à Forges. — Mort et portrait du cardinal de Rohan. — Le vivier Coras et la maison de bois du Roi. — On établit une faisanderie à Compiègne. — Mme de Lorges gagne son procès. — Procès gagné par le comte de Lorges. — Cérémonies de voiles donnés. — Mesdames visitent Mme de la Lande. — Mort de M. Félix. — Le Parlement s'occupe des refus de sacrement et de sépulture. — Affaire de M. Coffin. — Origine des billets de confession. — Affaire de l'hôpital général. — Arrivée de milord Albemarle. — Projets d'une nouvelle place à Paris. — Retraite de Mme de Boufflers. — Couches de Mme de Castries.. IX, 437

Août. — Petite biche du Bengale. — Accident à la chasse. — Audience de M. de Pignatelli. — Le Roi soupe au vivier Coras. — Indisposition de la Reine. — Le comte Potowski. — Le prince de Hesse-Darmstadt. — Retour de la Cour à Versailles. — Nouvelles diverses de la Cour. — Tableaux de Detroy exposés à Versailles. — Voyages et courses du Roi. — La Reine et ses enfants font leurs dévotions. — Présentation de Mme de Narbonne. — Arrêt du conseil sur les actions de la Compagnie. — Le maréchal de Saxe à Versailles. — Voyages du Roi. — Maladie de M. le Nain. — Courses et voyages continuels du Roi avec ses enfants. — La Ville présente le scrutin. — Maladie et guérison du duc d'Aiguillon. — Audience des États d'Artois et de Languedoc. — Opération faite au duc de Duras. — Les ducs de Gramont et de Biron reçus au Parlement. — Maladie de Mme de Montoison. — Louisbourg rendu. — Conspirations à Malte et à Berne. — Le gouvernement de la Bastille donné à M. Bayle. — Ordonnance du Roi sur les colonels, mestres de camp, lieutenants-colonels et commandants de bataillon. — Le Roi paye les dettes de M. d'Argenson et lui donne un logement à Paris. — Tragédie représentée par les écoliers du collège de Versailles. — La Ville prend la direction de l'Opéra. — L'hôtel de Soissons démoli. — Contrat de mariage...................... IX, 458

Septembre. — Mort de M. de Villemur. — Maladie de M. de Saint-Séverin. — Abbayes données. — Mlle de Ligneville; détails sur sa famille. — Le chevalier de Tourville. — Présentation de Mmes de Linange et d'Hamilton. — Présent de la Reine à Mlle de Ligneville. — La Reine joue chez Madame Adélaïde; difficultés. — Projet de voyage du Roi au Havre. — Mort du comte de Malignon. — Mariage de M. de Brézé. — Promotion d'officiers généraux et régiments donnés. — Affaire de l'hôpital général. — Mort de la maréchale de Montmorency. — Trois grands couverts de suite. — Changements dans le projet de voyage du Roi. — Rang de M. de Monaco. — Mesdames à Dampierre. — Les grenadiers de France. — Réforme de divers corps. — Mort de Mme du Châtelet. — Accident arrivé au maréchal de Saxe. — Le Roi à Crécy ; il y tient conseil. — Uniforme des courtisans pour les voyages. — Nouvelle route de Versailles à Choisy. — Chasses du Roi. — Hautes-contre reçues à la chapelle. — M. Potowski et ses ordres. — Mort de M. de Lède. — Variquez et plaisanterie du Dauphin. — Maison de Narbonne. — Mort de M. de Taillebourg. — La Reine à Luciennes. — Précautions de la Dauphine. — Chasses du Roi. La forêt de Dreux. — Mesdames à Paris. — Le Palais Bourbon. — Procès de Mme de Mézières. — Procès de Mme de Carignan. — Indisposition de Madame. Hommes qui peuvent entrer quand elle est dans son lit. — Jeu de la Reine et usages. — Relation du voyage de Mesdames à Paris. — La princesse de Rohan fait ses révérences. — Lord et lady Montaigu et leur fils. — Le duc de Richemond. — Morts et naissances. — Voyage du Roi au Havre. — Réception de l'évêque de Rennes à l'Académie. — Nouveaux détails sur l'affaire de Mme de Carignan. Généalogie de la maison de Carignan. — Indisposition de Madame Infante. — Courses du Roi. — Le Roi tient conseil d'État à Rambouillet. — Arrangements pour les départs de la Cour. — L'abbesse de Montivilliers présente un paon au Roi. — Fondation du Havre par François Ier. — Droit de Mme de Melmont. — Mort de Mme de Vassé. — Voyages du Roi et de Mesdames. — Arrangements pour le voyage des deux Infantes. — Difficultés au voyage de Mme de Modène. — Présentation du prince de Hesse-Cassel et de Mme de Mézières....... IX, 473

Octobre. — Départ de l'infante Isabelle pour Fontainebleau. — L'infante Isabelle joue la comédie chez elle. — Affaire de l'hôpital général. — Édit pour défendre aux gens de mainmorte de faire aucune acquisition. — Affaire du vingtième. — Comptes et réclamations du Clergé. — Ce qu'il a donné au Roi depuis 1700. — Mesure prise pour achever Saint-Louis de Versailles. — Nouvelles diverses de la Cour. — Présent du Roi et de la Reine à Madame Infante. — La Cour à Fontainebleau. — On démolit le château de Petitbourg. — Usages pour la réception du Roi et de la Reine à Fontainebleau. — Départ de Madame Infante. — Nouvel hôtel de Mme de Pompadour à Fontainebleau, appelé l'Ermitage. — Dépenses pour le voyage de Madame Infante et pour celui de Mme Victoire. — Dépenses pour le séjour du Roi et de la Reine à Lunéville. — Remercîments du chancelier. — Description de l'hôtel de Mme de Pompadour. — Marques d'affection des peuples données au Roi pendant son voyage au Havre. — Mort de don Louis d'Acunha. — Mme de San-Salvador. — Mort de Mme d'Olonne. — Madame Infante à Montargis. — Mmes de Gonzalez et de Lède. — Événement singulier arrivé en Angleterre. — Changements à Fontainebleau. — Anecdote sur la duchesse de Saint-Pierre et le cardinal Fleury. — Présentation de M. de Chavigny. — États de Bretagne assemblés au sujet du vingtième. — Seigneurs polonais. — Départ des otages anglais. — Mesdames. — Grâce accordée à Mme O'Brien. — Les vers à soie manquent en 1749 ; on achète de la soie en Espagne. — Chapitre de l'ordre. — Présentations. — Testament de La Peyronie et procès. — Bureau des cassations du conseil. — Remercîments de M. Joly de Fleury. — Amusements de la Cour. — Indisposition de la Reine. — Le Roi à Versailles. — Portraits de Mesdames et de la Dauphine par Liotard. — Indisposition de la Reine. — Arrivée et départ de plusieurs seigneurs anglais. — M. de Saint-Séverin opéré. — Présents de la Reine aux deux Infantes et à Mme de Gonzalez. — Les fermes générales portées à 101 millions ; détails sur le nouveau bail. — Beaucoup d'Anglais à Paris et à Versailles. — La plus belle femme d'Angleterre. — Mort de Clérembault, organiste.................................... X, 1

Novembre. — Tragédie anglaise jouée à Fontainebleau. — Service de la Toussaint. — Le baron de Ridès. — Portefaix des femmes de chambre de la Reine. — Naissances, mariages et baptêmes. — Le Roi et la Reine tiennent sur les fonts les enfants des concierges des maisons royales. — Indisposition de la Reine. — Mariage du chevalier de Matignon avec Mlle de Ruffec. — Histoire de M. Piogé et de M. de Vérac. — Procès et caractère de Mme de Vaudray. — Devise de M. de Vaudray. — Lettre du prince Guillaume de Hesse au duc de Gesvres. — Morts. — Voile donné par Madame à Moret. — Nouvelle meute. — Spectacles. — Maladie de Mme de Pauly. — Mort de M. de Tournemine. — M. de la Tour du Pin achète le gouvernement du Maine. — Nouvelles de Madame Infante. — Milord Albemarle. M. de Berkenrode, ambassadeur de Hollande. — Tête de cerf singulière. — La Reine à Choisy. — Nouveau valet de chambre du Roi. — Présentation. — Mort du duc de Rambouillet. — Anciennes étiquettes de respect qui ne s'observent plus. — Mort de Mme de la Vieuville. — Nouvelles diverses de la Cour. — Mlle de Lambesc opérée. — Changements dans les cabinets de la Reine à Versailles. — Tableaux de Pierre et d'Oudry. — Arrivée de Madame Infante à Gênes. — Présentation de Mme Blot. — Baptêmes et mariage. — Changements dans les logements à Versailles. — Grands travaux à Trianon. — Morts. — Spectacle des cabinets................ X, 26

Décembre. — Helvétius prête serment. — Mort de M. de Rosen. — Spectacle des cabinets. — La Reine et ses enfants y assistent. — Le Roi va à Crécy. — La Reine prend une femme de chambre polonaise. — Mariage. — Mort de Mme Tencin. — Chapitre de l'ordre de Saint-Michel, et détails sur cet ordre. — Présentations. — Mort de Mme de Beauvilliers, prieure des Bénédictines de Montargis. — Régiment donné. — Fête de la Conception. — Mariage de Mlle de Ruffec. — A qui les dames du palais doivent s'adresser pour demander une permission à la Reine ? — Réplique du Roi. — Mort de Mme de Mailly. — Spectacle des cabinets. — Danses. — L'abbé de Marbeuf nommé aumônier ordinaire de la Reine. — Ce que c'est que les places d'ordinaire. — Incendie dans les cabinets du Roi. — Maladie du maréchal d'Harcourt. — Concert chez la Dauphine. — Départ de M. de Vandières pour Rome. — Présentations et audience de congé. — Maison du duc et de la duchesse de Parme. — Mort du prince de Hesse-Rhinfels. — Le Roi tombe de cheval. — Spectacle des cabinets. — Nouveau balcon. — Mort de M. d'Ecquevilly, capitaine du vautrait. — Présentations. — Spectacle des cabinets. — La Reine y assiste. — La Dauphine fait ses dévotions. — Revenus du Roi. — Leur augmentation malgré la suppression du droit sur les matières premières. — Mort du lieutenant du Vautrait. — Prix de la charge de lieutenant des chasses de la capitainerie de Saint-Germain. — Collection des portraits des des chevaliers de l'Ordre aux Grands-Augustins. — Service aux Grands-Augustins à Paris pour les chevaliers de l'Ordre morts dans l'année. — Nouveau contrôleur de la maison du Roi. — M. Mesnars. — Nouvelles de Madame Infante. — Présentation. — Mme de Ceberet et Mme Lebreton. —

Nouveau garde du trésor royal. — Baptêmes. — On défait le théâtre des cabinets.. X, 43

Appendice à l'année 1749. — Écrit sur le dixième.......... X, 61

Réception du maréchal de Belle-Isle au Parlement............. X, 62

Arrêt du Conseil d'État au sujet des contestations entre les médecins et les chirurgiens de Paris... X, 65

Lettres de M. de Bayeux.. X, 65

Jugement rendu contre un officier qui s'était décoré de la croix de Saint-Louis... X, 75

Arrêt du Conseil d'État au sujet de consultations d'avocats....... X, 76

Route de Madame Infante... X, 77

Extraordinaire (1749).

Janvier. — Suppression de la charge d'amiral en Espagne. — Jalousie de la reine d'Espagne contre Madame Infante. — Difficultés faites par M. de Richelieu au sujet des spectacles des cabinets. — Pierreries fausses du Roi. — Madame Infante. — Nouveaux détails sur les difficultés faites par M. de Richelieu. — Mme d'Estrades nommée dame d'atours. — Vers au sujet du prince Édouard. — L'Infant à Avignon ; lettre de M. de Belle-Isle au sujet de ce prince. — Le bailli de Tencin et autorité du pape sur l'ordre de Malte. — Le cardinal de Soubise et l'abbé de Nicolaï. — Renouvellement des difficultés à propos du spectacle des cabinets. — Frais des voyages de Madame Infante et de Madame Victoire. — Détails sur le Roi. — Affaire du duc d'Orléans et du duc de Chartres. — Détails sur la mort de M. de Coigny et sur sa querelle avec M. de Fitz-James........... X, 78

Février. — Détails sur le duc d'Orléans. — Vers contre le Roi, Mme de Pompadour et la paix. — Autre anecdote sur le duc d'Orléans. — Anecdote sur la mort des différents membres de la famille royale, en 1712. — Soupçons contre la duchesse de Berrry ; détail sur sa conduite ; mot de son mari. — Le duc de Rohan. — Regrets du public sur la paix. — Le Roi va au bal dans la ville ; discours tenu à ce sujet et propos du Roi. — Usage de Paris de tout critiquer.. X, 93

Mars. — Berg-op-Zoom. Pourquoi le maréchal de Saxe avait entrepris le siège de cette place. — Répétitions des opéras des cabinets. — M. de Gisors achète le régiment de Champagne. — Détails sur M. de Belle-Isle. — Histoire de Mme de Vintimille................................. X, 98

Avril. — Fausses couches de Mme de Pompadour. — Pertes de la Provence pendant la dernière guerre. — Projet de fortifier le Var. — Madame Infante ; l'infant don Philippe ; la reine d'Espagne. — La cène du Roi ; droits des ducs. — La Reine fait écrire au comte de Clermont au sujet du roi de Pologne. — Les princes et les princesses du sang viennent peu à la Cour. — Présentation de Mmes de Saucourt. — Disgrâce de M. de Maurepas ; ses causes. — Caractère de la Reine. — M. de Maurepas. — Mot de la Reine.... X, 110

Mai. — Conversation entre le Roi et M. de Meuse. — Caractère de l'infant don Philippe. — Anecdotes racontées par M. de Belle-Isle sur le duc de Vendôme, le grand prieur, le prince Eugène, le roi Auguste et sur le siège de Lille. — Anecdotes sur les chevaliers de Malte ; sur M. de Lambert ; sur le maréchal de Belle-Isle. — La Dauphine fait une quatrième fausse couche. — Le Roi est content de l'évêque de Rennes. — Pensions accordées à des membres de la famille royale. — Le prince de Conty grand prieur de l'ordre de Malte. — Difficultés pour nommer un successeur à M. Fournier, maître d'hôtel de la Reine. — État de la marine............. IX, 122

Juin. — Nomination de M. de Belle-Isle à l'Académie. — Mariage projeté et rompu de M. de Tingry avec Mme de Froulay. — Bois de la vraie croix et trésor de la Sainte-Chapelle. — Dettes du trésor envers les fournisseurs des troupes. — Lettres de la Reine à la duchesse et au duc de Luynes. X, 142

Juillet. — Total des dépenses faites par le Roi aux bâtiments de Crécy et de Bellevue. — Affaire de l'archevêque de Tours. — Le Clergé et le vingtième. — Abus dans la maison du Roi. — Affaire de M. de Grimberghen. X, 147

Août. — Lettre du président Hénault; réponse de la Reine. — Lettre de la Reine à Madame Infante. — Place vacante à l'Académie; Mme de Pompadour sollicite pour un candidat. — Gouvernement de Gênes et soulèvement de cette ville en 1746. — Élection de l'évêque de Rennes à l'Académie; détails sur l'élection. — Altercation et discours. Fontenelle rétablit l'ordre.. X, 153

Septembre. — Rêve de la princesse Ragotzi. — Anecdotes sur une fille de Versailles qui avait des révélations singulières. — Anecdotes sur une femme de chambre de Mme d'Argenton, qui voyait toutes sortes de choses dans un verre d'eau................................. X, 159

Octobre. — Anecdote sur Philippe V et la reine Anne d'Angleterre. X, 161

Novembre. — Sur les fermes générales et bénéfices des fermiers. — Mésalliances et couplet............................... X, 167

Décembre. — Anecdote sur la maison de Saint-Louis à Saint-Cyr. — Dépense des spectacles des cabinets. — Revenus, aumônes et jeu de la Reine. — Portrait de la Reine. — Opinion de la Reine sur Mme de Pompadour. — Amitié du Roi pour ses enfants. — La tabatière de la duchesse de Bourgogne. — Ordre de la Reine pour ses dames du palais. — Nouvel appartement de Mme de Pompadour à Versailles — Détails sur Louis XV et son goût pour ses enfants; Mme de Pompadour cherche à combattre les effets de ce goût... X, 167

1750.

Janvier. — Diverses cérémonies de l'Ordre. — Morts. — États de Bretagne. — Logements de la comtesse de Toulouse, du duc de Penthièvre et de Mme de Pompadour. — Une cuve de marbre de l'appartement de Mme de Montespan. — Mémoires de l'Académie des sciences. — Une histoire qui a fait beaucoup de bruit à Paris. — La cour de Parme. — Bonté du Dauphin. — Un juif portugais qui apprend à parler aux sourds-muets. — Aventure de M. de Monasterol. — Spectacle des cabinets. — Audience des députés des États de Bretagne. — Tableaux d'élèves de Carle Vanloo. — Mort de la duchesse de Mortemart. — Opéra dans les cabinets. — Procès jugé qui durait depuis cent quarante ans. — Nouveaux détails sur la cuve de marbre. — Mort de M. de Saint-Cloud et de Mme Huguet. — Spectacle des cabinets. — Grâces et pension.. X, 175

Février. — Chapitre de l'Ordre. — Médaille frappée à Turin en 1746. — Le P. Beauvais. — Mort du duc d'Aiguillon et M. de Saint-Pau. — Procès gagné par M. de Chaulnes. — Le Roi à Trianon. — Opéra dans les cabinets. — Concerts de la Reine ; la Cossoni. — Maison où loge le duc de Saint-Simon. — Comédie dans les cabinets. — Nouvelles diverses de la Cour. — Promotion dans la marine. — Dépôt de la marine. — Mort de Mmes d'Ossun et Mercier. — Détails sur la charge de première femme de chambre de la Reine. — Nomination de deux premières femmes de chambre de la Reine. — Mort de Mme de Villemur. — L'Oratoire accepte la Constitution *Unigenitus*. — Chapitre de l'Ordre. — États de Languedoc. — Changements essayés dans l'exercice et le manœuvres des troupes. — Lettre de M. d'Argenson aux maréchaux de France. — Morts. — Mariage de Mlle de Moras. — L'archevêque de Tours. — Usage de manger des œufs pendant le carême établi depuis quelques années, et anecdote sur Anne de Bretagne. — États de Bretagne et de Languedoc ; affaire du vingtième. — Service de la première femme de chambre de la Reine. — Opéra dans les cabinets............ X, 192

Mars. — Présentations. — Tragédie dans les cabinets. — Morts. — Musique de la chapelle. — Grâce accordée à la duchesse de Brancas. — Opéra dans les cabinets. — On fait jouer les eaux de Versailles. — M. de Montchenu tue son laquais. — Grâces accordées à la famille de Mme Mercier. — Layette des enfants de France. — Renouvellement du linge et des dentelles de la Reine. — Tragédie dans les cabinets. — Visites des ambassadeurs aux princes du sang ; difficultés. — Présentations. — La *Gazette de France*. — Affaire de M. de Montchenu. — Projet pour l'amélioration des haras en France. — Raisonnements sur la présentation de Mme de Verneuil....... X, 220

Avril. — Nouvelles diverses de la Cour. — L'Opéra à Paris ; ses revenus. — Maître de la garde-robe de la Reine. — Évêché et abbayes donnés. — Morts. — La Reine et Mesdames à Saint-Cyr. — Nouveaux exercices proposés pour l'infanterie, exécutés devant le Roi. — Comédie dans les cabinets. — L'impératrice Marie-Thérèse envoie au Roi un livre dans lequel sont marqués tous les exercices des troupes autrichiennes. — Petites nouvelles de la Cour. — Mort du chirurgien Petit. — Anecdote sur M. d'Arnoton. — Nouvelles diverses. — Maison à Bercy achetée par le duc de Penthièvre. — Nouvelle escapade de Mme de Bourbon, abbesse de Saint-Antoine. — Entrée de l'ambassadeur de Venise à Paris................... X, 235

Mai. — Les affiches. — Affaire de M. de Grimberghen avec l'électeur de Bavière. — Mort de Mme de Harlay. — MM. de Feuquières. — Affaire de l'hôpital général. — Difficultés pour le logement des premières femmes de chambre de la Reine à Compiègne. — Abbaye donnée. — Nouvelles diverses. — Le prince de Dombes achète Anet à la duchesse du Maine. — Chapitre de l'Ordre ; réception du comte de la Marche. — L'abbé Borré. — Destination des quêtes. — MM. de Chalmazel et de Sassenage. — Mme de Talaru nommée dame surnuméraire de la Dauphine. — Ordonnance du Roi au sujet de l'exercice de l'infanterie. — Lettres contre le Clergé. — Émeutes dans Paris. — Mariage du roi d'Espagne. — Contrats de mariage signés. — Fin des émeutes de Paris ; détails sur l'enlèvement des enfants. — Arrêt du Parlement... X, 250

Juin. — Mort de Mme de Donges. — Usage dans les voyages du Roi et de ses enfants à Choisy. — Mendiants arrêtés et enfants enlevés. — Fiançailles, mariage et noce de M. de Talaru. — Ouverture de l'assemblée du

Clergé. — Libelle contre le Clergé. — Arrêt du conseil contre ce libelle. — Abbayes données. — Revue des mousquetaires. — Nouvelles diverses. — Colonel vendant son régiment pour ne pas être sous les ordres d'un colonel plus ancien. — Remontrances du Parlement. — La Faustine, cantatrice. — Voyage de Compiègne. — Règlement du Roi pour les régiments des gardes. — Mort de M. de Jonzac. — Ermitage à Compiègne. — Difficultés au sujet du mariage de M. de Talaru. — Mort de Mme de Staal. — Pensions données. — Chiens malades; précautions contre la rage. — Mort de M. du Deffand. — Bénéfices donnés. — Clef de chambellan du roi d'Espagne. — Grille, stalles et réparations de l'église Saint-Jacques à Compiègne. — Mariage de M. de Luxembourg. — Morts...................... X, 269

Juillet. — Le roi de Prusse; ses occupations. — Résumé de ce que fait la Cour à Compiègne. — Les grenadiers de France. — Naissances. — Mort du maréchal d'Harcourt. — Diminution des brevets de retenue. — Prétentions des dames du palais de la Reine. — Revue des grenadiers; ils font le nouvel exercice. — Attention du Roi pour la Reine. — Mort de M. de Montulé. — Le Roi dîne au camp. — Grâces accordées à la famille d'Harcourt. — Retour de la Cour à Versailles. — Présentations et serment. — Revenus d'archevêchés espagnols. — Valeur de quelques monnaies étrangères. — La Faustine. — Nouvelles diverses et nominations.... X, 289

Août. — Nouvelles diverses de la Cour. — Réponses du Roi aux remontrances du Parlement. — Impôt supprimé. — Arrêt du Parlement contre les émeutiers de Paris. Exécutions. — Cadeaux faits à la Faustine. — Mort de la princesse de Lambesc. — Audience du Roi aux députés du Parlement. — Devoirs du gouverneur de Paris pendant que la Dauphine est dans son neuf. — Comment la ville de Paris est informée de l'accouchement de la Reine ou de la Dauphine. — Mort du maréchal de Brancas. — Établissement de l'Avocat des Pauvres en Lorraine. — Fête donnée au Roi à Saint-Ouen par M. de Soubise. — Présentations, nominations, serment. — Présents de Mme d'Ardore à la Reine, à la Dauphine et à Mesdames. — Mort du roi de Portugal. — Le Roi doyen de tous les souverains. — Les commissaires du Roi à l'assemblée du Clergé. — M. de Fronsac et Mlle de Richelieu. — Le Roi soupe chez M. de Richelieu. — Goût du Roi pour la chasse. — Détails sur la famille de Plélo. — Mort de l'archevêque de Tours. — Cordons rouges donnés et pensions. — Le scrutin présenté au Roi. — La place d'échevin de Paris anoblit. — L'Amour de Bourchardon présenté au Roi. — Procès de M. d'Estissac et de M. de Brionne. — Morts. — Aventure arrivée à M. de Vilaine. — La ménagerie. — Déclaration du Roi au sujet des bénéfices du Clergé. — Abondance du gibier dans le petit parc. — Centenaire se mariant à cent onze ans. — Les eaux de Versailles jouent pour les États. — Accouchement de la Dauphine. — Ce qu'on appelle l'ouverture du ventre. — Le Dauphin. — Nomination de la dame d'atours de Mesdames.. X, 299

Septembre. — Nouvelles diverses. — Tableau de Natoire. — Réception du duc d'Aiguillon au Parlement. — Nomination des six dames de Mesdames les trois cadettes. — Nouvelles diverses. — Mort de Gendron. — Présent de l'électeur de Saxe à la Dauphine. — Remontrances du Clergé présentées au Roi. — Nomination de deux demoiselles attachées à Mesdames les deux cadettes. — Détails sur le cadeau de l'électeur de Saxe à la Dauphine. — Occupations et talents de Mesdames. — Mort de Mme de Chicoyneau. — Pension accordée à la fille du maréchal de Brancas ; ce qu'il avait de bienfaits du Roi. — Suite des affaires du Clergé. — La Reine soupe chez Mme de Bouzols. — Premier aumônier de Madame et archevêque de Tours nommés. — Remontrances du Parlement de Flandre au sujet du vingtième. — Voltaire. — Le Roi à Crécy. — Dames d'honneur de Mesdames aînées et cadettes nommées. — L'ordre de Saint-Michel donné à Lassurance. — Mme de Pompadour vend la Celle. — Le roi de Pologne à Versailles. — Revenus et dépenses du roi de Pologne. — Feu d'artifice à Versailles. — Chevalier d'honneur et premier écuyer de Madame et menin du Dauphin nommés. — Serments. Droits à payer aux huissiers du cabinet du Roi. — Mariage... X, 323

Octobre. — La Reine dîne seule avec le roi de Pologne, son père. — Le Roi achète l'hôtel de Conty. — Surnom de Madame Adélaïde. — La petite Madame. — Les retenues. — Mort de M. de Lassay. — Petites nouvelles de Cour. — La Dauphine est relevée par l'évêque de Bayeux. — Publications relatives aux affaires du Clergé. — La famille royale à Choisy. — Attentions du Roi pour la Reine. — Les États d'Artois et le vingtième. — L'évêque de Limoges refuse l'archevêché de Tours. — La Cour à Fontainebleau. — Grâces et pensions. — Mort de l'ancien curé de Saint-Sulpice. — Nouvelles de la Cour envoyées par la duchesse de Luynes. — Arrivée de Mesdames de Fontevrault à Fontainebleau. — Obéissance des États d'Artois récompensée. — Portrait de Madame Infante par Nattier. — L'impératrice Marie-Thérèse... X, 344

Novembre. — Nouvelles diverses de la Cour. — Mort de Mme de Montbazon. — Les États d'Artois récompensés. — États de Bretagne. — Procès de Mlles de Mailly. — Port-Louis. — Course en Angleterre. — Morts, présentations, grâces. — La Cour à Fontainebleau. — Chasses et équipages ; soupers et grand couvert. — Chevaux d'Alger. — Nombre des chevaux du Roi. — Difficultés. — M. de Chaulnes en Bretagne. — La Reine aux Filles-Bleues. — Départ de la Cour. — M. de Bissy nommé à l'Académie. — Mort de Mlle de la Roche-sur-Yon ; particularité sur cette princesse. — Plan de Namur. — Le point de Venise. — Le duc de Bizache et M. d'Egmont. — Testament de Mlle de la Roche-sur-Yon. — Mort de M. de Chauvelin fils. — Brouillerie entre Mlle de la Roche-sur-Yon et Mme de Modène. — Salle de spectacle à Bellevue. — Daguesseau donne sa démission. — Anecdote sur Tourville ; origine de sa fortune. — Nouvelles de la Cour ; morts, grâces et pensions, présentations. — Pension de 100,000 livres au chancelier Daguesseau. — Mort du maréchal de Saxe............. X, 359

Décembre. — Serment de M. Delavigne. — Contrats de mariage. — MM. de Stainville. — Testament du maréchal de Saxe. — M. Blancmesnil nommé chancelier. — Les sceaux sont donnés à M. de Machault — Mort de l'archevêque d'Embrun. — Maladie de Mmes de Luynes et de Flavacourt. — Incendie. — Fondation de l'École Militaire. — M. de Brissac. — Morts. — Dépenses de M. de Chaulnes aux États de Bretagne. — Détails sur la maladie de Mme de Luynes. — Bibliothèque de l'université de Caen. — Nouvelle école de peinture dirigée par Vanloo. — L'archevêque de Paris reçu duc et pair du Parlement. — La Compagnie des Indes ; ses profits et ses dividendes. — École Militaire. — Le maréchal de Saxe. — Règlement pour la loge de la Reine à la Comédie. — Refus de sacrements. — Réception de M. de Bissy.. X, 388

Extraordinaire (1750).

Janvier. — La comédie du *Préjugé à la mode*. Ses modèles. La Reine la voit jouer. — M. de Chamlay refuse d'être ministre. — Anecdote sur Mme de Luxembourg. — Lettre de Madame Infante à Mme de Luynes. — A quoi sert à Rome l'argent provenant des bulles.................. X, 405

Février. — Affaire des États de Languedoc. — Augmentation des menus plaisirs du Roi... X, 407

Mars. — La Reine à l'opéra des cabinets. — Présentation de Mme de erneuil. — Affaire du vingtième................................. X, 409

Avril. — Histoire du maréchal ferrant de Salon, et détails sur Mme de Maintenon... X, 410

Mai. — Mesdames à l'Ermitage. — Restes de la cassette du Roi ; à quoi employés.. X, 413

Juin. — Attaques contre les immunités du Clergé. — Mécontentement du Roi contre Paris. — Arrestation d'un valet de chambre du Dauphin. — Anecdote sur le siége de Grenoble, en 1704. — Anecdote sur la reine Anne. — Pourquoi la Reine est née à Breslau................. X, 414

Juillet. — Détails sur la disgrâce de Mme des Ursins. — Négociations de M. de Grimberghen auprès du roi d'Espagne.................. X, 418

Août. — Affaires du Parlement et du Clergé. — Bellevue. — Lettre de la Reine à la duchesse de Luynes. — Mme de la Vauguyon se retire dans un couvent. — Mme la Dauphine. — Affaires du Clergé. — Crédit de Mme d'Estrades... X, 451

Septembre. — Mme de Pompadour prête Brimborion à M. de Forcalquier. — Lettre de la Reine à la duchesse de Luynes. — Assemblée du Clergé. — La Reine n'aime pas M. de Machault. — Lettre de Roi au Clergé. — Arrêté du Clergé. — Réponse du Clergé au Roi. — Lettre de cachet du Roi. — Démarches de l'ordre de Malte au sujet du vingtième. — M. de Meaux nommé premier aumônier de Madame. — Le Roi part pour Crécy le jour où le roi de Pologne arrive à Versailles. — Mot du roi de Pologne. — Détails sur le Dauphin. — Surnom de la Dauphine. — Travail du prince de Conty avec le Roi. — Relations de ce prince avec Mme de Pompadour. — Goût du Roi et de Mme de Pompadour pour les pigeons et les poules. X, 430

Octobre. — Brouille entre Mmes de Pompadour et d'Estrades. — Lettre de la Reine au duc de Luynes.................................. X, 440

Novembre. — Entrées chez la Reine. — La Poule. — Le maréchal de Saxe.. X, 441

Appendice à l'année 1750. — États de Bretagne.................. X, 440
Correspondance entre le contrôleur général et l'évêque de Verdun. X, 462
Remontrances du clergé de Bourgogne........................ X, 467
Profits de la première femme de chambre de la Reine......... X, 475
Remontrances des États de Bretagne.......................... X, 476
Mémoire des États de Languedoc.............................. X, 481
Remontrances de la Provence................................. X, 487

Assemblée des États du Languedoc.............................	X, 490
Remontrances du parlement de Bourgogne......................	X, 496
État de l'équipement d'un cavalier et d'un dragon.............	X, 499
Lettres de l'évêque de Bayeux et de Mme de Fitz-James........	X, 503
Discours des commissaires du Roi et déclaration du Roi......	X, 505
Remontrances du parlement de Flandre.........................	X, 514
Remontrances de l'assemblée du Clergé........................	X, 521

1751.

Janvier. — Bontés de la Reine pour la duchesse de Luynes. — Nouvelles diverses de la Cour. — Mémoire de la Bourdonnais. — Mot de Madame Louise. — Création de l'École Militaire. — Tapisseries des Gobelins. — Bâtiments de l'École Militaire. — Mémoire de Dupleix. — Nouveaux détails sur l'École Militaire.. XI, 1

Février. — Mort de M. Turgot. — Cérémonie de l'Ordre. — Retour de la duchesse de Luynes à Versailles. — Lettres de la Reine au duc et à la duchesse de Luynes. — Lettres du roi de Pologne. — Lettre de Madame Infante. — Mort de M. de Sourcy. — La vénerie et les équipages. — Le porte-malle et le premier valet de garde-robe du Roi. — Présentations. — Promenade en traîneaux. — Jugement de l'affaire de la Bourdonnais. — Chambord donné à M. de Frise. — Mémoire du Clergé. — Le procès-verbal des assemblées du Clergé dénoncé au Parlement. — La Bourdonnais sort de la Bastille. — Détail sur son jugement. — Droit de l'hôpital général sur les recettes de l'Opéra et de la Comédie. — Contrats de mariage. — Mort du chancelier Daguesseau. — Anecdotes. — La duchesse de Chevreuse nommée dame d'honneur de la Reine en survivance. — Détails à ce sujet. — Marques de bonté du Roi au duc de Luynes. — Mort du marquis d'Albert. — Course en traîneaux. — La duchesse de Chevreuse prête serment. — Danse des Suisses devant la Reine. — Les traîneaux. — Audience du Roi au premier président. — Rang de M. de Monaco et rangs obtenus en conséquence de démarches hasardées. — Procès-verbaux du Clergé dénoncés au Parlement. — Mort de M. de Boufflers, du chevalier de Sourches et de l'archevêque de Vienne. — Nouveaux détails sur la dénonciation des procès-verbaux du Clergé. — Le P. Noël fait un microscope pour le Roi. — Bal à l'hôtel Soubise. — Réception de ducs au Parlement ; usage des présents. — Mariages ; singularités. — Sur les deuils. — Permission de manger des œufs en carême ; comment obtenue de l'archevêque de Paris par le Parlement. — Nouvelles diverses de la Cour. — Petites sociétés formées par la Dauphine et Mesdames ; jeu de la Reine et de Mesdames. — Comédie à Bellevue. — Les Cendres. — M. de Bernstorff. — Les ministres ne doivent pas le *monseigneur* au garde des sceaux. — Les gardes du roi de Pologne. — Portrait des membres de la famille royale de Prusse. — Maladie du Dauphin et de Madame Sophie... XI, 12

Mars. — Affaire de Mlle de Mérode. — Nouvelles de la Cour. — La voix du chancelier prépondérante au conseil des parties. — Aventure de Topal-Osman. — Les auberges de Malte. — Coutume du Comtat-Venaissin. — Saint-Domingue. — Le Roi reçoit les remontrances du Parlement. — Les sermons du P. Griffet. — Audience du duc des Deux-Ponts. — Hôpital de Valenciennes. — Procès des Jacobins de Toulouse. — Nouvelles de la Cour, présentations, difficultés, etc. — Mme Bergeret. — Le duc de Valentinois; les tableaux de son hôtel. — Télescope pour le Dauphin. — M. Poisson devient propriétaire de la terre de Marigny. — Débordement de la Seine. — Mort de l'archevêque de Narbonne. — Le jubilé. — Présentations. XI, 67

Avril. — Usage dans les présentations. — Prise d'habit à Saint-Cyr ; Madame Sophie fait la cérémonie. — Mort de Mme de Mailly. — Évêques nommés. — Testament de Mme de Mailly. — La Reine et ses enfants font leurs pâques. — Il n'y a pas de police dans le château de Versailles. — Mort de M. de la Carte. — Belle action de l'évêque de Perpignan. — La cène de la Reine. — Usurpation d'honneurs par la duchesse de Chartres. — Nouvelles de la Cour; carrosses de Mesdames, prétentions, présentations, etc. — Ouragan. — Contrats de mariage. — Mort de MM. de Bonas et du Roure. — Accident arrivé à la Dauphine. — Mort de Mme de Villaine. — Chasses du Roi. — Le Roi achète la terre d'Achères et cède le domaine de Gonesse. — Mort du roi de Suède. — Le jubilé. — Mort de Mme de Rochechouart-Faudoas. — Tapisseries des Gobelins. — Chapitre extraordinaire de l'Ordre. — Les Gradués et les mois de faveur et de rigueur. — Mort de l'archevêque de Vienne en Autriche. — Audience du duc de Mecklenbourg-Gustrow. — Testament du duc de Valentinois. — Maison du duc de Penthièvre à Bercy. — La Reine finit son jubilé. — Piété du Dauphin.. XI, 91

Mai. — Droit du premier gentilhomme de la chambre sur l'administration de la Comédie-Française. — Travaux à Marly. — Présentations ; revue des gardes ; la Dauphine finit son jubilé. — Statue de Louis XV par Lemoyne. — Révérences. — Détails sur la campagne du maréchal de Belle-Isle en Provence, en 1746. — Mort de la princesse de Berghes et de M. de Fulvy. — Manufacture de porcelaine de Vincennes. — Probité de M. Orry. — Maladie de Madame Victoire. — Mort du marquis de Roye et de M. Couvet. — Comédie à Bellevue. — Retraite du cardinal Tencin. Lettres du cardinal et du Roi relatives à cette retraite. — Religieux Maronites. — Mort de M. de Prie. — Réception de cinq chevaliers de Saint-Michel. — Nouvelles diverses de la Cour. — Le président Hénault et Montesquieu admis à l'Académie de Lunéville. — Le roi de Suède Frédéric de Hesse ; détails sur la succession au trône de Suède. — La Cour à Marly. — Pension à Mme de Fulvy ; succession de M. Orry ; dettes de M. de Fulvy. — Lettres de la Reine à la duchesse de Luynes. — Violoniste italien. — Voltaire spéculateur. — M. Chambrier. — Le Roi achète un secret pour arrêter le sang des artères piquées ou coupées. — Lettre du cardinal Tencin aux fidèles de son diocèse. — Anecdote sur M. de Péry. — Emprunt de 50 millions. — Nouvelles de Marly. — Mariages, morts et procès. — Ordonnance du Roi sur la garde des salles des Comédies française et italienne. — Carrosses de Mesdames; difficultés. — Emprunt de 50 millions et remontrances du Parlement. — Lettre du Pape au cardinal Tencin. — Secondes remontrances du Parlement. — Troisièmes remontrances du Parlement. — Arrêté du Parlement contre les dépenses inutiles et contre les impôts et les dettes qu'elles entraînent. — Mort de Mme de Saumery. — Mlle de Charleval. — Le duc des Deux-Ponts.............. XI, 112

Juin. — Revue de la maison du Roi ; détails sur cette troupe. — Audience de l'envoyé de Danemark. — Le Roi à Crécy. — Nouvel aumônier de quartier de la Reine. — Le château d'Aulnay acquis par Mme de Pompadour. — Mort du comte de Montbarrey. — Un refus du chevalier de Montbarrey. — Nouvelles de Crécy. — Pension accordée. — Troupes pour les colonies. Détails sur la solde des officiers de ces troupes. — Le chancelier peut dîner hors de chez lui. — La procession. — Mme de Gramont nommée dame du palais de la Reine. — Présentations ; audience ; le général des Capucins. — Contrat de mariage signé. — Mort de la maréchale de Berwick. — Anecdotes sur le maréchal de Berwick et sur M. de Thianges. — Nouveau voyage du Roi à Crécy. — Mort de M. de Caderousse. — La procession. — Audience de l'ambassadeur de Hollande. — Le maréchal de Belle-Isle gagne un procès. — Caractère du maréchal de Belle-Isle. — Audience de l'ambassadrice de Hollande. — Mort de Mme de Maulevrier, de M. de Ségur et de Mme de Laval. — Audience du Roi aux députés du Parlement. Discours du premier président et réponse du chancelier. — Sacre de l'archevêque de Tours. — Le Roi à Saint-Cyr. — Mort de Mme de Saint-Hérem. — Les États de Bourgogne. — Chapitre de l'ordre de Malte ; prétentions du comte et de la comtesse de Noailles. — Retraite de Mme de Rupelmonde aux Carmélites.................................... XI, 153

Juillet. — La Cour à Compiègne. — Madame Adélaïde veut se faire carmélite. — Nouvelles diverses de la Cour. — Mort de M. de Chambrier. — Mme de Rupelmonde. — M. Méliand. — Mort de don François Pignatelli, ambassadeur d'Espagne. — Présentations. — La comédie à Compiègne. — Amitié du Roi pour Madame Henriette. — Enterrement de M. de Pignatelli. — Mlle Le Maure. — Les lanternes de Paris. — Les Carmélites. — Règlement pour l'administration des hôpitaux. — Oiseaux pour la fauconnerie. — Nouvelles diverses de Compiègne. — Affaires de l'Inde.   XI, 180

Août. — Vie du Roi et de la Reine à Compiègne. — Accident arrivé au Roi. — Ordre de se retirer donné à Mlle de Weldre. — Affaires du Parlement. — Retour de la Cour à Versailles. — Orage. — Anecdote sur Louis XIV et Mme de Montespan. — Remontrances du Parlement et discours au Roi du premier président. — Régiment suisse donné. — MM. de Saint-Florentin et Rouillé faits ministres d'État. — Pain bénit présenté à la famille royale. — Anecdote sur Madame Louise. — Mariage d'Helvétius le fils. — M. de Gontaut gagne son procès. — Suite des affaires du Parlement. — Journal de Verdun. — Morts. — Suite des affaires du Parlement. — On apporte le scrutin au Roi. — La chambre impériale de Wetzlar et le conseil aulique. — Protocole et usages de diverses cours. — La duchesse d'Uzès au couvent. — Grâce accordée à M. de Meuse. — La diète de Suède. — Mort de l'ancien évêque de Beauvais. — Séance des académies le jour de Saint-Louis. — Église catholique à Dresde. — Affaires de l'Inde. — Nouvel ambassadeur de Prusse. — Ordres étrangers................... XI, 196

Septembre. — Le duc de Rohan perd un procès. — Mort du comte de Schmettau. — Nouvelles diverses de la Cour. — Affaires du Parlement. — Retraite de M. de Puisieux ; M. de Saint-Contest nommé ministre des affaires étrangères. — Détails sur les cours de Naples et de Parme. — Audience du général des Carmes. — Naissance du duc de Bourgogne. — Mot du Dauphin.

14.

— Compliments des ambassadeurs. — Incendie. — Mort du duc de Bouf-flers. — Pensions et gouvernements donnés. — Audience, mariage, présentation, difficultés, baptême. — Six cents filles mariées à Paris. — Cadeaux des corps de métiers au duc de Bourgogne. — Cadeaux du Roi et de la Reine à la Dauphine. — Les gardes françaises et suisses. — Rêves de la Reine et de la Dauphine. — M. de Mirepoix est fait duc. — Le cordon rouge est donné à M. de Saint-Germain. — La famille royale va à Notre-Dame à Paris. — La Reine nomme Mesdames au peuple de Paris. — Accident arrivé à un garde du corps. — Le roi de Pologne à Versailles. — Bal des gardes du corps. — *Te Deum* à Versailles. — L'évêque de Bayeux nommé au bureau des affaires ecclésiastiques. — Trois évêques prêtent serment. — Abbayes et cordon rouge donnés. — Morts. — M. de Caix. — *Te Deum* aux Capucins à Paris. — Audiences chez la Reine. — L'ordre de l'Aigle-Noir. — Anecdote relative à un Turc. — Les valets de chiens célèbrent la naissance du duc de Bourgogne. — Mort de l'évêque de Glandève.   XI, 215

Octobre. — M. de Paulmy obtient la survivance de son oncle. — Mort du duc de Modène. — Présent de l'électeur de Saxe à la Dauphine. — Chasses du Roi. — Inventions. — Mariage. — Les compagnies de gardes du corps du roi d'Espagne. — M. de Bournonville. — Le Roi à Crécy. — Dames de Mesdames nommées. — Départ du roi de Pologne. — La Reine donne le voile blanc à Mme de Rupelmonde. — La Reine n'ose pas demander une permission au Roi. — Difficultés des communications entre Paris et Versailles. — Mariages à Crécy. — Le Roi malade. — Fête à Metz. — Affaire religieuse à Dimerengen. — Mort de la duchesse Ferdinande de Bavière. — Le prince de Monaco placé sous la protection de la France. — Réjouissances à Versailles. — Les odeurs incommodent la Dauphine. — Mort. — Les harengères présentées à la Dauphine. — Évêques nommés. — Le Roi et la Reine à Choisy. — La maison de bois. — La Cour à Fontainebleau. — Le chancelier et sa terre de Malesherbes. — Nouvelles diverses de la Cour. — M. de Saint-Vital. — Calice d'or fait par Germain pour l'électeur de Cologne. — Mort du stathouder. — Regrets qu'ont les étrangers de la retraite de M. de Puisieux. — Paquet trouvé dans le berceau du duc de Bourgogne. — Mme Sauvé arrêtée. — Fête donnée au Dauphin et à la Dauphine par Mme de Lauraguais. — Une araignée monstrueuse. — Baptême. — Affaires du Clergé. — Le Roi soupe en particulier avec ses sept enfants . . . .   XI, 247

Novembre. — Nouvelles de la Cour. — Ambassades données. — Le quartier des morts dans la musique de la chapelle. — Mort de M. de Saint-Sauveur. — Rareté des hommes de cheval. — Six cents mariages à Paris. — Départ de M. de Scheffer. — Mort du duc d'Humières. — Les Filles Bleues de Fontainebleau. — Enterrement du roi de Suède. — Vaisseau lancé à la mer à Rochefort. — Morts. — La petite écurie. — Présentation. — Mort du marquis de Broglie. — La maison de l'Enfant-Jésus. — Régiments donnés. — M. de Saint-Vital. — Détails sur les Filles Bleues. — Aumône. — Mariages faits par les fermiers généraux. — Fondation d'une chapelle. — Mort du maréchal de Montmorency et de M. de Tournehem. — La Cour à Versailles. — Le Dauphin et la Dauphine à Paris. — Affaires de l'hôpital. — Le Roi se fait apporter les registres du Parlement. — La congrégation de l'Oratoire de Rome et l'Oratoire de Paris. — Procès de M. de Conflans. — Résistance du Parlement. — Vente de la Compagnie des Indes. — Baptême. — Régiments donnés. — Prétentions des dames de Mesdames. — Manque de galanterie et de politesse. — Affaire du Clergé. — Pension accordée à la comtesse d'Estrées. — L'abbé de la Ville. — Présentation de Mlle de Soubise. — Les tabourets. — Le Parlement cesse de rendre la justice. — Remarque sur l'année 1751. — Ouverture du caveau où était enterrée sainte Thérèse.. XI, 271

Décembre. — Le Roi donne l'ordre au Parlement de reprendre ses fonctions. — Organisation du Parlement. — Détails sur les résolutions antérieures du Parlement. — Détails sur l'affaire de l'hôpital. — Mort de l'archevêque de Prague. — M. de Morosini. — Lois de Venise. — Le Parlement. — Mort de Lamettrie. — Arrêtés du Parlement. — Suite des affaires du Clergé. — Affaire de l'hôpital. — Gouvernement donné. — Le Roi et ses enfants à la Meutte. — M. de Morosini. — Chemin fait entre Pont-de-Beauvoisin et Chambéry par Charles-Emmanuel. — Ambassadeurs de Venise ; leurs appointements. — Morts. — La maison de l'Enfant-Jésus. — Lettre de l'archevêque de Sens à la duchesse de Luynes. — Une filature de coton. — Abbaye donnée. — Mort. — Mariage. — Audience du Roi au Parlement. — Préparatifs des fêtes données à l'occasion de la naissance du duc de Bourgogne et dépenses. — La fourniture des bougies. — Le titre d'Infant. — Fête à Versailles. — Voleurs et mouches. — Le froid dans la galerie. — Présentation. — Lettre du roi de Prusse au prince Henri. — Dévouement du maréchal de Boufflers et mot du maréchal de Villars rappelés dans cette lettre. — Mort. — Le prince Charles et Mme d'Armagnac. — Respect du Roi pour la mémoire de Louis XIV. — Directeur des haras nommé. — Mort du prince Charles, grand écuyer. — Gouvernements donnés. — Arrêt du conseil pour une nouvelle répartition des impositions du Clergé. — Feu d'artifice... XI, 303

Appendice à l'année 1751. — Règlement pour l'administration de l'hôpital général de la ville de Paris.................... XI, 341
Lettre de la maréchale de Belle-Isle........................ XI, 349
État des six cents mariages célébrés dans chaque paroisse de Paris, le 9 novembre 1751............................ XI, 353
Arrêt du conseil d'État..................................... XI, 354
Lettres d'une carmélite.................................... XI, 355
Arrêt du conseil d'État..................................... XI, 359

1752.

Janvier. — Chapitre de l'Ordre. — Appartement. — Accident. — Affaire de M. de Creuilly. — Mort de la reine de Danemark. — Audience des États de Bretagne. — L'évêque de Tréguier. — M. de Crillon envoyé par la ville d'Avignon faire compliment au Roi pour la naissance du duc de Bourgogne. — Orage. — Aventure arrivée au maréchal de Belle-Isle. — Peste de Tarascon et d'Arles. — Le directeur des postes. — L'abbé de Prades. — Morts. — Promenade en traîneaux. — Tragédie de *Varron*. — Audience de M. de Reventlaw. — Contrats de mariage. — Tableaux et sculptures exposés à

Versailles. — Arrêts du conseil. — Contrat de mariage. — Nombre des chevaux du Roi. — Mariage du vicomte de Chabot. — Troupes prussiennes et détails sur le roi de Prusse. — Détails sur l'affaire de Voltaire et du juif.. XI, 361

Février. — Assassinat du général Sinclair. — Condamnation de l'abbé de Prades. — L'*Encyclopédie*. — Mandement de l'archevêque de Paris contre la thèse de l'abbé de Prades. — Réception du prince de Soubise au Parlement. — Procès. — Le peintre Brunetti. — Cérémonies de l'Ordre. Chevalier nommé. Réception du prince de Condé. — Mariage de M. de Valbelle. — Lettres patentes pour l'établissement de la communauté de l'Enfant-Jésus. — Sermon du P. Dumas. — Contrat de mariage. — Mort du duc d'Orléans ; son caractère et sa manière de vivre. — Testament et funérailles du duc d'Orléans. — Maladie et mort de Madame (Henriette). — Portrait de cette princesse. — Douleur du Roi. — La famille royale à Trianon. — Trianon sous bois. — Incendies. — Le corps de Madame porté à Paris. — Chapelle ardente et cérémonies funèbres. — Prétentions des Rohan et des Bouillon. — Piété de Mesdames. — Le cardinal Passioneï. — Le cœur de Madame est porté au Val-de-Grâce et son corps à Saint-Denis. — Fermeture des spectacles et cessation des jeux. — Révérences à la famille royale et usages. — Tableau de Silvestre. — Mariages. — M. de Chabrillant ; son origine... XI, 383

Mars. — Meurtre. — Mort de M. de la Feuillade. — La Sorbonne censure la thèse de l'abbé de Prades. — Usage dans l'ordre de Malte. — Affaire du curé de Saint-André-des-Arcs. — Abbaye de Saint-Victor de Marseille. — Mariage de M. de Montmorency. — Discours de l'abbé de Brienne. — Mercuriales et paranymphes. — La Dauphine fait une fausse couche. — Anecdote sur le traité de Madrid. — M. de Brühl. — Anecdotes sur Louis XIV. — Affaire des hôpitaux. — Détails sur l'accident arrivé à la Dauphine. — Glandève et Entrevaux. — La duchesse de Rochechouart. — Les oiseaux de Malte présentés au Roi. — Nouvel appartement de Madame Adélaïde. — Destruction du grand escalier de marbre. — Anecdotes anciennes. — La guerre de 1719 avec l'Espagne. — Mlle de Romainville. — L'ordre de l'Étoile. — Pension donnée au comte d'Hamilton. — Nouvelles diverses de la Cour. — Lettre du président Hénault sur les nouveaux règlements de l'Académie française. — Les jetons de l'Académie. — Le deuil du capitaine des gardes. — Arrestation du préteur royal de Strasbourg. — Présentations. — Mort du comte de Guingamp. — Présentation et mariage de Mme de Roncherolles. — Les femmes des officiers des gardes du corps pourront être présentées. — Mme Raymond. — L'électeur de Trèves. — Pension accordée à la duchesse de Chevreuse. — Lettre de Stanislas Leczinski. — Nouvelles diverses de la Cour. — Mort de milord Tyrconnel. — Cherté du pain. — Exil de M. de Maillebois le fils. — Refus de sacrements ; arrêt du Parlement contre le curé de Saint-Étienne du Mont. — Arrêt du Parlement cassé ; paroles sévères du Roi au premier président. — Affaire de M. de Maillebois. — Suite de l'affaire du refus des sacrements ; lettres du président Hénault et du curé de Saint-Étienne du Mont. — Affaire du vicaire de la Madelaine... XI, 432

Avril. — Le Dauphin fait ses dévotions. Usages. — Commerce de la Hollande. — Le Parlement. — Pension donnée à la duchesse de Luynes. Lettre de la Reine. — Plan de Berg-op-Zoom. — Le comte de Tessin. — Règlement de Louis XIV pour les gardes du corps. — Mariage. — Révérences. — Gouvernement et États de Bourgogne. — Détails sur les gardes suisses. — Services fondés pour feu Madame Henriette. — Mort du chevalier Folard; ses convulsions. — Affaire du Parlement. — Mort de M. Chicoyneau. — Quesnay. — Suite des affaires du Parlement. — Nouvelles de la Cour. — Réponse du Roi au Parlement. — Arrêts du Parlement. — Accident à Bayeux. — Fabrication de la dentelle à Bayeux. — Lettre de la Reine à l'évêque de Bayeux. — Révolte à Rouen. — Nouvelles de la Cour. — Billets de confession. — Discours du premier président au Roi. — Détails sur la révolte de Rouen. Manque complet de troupes et de police à Rouen. Revenus de cette ville. — Continuation de la révolte de Rouen. — Spectacle à Bellevue. — Présentations — Révérences. — Prétentions chimériques de M. de Creuilly. — Le patriarcat d'Antioche. La France y protège les catholiques. L'Angleterre protège les grecs schismatiques qui massacrent les catholiques.. XI, 475

Mai. — Marseille et son commerce. Accroissement de la population, et qui la compose. Projet du maréchal de Belle-Isle pour augmenter la superficie de cette ville. — Charité de la famille royale. — Lettre circulaire du Roi aux évêques. — Fin de la sédition de Rouen. — La Suède adopte le calendrier grégorien. — Continuation de la résistance du Parlement et des refus de sacrements. — Revue des mousquetaires. — Réception de deux chevaliers de l'Ordre. — Présentations. — Un officier en uniforme monte pour la première fois dans les carrosses du Roi. — Pertes du Roi et de ses enfants au jeu à Marly; gain de M. de Livry. — Travaux d'orfévrerie de Germain pour le roi de Portugal. — Service pour le duc d'Orléans. — Châteaux d'Anet, de Crécy, d'Aulnay, de Navarre et parc de Bizy.................. XII, 1

Juin. — Gouvernement de la Marche. — Jeu à Marly. — Commission nommée pour l'affaire des refus de sacrements. — Affaire du curé de Saint-Georges d'Abbeville. — Mort de Mme de Rupelmonde et son testament. — Arrêt du conseil. — Vol à Versailles. — Refus de sacrements. — Fête du Sacré-Cœur. — Création de deux cornettes dans les chevau-légers. — Taxe des charges d'officiers supérieurs dans les chevau-légers. — Dettes du duc d'Antin. — Demandes du patriarche d'Antioche. — Refus de sacrements. — Nombre des chevaux du Roi. — Assassinat du curé de Viroflay. — Affaires des curés de Montmartre et de Sainte-Marguerite. — Nouveau crime. — Affaire du Sr Gauthier. — Mort de Coypel. — Affaires du Parlement. — Renouvellement chez Mesdames aînées. — Députation du Clergé au Roi. — Gouvernement du château du Taureau. — Duché d'Elbeuf. — Affaires du Parlement. — Grâce accordée à M. de Maurepas. — Maison du duc de Penthièvre à Puteaux. — Maison de M. d'Isenghien à Suresnes. — Présentations. — Le maréchal de la Feuillade. — Voyage de M. de Paulmy. — Foi et hommage du prieur de Saint-Thomas d'Arpajon. — Redevance singulière. — Évêché donné. — Lutte du parlement d'Aix contre l'archevêque de cette ville. — Pension donnée................................ XII, 25

Juillet. — Départ de la Reine pour Compiègne. — Détails sur l'Espagne et sur le gouvernement de Philippe V et de Ferdinand VI. — Vie du roi d'Espagne. — Extraits des lettres de la duchesse de Luynes donnant des nouvelles de la

Cour à Compiègne. — Arrivée de la Dauphine à Compiègne. — Le Parlement fait brûler une lettre de l'évêque de Marseille. — Succession de Guise. — Mort d'Albéroni. — Incendie du château de Saint-Fargeau. — Aventure du Sr Hermant. — Épître de Voltaire. — Mme de Pompapour achète une maison à Compiègne. — Abjuration d'un ministre protestant condamné à mort... XII, 58

Août. — Indisposition du Dauphin et de Madame Adélaïde. — Maladie du Dauphin. — Les attelages de la Ville. — Difficultés pour le *Te Deum.* — Feu d'artifice. — Chasses du Roi. — Convalescence du Dauphin. — Détails sur la Dauphine. — M. de Monteil. — Feu d'artifice et illuminations du château de Versailles. — L'envoyé de Tripoli. — Le baron de Scheffer. — M. de la Fayardie. — Anecdote sur le comte de Tessin. — La diète suédoise. — Affaires du Parlement. — Vers sur la maladie et la guérison du Dauphin. — Intendance donnée. Ce que rapportent les intendances. Les subdélégués. — Revenus de l'infant don Philippe. — Les jetons de l'Académie française. — Affaire d'un curé du diocèse de Sens. — Présentations. — Abbaye de Saint-Faron. — Scrutin de la Ville. — Le *Te Deum*; difficultés. — Règlements de l'Académie française. — Extrait d'une lettre du président Hénault. — La queue de la robe de la Reine. — Le Dauphin à Meudon. — Le Roi et la famille royale au *Te Deum* à Paris. — Mort du chirurgien Delafosse. — Arrêts du conseil............................... XII, 80

Septembre. — Le Parlement. — Feux d'artifice et feux de joie. — Arrangement de Meudon. — Compliment de l'envoyé de Tripoli. — Jeux en Angleterre. — Audience des États de Languedoc; discours au Roi. — Chasses du Roi. — Le Roi à Crécy. — Procès de M. de Grimberghen. — Le Dauphin et la Dauphine vont au *Te Deum* à Paris. — Le roi de Pologne à Versailles. — Revenus et dépenses du roi de Pologne. — La reine de Pologne. — Aventure de Gauthier. — Tapisseries des Gobelins faites pour le Roi et pour l'électeur de Saxe. — Entrée de M. de Kaunitz à Paris et à Reims. — Dépenses du roi de Pologne. — Fête de Saint-Cloud. — Carrosses de M. de Kaunitz. — Gouvernement donné. — La Cour à Choisy et à Fontainebleau; nouvelles diverses. — Arrivée de Madame Infante............ XII, 133

Octobre. — Nouvelles diverses de la Cour. — Port de Nice. — Lettre du maréchal de Belle-Isle. — Concert chez le Roi. Madame Adélaïde y joue du violon. — Maladie de la petite Madame. — Mme de Pompadour prend son tabouret. — Nouveaux détails sur le Sr Gauthier et sur le projet du maréchal de Belle-Isle d'agrandir Marseille. — Prétentions et traitement des gardes du corps. — Marmontel....................... XII, 164

Novembre. — L'abbé de Boisemont. — États de Bretagne. — Nouvelles diverses de la Cour. — Vol à Choisy. — États de Languedoc. — Écrits relatifs aux querelles du Parlement et du Clergé. — Défense de l'abbé de Prades. — Thomas Bendish. — Condamnation par le Châtelet d'une lettre d'un archevêque. — Retour de la Cour à Versailles. — Mort de M. Thoynard. — Difficulté relative à l'exécution d'une clause du testament du duc d'Orléans. — Définition des mots édits, déclarations, ordonnances. — Mort de la duchesse de la Force. — Refus de sacrements. — Mariage du comte de Crussol. Lettre de la duchesse d'Uzès. — Lettre du comte de Dunois sur le cabinet des médailles. — Arrêt du Conseil sur les affaires du

Clergé et du Parlement. — Présentations. — États de Languedoc. Usages anciens supprimés. — Détails sur le jugement du Châtelet contre la lettre d'un archevêque. — Le fils du bourreau. — Les Bouffons de l'Opéra; partis qui se forment. — Lettre de Mme de Maintenon. — Effectif de l'armée française. — Usages de la cour de Naples. — Morts. — Le Parlement fait sa visite annuelle.................................... XII, 178

Décembre. — Présentations. — Évêché et abbayes donnés. — Anecdote sur le cardinal Fleury. — Usage de s'enfermer la veille des dévotions. — Le duc d'Orléans reçu chevalier de la Toison d'Or. — Audience de l'archevêque de Paris. — États de Bretagne. — Le Parlement rend un arrêt de saisie du temporel de l'archevêque de Paris. — Vingt-sept évêques se rendent auprès du Roi ; réponse du Roi. — Singulière invitation faite au Roi par le premier président. — La sœur Perpétue et la communauté de Sainte-Agathe. — Suite des affaires du Parlement. — Zèle du parti moliniste. — Nouvelles diverses de la Cour. — Présentation de Mme de Brienne. — Mme du Deffand mange avec la Reine. — Le Roi donne à la Reine des girandoles de porcelaine de Vincennes. — Fusil donné par Louis XV au roi de Maroc. — M. d'Esclimont. — La duchesse de Rochechouart. — Mémoire de M. de Bauffremont contre les distinctions prétendues en Sorbonne par les Rohan-Guémené. — États de Bretagne. — Enlèvement de la sœur Perpétue. — Voltaire brouillé avec le roi de Prusse... XII, 198

Appendice à l'année 1752. — Relation de l'assassinat de
M. de Sinclair.................................... XII, 227
Mandement de l'archevêque de Paris contre la thèse de l'abbé
de Prades....................................... XII, 242
Lettre du cardinal Passionnei au président Hénault......... XII, 243
Obsèques de Madame Henriette........................ XII, 245
Relation de ce qui s'est passé sur la paroisse Saint-André des
Arcs par rapport au refus de sacrements fait à la dame Herment... XII, 25
Remontrances du Parlement, arrêts du conseil d'État et du
Parlement....................................... XII, 259
Lettres écrites de Rouen, à l'occasion de la sédition dans cette
ville.. XII, 270
Arrêt du parlement de Rouen.......................... XII, 274
Lettres des évêques au Roi............................ XII, 275
Arrêt du conseil d'État au sujet de la constitution *Unigenitus*. XII, 291
Règlement pour l'Académie française.................... XII, 293
États de Bretagne................................... XII, 296
Arrêt du conseil d'État............................... XII, 300
Lettre écrite au duc de Chaulnes par le garde des sceaux.... XII, 302
Lettre de Bretagne.................................. XII, 304
Lettres de la Reine, de Madame Infante et du roi de Pologne
adressées au duc et à la duchesse de Luynes............ XII, 304

1753.

Janvier. — Chapitre de l'Ordre. — M. de Boissimène. — Présentation de Mme Senac. — Usage à Vienne. — Service pour les chevaliers morts. — Mort de l'abbé Chevrier. Le chapitre de Lyon. — Mlle de Mérode et son procès. — Mariage de M. de Rubempré avec sa cuisinière. — Exil de plusieurs membres des États de Bretagne. — Voyages du Roi. — Trianon, serres chaudes, pépinières et poulaillers. — Exil de M. de la Rochefoucauld. — États de Languedoc et de Bretagne. — Morts. — Remontrances du Parlement. — Bref du pape. — Mort de Mme de Pignatelli et du comte d'Évreux. — Refus de sacrements. — État de la marine. — Refus de sacrements et arrêt du Parlement contre l'évêque d'Orléans. — Les confessions; esprit de parti et de désobéissance. — Vente des meubles de plusieurs curés du diocèse de Troyes par ordre du Parlement. — M. de Mirepoix. — Présentation. — Le Parlement ne veut pas entendre la lecture d'un arrêt du conseil. — Réponse du Roi au Parlement..... XII, 312

Février. — Remontrances du Parlement. — Réflexion curieuse de l'auteur de ces Mémoires. — Chapitre de l'Ordre. — Mot de M. de Crussol à l'attaque de Montalban. — Les faucons de Malte. — Mort de M. de Forcalquier. — Abbayes données. — Voltaire, Maupertuis et le roi de Prusse. — Mort de la duchesse du Maine et de la duchesse d'Estrées. — Anecdote sur M. de Béthune-Cassepot et le duc de Gesvres. — Anecdote sur les maréchaux de Gramont et de Noailles. — Lettre du prince de Dombes. — Service pour Madame Henriette. — Les Bouffons font diversion aux querelles religieuses. — *Les Nouvelles ecclésiastiques.* — Arrêt de bannissement contre un curé. — Présentations. — Privilége des Rois et Reines et de la famille royale d'entendre la messe dans leur chambre. — M. de Monteil. — Observations sur les révérences. — Usage pour les présentations. — Mort de M. Klinglin. — Souscription pour Jéliotte. — Présentation de l'abbé de Brienne et usages. — Gouvernement de Nantes. — Nouveaux refus de sacrements et nouvel arrêt du Parlement contre l'évêque d'Orléans. — Arrêt du conseil du Roi. Le Parlement décide qu'il n'y obéira pas. — Procès du duc de Chevreuse. — Le Roi ne prend aucun parti sur l'arrêt du Parlement; il attend.......................... XII, 334

Mars. — Mort du comte de Gages. — Affaires du Parlement et de l'Université. — Mort de M. de Macanas. — La France retire ses troupes de l'île de Corse. — Jeux et bals. — Spectacle à Bellevue. — Mort de M. de Gramont. — Arrêts du conseil. — Signatures données par le Roi. — Présentations. — Ambassade de France à Varsovie. — Affaires du Parlement. — Présentations et révérences. — Renouvellement pour la Reine. — Baptême. — Relation de ce qui s'est passé à la faculté de théologie. — M. et Mme de Tana. — La Martinière perd un procès. — Continuation de la lutte du Parlement. — Arrêt du conseil d'État contre le parlement....... XII, 368

Avril. — Arrangements pour la retraite d'un officier des gardes du corps. — Lettres sur les affaires du Parlement. — Mort de M. Brissart. — Mme de Pompadour achète l'hôtel d'Évreux à Paris. — Mort de la duchesse de Rohan. — Suite des affaires du Parlement. — Nouveau confesseur donné au Dauphin et à Mesdames. — Ouvrage du roi de Pologne. — Audience donnée aux gens du Roi. — Ouvrage de l'archevêque de Sens. — Procès du duc d'Harcourt. — Droits à payer pour le tabouret. — Réponse du Roi à Messieurs du parquet. — Suite des affaires du Parlement ; gravité de la situation. — Anecdote racontée par la Reine. — Cène de la Reine et cène du Roi. — Voltaire. — Le duc d'Aiguillon achète la lieutenance générale de Bretagne. — Bâton d'exempt des gardes du corps donné à un roturier ; murmures. — Procès de Mme de Brun. — Six arrêts du conseil. — Audience de congé à Mme d'Ardore. — Les eaux jouent pour les ambassadeurs et ambassadrices. — Mort du P. Pérusseau. — Population et revenus de l'Angleterre et de l'Irlande................................ XII, 400

Mai. — Pension donnée à Mme de Lède. — Fiançailles et mariages du prince de Condé. — Réponse du Roi à la députation du Parlement. — Le Roi visite la princesse de Condé. Ancien usage qui ne se pratique presque plus. — Nouveaux canons. — Deux partis dans l'artillerie. — Le Parlement arrête qu'il cessera ses fonctions. — Lettres de jussion envoyées au Parlement. — Vol à l'hôtel de Limoges. — Exil des chambres des Enquêtes et des Requêtes. — Mort de l'avocat Guéau de Reverseaux. — Les Cent-Suisses. — Exil de la grande chambre à Pontoise. — Protestation des princes du sang contre les qualités prises par le prince de Soubise. — Copie d'une lettre de cachet adressée à Messieurs de la grande chambre. — Mariage de M. de Gisors. — Grâces du Roi. — Protestation des princes du sang. — Mort de l'archevêque de Sens. — La mère du premier président. — Refus de sacrements à un prêtre. — Statue de Louis XV par Bouchardon. — Arrêté de la grande chambre. — Libelle contre le Clergé. — Affaire du maréchal de Belle-Isle et de ses vassaux du comté de Gisors. — La quadrature du cercle. — Les gens du Roi à Marly. — Mémoire d'un curé contre le Parlement. — Mariage de M. de Gisors. Fête, cadeaux et dépenses. — Projet pour faire une place publique à Paris. — Anecdote sur l'exil de MM. de Belle-Isle. — Le duché de Nevers. — Baptême d'une cloche ; frais. — Fréron................................ XII, 47

Juin. — Les remontrances du Parlement. — Le frère Côme. — Brouille de la Beaumelle et de Voltaire. — Portrait du roi de Prusse par la Beaumelle. — Le P. Desmarets confesseur du Roi. — Chapitre de l'Ordre. — Anecdote sur le duc de Créquy. — Présentations. — Le chanteur Câfarelli. — Le Calichonchini. — Bélidor ; expériences de cet ingénieur sur la charge des canons et sur l'effet des mines. — Langes bénits apportés au duc de Bourgogne. — Anecdote sur le Régent et M. d'Affry. — L'amiral Bing ; sa courtoisie. — Nouvelles de l'Académie française. — Souscription en faveur de Jéliotte. — L'abbé Brenner. — Aventures de M. de Lafond. — Noblesse des Loménie de Brienne. — Les langes bénits. — Budget de l'Angleterre et de la Hollande. — Retraite d'un officier des mousquetaires. — Élection de Buffon à l'Académie française. — Affaires de Voltaire avec le roi de Prusse. — État de la 1ère compagnie des mousquetaires. XII, 461

Juillet. — Jugement sur la protestation des princes du sang. — Nouveau dais du Saint-Sacrement à Notre-Dame. — Le Dauphin à Paris. — L'abbaye et les religieuses de Panthemont. — Mort du comte d'Egmont. — Mort de Mme de Béthune. — Expérience sur les mines faites par Bélidor à

Bizy. — Mort de Mlle Braun. — Baptême. — Le premier valet de chambre de la Reine. — Départ de la Cour pour Compiègne. — Cafarelli; traitement que lui fait le Roi. — Départ de la Reine pour Compiègne. — Chaleur excessive. — Enlèvement des bancs à l'église N.-D. de Versailles. — Cour de la Dauphine à Versailles. — Nouvelles de la cour à Compiègne. — Le camp de Compiègne. — Le président Hénault nommé surintendant des finances de la maison de la Reine.................. XIII, 1

Août. — Nouvelles du Parlement de Rouen. — Curieuses réflexions de la duchesse de Luynes sur la légèreté et l'insouciance de la Cour et des ministres. — Le régiment du Roi passé en revue. — Esprit de Mme de Tallard. — Difficultés nouvelles. — Détails sur la grâce accordée au président Hénault. — Audience de congé à M. et Mme de Loss. — Affaire du parlement de Bretagne. — Réflexions sur l'esprit de désobéissance. — Nouvelles du parlement de Rouen. — Querelle entre l'Opéra et la Comédie. Les comédiens cessent de jouer. — L'évêque de Bayeux nommé archevêque de Sens. — Retour de la Cour à Versailles. — Frais à payer à Rome pour les bulles de Sens. Usages de la Cour de Rome. — L'ordre de Malte. — Mort de Mme de Saulx. — Nomination aux bénéfices. — Mme de Mirepoix nommée dame du palais de la Reine. — L'archevêché de Sens. — Affaires du parlement de Rouen. — Détails sur l'office de la Sainte-Chapelle.   XIII, 17

Septembre. — Aventure au grand couvert. — Nouvel habillement des Cent-Suisses. — Audience des États de Languedoc. — L'Académie des Inscriptions et Belles-Lettres offre au Roi trois volumes de son histoire. — Nouvelle place de Nancy. — École Militaire. — Audience des députés du Parlement de Rouen. — La Reine diminue son jeu. — Nouvelles de Rouen. — Audience et présentation. — Naissance du duc d'Aquitaine. — Inspection des régiments de cavalerie et de dragons. — Rapidité du voyage d'un courrier envoyé de Versailles à Paris. — Suite de l'affaire des princes du sang contre M. de Soubise. — Le parlement de Rouen. — Morts. — Création d'une chambre des vacations. — Affaire de M. Klinglin. — L'archevêque de Sens obtient le gratis de ses bulles. — Mort de M. de Montaigu. — Musique de la chambre. — Exil de M. de Franqueville. — Mort du comte de Nevers et de Mlle Desmares. — Le roi de Pologne à Versailles. — Estampes représentant les peintures de la galerie de Versailles. — La chambre des vacations. — Départ de Madame Infante. — Le Châtelet refuse d'obéir au Roi. — La fille sauvage de Châlons. — Nouveau clavecin. — M. de Malaspina. — Aurores boréales........... XIII, 36

Octobre. — Appareils de sauvetage et de natation. — Arrêt du conseil contre le Châtelet. — Une sainte fille et ses prédictions. — La Reine fait ses dévotions; difficultés. — Nouveaux canons. — Contrats de mariage. — Établissement de l'École Militaire à Vincennes. — École Militaire de chevau-légers. — Évêques *in partibus* suffragants d'archevêques. — Mandement des évêques de Boulogne et de Montauban. — Le Châtelet. — Départ du roi de Pologne. — Gratis accordé à l'archevêque de Sens. — M. de la Courneuve. — La Cour à Choisy. — Pendule de Passement. — La Cour à Fontainebleau. — Mort de M. de Franqueville. — Nouvelles diverses. — Exercices des dragons du régiment Mestre-de-Camp. — Droits contestés du surintendant de la maison de la Reine. — Le *Mercure Galant*; plaintes de la Reine contre l'indécence de cette comédie. — Résistance des Bailliages et du Châtelet.. XIII, 177

Novembre. — Nouvelles diverses de la Cour. — Le Châtelet. — M. de Franqueville. — Exil du Parlement à Soisons. — Météore. — Nouvelles de Madame Infante. — Accident arrivé à la Comédie. — Conseiller du Châtelet mis à la Bastille. — Bénéfices donnés. — Chambre royale établie au Louvre. — Établissement pour les enfants trouvés en Suède. — Lettre du Pape à la Dauphine. — Continuation de la résistance du Châtelet. — Rentrée et soumission du parlement de Rouen. — Nouvel ambassadeur à Rome. — Maladie de Madame Victoire. — Retour de la Cour à Versailles. XIII, 101

Décembre. — Ouvrage du P. Berruyer. — Mort de l'évêque de Châlons et de M. de Boze. — Élection du comte de Clermont à l'Académie française. — Pensions. — Suite de la résistance du Châtelet. — Promotion des cardinaux. — L'archevêque de Sens reçoit le *Pallium*. — L'ouvrage du P. Berruyer condamné. — Le Châtelet. — Soumission du P. Berruyer. XIII, 113

1754.

Janvier. — Cérémonie de l'Ordre. — Maladie de Mme de Tallard. — Porcelaine de Vincennes. — La Reine copie un tableau d'Oudry. — Mort de l'évêque de Toul. — Service des chevaliers. — Mort de Mme de Tallard. — Mort de l'évêque de Senlis. — Convoi de Mme de Tallard. Cause de sa mort. — Mme de Marsan remplace Mme de Tallard. — Le duc de Chevreuse nommé colonel général des dragons. — Arrangement avec le colonel de Coigny. — Les hautes payes. — Mme de Tallard. — Difficultés. — Naturalisation des juifs en Angleterrre. — Pendule de Passement.. XIII, 129

Février. — Anecdote sur Louis XIV et l'abbesse de Royal-Lieu. — Mariage de M. de Choiseul. — Mort de Roy. — Maladie de M. de Mirepoix et de Châtillon. — Le P. Laugier. — Serment prêté par le duc de Chevreuse. — Cabinet de Clairambault. — Anecdote sur trois joueurs. — Vol de la cassette de M. de Vaulgrenant. — Naissance et mort du comte de Montfort. — Mort de l'abbé Divers. — Les salines de Rozières. — Mort de Mme de Pressigny. — Mme de Pompadour obtient une marque de bonté du Roi pour le duc de Châtillon. — Présentation de Mmes de Choiseul et de Langeron. — Services pour Madame Henriette. — Morts. — Abondance et durée de la neige. — Mort du duc de Châtillon. — Anecdote sur le maréchal de Belle-Isle. — Grand bailliage de Hagueneau. — Mort de M. de Brezé. — Anecdote sur la mort du duc de Bourgogne. — Bénéfices donnés. — Maladies et morts. — Mort du duc d'Aquitaine et de Mme Gouffier. — Contrat de mariage de M. de Joyeuse. — Mort de M. du Plessis-Châtillon. — Mariage de M. de Joyeuse. — Riches veuves à marier. — Mort de M. d'Onsen-Bray. Sa succession. — Recettes de l'Opéra. — Le Châtelet. XIII, 143

Mars. — Affaires du Clergé. — Le Châtelet. — Bonté de l'archevêque de Paris. — Aventure singulière. — Présentations. — Cardinaux et évêques. — Grâce du Roi au duc de Châtillon. — États de Languecdoc. — Grâce du Roi au chevalier de Dreux. — Permission de manger des œufs pendant le carême. — Le duc de Bourgogne reçoit la Toison d'or. — Convoi du duc d'Aquitaine. — Fiançailles de la nourrice du duc de Bourgogne. —

La petite Madame. — Exil de M. de Mailly. — Émeute des paysans soulevés par leurs curés. — Arrêt du conseil contre le Châtelet. — Morts. — Résistance du Châtelet. — Mort de Mme de Marville et du duc d'Aremberg. — Suite des affaires du Châtelet. — Conseiller du Châtelet mis à la Bastille. — Nouvel arrêt du conseil. — Lettre de Messieurs du Châtelet au chancelier. — Mort du prince de Craon. — Le comte de Saint-Germain. — Commandements donnés. — Suite des affaires du Châtelet. — Hôtel de Dangeau vendu. — Pensions. — Décision du Roi sur les charges de l'Ordre. — Morts. — Journal historique du duc de Luynes. — Évêché donné. — M. de Boulainvilliers. — Mme d'Egmont se retire au Calvaire. — Lettre écrite au Roi par le parlement de Rouen. — Mort de l'évêque de Verdun, de la Chaussée et du maréchal de Maulevrier-Langeron. — Présentations et mariage. — Mort de Secousse. — Emprunt de 2 millions de rentes viagères. Abondance de l'argent à Paris. — Ouvrages de peinture et de sculpture des élèves de l'Académie. — Mort de Boffrand et de Ballin. — Le Châtelet. — Intendance donnée. — Réception du comte de Clermont à l'Académie française. — Mort de la maréchale d'Alègre — Mariage de M. de Creuilly. — Anecdote. — Enfants de M. de Seignelay........ XIII, 178

Avril. — Nouvel aumônier du Roi. — Abbaye donnée. — Vol chez la Dauphine. — Exil de M. Parisot. — Révérences et serment. — Mort de M. de Nestier. — Haras de Séez. — Les grandes entrées. — L'Académie française. — Mort du bailli Deschoisy. — Anecdote sur Monsieur, frère de Louis XIV. — Affaires du Châtelet. — Magasin de blé en Lorraine. — Suite des affaires du Châtelet. — Mort de M. de Meuse. — Le P. Laugier. — Morts. — Anecdote sur le siége de Gravelines. — M. de Lambert. — Évêque nommé. — Vol chez Mme de Durfort. — Morts. — Évêché de Bethléem. — M. de Lambert et sa fortune. — Mort de M. de Céreste. — Élection de M. de Bougainville. — Mariages et morts. — Automate. — Lettre au maréchal de Belle-Isle sur la mort de M. de Caravajal. — Sacre d'un évêque et usages. — Mort de la duchesse de Penthièvre. — M. de Bridge..... XIII, 215

Mai. — Code Frédéric. — Suite du vol commis chez Mme de Durfort. — Suite de l'émeute de Mantes. — Mort de Bachelier. — Le Roi achète le palais Bourbon. — Agnès Sorel. — Nouvelles diverses de la Cour. — Réception du commandant des mousquetaires noirs. — Audience des États d'Artois. — Le maréchal de Belle-Isle chargé d'examiner le nouvel exercice et les nouvelles manœuvres qui seront essayés dans quatre camps rassemblés à cet effet. — Mort de M. de Montgeron et du duc de Ruffec. — Pose de la première pierre du portail de Saint-Eustache. — La Reine à Dampierre... XIII, 244

Juin. — Contestation entre les valets de chambre de la Reine. — Cérémonie de l'Ordre. — Devoirs de la quêteuse. — Le Roi veut réduire le prix des charges des officiers des gendarmes de la garde. — Différences dans les croix des colliers de l'Ordre. — Voyage du prince et de la princesse de Condé à Dieppe. — Mort du bailli de Bissy. — Le parlement de Rouen demande une audience au Roi et envoie MM. les gens du Roi à Versailles sans permission. — Lettre de milord Keith au maréchal de Belle-Isle. — Cérémonie à l'abbaye de Saint-Cyr. — Le Roi travaille beaucoup. — Audience du Roi au premier président. — Grâces du Roi à M. de Courbouson. — Le droit de survivance. — Les gens du Roi du parlement de Rouen rendent compte de la réponse du chancelier. — Audiences. — Brochures sur les affaires du temps. — Nouvelles diverses. — Mort de l'évêque de Saint-Omer. — Refus de sacrements. — Mort de la fille de Mme de Pompadour. — La Reine envoie un page chez Mme de Pompadour. — Le Roi de Prusse donne une pension à d'Alembert. — La Reine donne son portrait à milord Marshall. — Étiquette pour souper avec la Reine chez la duchesse de Luynes. — L'abrégé chronologique du président Hénault. — Évêché donné. — Augmentation des revenus de l'infant don Philippe. — Mort de M. Poisson. — Mot de Frédéric sur M. de Gisors...................... XIII, 261

Juillet. — Les sauvegardes. Opinion des maréchaux de Saxe et de Belle-Isle à ce sujet. — Mariages. — Nouvelles diverses de la Cour. — Fabrication du papier. — Paris faits à propos de la quadrature du cercle. — Évêchés donnés. — Nouvelles diverses. — La Cour à Compiègne. — Journal de la Cour. — Lettre du premier président aux présidents des chambres. — Contestations entre le gouverneur et l'intendant de Picardie et Artois. — Changements dans le ministère. — Rappel du Parlement. — Disgrâce du premier ministre d'Espagne. — Suite du journal de la Cour à Compiègne. XIII, 287

Août. — Rétractation de l'abbé de Prades. — Retour de la Cour à Versailles. — Douleur du duc de Penthièvre. — Affaire de Mme de Rannes. — Nouvelles diverses. — Morts. — Naissance du duc de Berry. — Feu d'artifice à Versailles. — Morts. — On dit la messe pour la première fois à Saint-Louis de Versailles. — Règles relatives aux enfants de France. — Révérences à la famille royale. — Scrutin de la Ville. — Renouvellement des difficultés pour la place derrière le fauteuil du Roi. Le journal du duc de Luynes consulté pour la solution de ces difficultés. — Église de Saint-Louis à Versailles. — Médecin de la Bastille. — Le *Te Deum* pour les enfants de France. — Apanage du duc d'Orléans. — Logements. — M. Bignon nommé grand maître de l'Ordre. — Gouverneur des pages de la Reine. — Morts et pensions. — Intendant nommé. — Mariage de Mme Amelot. — Indignation de Paris contre la nourrice du duc de Berry. — Menin et dames nommés. — Mort de la maréchale de Tonnerre. — Anecdote sur M. de Pons. — *Te Deum* à Paris. — Illuminations et feu d'artifice à Paris. — Illumination de la maison du président Hénault....................... XIII, 307

Septembre. — Lettre de cachet adressée aux membres du Parlement. — Plaintes des chanoines de la Sainte-Chapelle. — Visite du lieutenant civil et de dix conseillers du Châtelet au premier président. — Fin de la chambre royale. — Lettres patentes du Roi pour la dissoudre. — Mort de la reine douairière de Portugal. — Mme de Rannes condamnée. — Mort de M. de la Tour et de M. du Châtelet. — Rentrée du Parlement. — Déclaration du Roi. — Le Parlement approuve la conduite de Messieurs du Châtelet et blâme celle du lieutenant civil et du procureur du Roi. — Arrêté du Châtelet. — Arrêté du Parlement. — Discours de M. d'Ormesson. — Audience du Roi à la députation du Parlement. — Assemblée du Parlement. — Serments. — Petit-Bourg. — Audience du Roi aux cardinaux et aux archevêques. — Discours du premier président au Roi. Réflexions d'un ministre sur la manière dont ce discours fut prononcé. — Le roi de Pologne à Versailles. — Mousquetaire pris en délit de chasse.

— Nouveaux refus de sacrements. — Nouvelles diverses de la Cour. — Troupes de contrebandiers. — Gouvernement de Ham et pension du Roi cédés en payement d'une dette de jeu. — Morts. — L'abbé Rance remplace M. Jomard. — Départ du roi de Pologne. — Entrée de l'ambassadeur de Venise à Paris.. XIII, 333

Octobre. — Fête donnée par Mme de Brissac. — Nouvelles de la Cour. — Nouvelles difficultés au sujet de refus de sacrements. — Le roi de Pologne à Saint-Ouen. — La chambre du Roi à Fontainebleau. — Le Dauphin et la Dauphine à Paris. — Affaire des refus de sacrements. — Établissement de la place Saint-Sulpice; fêtes et cérémonie. — La duchesse de Luynes à Sens. — *Alceste*. — Affaire de l'évêque de Nantes. — La terre de Marigny érigée en marquisat. — Pensions mises sur le *Mercure*. — Affaires des chanoines d'Orléans. — Spectacles à Fontainebleau. — Succès d'une tragédie de Voltaire. — Morts. — Affaire des chanoines d'Orléans. — Opéra de *Thésée*. — Suite des spectacles de Fontainebleau. — Succès de l'opéra de *Thésée*. — Convoi de la fille de Mme de Pompadour. — Suite des spectacles de Fontainebleau. — Pari pour une course à cheval........ XIII, 360

Novembre. — Course de milord Puscot. — L'archevêque de Sens nommé cardinal. — La promotion des Couronnes. — États de Bretagne. — Retour de la Cour à Versailles. — Archevêché de Besançon donné à l'abbé de Choiseul. — Contrats de mariage. — Diverses grâces du Roi. — Les petits clercs de la chapelle surnommés *Grille-Boudins*. — Piqueurs morts vieux. — Spectacles de Fontainebleau; dépenses et cérémonies. — Affaire des chanoines d'Orléans. — Élection de Dalembert à l'Académie française. — Refus de sacrements..................................... XIII, 382

Décembre. — Morts. — Ordre du Roi à M. Creuilly. — Projet de mariage de M. de Marigny. — Audiences du Roi au premier président et à M. l'archevêque de Paris. — Le Roi s'occupe lui-même des affaires relatives aux querelles du Clergé et du Parlement. — Baptême. — Cent douze tambours exécutent devant le Roi la nouvelle marche de l'infanterie française. — Audience de la Reine à l'ambassadeur de Suède en Espagne. — Nouvel ordre d'exil à l'archevêque de Paris. — Réponse du Roi au premier président. — Arrêté du Parlement. — Le comte de Gisors. — Mlle Lallemand administrée par ordre du Parlement. — La diète de Pologne. — Morts. — États de Bretagne. — Abbaye donnée. — Mort de Mme du Muy. — Mariage. — Présentation. — Affaire d'Orléans. — Exil de l'évêque d'Orléans. — Mort de M. du Chayla. — Tableau de Vien peint à la cire. — Réception de Dalembert à l'Académie. — Mort de la princesse de Brunswick. — Lettres de l'évêque d'Orléans et de l'évêque de Boulogne. — Mort de milord Albemarle. — Anecdote sur le maréchal de Villars. — Mlle Gaucher. — Mort de M. de Chabannes. — Les contrebandiers en Auvergne et en Bourgogne. — Orage en Lorraine... XIII, 369

Extraordinaire (1754).

Janvier. — La Reine visite Mme de Tallard; le Roi n'y va pas. — Anecdote sur le cardinal de Fleury. — Le parlement d'Aix............ XIII, 421

Février. — Travail du prince de Conty avec le Roi. — Situation générale des affaires. — Mme de Pompadour obtient la grâce de M. de Châtillon... XIII; 424

Mars. — Conseil de dépêches. — Partis dans le ministère. Puissance du garde des sceaux soutenu par Mme de Pompadour. M. d'Argenson soutenu par Mme d'Estrades. — Affaires du Châtelet. — Abus dans la maison du Roi et dans celle de la Reine; on ne veut pas les réformer. — Abus dans l'administration des forêts. — Le maréchal de Noailles....... XIII, 425

Avril. — Décisions contraires. — Caractère de Louis XV; son indécision entre MM. d'Argenson et de Machault. — Augmentation de crédit de Mme de Pompadour. — Mme d'Estrades. — Travail du prince de Conty avec le Roi. — Anecdote sur le crédit de Mme de Pompadour. XIII, 429

Juin. — Pension accordée à Mme de Talmond. — Audience au premier président. — Opinion du Roi sur la confession. — Lettre du Roi au premier président................................. XIII, 432

Juillet. — Mlle Murphy. — Les soupers avec Mme de Pompadour recommencent. — Tapage nocturne à Compiègne. — Le prince de Conty. — Changements et partis dans le ministère. — Mme d'Estrades. — M. de Machault. — M. de Séchelles.................. XIII, 435

Août. — M. de Verneuil. — Entreprises, prétentions. Le Roi ne fait pas exécuter ses décisions. — Raisonnements sur le Parlement.. XIII, 439

Septembre. — Luxe de l'ameublement de la nouvelle maison de Mme de Pompadour à Paris. — Nourrice du duc de Berry. — Audience au Clergé. — Quels sont les auteurs de la déclaration du 2 septembre. Caractère de l'enregistrement de cette déclaration. — Résolutions du Clergé. — M. de Machault et ses projets. — Manque de fermeté du Roi. — Le duc de Gesvres à Blérancourt................................. XIII, 442

Octobre. — Audience de l'évêque de Nantes. — Arrêt du conseil contre le Parlement de Rennes. — Détails sur la conduite de l'évêque de Nantes................................. XIII, 448

Décembre. — Affaires du Clergé et du Parlement. — Exil de l'archevêque de Paris. — Anecdote sur la réponse de Louis XV au premier président. — M. du Chayla. — Déchaînement contre M. d'Hérouville. XIII, 449

1755.

Janvier. — Réponse du Roi au premier président. — Exil de l'évêque de Troyes. — Chapitre de l'Ordre. — Manière de parler de l'abbé de Pomponne. — Nouvelles du Parlement. — Règlement de la succession du duc et de la duchesse du Maine. — Statue de Louis XV à Rennes. — Le plafond du salon d'Hercule. — Gouvernement donné. — La chambre des lords. — MM. de Taff. — La grande meute du cerf. — Grâces diverses. — Nouvelles du Parlement. — Mort et mariage. — M. de Séchelles déclaré ministre. — États de Provence. — Refus de sacrements; arrêt du Parlement. — Le spleen. — L'abbé de Laville rentre au bureau des Affaires-Étrangères. — Appointements. — Mort de M. des Alleurs. — Affaires du Parlement. — Morts. — Suite des affaires du Parlement. — M. de Vergennes nommé ambassadeur à Constantinople. — Mort du sultan. — Affaire de la duchesse de Perth. — Mme de Conscrans. — La Reine à Saint-Cyr. — Un géant. — Arrêtés du Parlement. — Mariages. — Mort de la princesse de Bade. — Contrats de mariage. Réflexions du Roi au sujet de cet acte en général et à propos de celui du duc d'Ayen. — Nouvelles du Parlement. — Ordre donné par le Roi à des chanoines et prêtres décrétés de prise de corps et réfugiés à Versailles. — Suite des nouvelles du Parlement. — Réponse de l'archevêque de Paris au Parlement. — Mariage. — Appointements de l'ambassadeur français à Constantinople............ XIV, 1

Février. — Richesse de l'architecte de Cotte. — Cérémonie de l'Ordre. — Le P. Griffet. — Mort de M. Caraccioli. — Nouvelles du Parlement. — Refus de sacrements. — Trois prêtres condamnés au bannissement. — Affaire du chevalier de Villeneuve. — Accident à la chapelle. — Nouvelles du Parlement. — Réception du duc d'Uzès au Parlement. — Nouvelles du Parlement. — L'archevêque d'Aix exilé. — Mort de l'abbé Lenglet-Dufresnoy. — Mort de Montesquieu; sa fortune et son caractère. — Réponse du Roi au premier président. — Nominations au Parlement. — Mort de Mme de Bourbon-Busset. — Nouvelles du Parlement. — Nouvelles diverses de la Cour. — Mort de Mme de Gourgues. — Affaire de M. de Plumartin. — Mariage de Mlle le Camus. — Nouvelles du Parlement. — M. de Ségur nommé prévôt de la ville, prévôté et vicomté de Paris. — Réponse du Roi au premier président. — L'archevêque de Paris exilé à Lagny. — La terre de la Meilleraye. — Morts. — L'automate. — Épidémie de rougeole. — Succession de Mme Desmaretz. — Présentations et audience. — Nouvelles du Parlement. — Audience du Roi aux cardinaux de Soubise et de la Rochefoucauld. — Mort de M. de Bellegarde. — L'archevêque de Paris à Lagny. — Mort de Mme de Hautefeuille. — Espérances de conciliation et difficultés. — Efforts du Roi pour rétablir la paix. — Lettre du Roi à l'archevêque de Paris et réponse de celui-ci.. XIV, 27

Mars. — Morts. — Abbayes vacantes. — Comment le Roi nomme à l'abbaye des Sept-Fontaines. — Abbaye destinée à être unie à la chapelle de l'École Militaire. — Mort du duc de Saint Simon. — Conférence de divers prélats à Lagny. — Mort de Mme de Roissy. — Assemblée de 27 évêques au sujet des billets de confession. — Testament du duc de Saint-Simon. — Nouvelles du Parlement. — Lettre de l'évêque de Marseille au président Hénault. — Mémoire de l'évêque de Marseille au chancelier. — Lettre de l'évêque de Marseille à l'évêque de ***. — Lettre de l'archevêque d'Auch et de ses suffragants au Roi. — Réquisitoire de M. d'Ormesson contre la lettre de l'archevêque d'Auch et arrêt du Parlement. — Mort de la maréchale de Belle-Isle; son caractère. — Lettres de la Reine à la duchesse de Luynes. — Nouvelles du Parlement. — Présentations. — Affaires du parlement de Paris. — Le parlement d'Aix et l'évêque de Marseille. — Mariages. — L'archevêque de Paris revient à Conflans. — Nouvelles du Parlement. — Affaire de l'évêque de Marseille. — Nouvelles du Parlement. — Audience du Roi aux cardinaux de Soubise et de la Rochefoucauld. — Travail du Roi avec le prince de Conty. — Nouvelles du Parlement. — Affaire du curé de Saint-Vrin. — Affaire de Saint-Médard. — Arrêt du Parlement sur la bulle *Unigenitus*. — Réception de cinq ducs au Parlement. — Procès plaidé devant les pairs. — Affaire du procureur du Roi du bailliage de Troyes. — Les curés de Paris cités devant le Parlement. — Assemblée de Lagny. — La princesse de Carignan. — Détails sur l'assignation des curés de Paris. — Mort de la duchesse de Ruffec. — Affaires du Parlement. —

Élection de M. de Châteaubrun à l'Académie. — Audience du Roi au premier président. Discours du premier président et réponse du Roi. — La Reine et le Dauphin font leurs dévotions. — Affaires d'Amérique. — Résolution du gouvernement. — Nouvelles du Parlement. — Lettre du cardinal d'Alsace sur les affaires religieuses de France. — Nouvelles de l'Inde. — Morts — Cène du Roi et de la Reine...................... XIV, 54

Avril. — Morts et mariage. — Mort du comte de Frise. — Arrêt du conseil d'État. — Nouvelles diverses de la Cour. — Réponse du Roi au premier président. — Nouvelles du Parlement. — Nouvelles de l'embarquement des troupes envoyées en Amérique ; ardeur des soldats. — Chambord. — Nouvelles du Parlement. — Mme de Torcy. — M. de Gisors. — Les remontrances du Parlement tenues secrètes. — Nouvelles de la Cour. — Nouvelles du Parlement. Le chapitre d'Orléans reconnaît la compétence du Parlement. — Arrêt du Parlement contre l'évêque de Troyes. — Remontrances du Parlement. — Audience du Roi au Parlement. Discours du premier président et réponse du Roi. — Morts et grandes successions. — Nouvelles diverses de la Cour. — Opinions du Parlement en 1747 et en 1755. — Mort de M. de Baudry. — Nouvelles diverses de la Cour. — Arrêts du Parlement. — Embarquement des troupes qui passent en Canada ; mauvais état de leurs armes ; bonne volonté des soldats. — État des escadres de Brest. — Nouvelles diverses de la Cour. — Affaire des capucins de Troyes. — Ouvrages des élèves de l'Académie de peinture présentés au Roi. — Arrêts du Parlement.. XIV, 101

Mai. — Un conseiller au Parlement qui a la croix de Saint-Louis. — Vice-amiraux. — État de la marine française et de la marine anglaise. — Développement considérable des forces navales de la France. — M. Faure. — Origine des contestations avec l'Angleterre. — Morts et mariage. — Le jeu à Marly. — Départ de la flotte de Brest. — Nouvelles du Parlement. — Affaire de la Sorbonne. — Frayeur de Mme de Mirepoix. — Caractère et manuscrits du duc de Saint-Simon. — Les créanciers du duc de Saint-Simon frustrés de la moitié de leurs créances. Revenus du duc de Saint-Simon. — Méthode du maréchal de Belle-Isle pour la fourniture des fourrages. — Grandes dépenses du maréchal de Belle-Isle. — Nouvelles de Marly ; pertes et gain du prince de Tingry. — Nouvelles du Parlement. — Affaire de Langres. — Affaire de la Sorbonne et lettre du Roi. — Prêtres condamnés par le Parlement au bannissement perpétuel et aux galères perpétuelles. — La Sorbonne refuse d'enregistrer l'arrêt du Parlement. — Le Parlement fait inscrire son arrêt sur les registres de la Sorbonne. — Mandrin. — Nouvelles de la Cour. — Usages pour les dispenses. — États d'Artois. — Nouvelles de la Cour. — Audience du Roi au premier président. — Mort, richesses et testament de M. Grimod de Beauregard. — Mort du duc de Châteauvillain. — La Dauphine à Marly. — Mariages. — Le conseil souverain de Lorraine refuse d'enregistrer un arrêt du conseil du duc de Lorraine. — Nouvelles de la flotte de Brest. — Nouvelles du Parlement. — Nouvelles de Marly. — Ordre de faire la place Louis XV. — Voyages du Roi. — Assemblée du Clergé. — Mémoire de la Sorbonne au Roi. — Mort du maréchal de Lowendal.. XIV, 135

Juin. — Audience du Roi aux députés de l'assemblée du Clergé. — Détails de cérémonial. — La Reine à Saint-Cyr. — Procès du maréchal de Belle-Isle contre ses vassaux. — Refus de sacrements ; sermon scandaleux. — L'assemblée du Clergé accorde le don gratuit. — Revue de la maison du Roi. — Le guet des gardes du corps. — Présentations. — Le marquis de la Ferté. — Ce qu'on appelle des plaisirs dans les gardes du corps. — Détails sur les gardes du corps. — Pension de retraite non demandée. — Emprunts du Clergé. Réduction de l'intérêt à 4 p. 100. Taux de l'intérêt hors de France. — Mort de M. de Polignac et de l'évêque de Marseille. — Considération étrange en vertu de laquelle on destine souvent à l'église les enfants. — Nouvelles du Parlement. — Ce que le Clergé a donné au Roi depuis 1700. — Refus de sacrements. — La maison de Conflans. — L'assemblée du Clergé. — Mariages. — Morts. — École des chevau-légers. — Baptême d'une cloche. — Consommation du bois et du charbon à Paris. — Arrêts du Parlement. — Grande quantité de canons et de mortiers en France. — Mariages et successions ; nouvelles diverses de la Cour. — Culture des fruits. — Évêché donné. — Abbaye donnée à l'abbé de Bernis. — Retraite d'un chef de brigade et brigades données. — Audiences. — Le traitement à dîner. — Intendance de Rouen donnée. — L'emprunt du Clergé. — Présentations et révérences. — Mort de l'évêque de Dijon. — La quadrature du cercle. — Déplacements continuels du Roi. — Bouchardon fait le modèle en terre de la tête du Roi. — Départ de l'ambassadeur de Sardaigne à propos de l'affaire de Mandrin. — Mariage de M. de Tessé. — Mort et croissance extraordinaire. — Dupleix à Paris. — Nouvelles du Parlement. — Évêchés donnés................ XIV, 166

Juillet. — Départ de la Cour pour Compiègne. — Mariage. — Nouvelles de la Cour. — Nouvelles du Parlement. — Pavillon de Mme de Pompadour à Compiègne. — Nouvelles diverses. — Mme de Pompadour à Séchelles. — Nouvelles du Parlement.. — De quoi on parle à la Cour. — Premières nouvelles des hostilités des Anglais. — Mort d'Helvétius. — Lettre de la Reine. — Spectacles. — Fonte de la statue de Louis XV par Guibal et Ciflé. — Arrêté du Parlement dans l'affaire des chanoines d'Orléans. — Nouvelles de la Cour. — Réponse de la régence d'Angleterre aux protestations du gouvernement français. — Préparatifs de guerre. — Nouvelles du Parlement. — La Reine à Ourscamps. — Départ de l'ambassade d'Angleterre. — Nouvelle de l'arrivée de nos troupes en Canada. — Préparatifs de guerre. — On rétablit les fortifications et le port de Dunkerque. — Morts. — Arrivée à Lorient des vaisseaux de la Compagnie. — Mort de Mme de Mazarin. — Affaire de l'ambassadeur et de l'ambassadrice de Hollande. — Nouvelles du Parlement. — Réductions dans les dépenses du Roi..... XIV, 196

Août. — Le roi de Suède donne des lettres de noblesse à M. Couturier. — Testament de Mme de Mazarin. — Efforts pour augmenter la marine. Tentatives d'alliance avec la Prusse et l'Espagne. — Le Roi garde auprès de lui le maréchal de Belle-Isle. — Le Roi vient à Versailles voir la Dauphine. — Le roi de Prusse à Wesel. — Réforme des voyages et autres dépenses extraordinaires. — Spectacles à Compiègne. — Nouvelles du Parlement et de la Sorbonne. — Exil de Mme d'Estrades. — Nouvelles diverses de la Cour. — Nouveaux canons. — Nouvelles du Parlement. — Retour de M. Godeheu. — Épreuve des nouveaux canons. — Nouveaux canons de Gribeauval. — Ventilateur pour les mines. — Course d'un partisan sous Louis XIV,

— Nouvelles du Parlement. — Le président Hénault et d'Alembert nommés membres de l'Académie des belles-lettres de Stockholm. — Nouvelles de Dunkerque. — Le roi d'Espagne reste neutre. — Arrivée à Versailles du roi de Pologne. — Mort de l'ancien évêque de Mirepoix. — M. de Chambors blessé mortellement à la chasse par le Dauphin. — Mort de Mme de Parabère. — Nouvelles du Parlement. — Dupleix créé marquis. — Changements dans les ambassades. — Le chevalier de Méril. — Académie de France à Rome. — Testament de l'ancien évêque de Mirepoix. — La succession du prince Charles. — Le Parlement prorogé. — Privilége du parlement de Toulouse. — Le Roi donne la feuille des bénéfices au cardinal de la Rochefoucauld. — Réformes dans les équipages de chasse et dans les écuries. — Tableaux de J. Vernet. — Places vacantes dans le Parlement. Diminution du prix des charges. — Organisation du Parlement et ordre qui s'observe dans la suite des procès. — Cherté des vivres en Canada. — Nouvelles de Madrid. — Arrêt du Parlement sur l'affaire des chanoines d'Orléans.. XIV, 215

Septembre. — Procès du maréchal de Richelieu. — Baptême et mort de Madame. — Bataille de la Belle-Rivière. — Départ du roi de Pologne. — Place de Nancy et l'architecte Héré. — Voyages du Roi ; dépenses qu'ils occasionnent. — Nouveau bail des fermiers généraux. — M. du Guay capture une frégate anglaise. — Ce que la France peut avoir de bâtiments de guerre dans le port de Lisbonne. — Refus de sacrements à Troyes ; un chanoine arrêté. — Le bail des fermes. — Audience du Roi au Clergé. — Les Anglais capturent nos bâtiments de commerce. — Le Roi renvoie en Angleterre la frégate prise par M. du Guay. — Matelots anglais arrêtés à Dunkerque et relâchés. — Mlle Châtelain se fait carmélite. — Testament de M. de Tallard. — La Reine va voir l'archevêque de Rouen. — Grâces accordées à la maison de Duras. — Anecdote sur le Régent. — Anecdote sur Mme de Puisieux et Mazarin. — Ambassadeurs nommés. — Nouvelles diverses de la Cour. — Capture de bâtiments français par les Anglais. — M. de Saint-Séverin se retire du conseil d'État. — Madame Adélaïde prend le titre de Madame. — Chevaux grecs pour le duc de Bourgogne. — Détails sur l'administration des bâtiments. — Départ de la Cour pour Fontainebleau. — Anecdote sur un mousquetaire noir. — Le roi d'Espagne mécontent des Jésuites à cause des missions du Paraguay. — Nouvelles du Parlement. — La Cour à Fontainebleau. — Arrivée du marquis Duquesne du Canada. — Ce qu'on nomme une chambre. — Élection à l'Académie française et lettre du comte de Clermont. — Vente d'une charge et arrangements. — Nouvelles du Canada. — Musique et spectacles à Fontainebleau. — Audience du Roi au Parlement.. XIV, 250

Octobre. — Mort du prince de Dombes. — Audience du Roi au Clergé. — Nouvelles diverses de la Cour. — *L'Orphelin de la Chine* et réflexions de la Reine. — Accident chez le Roi. — Audience du Roi au Grand Conseil. — Nouvelles diverses de la Cour. — Nouvelles du Parlement. — Affaire du Grand Conseil et du Parlement. — Aventure d'un capitaine anglais à Calais. — Retour de la Cour à Versailles. — Mort subite. — Déclaration du Roi pour le Grand Conseil. — Résistance du Parlement à cette déclaration. — Nouvelles diverses de la Cour. — Discours et motions de l'abbé Chauvelin au Parlement. — Morts. — Le comte d'Eu nommé gouverneur de Languedoc. — Réponse du Roi au Clergé. — Audience du Clergé pour la clôture de l'assemblée et discours de l'évêque d'Autun. — Députation du Clergé chez le chancelier; difficultés. — Les religieux du Liban. — Gouvernement du Liban. — Produit des quêtes faites par les religieux du Liban en Espagne et en France.. XIV, 274

Novembre. — Mort du prince de Pons et du maréchal de la Mothe. — Le comte de Saulx nommé chevalier d'honneur de la Reine. — Nouvelles du Parlement. — Défaite du baron Dieskau en Canada. — Les salines de Rozières. — Nouvelles diverses de la Cour. — Nouveaux refus de sacrements. — Lettre du Clergé au Pape et débats dans l'assemblée du Clergé sur les affaires religieuses; les tolérants, les intolérants et les feuillants. — Refus de sacrements; arrêtés du Parlement. — Nouvelles diverses de la Cour. — Ce que rapporte une compagnie des gardes et détails sur la solde. — Naissance du comte de Provence. — L'ouverture du ventre. — Annonce de l'accouchement de la Dauphine à la Ville. — Fête dans la maison du gouverneur de Paris. — Cérémonies dans lesquelles le gouverneur de Paris jette de l'argent au peuple. — Tremblement de terre à Lisbonne. — Mariage des protestants. — Déclaration du roi d'Angleterre à la Hollande au sujet des hostilités contre la France. — Réponse du gouvernement hollandais. — Généalogie de la famille de Broglie. — Mariage de M. de Cambis. — Aventures sur mer. — Un enfant qui a la tête transparente. — Projet de mariage du prince de Monaco. — Troupes de la république de Gênes. — Audience du Roi au Parlement. — Représentations du cardinal de la Rochefoucauld au Roi au sujet de l'archevêque de Paris et réponse du Roi. — Difficultés à Nancy à propos de l'érection de la statue du Roi. — Réception du comte d'Eu comme colonel général des Suisses. — *L'Observateur hollandais.* — Les Anglais continuent à capturer nos bâtiments sans que la guerre soit déclarée. — *Te Deum* à Notre-Dame; révérences, réponses et difficultés...................... XIV, 294

Décembre. — Dépenses pour la guerre et la marine. — Transport de la statue du Roi de Lunéville à Nancy. — Nouvelles diverses. — Brochure sur les affaires du Parlement et du Grand Conseil. — Abondance de l'argent à Paris. — Nouvelles d'Angleterre. — L'archevêque de Sens élu à l'Académie des sciences; le président Hénault élu à l'Académie des inscriptions et belles-lettres. — Lettre circulaire du Clergé aux évêques. — Arrêté du Parlement. — Nouvelles d'Amérique. — Armements de l'Angleterre. — Détails sur le tremblement de terre. — Présentation des députés de Lorraine. — Ordonnance pour l'augmentation de la cavalerie. — L'artillerie et le génie réunis en un seul corps. — Difficultés. — Baptême des cloches de Saint-Louis de Versailles. — Morts. — Pertes du commerce à Lisbonne. — Audience du Roi au Parlement. — Mort de Mlle Briçonnet. — La chambre des comptes de Montauban refuse de recevoir un président nommé par le Roi. — Résistance du parlement de Dijon à la déclaration du Roi relative au Grand Conseil. — Mort de M. d'Avaucourt. — Changements dans les contrôles. — Pensions à Mme des Alleurs et à la maréchale de Lowendal. — Divers mariages du maréchal et de la maréchale de Lowendal. — Tapisseries des Gobelins. — Contestation entre le comte de Charolais et le prince de Conty à propos de chasse. — Le comte de Dunois nommé mestre de camp. — Lettre de la Reine. Mort de Mme de Belloy. — Projet d'hôpital. — Difficultés pour le fauteuil pour les gens titrés chez les princesses du sang. — Le maréchal de Belle-Isle nommé commandant des côtes depuis Dunkerque jusqu'à Bayonne. — Le tremblement de terre......... XIV, 326

Extraordinaire (1755).
Travail du prince de Conty avec le Roi. — Anecdotes sur le maréchal de Noailles et M. de Belle-Isle. — Affaires religieuses. — Analyse d'une lettre du Pape à l'archevêque de Sens. — Lettre de Louis XV à l'archevêque de Paris. — Esprit d'examen en 1755. — Le Roi traite seul les questions religieuses ; son embarras à une audience donnée au premier président. — Travail du prince de Conty avec le Roi. — Lettre du duc de Luynes à sa sœur sur le mariage de M. de Sassenage. — Un vice-amiral qui ne connaît pas Mme de Pompadour. — Puissance des bureaux constatée par Louis XV.. XIV, 354

1756.

Janvier. — Chapitre de l'Ordre. — Le prince Louis de Wurtemberg. — Détails sur la terre de Navarre et la principauté de Bouillon. — Nouvelles diverses de la Cour. — Préparatifs pour la guerre dirigés par le maréchal de Belle-Isle. — Le commandement du littoral de la Méditerranée donné au maréchal de Richelieu. Généraux placés sous ses ordres et sous ceux du maréchal de Belle-Isle. — Ce que l'on paye pour les serments chez les gardes des sceaux. — Morts et testaments. — Le duc de Chevreuse légataire universel de Mme de Saissac. — Mécontentement du Roi contre M. Hocquart, capitaine de *l'Alcide*. — La duchesse de Velours. — Tragédie d'*Esther* jouée à Saint-Cyr devant la famille royale sous la direction de Racine le fils. Nom des actrices. — Mort du cardinal Caraffa. — Tremblements de terre ; des religieux exploitent ces calamités. — Nouvelles d'Angleterre et de Hollande et de la guerre. — Mise en défense du littoral de la France; réforme des gardes-côtes. Forces navales ; manque de canons. — Plan d'opérations adopté. — Réquisitoire du Roi envoyé au roi d'Angleterre et réponse du ministère anglais. — Mort du confesseur de la Reine; nouveau confesseur nommé. — Réponse du Roi à la députation du Parlement. — Charges achetées et vendues. — Nouvelles diverses. — La *Gazette de France*; quel est le rédacteur de l'article de LA COUR. — Arrêté du Parlement. — Le Dauphin et la Dauphine à Paris. — Pensions. — Traité du roi de Prusse avec l'Angleterre. Refus de la France de traiter avec la Prusse. — La flotte de Toulon. — Intendants des Menus.......... XIV, 373

Février. — Chapitre de l'Ordre. — Rappel de l'abbé de Guébriant. — Les travées des musiciens à la chapelle ; les musiciens n'y trouvent pas de place. Procès de M. de Nesle. — Anecdotes sur Albéroni et le duc de Vendôme. — Anecdote sur M. de Massiac et l'amiral Bing. — Lettre du Dauphin. — Difficultés pour avoir une nourrice pour le comte de Provence. — Escadre de Toulon ; retards dans les fournitures des farines. — Assemblée d'évêques ; les Théatins et les Feuillants. — Le port de Dunkerque. — Mariage de M. de Macnemara. — Mme de Pompadour nommée dame du palais. — Détails sur l'abbé de Guébriant et sur l'électeur de Cologne. — Mme de Tyrconnel.

— Arrêté du Parlement au sujet de la déclaration du Grand Conseil. — Mariages et arrangements; noces. — Les billets imprimés pour faire distribuer à toutes les portes et annoncer un mariage sont un abus. — Analyse du traité de Whitehall. — Réponse de la Hollande à notre ambassadeur. — Nouvelles diverses de la Cour. — Nouveaux détails sur les négociations de l'abbé de Guébriant auprès de l'électeur de Cologne. — Arrêts du Grand Conseil et du Parlement. — Affaires du Parlement. — Usage introduit depuis que la Reine a pris l'habitude de souper chez Mme de Luynes. — Détails sur la permission de manger les œufs en carême. — Calcul sur la diminution de la durée de l'hiver et du printemps.......... XIV, 403

Mars. — Allocution du Roi au Parlement. — Mort de M. de Salière. — Commandement et administration de l'École Militaire. — Mort de M. de Creuilly. — Nouvelles diverses. — Tremblement de terre à Versailles. — Maladie de M. de Séchelles. — Arrêté du Parlement. — Mariages et mort. — Les curés du diocèse d'Auxerre dénoncent un mandement de leur évêque à l'avocat du Roi. — Essai de canons et de pontons. — Consigne pour les jardins de Versailles, Trianon et Marly. — Mort du président le Camus. — Lettre sur un projet d'alliance entre la France et l'Autriche attribuée à Stanislas Leczinski. — Lettre du duc de Luynes à ce sujet. — Audience du Parlement et réponse du Roi. — Aventure de M. Morosini. — Diverses nominations. — Affaires du Parlement. — Élection à l'Académie des sciences. — Nouvelles de Brest. — Baptême du fils de M. de Chambors; mot du Dauphin. — M. de Moras adjoint au contrôleur général. — Maladie de M. de Séchelles. — Discours du premier président au Roi. — Anecdotes sur le maréchal de Belle-Isle. — Arrêté du Parlement. — L'archevêque de Rouen nommé cardinal. — Désir du Roi d'être agréable à la Reine. — Tronchin et l'inoculation. — Mort de M. d'Ormesson. — Nouvelles de Brest. — Nouvelles de Lisbonne. — Nouvelles diverses de la Cour. — La tragédie d'*Athalie* jouée à Saint-Cyr devant la famille royale; noms des actrices. — Le duc d'Orléans fait inoculer ses deux enfants. — Arrêté du Parlement. — Morts. — Affaires du Parlement. — Le contrôleur général doit porter une canne à bec de corbin. — Le duc de Chartres et Mademoiselle sont inoculés. Détails sur Tronchin. — Pension accordée au président Roujault. — Le duc de Béthune donne sa démission de capitaine des gardes. — Ordre donné au syndic de la Sorbonne. — Note remise par l'ambassadeur de France au gouvernement de Hollande................................. XIV, 447

Avril. — Morts. — Résistance du parlement de Rouen. — Nouvelles du parlement de Paris. — Mort de la maréchale de Maillebois. — Nouvelles du Parlement. — Présentations. — Trois rubis de la Couronne. — Mort de la princesse de Rohan. — Affaires du parlement de Rouen et du parlement de Paris. — Convoi de la princesse de Rohan. — Nouveau refus de sacrements. — Condamnation de divers ouvrages par le Parlement. — Nouvelles diverses. — Les conseillers d'État. — M. de Gisors est inoculé; embarras du maréchal de Belle-Isle à cette occasion. — Affaires du Parlement. — Naissance du duc d'Enghien. — Le duc de Mirepoix nommé capitaine des gardes. — La Cène. — Dévotions de la famille royale. — Départ de la flotte de Toulon. — La promotion des Couronnes. — Détails sur les nouveaux cardinaux français. — Embarquement de troupes pour le Canada; MM. de

Montcalm et de Lévis partent pour cette colonie. — Nouvelles de Brest et des armements. — La calotte et la barrette. — Nouvelles de la flotte de la Méditerranée. — Mort de Cassini. — Mort de Mme de Méliand. — Tronchin à la Cour. — Pensions à Mme de Séchelles. — Baptême du prince de Lamballe. — Pension à Mlle de Braque. — Les maisons des Louis à Versailles. — Audience au Grand Conseil et réponse du Roi. — Nouvelles du Parlement. — Débarquement de l'armée française dans l'île de Minorque.. XV, 1

Mai. — Nouvelles du Parlement. — Affaire de la Cour souveraine de Nancy. — Nouveaux détails sur Tronchin. — L'hôtel de Soissons. — Nouvelles maritimes. — Audience aux gens du Roi. — Le Roi défend à *la Gazette* de parler de ses voyages. — Usages à Notre-Dame pour le *Te Deum*. — La Malmaison. — Contestations du Parlement. — Affaires au parlement de Rouen. — Relation des opérations dans l'île de Minorque. — Affaire du parlement de Bordeaux. — Nouvelles du Parlement. — Le maréchal de Belle-Isle déclaré ministre d'État. — Nouvelles de la Cour. — Une frégate française prend un vaisseau anglais. — Grâces accordées à des officiers du régiment des gardes. — Affaires du Parlement. — Projet d'hôpital. — Présentation de Mme de Gisors. — Affaires du parlement de Rouen. — Nouvelles du Parlement. — Nouvelles de Mahon. — Nouvelles diverses. — Détails du combat de M. d'Aubigny et nouvelles d'Amérique. — Affaires du parlement de Rouen. — Arrêt du conseil sur l'affaire de la Sorbonne. — Nouvelles de Mahon. — Combat de deux frégates françaises. — Manifeste du roi d'Angleterre. — Solde du maréchal de Belle-Isle. — Déclaration du Roi sur les armements pour la course. — Vaucanson. — Commerce et filature de la soie dans les Cévennes. — Lettre de Mme de Maureville sur le combat de *l'Aquilon*. — Vol chez Mme de Marsan. — Nouvelles du siège du fort Saint-Philippe. — Lettre du marquis de la Galissonnière sur le combat naval de Minorque. — Écritoire d'argent. XV, 41

Juin. — Nouvelles diverses et procès. — Grâces accordées à M. de Maureville. — Affaires du parlement de Rouen. — Cérémonie à Panthemont. — Affaires du Parlement. — Procès de M. de Nesle. — Alliance avec l'Autriche. — État des forces navales de la France et de l'Angleterre. État des relations diplomatiques de la France ; neutralité de l'Europe. — Nouvelles du Parlement. — Le camérier à Paris. — Affaire de la cour souveraine de Nancy. Réponse du roi de Pologne. — Prestation de serment des trois cardinaux. — Nouvelles du parlement de Rouen. — Cérémonie des Chevaliers. — Difficulté par rapport au camérier. — Audience au camérier et remise de la barrette au cardinal de Tavannes. — Remise de la barrette au cardinal de Luynes. — Le Roi à Choisy ; remarque à ce sujet. — Nouvelles de la Rochelle et d'Amérique. — La barrette remise au cardinal de Gesvres. — Difficulté chez le duc de Bourgogne à l'audience des Cardinaux. — Nominations diverses. —Le P. Souzi. — Les Anges du Pape. — Détails sur le Pape. — Visite des nouveaux Cardinaux au duc de Bourgogne et à ses frères. — Détails sur l'école des chevau-légers. Le Roi la visite. — Le traité avec l'Autriche est l'œuvre du Roi. — Audience aux gens du Roi. — Nouvelles diverses. — Serment des nouveaux cardinaux. — Mort de l'ambassadeur de Venise. Mlle de Móras. — Nouvelles de Mahon. — Revenus de l'île de Minorque,

de la Savoie et du duché de Parme. — Nouvelles du parlement de Rouen.
— Affaire de la Sorbonne. — Nouvelles de Mahon. — Déclaration de guerre
à l'Angleterre. — Nouvelles du parlement de Rouen. — Mort de M. de Dampierre. — Voyage du Dauphin et de la Dauphine au château de Maintenon
et à Chartres. — Pensions, morts, baptême, présentation, mariages. — Nouvelle marche des dragons. — Le Dauphin, la Dauphine et Mesdames à Paris.
— Opéra d'*Énée et Lavinie*. — Mort de l'abbé de Pomponne. — Retraite de
M. de Puisieux. — Occupation de la Corse par les Français. — M. de Séchelles.. XV, 87

Juillet. — Mort du cardinal de Soubise. — L'abbé de Pomponne. — Mort
de l'abbé de Saint-Aulaire. — Habillement des cardinaux. — Nouvelles du
Parlement. — Frais payés par les cardinaux pour l'enregistrement de leur
serment à la chambre des comptes. — La Cour à Compiègne. — Mémoires
pour l'histoire de Mme de Maintenon. — Mort de Mme de Creuilly. —
Pension à M. de Saint-Michel. — Arrêté du Parlement. — Droit des carrosses du Dauphin. — Morts. — Le maréchal de Belle-Isle à Dunkerque. —
Nouvelles maritimes. — Testament du cardinal de Soubise. — Neutralité
de la Hollande. — Nouvelles diverses. — Premières nouvelles de la prise
du fort Saint-Philippe. — Attention du Roi pour la Reine. — Incendie des
magasins de la marine à Rochefort. — Détails sur la prise du fort Saint-Philippe. — Conspiration en Suède. — Capitulation du fort Saint-Philippe.
— Mandement de l'évêque de Troyes. — M. de Monaco. — Fête donnée
par Mme de Pompadour. — Arrêté du Parlement. — Nouvelles du Canada.
— Lettre de l'évêque de Troyes. — Installation de l'École Militaire à Paris.
— Détails sur l'incendie de Rochefort. — Nouvelles maritimes. — Nouvelles
de Calais. — Les Anglais s'emparent des îles Chausay. — Nouvelles de
Dunkerque. — Nouvelles du Parlement. — Nouvelles diverses. — Mort de
Mlle Salé. — La pension baladine. — Le capitaine Cunningham. — Nouvelles
du Parlement. — Nouvelles maritimes. — Lettre du Roi aux évêques sur la
prise de Mahon. — Nouvelle édition des œuvres de Voltaire.   XV, 137

Août. — Les Dalberg. — Nouvelles d'Amérique. — Réponse du Roi au Parlement. — Arrêté du Parlement sur les nouveaux impôts. — Affaire de l'évêque de Troyes. — Affaire du parlement de Rouen. — Anecdote sur le maréchal de Créquy. — Exil de l'évêque de Troyes. — Nouvelles maritimes. —
Fête donnée par l'ambassadeur d'Espagne. — Protestation du parlement
de Rouen contre les ordres du Roi et applaudissements du public. — Arrêté du parlement de Paris. — Récompenses à l'armée du maréchal de Richelieu. — Réponse du Roi au Parlement. — Bénéfices donnés. — Grâces à
l'abbé Durini. — Réponse sévère du Roi au Parlement. — Arrêté du Parlement. — Les officiers de Brest font réimprimer une declaration de Louis XIII
contre l'Angleterre. — Chanson sur le roi de Prusse. — Traité avec Gênes.
— Nouvelles diverses de la Cour. — Nouvelles d'Amérique et nouvelles
maritimes. — Audience au premier président. — Retour de la Cour à
Versailles. — Préparatifs pour le lit de justice. — Fin de l'affaire du fauteuil refusé aux gens titrés chez les princes du sang. — Arrêté du Parlement. — Lit de justice. — Arrêté du Parlement. — Nouvelles diverses. —
Protestation du Parlement contre le lit de justice. — Combat du *Héros*. —
Levée de volontaires par Fischer. — Présentation. — La Baumelle à la

Bastille. — *Lettre d'un avocat*, brochure condamnée au feu. — Affaire des Hospitalières du faubourg Saint-Marceau................ XV, 176

Septembre. — Bande d'incendiaires. — Nouvelles diverses. — Condamnation à mort du marquis de Plumartin. — Incendiaires mis en mouvement par l'Angleterre. — Arrêté du Parlement sur l'affaire des Hospitalières. — L'abbé de Bernis nommé ambassadeur à Vienne. — Nouvelles de Brest. — Projet d'établir un port à la Hogue. — Combat en Amérique. — Combat du *Héros*. — Nouvelles du Parlement. — Épître de Marmontel. — Le maréchal de Belle-Isle. — Testament du duc Ossolinski. — Occupation de Leipsick par le roi de Prusse. — Le traité de Versailles. — Destruction des boutiques du Pont-Neuf. — Le roi de Pologne. — Lettre à la Dauphine sur l'occupation de la Saxe par les Prussiens. — Rassemblement à Metz des troupes destinées à aller au secours de l'Impératrice. — Nouvelles maritimes. — Audience du Roi à la chambre des comptes et à la cour des aides. — Lettre de l'électrice de Saxe à la Dauphine. — Nouvelles du Parlement; affaires des archevêques d'Auch et de Paris. — Arrêtés du Parlement sur l'instruction pastorale de l'archevêque de Paris et contre la lettre de l'archevêque d'Auch. — Réponse de M. de Bellegarde au roi de Prusse.... XV, 212

Octobre. — Indisposition du Roi. — Hôpital fondé à Crécy par Mme de Pompadour. — Projet du port de la Hogue et dépenses à faire pour la défense des côtes. — Décret du conseil aulique contre le roi de Prusse. — Le roi de Pologne à Bagatelle. — Nomination des officiers généraux des vingt-quatre mille hommes. — L'Académie d'architecture. — La troupe de M. Fischer. — La Cour à Fontainebleau. — Accommodement de l'électeur de Saxe avec le roi de Prusse. — Prise du fort d'Oswego par M. de Montcalm. — Le comte d'Estrées envoyé à Vienne au sujet des vingt-quatre mille hommes. — Mme de Marsan. — Opération de la taille. — Embarquement des troupes françaises pour la Corse. — Nouvelles diverses de Fontainebleau. — Nouvelles de Dresde; capitulation de l'électeur de Saxe. — Fausse couche de la Dauphine. — Détails de l'affaire de Pirna. — M. de Martanges. — Mort de l'amiral la Galissonnière. — Nouvelles diverses. — Eaux de Walschbronn. — Nouvelles maritimes........................ XV, 241

Novembre. — Nouvelles de Dresde. — Morts. — Remontrances de divers parlements contre les nouveaux impôts. — Mort de M. de Clermont-Gallerande. — Éclat de la Cour à Fontainebleau. — L'instruction pastorale de l'archevêque de Paris. — Affaire des Hospitalières. — Changement de ministère en Angleterre. — Les Prussiens évacuent la Bohême. — Affaires religieuses. — Nouvelles de la Cour. — Armements maritimes en France. — Nouvelles de Fontainebleau. — Embarquement de troupes pour Pondichéry. — Réponse du Pape au Roi. — Lettre du Roi au cardinal de Tavannes. — Testament de M. de Clermont-Gallerande; le petit baron. — Envoi de troupes dans l'Inde. — L'archevêque de Paris accepte le bref du Pape. — M. de Conflans nommé vice-amiral. — Nouvelles du Parlement et réponse du Roi. — Exil de plusieurs évêques. — Arrêté du Parlement. — Cause de l'exil des évêques. — L'archevêque de Paris et le maréchal de Belle-Isle. — Lettre du parlement de Bordeaux au parlement de Paris. — Forces de l'Impératrice. — Dépenses du gouvernement français pour l'armée et la marine. — Madame à Saint-Cyr............... XV, 257

Décembre. — Mort de la duchesse de Sully et de M. de Brionne. — Nouvelles du Parlement. — Ambassadeur russe à Paris. — Lettre de l'évêque d'Amiens. — Nouvelles diverses. — Le roi de Prusse à Dresde. — Nouvelles du Parlement. — Le parlement de Rouen veut faire brûler le bref du Pape. — Audience aux gens du Roi. — Mort de Mme Dupleix. — Détails sur Dupleix. — Affaires du Parlement. — Audience aux gens du Roi. — Mandement de l'évêque de Troyes au sujet de l'Immaculée Conception. — Affaire de Mme Amelot et des filles Sainte-Marie. — Audience au premier président. — Nouvelle audience du Roi au Parlement. — Conduite du maréchal de Belle-Isle à Metz. — Mort tragique. — Lit de justice à Paris et démissions. — Le parlement de Douai. — Appointements de M. de Lally et troupes sous ses ordres. — Dupleix dans la misère. — La religieuse noire de Moret. — Difficultés et disputes. — Anecdote sur Louis XIV. — Affaires du Parlement. — Ordre aux évêques de se rendre dans leurs diocèses. — Suite des affaires du Parlement. — Mort de l'Impératrice douairière. — Bois et constructions navales au Canada. — Nouvelles diverses de la Cour. — Affaires du Parlement et du Châtelet. — Réponse du Roi à la Grand'Chambre.................................... XV, 275

Extraordinaire (1756).
Prétentions de MM. de Bouillon et de Rohan. — Dispute entre le comte de Charolais et le prince de Conty. — Difficultés faites aux gens titrés par les princes du sang. — Le duc de Duras échoue dans son ambassade à Madrid. — Mot du prince de Conty sur les visites des gens titrés aux princes et princesses du sang. — L'abbé Chauvelin. — Mme de Pompadour ; sa conversion. — Détails sur la mauvaise administration de la marine. — Mme de Pompadour dame du palais. — Maîtresses passagères du Roi. Première mention du Parc-aux-Cerfs. — Anecdote sur la campagne du maréchal de Belle-Isle sur le Var. — Comment il faut écrire un journal. — Requête des princes et des pairs présentée au Roi par le duc d'Orléans. — Origine de la contestation entre le Grand Conseil et le Parlement, et affaire de la Pairie. — Le prince de Conty travaille avec le Roi. — La maréchale de Duras. — Mme de Pompadour ; son crédit. — Revenus et dettes de la Reine. — Refus de l'archevêque de Paris à Mme de Pompadour. — Opinions du prince de Conty sur le Parlement. — Traité avec l'Impératrice. — Le roi de Prusse. — Raisonnements sur le traité avec l'Autriche. — L'instruction pastorale de l'archevêque de Paris. — Sur les affaires religieuses. — Sur le bref du Pape. — Le Roi décidé à briser le Parlement. — La maréchale de Duras et Madame Victoire. — Affaires du Parlement et lit de justice. XV, 318

1757.

Janvier. — Cérémonie de l'Ordre. — L'abbé de Bernis entre au conseil. — Mort de Mme de Lamoignon. — Audience au premier président. — Paméla. — Départ de M. de l'Hôpital pour la Russie. — Dépenses du maréchal de Belle-Isle pendant son ambassade de Francfort. — Chapitre de l'Ordre. — Loterie en faveur de Paris. — Attentat de Damiens. — Le Parlement. — Affection du peuple de Paris pour le Roi. — Les États de Bretagne. — Détails sur l'assassin. — Audience aux États de Bretagne. — Morts et généalogies. — Mort de Fontenelle. — Le Parlement. — La Prévôté. — Instruction du procès de Damiens. — Détails obtenus sur Damiens par le prince de Croy. — Le Dauphin au Conseil. — Les États de Bretagne. — Mlle d'Escouflet. — Affaires du Parlement. — Nouvelles diverses. — Pages de la musique de la chambre. — Audience au Parlement. — Les États de Bretagne et d'Artois. — Produit des loteries. — Nouvelles de Rochefort. — *Te Deum*. — Mort du duc de Mortemart et de Mlle de Brionne. — Audience au Parlement et réponse du Roi. — Discours du chancelier. — Abbaye donnée. — Affaires du Parlement. — Nouvelles diverses. — Exil de plusieurs membres du Parlement. — Démonstrations des cours étrangères pour la personne de Louis XV. — Instruction du procès de Damiens ; détails de procédure et anecdote sur le maréchal de Belle-Isle. — Mort du marquis d'Argenson. — Nouvelles diverses. — Premier aumônier du Roi. — Disposition de logements à Versailles.................. XV, 349

Février. — Arrêté de la Grand'Chambre. — Les guichets du Louvre. — Harangues au Roi. — Cérémonie de l'Ordre. — Changements dans le ministère. — Réponse du Roi au Parlement. — Chapitre de l'Ordre. — Lettres du Roi aux deux ministres exilés. — M. d'Argenson. — Précautions pour la sûreté du Roi et du Dauphin. — La maison de Durfort. — MM. de Moras et de Paulmy nommés ministres. M. de Crémille adjoint à M. de Paulmy. — Premiers bruits d'une nouvelle armée que le Roi enverra en Allemagne. — Forces militaires de la France. — Remontrances du Parlement. — Grâces au comte d'Argenson et à M. de Machault. — Mariages de M. de Parabère. — M. le Peletier. — Droit des pairs de siéger au Parlement. — Réception du duc de Duras au Parlement. — Commencement du procès de Damiens. — Nouvelles des parlements de Rouen et de Bordeaux. — Procès de Damiens. — Maréchaux de France nommés. — Suite du procès de Damiens. — Remercîments des maréchaux et maréchales de France. — Arrêtés des membres démissionnaires du Parlement. — Nouvelles du parlement de Paris et les parlements des provinces. — Anecdotes sur Louis XIV et le duc de Gesvres. — Détails sur les séances du Parlement. — Nouvelles du Parlement... XV, 392

Mars. — Élection de M. Séguier à l'Académie française. — Suite du procès de Damiens. — Mort du prince de Chalais. — Le Roi tient les sceaux. — Mécontentement du Roi contre Messieurs des Enquêtes et Requêtes. — Remontrances du parlement de Rouen. — Anecdotes sur l'Impératrice ; détails sur son gouvernement et ses revenus. — Propositions faites à Louis XV en 1741 par Marie-Thérèse. — Les conseillers d'État. — École militaire d'Autriche. — Suite du procès de Damiens. — Détails sur la captivité de Damiens ; dépenses qu'elle occasionne. — Mort de M. de Saint-Séverin et notice biographique. — M. Pallu créé intendant général de la marine. — Condamnation de l'amiral Bing. — Suite du procès de Damiens. — Lettre du comte de Tessin au maréchal de Belle-Isle. — Généraux de l'armée du Bas-Rhin. — Nouvelles de Brest. — Nouveaux arrangements pour l'Opéra. — Ordonnance pour le règlement des équipages et de la table des officiers. — Toiles peintes et détails statistiques. — Réception de l'évêque d'Autun à l'Académie française. — Sacre de l'évêque de Strasbourg. — Le Roi tient les sceaux. — Nouvelles de Westphalie. — Suite du procès de Damiens. — L'amiral

Bing. — Duel à Paris. — Création de généraux-majors. — Démission de Champcenetz et nouveau premier valet de chambre. — Démission de M. Silhouette. — Suite du procès de Damiens. — Les trois genres de question. — Suite des affaires du Parlement. — Suite du procès de Damiens. — Nouvelles du parlement de Besançon. — Neuf chapeaux vacants. — Fin du procès de Damiens. — Supplice de Damiens. — Nouvelles de Brest. — Changements dans les logements de Versailles.................. XV, 419

Avril. — Réception de M. Séguier à l'Académie française. — Le Roi tient le sceau. — Affaires du Sr Gauthier et de la demoiselle d'Escouflet. — Libelles et affiches. — Mort de M. du Laurent. — Nouvelles du parlement de Besançon. — Fin de diverses affaires se rattachant au procès de Damiens. — Affaire Ricard. — Nouvelles diverses. — La cène. — Pensions du Roi aux sergents et aux soldats qui ont gardé Damiens. — Affaire de la paroisse Sainte-Marguerite. — Nouvelles du roi de Prusse. — Nouvelles diverses. — Pensions données aux commissaires du procès de Damiens. — Duel entre un colonel et un lieutenant. — Mme Grimod. — Un paquet mystérieux. — Loterie royale. — Nouvelles de Dresde. — Nouvelles diverses. — Imprimerie clandestine. — Lettre de l'Impératrice au Roi. — Nouvelles d'Allemagne. — Les marchands du palais de Versailles renvoyés. — La loterie. — Crédit de M. de Montmartel. — Affaire Gauthier. — Opposition des princes du sang au titre de prince que prend M. de Soubise. — L'héritier du duc de la Force. — Déclaration du Roi contre les libelles. — Le Roi nomme un premier président au parlement de Besançon. — Prieuré donné. — Exemple d'oubli du devoir dans la marine. — Nouvelles diverses. — Mort du cardinal de la Rochefoucauld.. XVI, 1

Mai. — Mort du musicien Le Prince. — M. de Fontenay nommé ambassadeur de l'électeur de Saxe. — Mort du musicien Godonèche. — La *Gazette de France*. — Mort de l'abbé de la Grive. — Testament du cardinal de la Rochefoucauld. — Bulletins de l'armée de Westphalie. — Mort du chevalier de Mailly. — Succès du roi de Prusse en Bohême. — Succès de M. de Kersaint en Guinée. — Bulletin de l'armée de Westphalie. — Première affaire avec les Hanovriens. — Détails sur les revenus du Roi ; note sur la ferme du tabac. — Budget des recettes de 1757. — Finances de l'Angleterre. — Conduite de l'Angleterre en 1733. — Le Roi tient le sceau. — Nouvelles de Paris. — Départ des princes du sang pour l'armée. — Le Roi nomme un premier président au parlement de Rouen. — Nouvelles maritimes. — Premières nouvelles de la bataille de Prague. — Bulletin de l'armée de Westphalie. — Nouvelles de l'Inde. — Détails sur la bataille de Prague. — Note sur la bataille de Molwitz. — Nouvelles diverses — Chapitre de l'Ordre. — Présentation de Mmes d'Étampes et de Lastic. — Mort de Mme Grimod. — Un mariage d'argent. — Récompenses données aux officiers et à l'équipage du *Robuste*... XVI, 42

Juin. — Un hermaphrodite. — Détails sur les violences exercées contre l'électrice de Saxe à Dresde. — Nouvelles de Bohême. — Nouvelles diverses. — Le cardinal de Luynes nommé président du bureau des communautés. — Le duc de Berry nommé grand maître de Saint-Lazare. — Nouvelles de la Cour. — Procès de la princesse de Talmond contre le comte Ossolinski. — Affaire religieuse à Orléans. — Abbayes données. — Manufacture de Sèvres. —

Nouvelles de l'armée de Westphalie. — Nouvelles diverses. — Nouvelles de l'armée de Westphalie. — Nouvelles de la Cour. — Le Pape donne son portrait et ses œuvres à la Sorbonne. — Nouvelles de Westphalie; affaire de Bielefeld. — Nouvelles diverses. — Lettres de la Reine. — Nouvelles des armées. — La feuille des bénéfices donnée à l'évêque de Digne. — L'ordre de Saint-Lazare. — L'abbé de Bernis nommé ministre des affaires étrangères. — Défaite du roi de Prusse à Kollin. — Lettres du maréchal Daun à l'Empereur et de l'Impératrice à Louis XV sur la bataille de Kollin. — Levée du siége de Prague. — Grâce à M. Rouillé.............. XVI, 68

Juillet. — L'évêque d'Eucarpie. — Monument du curé Languet de Gergy. — Procès de l'évêque de Metz. — Manufacture de porcelaine de Sèvres. — Mme de Pompadour. — L'Autriche rappelle son ambassadeur de Londres. — Détails sur la bataille de Kollin et la levée du siége de Prague. — Balles de verre. — La Cour à Compiègne. — Mort de Mme de Sandwich. — Vers à soie. — Nouvelles de Westphalie. — Mme d'Anisy et Mme de Pompadour. — Deux filles du Régent. — Nouvelles de Vienne. — Morts. — Prise d'Embden. — L'Impératrice remet Ostende et Nieuport à la garde de Louis XV. — Nouvelles de la Cour. — Essai de fusées pour signaux. — Lettre sur la prise d'Embden. — Le maréchal d'Estrées se porte sur le Weser. — Détail de la prise d'Embden. — Le maréchal d'Estrées passe le Weser. — Nouvelles de Bohême. — Départ de l'ambassadeur de Portugal. — Nouvelles des armées. — Combat naval près du Cap. — Difficultés au sujet du mariage de M. de Monaco. — Acquittement du prieur d'Auriac. — Suite des opérations en Westphalie. — Détails sur le comté de la Lippe et l'évêché de Paderborn. — Mort de la reine douairière de Prusse. — Grande exécution faite par la Reine d'un livre de Voltaire. — Occupation de Cassel. — Nouvelles de Bohême et de l'armée russe. — L'armée du maréchal de Richelieu se met en mouvement. — Nouvelles de l'escadre de M. de Kersaint. — Prise de Munden. — Nouvelles de Bohême et de Westphalie. — Mot du Roi à l'évêque de Digne et nouvelles diverses de la Cour. — Mouvements des armées en Westphalie et en Bohême. — Lettre circulaire de l'évêque de Digne. — Prise de Gottingue. — Nouvelles de la Martinique et du Mexique; violences exercées par les Anglais sur les bâtiments espagnols. — Nouvelles de Westphalie et de Bohême. — Succès de M. Rigaud en Canada. — Nouvelles de l'armée de Westphalie. — Détails sur la victoire de M. Rigaud à William-Henry. — Prise de Gabel par les Autrichiens. — Nouvelles diverses de la Cour. — Le maréchal de Richelieu remplace le maréchal d'Estrées. — Bravoure de M. de Dunois. — Prise de Memel par les Russes. — Victoire du maréchal d'Estrées à Hastenbeck. — Mouvements des Russes dans la Prusse ducale.. XVI, 90

Août. — L'archevêque de Besançon promu au cardinalat. — Topographie des environs d'Hastenbeck. — Capitulation de Hameln. — Détails de la bataille d'Hastenbeck. — Jugement et condamnation de Ricard et de ses complices. — Acquittement des particuliers injustement accusés par lui. — Horreur qu'inspirent ces procédures. Pourquoi Ricard et Morphy seront roués en Artois. — Occupation de Hameln. — Incendie. — Accident arrivé à l'archevêque d'Alby. — Nouvelle de la Cour. — Le Roi envoie de l'eau de Luce au duc de Cumberland. — Évacuation de la Bohême par les Prussiens. Nouvelles de la Cour. — Retraite des Hanovriens ; prise de Minden ; aspect du Hanovre. — Le duc de Chevreuse occupe Hanovre. — Les jardins de Cassel. — Retraite des Hanovriens sur Stade. — Mort de M. Maboul. — Nouvelles du Parlement. — Le roi Stanislas à Versailles. — Le Roi va à Sèvres voir le service de porcelaine qu'il donne au roi de Danemark. — Présent de Mme de Pompadour à l'électeur-archevêque de Cologne pour le récompenser de son zèle pour la France. — M. de Boulogne nommé contrôleur général. — Contributions frappées en Bohême en 1741. — Anecdote sur M. de Stralen. — Incertitude sur la destination d'une flotte anglaise. — Défenses des côtes de France. — Comment se fait le scrutin de la Ville pour l'élection du prévôt des marchands.................... XVI, 123

Septembre. — Brillante réception faite à l'ambassadeur de France à Vienne. — Nouvelles diverses. — Anecdotes sur M. de Campillo. — Mort de la princesse de Montauban. — Audience à la Grand'Chambre et réponse du Roi. — Le Roi remet les démissions des membres du Parlement. — La grande députation du Parlement vient à Versailles ; discours du chancelier. — Les chambres du Parlement reprennent le service. — Réponse du Roi à une députation du Parlement. — Arrêt du Parlement. — Réponse du Roi à une nouvelle députation du Parlement. — Fête donnée à Stanislas Leczinski à Bagatelle. — Lettre de Stanislas Leczinski à Mme de Monconseil. — Accident arrivé à Stanislas Leczinski. — Arrivée de Madame Infante. — Départ de la Cour pour Fontainebleau. — On élargit les portes à Fontainebleau ; causes de cet élargissement. — Morts et maladies. — Les ducs de Brunswick et de Gotha implorent la clémence du Roi. — Mort de M. d'Aligre. — Le roi de Prusse se porte contre l'armée des Cercles et M. de Soubise. — Accident arrivé à Madame Sophie. — Un miracle à Compiègne. — Capitulation des Hanovriens à Closter-Severn. — Les Prussiens battus par les Russes à Jægendorf et par les Autrichiens à Gœrlitz. — Lettre de Frédéric à milord Maréchal. — Succession de Mme de Montesson. — Mme Martinet et le comte de Toulouse. — Détails sur les opérations de l'armée française dans le Hanovre pendant la seconde quinzaine du mois d'août et les premiers jours du mois de septembre. — Les quarante dragons de M. de Grandmaison. — Lettre du maréchal de Richelieu au duc de Chevreuse sur la convention de Closter-Severn.................................. XVI, 148

Octobre. — Mort du duc de Gesvres et du duc d'Antin. — Les Anglais menacent les côtes de Saintonge. — L'île d'Aix est attaquée. — Le premier président donne sa démission. Ce que rapporte cette charge. — M. Molé nommé premier président, et grâces accordées à M. de Maupeou. — Affaire de M. de Soubise contre des dragons prussiens. — Mort de Mme de Coigny et du maréchal de Mirepoix. — Nouvelles du Canada. — Belle conduite de M. de Berchiny. — Prise de Chandernagor par les Anglais. — Les Anglais évacuent l'île d'Aix. — Accusations contre les protestants de l'ouest de la France ; comment ils se conduisent pendant que les Anglais sont sur les côtes de la Saintonge. — Retour de l'archevêque de Paris. — L'évêque d'Orléans nommé à l'évêché de Condom. — Nouvelles de l'armée russe. — Naissance de Mlle de Condé et du comte d'Artois. — Pourquoi le nouveau prince reçut le nom d'Artois. — Fête donnée par Mme de Mazarin. — Détails sur les conseillers d'État. — Dépenses qu'est obligé de faire le président de la chambre des Vacations. — Nouvelles du roi de Prusse et mouvements de son armée. — Ce que coûtent et rapportent les charges de président à mortier. — Prise du fort William-Henry en Canada. — Nouvel arrangement pour les semaines des dames du palais de la Reine. — Intelligences du roi de Prusse avec une partie des princes de l'armée des Cercles. — Nouvelles des armées du duc de Richelieu et du prince de Soubise. — Retour de l'évêque de Chartres. — Le conseil de dépêches. — Forces des Autrichiens, des Français et des Prussiens. — Grâces accordées au maréchal de Belle-Isle. — Nouvelles de la Cour. — Nouvelles de Silésie. — Anecdote sur le maréchal de Belle-Isle. — Grâces accordées à la maréchale de Mirepoix. — Retour des chevau-légers et fête qu'ils donnent à Versailles. — Mort de M. de Louvois. — Le Pape casse le mariage de M. de Béjar. — Chanson contre l'expédition de l'île d'Aix. — La Reine à Saint-Cyr. — Nouveau lieutenant de police. — Mort de Réaumur. — Nouvelles des armées. — Difficultés sur la démission de l'évêque d'Orléans........................... XVI, 185

Novembre. — Nouvelles des armées. — Nouvelles diverses de la Cour. — Détails sur les mouvements de l'armée de Richelieu depuis le 13 septembre et nouvelles de l'armée de M. de Soubise. — Renforts envoyés au prince de Soubise par le maréchal de Richelieu. — Premiers mouvements du roi de Prusse contre l'armée du prince de Soubise et l'armée des Cercles. — Nouvelles de la flotte anglaise. — Premières nouvelles de la bataille de Rosbach. — Notice biographique sur dom Calmet. — Nouvelles de la bataille de Rosbach. — Prisonniers de guerre en Angleterre. — Mort de l'infant de Portugal don Antoine. — Mariage de M. Le Franc avec Mme Dufort. — Les Hanovriens n'exécutent pas la convention de Closter-Severn. Le maréchal de Richelieu retourne dans le Hanovre. — La convention de Closter-Severn conclue par trois personnes qui n'avaient pas de pouvoirs ; critique de cet acte. — Démission de la duchesse d'Antin. — Capitulation de Schweidnitz. — Nouvelles de la flotte de M. Dubois de la Mothe. — Mort du Grand Seigneur. — Nouvelles diverses de la Cour. — Détails sur la campagne de M. Dubois de la Mothe. — Mort de l'électrice de Saxe. — Nouvelles de l'armée du maréchal de Richelieu........................... XVI, 233

Décembre. — Édit portant création de 4 millions de rentes viagères. — Nouvelles diverses. — M. et Mme d'Esseval. — Vente d'oiseaux et de coquilles. — Le Roi rachète l'hôtel de Conty. — Ordres du Roi à la Sorbonne et observations de la Faculté. — Bataille de Breslau. — La maison de Custine. — Morts. — Affaire de la Sorbonne. — Nouvelles du Hanovre. — Arrêt du Parlement contre un ouvrage de théologie. — Le prince Ferdinand de Brunswick nommé général de l'armée hanovrienne. Les hostilités recommencent en Hanovre. — Révérences à propos de la mort de l'électrice de Saxe. — Belle conduite d'un officier et de sept soldats. — Deux frégates capturées par les Anglais. — Nouvelles du Hanovre. — Nouvelles diverses de la Cour. — Dupleix et la compagnie des Indes. — Bataille de Leuthen ou de Lissa. — Nouvelles des armées. — Mort du prince de Guémené. — Anecdotes relatives aux sauvages du Canada. — Réception du duc de Chevreuse au Parlement, comme gouverneur de Paris...... XVI, 255

Extraordinaire (1757).

Mme de Pompadour et le Roi après l'attentat de Damiens. — Sur les discours

de la petite pensionnaire de Saint-Joseph au sujet de l'assassinat du Roi.
— Exil de MM. de Machault et d'Argenson et grâce accordée à ce dernier.
— Fermeté du maréchal de Belle-Isle. — Défauts de Louis XV. — Réception de M. de Duras au Parlement. — Sur l'assistance des princes et des pairs au procès de Damiens. — Sentiments du Roi et de Mme de Pompadour pour le prince de Conty. — Exemples de faiblesse et d'incertitude du Roi. — Jalousie du maréchal de Richelieu contre le maréchal de Belle-Isle. — Les sceaux donnés ou offerts à M. Pelletier. — Les exilés du Parlement. Changements d'opinion du Roi dans cette affaire. — Influence du prince de Conty sur le Roi et le Parlement et éloignement du Roi pour sa personne. Mot du P. de la Tour. — Affaire de M. de Boulogne. — Jugement sur le chancelier. — Faiblesse du gouvernement contre les parlements et craintes des suites graves qu'auront ces révoltes. — Le cardinal d'Estrées et la princesse des Ursins. — La Dauphine. — Les ministres à Crécy et Mme de Pompadour à Saint-Hubert. — Anecdote sur la bataille d'Hochstett. — M. de Belle-Isle protégé par Mme de Maintenon, et pourquoi. — Sur le rappel du maréchal d'Estrées. — Le maréchal d'Estrées à Fontainebleau. — Sur l'armée de M. de Soubise. — Retraite de M. de Maupeou. — La maréchale de Mirepoix. — Sur la retraite du général Apraxin. — Crédit de Mme de Pompadour et effets de son amitié. — Caractère du Roi. — M. de Soubise n'a pas d'artillerie. — Germanicus et le maréchal d'Estrées. — Sur la violation de la convention de Closter-Severn...... XVI, 280

Appendice à l'année 1757. — Mémoire du comte de Maillebois. XVI, 307

1758.

Janvier. — Nouvelles de Hanovre. — Mort de M. Mollet. — Cérémonie de l'Ordre. — Les États de Languedoc. — Réception du duc de Chevreuse à l'hôtel de ville comme gouverneur de Paris. — Nouvel exil de l'archevêque de Paris. — Note sur les aumônes. — L'abbé de Bernis reçu avocat. — Morts. — Service de porcelaine de France donné au roi de Danemark. — Les hôpitaux d'armée. — Nouvelles du Hanovre. — Reprise de Breslau par les Prussiens. — Observations sur la manière de faire la guerre de Frédéric; célérité de ses mouvements. — Conduite de la Russie et de la Suède. — Anecdote sur le maréchal de Saxe. — Défenses d'enterrer dans les églises de Versailles. — Gouverneurs et précepteur du prince don Louis de Parme. — Capitulation de Harbourg et de Liegnitz. — Le comte de Clermont nommé au commandement de l'armée du Bas-Rhin et rappel du maréchal de Richelieu. — Morts. — Nouvelles du Hanovre. — Nouvelles diverses. — Détail sur la campagne de M. de Kersaint. — Pilleries de l'armée de Hanovre. — Nouvelles maritimes. — Mariage de Mlle Vincent. — Dupleix. — Défense des côtes. — Le roi de Prusse. — Occupation de Brême. — Évêchés donnés et abbayes échangées. — Morts. — Malversations dans l'administration de la marine. — M. de Moras renvoie un des principaux commis du ministère. — Établissement de grands poêles dans le château. — Les Cent-Suisses. — Détail sur la campagne de M. Dubois de la Mothe. — Discours des chefs sauvages à M. Dubois de la Mothe. XVI, 317

Février. — Départ du comte de Clermont. — Mort du doyen de Notre-Dame.

Chapitre de l'Ordre. — La Sorbonne résiste aux ordres du Roi. — Instructions données au comte de Clermont pour rétablir la discipline et faire cesser les pilleries. — Méthode qu'employait le maréchal de Belle-Isle pour maintenir l'ordre dans son armée. — Observations sur la convention de Closter-Severn. — Départ de l'évêque de Laon pour Rome. — Mort du comte de Brienne. — Loterie pour l'École Militaire. — Lettre du roi de Prusse. — Présentations. — Nouvelles d'Espagne. — Fondations de Stanislas en Lorraine. — Les Mémoires du maréchal de Vieilleville. — L'académie des Sciences et le cardinal de Luynes. — Médailles fondées par le Roi pour distribuer à titre d'encouragement aux poëtes dramatiques. — Régiments échangés. — Création de charges. — Nouvelles de l'Inde. — Brochure contre les Jésuites. — Retour du maréchal de Richelieu. — Procès. — Nouvelles de l'Inde... XVI, 353

Mars. — Présentations. — La cour de Parme et ses finances. — Le maréchal de Belle-Isle ministre de la guerre. — Nouveau maître des cérémonies de l'ordre de Saint-Louis. — La grande croix de Saint-Louis donnée à Chevert. — Perte de Verden. — Fait bizarre. — Nouvelles de la Sorbonne. — Mort du duc de Lorges et anecdotes. — Les fils du duc de Lorges. — Commencement de la campagne dans le Hanovre. — Échec des Français à Hoya. — Mort du cardinal de Tencin. — Retraite des Français sur le Weser. — Un prêtre assassiné. — Les maréchaux de Richelieu et de Belle-Isle. — MM. de Berchiny et de Conflans nommés maréchaux de France. — Archevêché et abbayes donnés. — Mort de la princesse de Talmond. — Mémoire du maréchal de Richelieu. — Un homme titré peut-il être secrétaire d'État ? — Gentilshommes, gouverneur, précepteur et sous-précepteurs du duc de Bourgogne. — Contrats de mariage. — Grâces accordées à M. de Paulmy. — L'école des chevau-légers. — Déclaration du Roi au sujet de l'hôpital général. — Accident en mer. — Disgrâce du chancelier Bestuchef. — Loterie pour les communautés religieuses. — Augmentation de la solde des officiers. — Retraite des Français sur la Lippe. — Désordre dans l'armée. XVI, 376

Avril. — Détail de la prise de Minden. — Nouvelles de la Sorbonne. — Une escadre anglaise sur les côtes de Saintonge. — Efforts du maréchal de Belle-Isle pour rétablir la discipline dans l'armée. — M. Bourgade. — Traitement d'une esquinancie. — Le maréchal de Richelieu envoyé en Guyenne pour y commander. — Séparation du titre de gouverneur et des fonctions du commandement dans les provinces. — Indisposition du Roi. — Mort de Mlle de Charolois. — Contrats de mariage. — M. de Crémille adjoint au maréchal de Belle-Isle. — Nouvelles diverses. — Les premiers bâtons de maréchal de France. — Les Hospitalières du faubourg Saint-Marceau. — Présentations. — Le cardinal de Tavannes élu proviseur de Sorbonne. — Suite de l'affaire des Hospitalières. — Évêché donné. — Mort du comte de Dunois. — Lettre du maréchal de Belle-Isle aux colonels. — Suite de l'affaire des Hospitalières. — Refus de sacrements. — Forces navales et militaires de l'Espagne. — Affaires du Paraguay. — M. d'Aranda. — La voie de recours. — Affaire de Saint-Nicolas des Champs. — Commandement du duc de Chevreuse. — Consommation de bois à Paris. — Libelle condamné au feu. — Mort de MM. de Boissy et de Jussieu. — Création de rentes. — Procès de M. de Beauvilliers. — Affaire de Saint-Nicolas des Champs. — Lunette pour voir pendant la nuit. — État de l'armée du comte de Clermont. Mort de la maréchale d'Isenghien et de Mme de Soyecourt. — Suite de l'affaire de Saint-Nicolas des Champs. — Nouvelles diverses. — Audience aux États de Bourgogne et d'Artois. — Mort de l'archevêque de Toulouse.   XVI, 401

Mai. — Cérémonies de la remise du duc de Bourgogne à son gouverneur. — Nouvelles diverses. — Gouvernement et commandement de Minorque. — L'archevêché de Toulouse. — Les gardes du corps. — Nouvelles diverses. — Ordonnance fixant des conditions pour devenir colonel. — Fonte de la statue de Louis XV par Gor. — Grâce accordée à M. de Coigny. — Mort du comte de Fitz-James. — Promotion d'officiers généraux. — M. de Flamarens nommé colonel; raisons pour lesquelles on ne suit pas l'ordonnance. — Indisposition du Roi. — Mort de Benoît XIV. — Arrangements des logements à Versailles. — Séparation du génie et de l'artillerie. — Les carabiniers. — Mémoire du comte de Maillebois. — Modifications apportées au corps des carabiniers. — Chapitre de l'Ordre. — Réception de l'abbé de Bernis. — Régiment donné à M. de Fitz-James; raisons pour lesquelles on ne suit pas l'ordonnance. — Punition infligée aux officiers signataires de l'indigne capitulation de Minden. — Régiment enlevé à un colonel qui s'était absenté sans permission. — Le chevalier de Redemont. — Effet de l'ordonnance pour les colonels sur l'armée. — Nouvelles diverses. — Mariage de Mlle de Chevreuse. — Ce qu'on appelle le *Concordat* ; lettre du maréchal de Belle-Isle à ce sujet. — Vaisselle de fer-blanc pour les officiers en campagne. — Nouvelles maritimes. — Arrestation et emprisonnement du comte de Maillebois. — Retraite de M. de Moras; M. de Massiac le remplace à la Marine. — Mort de Mme Dufour. — Chapitre général des Minimes. — Élection de La Curne de Saint-Palaye à l'Académie.........   XVI, 431

Juin. — Mémoire du maréchal d'Estrées. — Pension à M. de Moras. — Le marquis de Brunoy nommé maître d'hôtel du Roi. — M. de Puisieux. — Évêchés donnés. — Revue des mousquetaires. — Captivité du comte de Maillebois. — Affection des officiers du régiment d'Artois pour leur colonel. — Régiments donnés. — Les Hanovriens passent le Rhin. — Contrat de mariage. — Débarquement des Anglais à Cancale. — Le prince Xavier. — Procès de Gauthier. — Droit des princes et des pairs d'assister aux délibérations du Parlement reconnu par le Roi. — Mort de Mme du Châtel. — Nouvelles de l'armée. — Saint-Hubert et Lartoire. — Le maréchal de Belle-Isle fait arrêter le carrosse du Roi. — Grâce accordée au duc de Villeroy. — Nouvelles de l'armée. — Mot du Roi à Chevert. — Réception du prince Xavier à Lunéville et à Versailles. — Mouvements de l'armée. — Neutralité de la Hollande. — Les Œconomats. — Nouvelles des côtes de France. — Perte de Saint-Louis du Sénégal. — Sur le débarquement des Anglais à Cancale et escadre anglaise sur nos côtes. — Louisbourg secouru. — M. de Beaussier. — Épidémie à Brest. — Voleries des chirurgiens de la marine et autres abus dans les embarquements. — Bataille de Crevelt. — Belle action d'un cornette de carabiniers. — Mort de M. de Gisors. — Le maréchal d'Estrées refuse le commandement de l'armée. — Affliction du maréchal de Belle-Isle et notes biographiques. — Lettre de Marie-Thérèse au maréchal de Belle-Isle. — Réception du duc de Tresmes au Parlement et assemblée du Parlement. — Retraite de trois ministres................   XVI, 455

Juillet. — Trois nouveaux ministres. — MM. de Breteuil. — Nouvelles de l'armée. — La Curne de Sainte-Palaye. — Mort de Mlle de Lussan. — Détails sur le siége de Prague et la retraite du maréchal de Belle-Isle. — Succès des Autrichiens en Moravie. — Rappel du comte de Clermont. M. de Contades le remplace. — L'armée désire être commandée par le maréchal d'Estrées. — Détails sur le succès des Autrichiens en Moravie. — Prise de Dusseldorf par les Hanovriens et nouvelles de l'armée. — Élection de Clément XIII. — Entrées gratuites à la Comédie-Française pour les gens du gouverneur de Paris. — Mort de M. de Montesson. — Le fort Brescou. — Mort de M. de Salais. — L'intendant des Invalides. — Nouvelles de l'armée. — Importance de la perte de Dusseldorf. — Détails sur la convention de Closter-Severn et examen de la conduite du maréchal de Richelieu. — Nouvelles de l'armée. — Détails sur l'élection du Pape. — La marquise et le chevalier d'Albert. — Le comte de Clermont de retour à Versailles.. XVII, 1

Août. — Mort de la princesse de Chimay. — Bataille de Sanderhausen gagnée par M. de Broglie. — Lettre de l'Impératrice au maréchal de Belle-Isle. — Mémoire sur le droit du gouverneur de Paris de faire entrer ses gens gratis à la Comédie-Française. — L'abbé de Bernis nommé cardinal. — Le prince Ferdinand bat en retraite. — Régiment donné. — Détails sur l'élection de Clément XIII. — Quatre ministres à Dampierre. — Nouvelles de Rome. — Succès des Autrichiens. — Nouvelles de l'armée de Contades. — Nouvelles de la Cour. — Le duc de Broglie nommé chevalier de l'Ordre. — Nouvelles de l'armée de Contades. — Retranchements de dépenses dans les maisons du Roi, de la Reine et des enfants de France. — Indication de divers abus. — Débarquement des Anglais à Cherbourg. — Nouvelles diverses de la cour. — Nouvelles de l'armée de Contades. — Combat de Meer. — Mort de Mme Chauvelin. — Procès de Mme de Mazarin et détails sur la succession du cardinal de Mazarin. — Procès de M. de Puisieux contre M. de Ruvigny. — La tour et la rade de Wimereux. — Nouveaux retranchements de dépenses. — Les Anglais à Cherbourg. — L'armée française passe le Rhin. — Procès de Mme de Mazarin. — Piété de la Reine. — Prise de Louisbourg. — Les Anglais à Cherbourg. — Nouvelles de l'armée de Contades. — M. de Contades nommé maréchal de France. — Cinq ducs créés. — Détail sur la maison de Laval.................. XVII, 28

Septembre. — Mort de M. de Montal. — Helvétius, son livre et sa rétractation. — Le prince Xavier déclaré lieutenant général. — Victoire de M. de Montcalm à Carillon. — Le *Parallèle du Roi avec le roi d'Angleterre.* — Raison singulière pour solliciter et obtenir un gouvernement. — Évêché donné. — Les Invalides; nombre d'hommes; recettes, dépenses et dettes. L'intendant des Invalides. — Consommation de l'hôtel des Invalides en vin. — Nouvelles de la Sorbonne. — Bataille de Zorndorf. — Le roi de Pologne à Versailles. — Les Anglais battus à Saint-Cast. — Le duc d'Aiguillon. — Relation du combat de Saint-Cast. — Procès de Mme d'Arenberg; conseil souverain de M. de Bouillon. — Nouvelles diverses. — Sur la bataille de Zorndorf. — Nouvelles des armées. — Retraite de Mme de Rochechouart. — Le roi de Pologne chez Mme de Montconseil............ XVII, 52

Octobre. — Affaires de Lorraine. — Questions d'étiquette. — Départ du roi de Pologne. — Le roi et la reine des Deux-Siciles. — Nouvelles de l'armée. — Assemblée du clergé. — Nouvelles diverses de la Cour. — Le Pape nomme l'abbé de Bernis cardinal. — Nouvelles de l'armée. — Mort de M. Delavigne. — Le Roi à Fontainebleau. — Mort du cardinal Archinto. — Nouvelles des armées de Contades et de Soubise. — Bataille de Lutternberg, gagnée par M. de Soubise. — Assassinat du roi de Portugal. — Réflexions sur les armées autrichiennes, suédoises et russes, et sur le peu de profit que les intérêts de la France et de la Saxe retirent de leurs opérations... XVII, 79

Extraordinaire (1758).

Le commandement de l'armée offert au maréchal de Belle-Isle. — Le maréchal de Belle-Isle nommé ministre de la guerre et retraite de M. de Paulmy. — Jalousie du duc de Richelieu contre le maréchal de Belle-Isle. — Caractère du maréchal d'Estrées. — De quoi le maréchal de Richelieu avait à se justifier à son retour. — Entrevue du maréchal avec Mme de Pompadour. — Ce que pense le maréchal de Belle-Isle sur les pillages du maréchal de Richelieu dans le Hanovre. — Observations sur la conduite coupable du maréchal de Richelieu pendant la campagne. — Combat et perte de Brême. — Mémoire justificatif du maréchal de Richelieu. — Grâces accordées à la famille de l'évêque d'Orléans. — Réconciliation des maréchaux de Richelieu et de Belle-Isle. — M. de Crémille. — Une promesse du Roi. — Indiscipline d'un général et faiblesse du Roi. — La Reine à Bellevue. — Efforts du maréchal de Belle-Isle pour rétablir l'ordre dans le militaire. — Indiscipline et révoltes des matelots; cause de ces révoltes. — Voleries aux Invalides et à l'armée. — Mme du Chatel. — MM. Crozat. — Anecdotes sur la Dauphine. — La convention Duras. — Retour du comte de Clermont... XVII, 94

FIN DE LA TABLE CHRONOLOGIQUE.

INDEX ALPHABÉTIQUE GÉNÉRAL

DES NOMS ET DES MATIÈRES

MENTIONNÉS DANS LES

MÉMOIRES DU DUC DE LUYNES.

Chaque volume, y compris le tome XVII, étant accompagné d'une table alphabétique particulière, cet index se borne à donner le chiffre du tome à consulter. Ainsi avec l'indication : ABBADIE (Mlle d'), XII, on se reportera à la table du tome XII, où l'on trouvera ABBADIE (Mlle d'), page 303.

Le signe — indique les volumes qui se suivent sans interruption; ainsi I — IV, signifie qu'il faut consulter les tables des tomes I, II, III et IV.

A.

ABBADIE (Mlle d'), XII.
Abbaye de Saint-Germain des Prés, I.
Abbesses de l'Abbaye-au-Bois et de Caen, I. *Voy.* VERUE.
ABERCROMBY (Général), XVII.
ABOVILLE (M. d'), III.
ABSOLU (M.), IV.
Académie d'architecture, XV.
Académie française, V, X — XII.
Académie de France à Rome, XIV.
Académie des sciences, X, XI.
Académies de Soissons et de Marseille, V.
ACCIAIOLI (M.), XIII.
ACARON (M.), XVI.
Accouchements de la Reine, I.
Achères (Terre d'), XI.
ACHY-CARVOISIN (M. d'), VII. *Voy.* CARVOISIN.

Acis et Galatée, opéra, IX.
ACQUINY (M. d'), XIII.
ACUNHA (M. d'), I, IV, VIII, IX, X.
ADAM (Abbé), IV, IX.
ADAM, capitaine de vaisseau, IX.
ADAM, sculpteur, IX.
ADÉLAÏDE (Mme). *Voy.* FRANCE (Marie-Adélaïde de).
ADHÉMAR (M. d'), IX, XII.
ADOLPHE-FRÉDÉRIC II, roi de Suède, XI, XII.
Adonis, ballet, IX.
Adoration de la Croix, I.
ADORNO (Commandant), VIII.
Adresses au roi d'Angleterre, III. *Voy.* Angleterre.
AFFRY (M. d'), XII, XIV — XVI.
AGÉMY (Abbé), XI.
AGÉNOIS (M. d'), II — V, VII — X, XII. *Voy.* AIGUILLON.
AGÉNOIS (Mme d'), IV, V, VII — XIII. *Voy.* AIGUILLON.
AGIEUX (M. d'), VI.
AGNETTE (Mlle), II.
AGON (Abbé d'), III.
AGOULT (Abbé d'), VI.
AGUE (Comte d'), VIII.
AGUESSEAU. *Voy.* DAGUESSEAU.
AIGLE (Famille de l'), XIII. *Voy.* LAIGLE.
AICREMONT (M. d'), XIV, XV.
AIGUILLON (Duc d'), III, VII, IX — XVII. *Voy.* AGÉNOIS.
Aiguillon (Duché d'), XIV.
AIGUILLON (Mme d'), II, V, VII — XI, XIII, XIV, XVI. *Voy.* AGÉNOIS.
AILLON (M. d'), VI, VII.
AILLY (M. d'), XVI.
AINVILLE (Maison d'), VI.
Aix (Parlement d'). *Voy.* Parlement.
Ajax, opéra, XIV.
AJAX (M. d'), X.
ALARD (M. d'), IX, X.
ALARY (Abbé), V, IX, XIII, XVII.
ALBANI (Cardinal), III, XI.
ALBANY (Comte d'). *Voy.* STUART.
ALBARET (M. d'), X.
ALBARET (Mme d'), XI.
ALBE (Duc d'), II, IV.
ALBE (Duchesse d'), I.
ALBEMARLE (Milord), IX — XIV.

ALBERGOTTI (M. d'), II.
ALBERONI (Cardinal), II, XII, XIV.
ALBERT (Chevalier puis marquis d'), III, VI, VIII — XI, XVII. *Voy.*
   LUYNES (Chevalier de).
ALBERT (Comte d'), IX, XVI.
ALBERT (Mme d'), XVII.
ALBERT (Mlle d'), IX.
ALBERTAS (M. d'), XIII.
ALBESAT (Mme d'), XIV.
ALBRET (Duc d'), XII.
Alceste, opéra, II, XIII, XVI.
Alcimadure, opéra, XIII.
ALDOVRANDI (Cardinal), III.
ALEAUME DE TRIEL (M.), X.
ALÈGRE (Abbé d'), I, III — V, X — XII.
Alègre (Hôtel d'), XII.
ALÈGRE (M. d'), II, XV.
ALÈGRE (Mme d'), I, IV, VIII — XIII.
ALEMBERT (M. d'), XI. *Voy.* DALEMBERT.
ALENÇON (M. d'), XVI.
Alexandre (Buste d'), II.
ALEXANDRE (M.), I — IV.
ALEXANDRINE (Mlle), fille de Mme de Pompadour, XIII.
ALI-EFFENDI, XII.
ALIGRE (M. d'), I, III, VII, XI, XII.
ALIGRE (Mme d'), VIII.
ALIGRE (Mlle d'), VIII.
ALIGRE DE BOISLANDRY (M. d'), III, IX, XI, XIII, XVI.
ALINCOURT (M. d'), VIII.
ALINCOURT (Mme d'), I — III, VII, VIII, XI.
ALIOT (M.), XI, XII. *Voy.* ALLIOT.
ALIOT (Mlle), XI.
ALLEMANS (Abbé d'), X, XI.
ALLEMANS (M. d'), II, III, IX, X.
ALLEURS (M. des), IX, XIV.
ALLEURS (Mme des), XIV.
ALLEVILLE (M. et Mme d'), XVI.
ALLIOT (M.), XIV. *Voy.* ALIOT.
ALLO (M. d'), VIII.
Almanach militaire, III.
Almazis, opéra, VIII.
ALSACE (Cardinal d'), XIV.
Alzire, tragédie, X.

Amadis de Grèce, opéra, VI.
AMBLIMONT (M. d'), XIII.
AMBOISE (Cardinal d'), VII.
AMBOISE (M. d'), VI. *Voy*. CLERMONT D'AMBOISE.
AMBRES (M. d'), V, XIII, XVI.
AMBRES (Mme d'), X.
AMELIN (M.), IX.
AMELOT (M.), I — VI, VIII — X, XII, XIII. *Voy*. CHAILLOU.
AMELOT (Mme), I — V, IX, XI, XIII, XV.
AMELOT (Mlle), IV, XI.
AMELOT (Nouveau Testament d'). *Voy*. Nouveau Testament.
AMEZAGA (M. et Mme d'), XIII.
AMIENS (Vidame d'), IV, IX, XVI.
AMMON (M. d'), XII.
AMMONIO, chimiste, V.
AMPUS (M. d'), II, XI, XIV.
AMPUS (Mme d'), XI.
AMYOT (Jacques), VI.
Anacréon, opéra, XIII.
ANCENIS (M. d'), I — III.
ANCENIS (Mme d'), I — IX, XIII.
ANCEZUNE (M. d'), II — IV, IX.
ANCEZUNE (M^{mé} d'), I, II, V, VII, IX.
ANDIGNÉ (Abbé d'), XIII.
ANDLAU (Abbé d'), I, IV — VI, VIII, IX.
ANDLAU (M. d'), I — III, VII.
ANDLAU (Mme d'), II — VII.
ANDRÉ (M.), IX, XIII.
Andrienne (*L'*), comédie, XII.
ANDRIEUX (M.), XIII.
Andromaque, tragédie, II.
Anet (Château d'), X, XII, XIV.
ANGENNES (Mme d'), III.
ANGERVILLIERS (M. d'), I — III, VIII.
ANGERVILLIERS (Mme d'), III, IX.
Angleterre (Détails sur l'), III, XIII. *Voy*. Adresses.
ANGOULÊME (Duchesse d'), VI.
ANGRAN (M.), IX, XIV.
ANHALT (Princes d'), VII, VIII, XI — XIII.
ANISSON (Abbé), X.
ANISY (Mme d'), XVI.
ANJONI DE FOIX (M. d'), I — III.
ANLEZY (M. d'), III, VII, IX, XII — XIV, XVI.

ANLEZY (Mme d'), XIII.
ANNE, reine d'Angleterre, X.
ANNE D'AUTRICHE, reine de France, I, II, V, VI, VIII, XIV.
ANNE IWANONA, czarine, II, III.
Année galante (L'), opéra, VIII.
ANNIBAL, centenaire, XIII, XIV.
ANONVILLE (M. d'), I.
ANSEL (Abbé), XIV.
ANSON (Amiral), VIII.
ANTHELMI (D'), évêque de Grasse, XII.
Anti-Machiavel (L'), III.
ANTICAMARÈTRE (M. d'), X.
ANTIER (Abbé), X.
ANTIER (Mlle), VIII.
ANTIGNY (Abbé d'), XI, XIII.
ANTIGNY (M. d'), XIV.
ANTIGNY (Mlle d'), X, XI.
ANTIN (M. d'), I — X, XII, XIV, XVI.
ANTIN (Mme d'), I — XIII, XVI.
ANTIN (Mlle d'), VIII, X, XII.
ANTOINE, porte-arquebuse, V, VII.
ANTOINE (M. d'), XII.
ANTRAYNE (M. d'), XII.
ANVILLE (M. d'), I, II, IV — VIII.
APCHIER (M. d'), I — VII, X, XII, XV, XVI.
APCHON (M. d'), évêque de Dijon, XIV.
APCHON (M. d'), IX, XII.
APCHON (Mme d'), IX.
APRAXIN (Général), XVI.
APREMONT (Abbé d'), XIII.
APREMONT (M. d'), IV, XV. *Voy.* ASPREMONT.
AQUAVIVA (Cardinal), V, X, XIII.
AQUITAINE (Duc d'), XIII.
ARAGON (Prince d'), XII.
ARAINVILLIERS (M. d'), VII.
ARANDA (M. d'), XVI.
ARBERATZ (M. d'), XV.
ARBOUVILLE (M. d'), II, VII, XIII.
ARBOUVILLE (Mlle d'), XIV.
ARC (Chevalier d'), I.
ARCHE (M. d'), évêque de Bayonne, VI.
ARCHINTO (Cardinal), XVII.
ARCO (Comte d'), IX.

Arco (Duc del), II.
Arcos (Duchesse del), XII.
Arcussia (M. d'), I.
Arcy (M. d'), IX.
Arcy (Mme d'), XV.
Ardore (Prince d'), III — XII.
Ardore (Princesse d'), III, IV, VI — X, XII.
Ardore (Mlle d'), XIII.
Ardouin (Abbé), VII.
Aremberg (M. d'), IX, XII, XIII, XVII.
Aremberg (Mme d'), XVII.
Aremberg (Mlle d'), V.
Argence (M. d'), I, III.
Argence (Mme d'), III.
Argenlieu (M. d'), VI.
Argenson (M. d'), I — XVII.
Argenson (Mme d'), IV — IX, XI — XIII, XV.
Argenson (Mlle d'), VI.
Argenson de Puysignieux (M. d'), VI. *Voy.* Puysignieux.
Argental (Mme d'), VI. *Voy.* Ferriol.
Argenteuil (M. d'), XIII.
Argenton (Mme d'), VIII, X.
Argentré (Abbé d'), XVI.
Argentré (M. d'), évêque de Limoges, XVII.
Argentré (M. d'), évêque de Tulle, III.
Argouges (M. d'), II, V, X, XIII.
Argouges (Mme d'), VI.
Argouges de Fleury (M. d'), I, II, VII. *Voy.* Fleury.
Argyle (Duc d'), I.
Aricaja (M. d'), XII.
Arimont de Bonlieu (Abbé d'), III.
Armagnac (M. d'), I — XII, XIV.
Armagnac (Mme d'), I, III — VII, IX, XI, XIII, XV.
Armagnac (Mlle d'), VII, XII, XV.
Armand (Mlle), IX.
Armanville (M. d'), XIII.
Armée de Bavière, V.
Armée française. *Voy.* Almanach militaire, Carabiniers, Chevau-légers, Colonels, École militaire, Gardes du Corps, Infanterie, Réforme et Suisses.
Armenonville (M. d'), I — IV, XI.
Armentières (M. d'), IV — VIII, XI — XVI.
Armentières (Mme d'), I, II, IV — VII, IX, XI, XIV.

Armide, opéra, VII.
ARMOISE (Mme d'), VI.
ARMOISES (Mme des), X.
ARNAUD (M. d'), XII.
ARNAULD (M.), VIII.
ARNAULT (M. d'), VIII.
ARNIAUD, surnommé Hardy, XI.
ARNOTON (M. d'), X.
ARPAJON (M. d'), X.
ARPAJON (Mme d'), IV, VII, XIII.
ARPAJON (Mlle d'), IV. *Voy.* NOAILLES.
Arpajon (Privilége de la maison d'), IV.
ARQUIEN (M. d'), II.
ARQUIEN (Mme d'), IX.
ARREMBOURG (M. d'), VII.
ARROS D'ARGELOS (M. d'), II.
ARTAGNAN (M. d'), II, III, XI. *Voy.* MONTESQUIOU.
ARTAGUETTE (Mlle d'), X.
ARTAUD (M.), missionnaire, XIV.
ARTAUT (M.), XII.
ARTH (Baron d'), VI.
ARTOIS (Comte d'), XVI.
ASFELD (M. d'), I — VII, IX, XI, XIV.
ASFELD (Mlle d'), VI.
ASPREMONT (M. d'), V. *Voy.* APREMONT.
ASSEMATTE (M. d'), VIII.
Assemblée du clergé, III, VI.
ASSEMBOURG (M. d'), VI, IX, X.
ASSERBOURG. *Voy.* ASSEMBOURG.
ASTER (M. d'), III, V, VI.
Astrée (Bâtiment de l'), à Dampierre, VI.
Astrée (Le Retour d'), prologue, IX.
ASTURIES (Ferdinand, prince des), II, V — VII. *Voy.* FERDINAND VI.
ASTURIES (Princesse des), II, V.
Athalie, tragédie, XI, XIV.
ATTARÈS (MM.), I.
AUBAIS (M. d'), XIII.
AUBARÈDE (M. d'), V, XV.
AUBERT (M.), XIV. *Voy.* BLONDEL D'AUBERT.
AUBESPINE (M. de l'), IV, V, VII.
AUBESPINE (Mme de l'), IV, IX. *Voy.* LAURÉPINE.
AUBETERRE (M. d'), II, VI — VIII, XV.
AUBETERRE (Mme d'), III, XIII.

Aubigné (M. d'), I, III — V, VII, X, XIII.
Aubigné (Mme d'), VI.
Aubigny (M. d'), VI, XV, XVII. *Voy.* Aubigné.
Aubusson (Mme d'), X.
Audeux (Abbé d'), X.
Audiffret (M. d'), V.
Audran, II, X, XIV.
Auersberg (Prince d'), XIII.
Auger (M. d'), I, IV.
Auguste III, électeur de Saxe, roi de Pologne, II — IV, VII — XIII, XV, XVI. *Voy.* Frédéric-Auguste II.
Aulan (M. d'), XI.
Aulède (Mme d'), XIV.
Aulnay (Château d'), XII. *Voy.* Aunay.
Aultry (M. d'), V.
Aumale (M. d'), V, X, XV. *Voy.* Daumale.
Aumale (Mme d'), XVI.
Aumale (Mlle d'), XI.
Aumôniers du roi (Service des), I, II.
Aumont (M. d'), I — XIII, XV, XVII.
Aumont (Mme d'), I, II, IV — IX, XI.
Aumont (Mlle d'), IV, VIII.
Aunay (M. d'), II, V, XI.
Aunay (Mme d'), XI.
Auneau (Comte d'), I.
Auneuil (M. d'), IX.
Auneuil de Charleval (M. d'), III.
Auriac (M. Castanier d'), III, IX, XI, XII, XIV, XV.
Auroy (M. d'), I, V, XII.
Auroy (Mme d'), XIV.
Ausonne, avocat, XIV.
Autereau, peintre, I.
Auteuil (M. d'), X.
Autichamp (M. de Beaumont d') évêque de Tulle, XIII.
Autichamp (M. d'), II, XVII.
Automates de Vaucanson, II.
Autrey (M. d'), IV.
Auvergne (Cardinal d'). *Voy.* Tour d'Auvergne.
Auvergne (Comte d'), I.
Auvergne (Mlle d'), VI.
Auvergne (Prince d'), XI.
Auvergne (Princesse d'), II.
Auvet (M. d'), XVI.

Auxy (M. d'), I, II, VI, XIII.
Auxy (Mme d'), I, II, VII, XIII.
Auxy (Mlle d'), I.
Avaray (M. d'), II, III, V—VII, XIII, XIV, XVI.
Avaray (Mme d'), XVI.
Avaucourt (M. d'), XIV.
Avaugour (M. d'), XIV.
Avéjan (M. d'), I—III, X.
Avéjan (Mme d'), I, III, X.
Averne (Mme d'), XV.
Averton (Mlle d'), X.
Avignon (M. d'), III.
Avricourt (M. d'), VIII.
Avril (M.), XIII.
Ayat (M. d'), XVI.
Aydie (Abbé d'), I—III, VI.
Aydie (M. d'), I—IV.
Ayen (M. d'), I—XVI.
Ayen (Mme d'), I, III, VII—X, XIV.
Ayen (Mlle d'), XIV.
Aylwa (M. d'), IX.
Aymart (Mme), VII.

B.

Babylone (Évêque de), XIII.
Bacancourt. *Voy.* Bacquencourt.
Bachelier (M.), II—V, VIII, X, XIII.
Bachi. *Voy.* Baschi.
Bachou (M.), X, XI.
Bacquencourt (M. de), VIII, XIV.
Bacquencourt (Mme de), XIII.
Bacqueville (Mme de), V.
Bade (Prince de), V.
Bade (Princesse de), XIV.
Bade-Dourlach (Princes de), II, VII.
Badoire (Abbé), IX.
Bagatelle (Maison de), XVI.
Bagieux, chirurgien, VIII.
Baglion de la Salle, évêque d'Arras, I, XI.
Bagnols (Mme de), VIII.
Baillon (M.), V, XII—XIV.

Bal du Roi, II.
BALAGNY (M. Rossignol de), I, IV, V, X, XI. *Voy.* ROSSIGNOL.
BALAINVILLIERS (M. de), XIV, XV.
BALBI (M.), III, VIII, X.
BALBI (Mme de), XIV.
BALESTEIN (Mme de), XIII.
BALINCOURT (M. de), II — V, VII, IX, XII — XIV.
BALINCOURT (Mme et Mlle de), VIII.
BALLEROY (M. de), I, II, IV — VI, XI, XVII.
BALLEROY (Mme de), VI, XII.
BALLIN, orfèvre, XIII.
BALLODE (M. de), IV.
BALTIMORE (Milord), IX.
BALZAC (Guez de), I.
BANDOLLES (Mme de), XIII.
BANNE (M. de), XII.
BANNEVILLE (M. de), XVI.
BANNIÈRE, courrier, III.
Baptêmes à la Cour, I, IV.
BAPTESTE, notaire, V.
BARAIL. *Voy.* BARRAIL.
BARBANÇON (M. de), IX, X.
BARBANTANE (Mme de), XII.
BARBARINE, danseuse, III.
BARBAZAN (M. de), XII.
BARBEZIÈRES (M. de), X.
BARBEZIEUX (M. de), I, X.
BARBIER (M.), X.
BARCOS (Abbé de), I.
BARDONNET (Abbé), VIII.
BARDOU, piqueur, VIII.
BARENTIN (M. de), I, V, XII, XV.
BARJAC, I — IV, VIII, IX.
BARONVILLE, XV.
BARRAIL (Abbé du), IX, X, XII.
BARRAIL (M. du), V, X, XII, XIV, XVI.
BARRAILII (M. de), III, XIV.
BARRÉ (M.), XIII.
BART (M. de), III, X, XIV.
BART (Milady), X.
BARTHÉLEMY (Abbé), XII.
BASCHI (M. de), VIII — XV.
BASCHI (Mme de), IX, XI — XIII, XVII.

Baschi (Mlles de), XIII, XV.
Basecque (M. de la), II.
Basile et Quitterie, opéra, III.
Bas-relief de Coustou, II.
Bassignano (Bataille de), VII.
Bassin de Neptune, III.
Bassompierre (M. de), I, XV.
Bassompierre (Mme de), XI, XIII, XIV, XVI.
Bastie (M. de la), évêque de Saint-Malo, III.
Basville. *Voy.* Baville.
Battancourt (M. de), XI, XII.
Battancourt (Mme de), XI.
Batthyani (M. de), VI, VIII.
Bauditz (Général), II.
Baudouin (Abbé), III.
Baudreville (M. de), XV.
Baudry (M. de), III, X, XIV.
Baudry (Mme de), XIII.
Baudry (Mlle de), XIV.
Bauffremont (M. de), I—IX, XI—XVI. *Voy.* Listenois.
Bauffremont (Mme de), IV—VIII, X, XI, XIV.
Baume-Montrevel (M. de la), VII.
Bausobre (Mme), VII.
Bausset de Roquefort, évêque de Béziers, XII.
Bauve (M. de la), V.
Bauvet (M. de), XIV.
Bauyn, évêque d'Uzès, IV.
Bavière (Alexandre-Sigismond de), évêque d'Augsbourg, I.
Bavière (Armée de). *Voy.* Armée.
Bavière (Charles-Albert, électeur de), III, IV.
Bavière (Clément-Auguste de), archevêque de Cologne, II.
Bavière (Jean-Théodore de), évêque de Liége, V.
Bavière (Maximilien-Emmanuel, électeur de), VI.
Bavière (Maximilien-Joseph, électeur de), VI, VII.
Bavière (Comte de), I, III — IX.
Bavière (Comtesse de), I, IV — VI.
Bavière (Duchesse de), XI.
Bavière (Ducs de), II.
Bavière (Électeur de), X.
Bavière (Prince de), II.
Bavière (Princesses de), IV.
Baville (M. de), XVI.
Bayard (Abbé), XVI.

Baye (M. de), XIV.
Bayers (M. de), IX.
Bayers (Mme de), XII.
Bayle, I, IX.
Bazèque (M. de la), XIV.
Bazin, ingénieur, VIII.
Bazire, musicien, IX.
Béarn (M. de), II, VII.
Béarn (Mme de), II, XVI.
Beau (M. le), XII.
Beaucaillot. *Voy.* Boiscaillaud.
Beauchamp (M. de), X, XI.
Beauchesne (M. de), V, IX, X, XV, XVI.
Beauclair (M. de), XII.
Beaucousse (M. de), XV.
Beaufort (M.), XI.
Beauharnois (M. de), III, IX, XVI.
Beaujeu (M. de), XIV, XVI.
Beaujeu (Mlle de), XI.
Beaulieu (Mlle de), II.
Beaumanoir (M. de), X, XIII, XV.
Beaumanoir (Mme de), VIII.
Beaumont (Christophe de), évêque de Bayonne, III; archevêque de Vienne, VI; de Paris, IX — XVI.
Beaumont (M. de), V — VIII, X, XIII, XIV.
Beaumont (Mme de), VIII.
Beaumont-Gibault (M. de), III.
Beaune (Vicomte de), VII.
Beaune (Vicomtesse de), IX.
Beaupoil de Sainte-Aulaire, évêque de Tarbes, III. *Voy.* Saint-Aulaire.
Beaupré (M. de), III, XIII.
Beauregard (M.), X.
Beausire (M. de), XI.
Beaussan (M. de), XIV.
Beaussier (M.), XV, XVI.
Beauteville (M. de), VIII.
Beauvais (Le P.) VI, X.
Beauvais (M. de), III, IV.
Beauval (M. de), XVI.
Beauvau (M. de), I, III — VI, VIII, XII, XIII, XV, XVI.
Beauvau (Mme de), VI, VIII, X — XIV, XVI.
Beauvau (Mlle de), IX.

Beauvau du Rivau (M. de), archevêque de Narbonne, II, III.
Beauvau du Rivau (M. de), XV.
Beauvilliers (M. de), évêque de Beauvais, I, XI.
Beauvilliers (M. de), I — VII, IX — XI, XIII, XVI.
Beauvilliers (Mme de), I — III, V — XVII.
Bébé, nain, VII.
Bec de Lièvre (C.-P. de), évêque de Nîmes, V.
Beccasson (M. de), XII.
Béchard (M.), XII.
Bêche (Les frères), IX.
Bechepois, huissier, VII.
Bedé (M. de), I.
Bégon, évêque de Toul, VI, XIII.
Bègue de Marjanville (M. le), IX.
Béjar (M. de), XVI.
Béjar (Mme de), XI, XVI.
Bélac (M. de), I.
Bélasson (MM. de), XII.
Bélestat (M. de), XII.
Bélestat (Mme de), XII — XIV.
Belfond, I.
Belidor (M.), XII — XIV.
Bella-Casa (M. de), XII, XV, *Voy.* Masseran.
Bellanger, notaire, III.
Bellay (Martin du), évêque de Fréjus, III, VI — VIII.
Bellay (M. et Mme du), II, VIII.
Bellecour, sergent, XI.
Bellefond (Gigault de), archevêque d'Arles, III, IV; de Paris, VII, VIII.
Bellefonds (M. de), III, IV, VI — VIII.
Bellefonds (Mme de), II, V — IX, XI — XIII.
Belleforière (Mme de), I, II.
Bellegarde (M. de), X, XI, XIII — XV.
Belleguise (Abbé de), VI.
Belle-Isle (M. de), I — XVII.
Belle-Isle (Mme de), III — IX, XI, XII, XIV.
Belle-Joyeuse (Mme de), VIII.
Bellemont (M. de), XVI.
Bellevue (Maison de), X, XV, XVI.
Bellioni (M.), X.
Belloy, domestique, XI.
Belloy (M. de), évêque de Glandève, XI; de Marseille, XIV.
Belloy (Mme de), XIV.

Belmonte, vice-légat, II.
Belot (Mlle), XV.
Beloy (Affaire du sieur), XI.
Belsunce. *Voy.* Belzunce.
Belua (M. de), XIII.
Belzunce (M. de), évêque de Marseille, II, VI, XII, XIV.
Belzunce (M. de), I — IV, XII, XVI.
Belzunce (Mme de), I, V — IX.
Bendad-Réal (M. de), XI.
Bendish (Lady), XII.
Bendol (Mme de), XVI.
Bene (Comte), III — V, IX.
Beneraye (M. de la), XII.
Benne. *Voy.* Bene.
Bennetat, évêque d'Eucarpie, XVI.
Benneville (M. de), XII.
Benoise (M. de), X.
Benoit XIV, III, VI, IX — XVII.
Benoit, musicien, VI — IX, XII.
Benoit (Mme), XII.
Bentenrider (M. de), I.
Bentheim (Comte de), VII — IX.
Bentheim (Comtesse de), IX, X.
Bentinck (M. de), X.
Béon (M. de), XVII.
Bérain, dessinateur, VIII.
Béranger. *Voy.* Bérenger.
Berchiny (M. de), I — III, V, IX, XI — XIII, XVI, XVII.
Berchiny (Mme de), XVII.
Bercy (M. de), IV, VIII, XVI.
Berncy (Mme de), VII.
Bercy (Mlle de), VIII.
Bérenger (M. de), II, V, VII — IX, XI, XIV.
Bérenger (Mme de), XIII.
Bérenger (Mlle de), IX.
Berenklau (Général), VII. *Voy.* Bernklau.
Bergerac, VI.
Bergeret (Mme), XI.
Bergeron (M.), IX.
Berg (Georges-Louis), évêque de Liége, V.
Berghes (Mlle de), VI.
Berghes (Princesse de), V, VI, XI.
Berg-op-Zoom (Prise de), VIII.

BÉRIGNY (M. de), XIII.
BÉRINGHEN (M. de), I — XII, XIV — XVI.
BÉRINGHEN (Mme de), V, X, XIV, XVI.
BERKENRODE (M. de), IX — XII.
BERKENRODE (Mme de), XI.
BERKENSTEIN (M. de), X.
Berlin (Palais royal de), II.
BERNACHEA (M. de), III.
BERNAGE (M. de), XIV.
BERNAGE (Mme de), XIII.
BERNAGE DE CHAUMONT (M. de), III.
BERNAGE DE SAINT-MAURICE (M. de), V — XVII.
BERNAGE de VAUX (M. de), XV.
BERNARD (M.), I — III, V, IX, XIII.
BERNARD DE RIEUX (M.), VII. *Voy.* RIEUX.
BERNIER, XIV.
BERNIÈRES (Mme de), VIII, XIV.
BERNIS (Abbé de), VIII, XI, XII, XIV — XVII.
BERNIS (M. de), XIV.
BERNIS (Mme de), XV.
BERNKLAU (M. de), IV. *Voy.* BERENKLAU.
BERNSTORFF (M. de), V — VIII, X, XI, XIV.
BERRIER (M.), VIII — XIII, XV — XVII. *Voy.* BERRYER.
BERRIER (Mlle), XVI.
BERRUYER (Le P.), XIII, XV.
BERRY (Charles de France, duc de), I — III, IX, X.
BERRY (Marie-Louise-Elisabeth d'Orléans, duchesse de), II, IV, VI, IX — XI.
BERRY (Louis-Auguste de France, duc de), XIII, XV, XVI, XVII.
BERRYER (M.), *Voy.* BERRIER.
BERSEN (Mlle de), VIII.
BERTHIER (Le P.), XIV.
BERTHIER (M.), XIV.
BERTHIER DE SAUVIGNY (Abbé), XI.
BERTHIER DE SAUVIGNY (M.), II. *Voy.* SAUVIGNY.
BERTIN, évêque de Vannes, VII, XIII.
BERTIN (M.), XIII, XVI, XVII.
BÉRULLE (M. de), XIII, XV.
BÉRULLE (Mme de), VIII.
BERVILLE (M. de), II, XV, XVI.
BERWICK (Famille de), XI.
BERWICK (M. de), II, V, VI, VIII, XI.
BERWICK (Mme de), I, II, IV, V, VII, VIII, XI.

Besançon (Émeute à), III.
Bésenval (M. de), II, IV.
Bésenval (Mme de), I, III, VIII.
Besozzi (Cardinal), XIV.
Bessey (M. de), XV.
Bestoucheff (M. de), XV, XVI.
Béthisy (M. de), XII, XIII.
Béthisy (Mme de), IV.
Bethléem (Évêque de), VII.
Béthune (Abbé de), XI.
Béthune (M. de), I — XV, XVII.
Béthune (Mme de), I, III, V — X, XV.
Béthune (Mlle de), VII, VIII.
Bettens (M. de), XI.
Beuil (M. de), IX.
Beuvron (M. de), II, VIII, X, XI.
Beuvron (Mme de), II — IV, IX — XV. *Voy.* Rouillé.
Beuvron (Mlle de), X.
Beuzeville (M. de), XIV, XV.
Beuzeville (Mme de), XI, XII, XIV, XVI.
Beveren (M. de), II, III, VIII, XVI.
Bèze de Lys (M. de), XII.
Bézenval. *Voy.* Besenval.
Bezons (Bazin de), archevêque de Rouen, VII.
Bezons (Bazin de), évêque de Carcassonne, XII, XIV.
Bezons (M. de), II — IV, VIII, IX, XII.
Bezons (Mme de), XI, XII, XIV.
Biache (M. de), II.
Biardon (M.), X.
Biarnais (M. de), V.
Bibault (Mlle), X, XII.
Bibliothèque du Roi, III.
Bibra (Mme de), II.
Bideau, I.
Biegenski (Le P.), XIV.
Bielinski (M. de), VIII.
Bielk (Mme de), XII.
Bienvenu, I, V.
Biez (M. du), IX.
Bignon (Abbé), II — IV, XIII.
Bignon (M.), I, IV, XIII, XIV.
Bigorre (M.), V.
Billarderie (M. de la), I — V, IX, X, XII, XIV.

BILLAUDEL (M.), IV, VIII, IX, XI, XIV.
BILLAUDEL (Mlle), XI.
BILLY (M. de), IX.
BINET (M.), IV — VIII, X — XIII.
BING (Amiral), IX, XII, XV.
BIRKENFELD (Mme de), III.
BIRON (Abbé de), II.
BIRON (M. de), I — XV.
BIRON (Mme de), I, III — V, VII, XI, XIII.
BISACHE (M. de), I, III — VI. *Voy.* PIGNATELLI.
BISEMONT (M. de), IX.
BISSY (Abbé de), VIII.
BISSY (Cardinal de), I — III, V, VII.
BISSY (M. de), I — VI, VIII — X, XII, XIII, XVI.
BISSY (Mme de), V, VI, XI, XII.
Bizy (Château de), V.
BLACHE (Mme de la), III.
BLAINVILLE (Mlle de), XI.
BLAIR DE BOISMOND (M. de), VI.
BLAISE, musicien, IX.
BLAISE (Dom), III.
BLAISE (M.), XV.
BLAIZEL (M. du), IX.
BLAKENEY (Général), XV.
BLAMONT (M. de), I, III, IV, VI, VII, IX — XIV.
BLANC (M. le), I, IX.
BLANCHARD (Abbé), I, VI, VII, X — XIII, XV.
BLANCHETON DE CHEVRY (M.), I.
BLANCIFORTE (M. de) XII.
BRANCMESNIL (M. de), IV, V, VII — XVI.
BLANKENHEIM, archevêque de Prague, XI.
BLANKTIR (Lord), IX.
BLARU (M. de), XIII.
BLAVET, musicien, II, VI, X, VI.
BLÉNAC (Mme de), II.
Blés (Cherté des), III.
BLET (M. de), VI, VIII.
BLETTERIE (M. de la), IV, VIII.
BLIGNY (Mme de), XIV.
BLINIÈRE (M. de), XIII.
BLINIÈRE (M. de la), XV.
BLOC (Le P.), XIII.
Blois (Château de), III.

Blondel, fou, XI.
Blondel (M.), IV, IX, XIV.
Blondel d'Aubert (M.), XV.
Blondel de Gagny (M.), XI, XIII, XIV.
Blossac (M. de), X.
Blot, exempt, XV.
Blot (M. de), X.
Blot (Mme de), X, XIII.
Blottière (M. de la), II.
Blouin (M.), IX, XII.
Boccage (M. du), XIII, XV.
Bochard de Saron (M.), XIV.
Bocquart (M.), XVII.
Bocs (M.), XIV.
Boffrand (M.), IV, XIII.
Bogues (M. de), II.
Boileau-Despréaux, V, X.
Boindin (M.), XI.
Boiscaillaud (M. de), IX, XII.
Boischateau (M. de), VII.
Boisdelmé (M. de), XII.
Boisemont (Abbé de), IX, XII — XIV.
Boisemont (M. de), XIV. *Voy.* Boizemont.
Boisgelin (M. de), XVI.
Boisgelou (M. de), XIV.
Boisciroux (M. de), XIII.
Boisjulien (M. de), V, VII.
Boismont. *Voy.* Boisemont.
Bois-Sandrée (M.), I.
Boisseau (Abbé), XV.
Boissieux (M. de), II, X.
Boissimène (M. de), XII, XIV.
Boissy (M. de), IV, VIII, X, XIII, XVI, XVII.
Boizemont (M. de Blaise de), X.
Boizot (M.), II.
Bolingbroke (M. et Mme de), X.
Bolognetti (Cardinal), XIV.
Bombarde (M. de), III, X.
Bombelles (M. de), V, VI, VIII, X, XIII.
Bompard (M. de), XVI.
Bon (Abbé), XV.
Bon (M. de), XIII.
Bonac (M. de), II, VIII, XI, XIII, XV.

Bonac (Mme de), II, III, XII, XIV, XVII.
Bonal (Mlle de), IX.
Bonas (M. de), XI.
Boncard (M. de), VIII, X, XII.
Bonifaz (Le P.), XIV.
Bonjean (Le P.), II.
Bonnac. *Voy.* Bonac.
Bonnal, teinturier, XIII.
Bonnefons, huissier, I.
Bonneguise (Abbé de), IX; évêque d'Arras, XI.
Bonnelles (M. de), VI.
Bonnet, vicaire, XII.
Bonneval (M. de), II, III, VI — X.
Bonneval (Mme de), III, IX.
Bonsey (M. de), I.
Bontemps (M.), I — IV, VII, VIII, XVI.
Bontemps (Mme), XIV.
Bonzy (Cardinal de), III.
Borck (Colonel), IV.
Bordage (M. du), I — V, IX.
Borderie (La), officier, IX.
Bordes (Abbé des), VIII.
Borghèse (Princes), X.
Borie (M. de la), II.
Borio (Mlle), III.
Boronini (M. de), IX.
Bornstedt (M.), XIII.
Boroski (Comte), IV.
Borstel (M.), III.
Bosc (M.), VII, VIII.
Boscawen (Amiral), IX, XIV, XVI.
Bosnier (M.), III.
Bosnier de la Mosson (M.), VI. *Voy.* Mosson.
Bossière (Mlle de), III.
Bossuet, évêque de Troyes, II, V.
Botta (Comtesse), II.
Boucault (M.), XIII.
Bouchardon, IX, X, XII — XIV.
Bouchefolière (M. de), III.
Boucheman (M.), XIII.
Boucher (Abbé), XII.
Boucher (M.), XI.
Boucher (Mlle), XVI.

Boucherat (M.), I, XI.
Bouchet (Mme de), VI.
Bouchu (Mme), VIII.
Boucot (Mlle), XI.
Boudot, chirurgien, II.
Boudret (M.), VII.
Boudrey (Toussaint), XIII.
Bouettin (M.), XI.
Boufflers (M. de), I—XII.
Boufflers (Mme de), I—XVI.
Boufflers (Mlle de), IV, VII.
Boufflers-Craon (Mme de), IX.
Boufflers-Remiancourt (M. de), V, X—XIV. *Voy.* Remiancourt.
Boufflers-Remiancourt (Mme de), IX. *Voy.* Roquépine.
Boufflers-Remiancourt (Mlle de), V.
Boufflers-Rouvrel (M. de), XV. *Voy.* Rouverel.
Bougainville (M. de), XIII.
Bougeoir du Roi, I.
Bouhier, évêque de Dijon, VII, VIII, XI, XIV.
Bouhier (M.), VII.
Bouillac (M.), V—IX, XI, XII.
Bouillancourt (M. de), VII.
Bouillé (Abbé de), XV, évêque d'Autun, XVI, XVII.
Bouillé (M. de), IX, XIV.
Bouillet (Abbé), XV.
Bouillon (Cardinal de), I, II.
Bouillon (M. de), I, III—XV.
Bouillon (Mme de), I—III, VII.
Bouillon (Mlle de), III—V.
Bouillon-Guise (Mlle de), III.
Boulainvilliers (Abbé de), V.
Boulainvilliers (M. de), III, IX, XIII, XVI.
Boulainvilliers (Mlle de), IX.
Boulanger, peintre, V.
Boulanger (M. le), XIII.
Boulogne, peintre, VII.
Boulogne (M. de), IV, V, VII, XII, XIII, XV, XVI.
Boulogne (Mme), XI, XVI.
Boulonnois (M.), XII.
Bourbon (Caroline de Hesse-Rhinfels, duchesse de), nommée *Madame la Duchesse la jeune*, I—III.
Bourbon (Louis-Henri de Bourbon-Condé, duc de), nommé *Monsieur le Duc*, I—III, V—XI.

DES NOMS ET DES MATIÈRES. 267

Bourbon (Louise-Françoise de Bourbon, duchesse douairière de), nommée *Madame la Duchesse*, I—V, X.

Bourbon (Marie-Anne de Bourbon-Conty, duchesse de), VI.

Bourbon (Palais), V.

Bourbon-Busset (Mme de), XIV.

Bourbon-Condé (Louise-Anne de), nommée *Mademoiselle* et *Mademoiselle de Charolois*, I—XIII, XVI.

Bourbon-Condé (Henriette-Louise-Marie-Françoise Gabrielle de), abbesse, VII.

Bourbon-Condé (Marie-Anne-Gabrielle Eléonore de), abbesse, IV, X.

Bourcet (M. de), XVI.

Bourdaloue (Le P.), VII, XII.

Bourdeil (Mme de), IX.

Bourdeille (Abbé de), XII.

Bourdet (M. du), II. *Voy.* Dubourdet.

Bourdeuil (M. de), XV.

Bourdonnais (M. de la), VIII, XI.

Bourdonnais (Mme de la), XI.

Bourdonnaye (M. de la), X, XI, XIII, XIV.

Bourdons (M. des), XIII.

Bouret (M.), X, XI, XIV.

Bourg (M. du), I, II, IV.

Bourg en Bresse (Présidial de), X.

Bourgade (M. de), XVI.

Bourgeois, chirurgien, III, IX.

Bourgeois, musicien, VIII.

Bourgeois gentilhomme (Le), comédie, XV.

Bourget (Château du), XV.

Bourgmary, lieutenant colonel, IX.

Bourgogne (États de). *Voy.* États.

Bourgogne (Gouvernement de), III.

Bourgogne (Louis de France, duc de), petit-fils de Louis XIV, I—VI, IX—XI, XIII, XIV.

Bourgogne (Louis-Joseph-Xavier de France, duc de), petit-fils de Louis XV, XI—XVI.

Bourgogne (Marie-Adélaïde de Savoie, duchesse de), mère de Louis XV, I—XIII.

Bourguet (M. du), X.

Bourlamaque (M. de), XIV, XV.

Bournaby (M.), IX.

Bournay (M. des), III.

Bournel (M. de), X.

Bournel (Mme de), XIV.

Bournonville (M. de), VII, IX, XI—XIII.
Bournonville (Mme de), VIII, IX, XV.
Boursac. *Voy.* Bourzac.
Boursault (Le P.), III.
Boursier (Abbé), IX.
Bourvalais (M.), IX.
Bourzac (M. de la Cropte de), évêque de Noyon, VI.
Bourzac (M. de), II.
Bourzac (Mme de), XIII.
Bousquet (M. du), XVII.
Bouteville (Le P.), IX.
Bouteville (M. de), I—III, V—VII, X.
Bouthillier (M.), XII.
Boutin (M.), XII, XIII, XV.
Boutord (M.), XII.
Bouvet (M. de), I, IX.
Bouville (Abbé de), XVII.
Bouville (M. de), III, V, VIII, XIV, XVI.
Bouville (Mme de), IV, VIII.
Bouzols (M. de), V, VII, VIII.
Bouzols (Mme de), I—IV, VI—XIV, XVI.
Bove (M. de la), X.
Bowlby (M.), X.
Boyer, évêque de Mirepoix, I—XIV.
Boyer, médecin, XI—XIII, XVI.
Boynes (M. de), XIII, XVI.
Boysseulh (M. de), VI, XIII.
Boze (M. de), IX, XI, XIII.
Brackel (M. de), VII.
Braconniers de Versailles, II.
Bracq (Abbé), X. *Voy.* Braque.
Braddock (Général), XIV.
Bragelonne (Abbé de), IV.
Bragelonne (M. de), X.
Brahé (M. de), XV.
Braimont (Le P.), IX.
Brancas (Abbé de), XIV, XVI.
Brancas (M. de), archevêque d'Aix, I, VIII, XII—XIV.
Brancas (M. de), II—VIII, X—XII, XVII.— *Voy.* Villars.
Brancas (Mme de), III, IV, VI—XVII. *Voy.* Villars.
Brancas-Sistère (M. de), I.
Brandebourg (Margrave de), III.
Brantes (M. de), XVI.

Braque (M. de), XI.
Braque (Mlle de), X, XI, XIII, XV.
Brassac (M. de), I, II, VII, VIII, XIV, XV.
Brassac (Mme de), II, VIII, XV.
Bratkowski (M.), VIII.
Brauno. *Voy.* Bronod.
Bréan (M. de), IX. *Voy.* Bréhan.
Brebindowska (Mme de), VIII.
Bréget (M. de), XVI.
Bréhan (M. et Mme de), X, XIV, XVII. *Voy.* Bréan.
Breignou (Trépault du), évêque de Saint-Brieuc, VI, VIII, IX, XIII.
Brémont (M. de), IV.
Brenet, peintre, XIII, XIV.
Brenner (Abbé), XII.
Bressé (M. de), VII.
Brest (Incendie à), IV, V. *Voy.* Incendie.
Bret (M. le), VII, XII, XIII, XV.
Bret (Mlle le), III.
Bretagne (Duc de), IX.
Bretagne (États de), X, XII. *Voy.* États.
Bretagne (Milices de). *Voy.* Milices.
Bretagne (Parlement de). *Voy.* Parlement.
Breteuil (Abbé de), IV, VI, VII, IX, X, XIII, XV.
Breteuil (M. de), I—IV, IX—XI, XIV, XVII.
Breteuil (Mme de), X, XIII, XIV.
Breteuil (Mlle de), III, V.
Bretonvilliers (M. de), II, III.
Breugnon (M. de), XV.
Breuil (M. du), IX.
Bréval (M. de), II.
Brezé (M. de), II, III, VI, VIII—XIII. *Voy.* Dreux.
Brezé (Mme de), XII, XIV.
Briard, peintre, XI.
Briare (Canal de), IX.
Brichanteau (M. de), IV.
Briçonnet (M.), III, IV.
Briçonnet (Mme), IV.
Briçonnet (Mlle), XIV.
Bridge (M. de), I, II, VI, VIII, IX, XII, XIII.
Bridou du Mignon (M.), I, II, VII.
Brieggen, IV.
Brienne (Abbé de), VIII, IX, XI, XII, XVI.
Brienne (M. de), IV, VI—VIII, XI, XII, XIV, XVI.

Brienne (Mme de), III, V — VIII, XI — XIV, XVI. *Voy.* Clémont.
Briffe (Abbé de la), IX.
Briffe (M. de la), II, III, V, XII — XIV.
Briffe d'Amilly (M. de la), I.
Brigaud (Abbé), XIV.
Brige. *Voy.* Bridge.
Brignole (M. de), IX, XVI.
Brignole (Mme de), IX, X, XIV.
Brignole (Mlle de), IX, XVI.
Brignole-Sale (M. de), II.
Brilhac (Mme de), I.
Brillon (M. de), I.
Brion (Abbé), II, XII.
Brionne (M. de), III — XIII, XV, XVI.
Brionne (Mme de), III, IV, VI, VII, IX — XIV. *Voy.* Rochechouart.
Brionne (Mlle de), XV.
Briquemaut (Mme de), II.
Briquet (M.), VIII.
Briqueville (M. de), IX, XII, XV.
Briqueville (Mlle de), XII.
Brisay (M. de), I, III, IV.
Brissac (M. de), II — VI, VIII - XI, XIII — XV.
Brissac (Mme de), I, III — XIII, XV.
Brissac (M. de Cossé-), évêque de Condom, XVI.
Brissart (Abbé), II, IV, VIII.
Brissart (M. et Mlle), XII.
Broc (M. de), VIII, XVII.
Brocard (M. du), VI.
Broglie (Abbé de), III — V, VIII — XI, XVI.
Broglie (M. de), I — VIII, X — XII, XIV — XVII.
Broglie (Mme de), I, VII, VIII, X — XV.
Bronod, notaire, I, II, VIII.
Brosse (M. de), X.
Brosseau (Abbé), VI, VIII.
Brossoré (M. de), III.
Brou (M. de), IV — VI, IX — XIV. *Voy.* Feydeau.
Brouillet, piqueur, XII.
Broust (M. de), XII. *Voy.* Brou.
Brown (Comte de), X.
Brown (Général), VII, VIII, XVI.
Brown (Mlle de), XIII.
Bruère (M. de la), XIII. *Voy.* La Bruère.
Bruges (Évêque de), VII.

Bruhl (M. de), II, XI, XII, XV.
Bruhl (Mme de), XVI.
Brulart (Famille de), XI.
Brulart (M.), V, IX.
Brulerie (M. de la), XII.
Brun (M. de), II, VII, VIII.
Brun (Mlle de), IV, VII, VIII, XII.
Brun (M. le), III, XVI.
Brunet, III, XIV.
Brunetti, peintre, XI.
Brunoy (M. de), XVI.
Brunswick (Duc de), XVI, XVII.
Brunswick (Duchesse de), II, IX.
Brunswick (Prince de), VII, XV — XVII.
Brunswick (Princesse de), XIII.
Brunswick-Bevern (Prince de), XVI. *Voy.* Bevern.
Brunswick-Lunebourg (Duchesse de), VIII.
Brunville (M. de), XII.
Bruzac (M. de), III, XI.
Buc (Maison de), VI.
Buckingham (Mme de), I, III.
Buffardin, musicien, X.
Buffon (M. de), XII.
Bugie (M.), XIV.
Buisson (Abbé), VIII.
Bukler. *Voy.* Butler.
Bulkeley (M. de), II, VIII, IX, XI, XIV, XV.
Bulkeley (Mme de), XI.
Bulles (Argent des), X.
Bulow (Mme de), IV.
Bulstrode (M. de), XII.
Bunel (Les), paumiers, I.
Bunon, dentiste, VIII.
Burefort (M. de), XI.
Buron (M. de), V, VIII, XIV, XVI.
Bury (M. de), III, VIII, X, XIII—XV.
Busc (Mme de), II, IV, XIV. *Voy.* Carignan.
Busca (M. de), I, II.
Buscq. *Voy.* Busc.
Busech (Abbé de), XII.
Busset (M. de), III. *Voy.* Bourbon-Busset.
Bussy, avocat, XIII.
Bussy (M. de), VIII, XI, XII, XIV, XVI.

Bussy (Mme de), I, XVI.
Bussy-Lameth (M. de), XI, XII. *Voy.* Lameth.
Butler (M. de), V, VII, IX, XII, XIII, XVII.
Butler (Mme de), IV, VII—IX, XIII.
Byng. *Voy.* Bing.

C.

Cabanac (M. de), VIII.
Cabinet des médailles, VIII, XII.
Cadaval (M. de), II, XV.
Caderousse (M. de), XI.
Caderousse (Mme de), X.
Cadeville (M. de), XV.
Caen (Abbesse de). *Voy.* Abbesse.
Cafarelli, chanteur, XII, XIII.
Caffieri, sculpteur, XIII.
Cahusac (M. de), VIII, IX, XIII.
Caillard, chanoine, XIV.
Cailly-Delpech (Mlle de), XIII.
Caix (M. de), XI.
Caix (Mlle de), II.
Calheta (Mme de), V.
Calmet (Dom), XVI.
Calonges (Mlle de), XIII.
Calvières (M. de), III, VIII, X, XI, XIV.
Camas (M. de), III.
Cambacérès (Abbé), XVI.
Cambis (M. de), I—III, VIII, XIV, XVI.
Cambis (Mme de), III, V—IX, XIV.
Cambord (M. de), VIII.
Cameran, chef écossais, VII.
Camille, danseuse, IX, X.
Camille (Le prince), V—XI, XIV, XV.
Campillo (M. de), IV, V, XVI.
Campistron (M. de), IX.
Campo-Florido (M. de), III—VII, XI.
Campo-Florido (Mme de), III—V, VII, VIII, XII.
Campo-Santo (Bataille de), V.
Campra, musicien, II, III, VI, IX, XII.
Camus, page de la musique, IX.
Camus (M. le), II, IV, VI—VIII, XIV.

DES NOMS ET DES MATIÈRES.

Camusat (M), XI.
Camuset (M.), IX, XIII.
Canappeville (Le P.), VII.
Canaux de Briare, d'Orléans, etc., IX.
Canillac (Abbé de), II, V, XII, XIII.
Canillac (M. de), III, VI.
Canisy (M. de), XIII, XIV.
Cannette, officier de la Reine, I.
Cantillana (M. de), XIII.
Cantimir (Prince de), II—V.
Cany (M. de), XIV.
Cany (Mme de), XIII.
Capres (Baron de), VIII.
Caprice d'Erato (Le), opéra, XIV.
Capron, dentiste, II, V, VIII, X, XI.
Carabiniers (Régiment des), I.
Caracaral (M. de), III.
Caraccioli (M. de), XII, XIV.
Caraccioli la Villa (Mme de), IV.
Caractères de l'amour (Les), opéra, XIV.
Caractères de la folie (Les), opéra, XIV, XV.
Caraffa (Cardinal), XIV.
Caraffa (Mlle), XVI.
Caraman (Abbé de), XII.
Caraman (M. de), II, X, XII, XVI.
Caraman (Mme de), XI.
Caravajal (M. de), VIII, X — XIII.
Carbon (Mme de), XIII.
Cardaillac (M. de), XV.
Cardevac d'Havrincourt (M. de), V. *Voy.* Havrincourt.
Cardone, musicien, VII.
Carignan (M. de), I—III, IX.
Carignan (Mme de), III, IV, VI — IX, XI, XII, XIV, XV.
Carignan (Mlle de), III, IV.
Carlet, chanoine, IX.
Carlingford (Milord), XIV.
Carlos (Don). *Voy.* Charles IV.
Carlowitz, lieutenant-colonel, IV.
Carmélites (Affaire des), II.
Carmes (Général des), I.
Carpentero (M.), IX.
Carré (M.), XVI.
Carré de Montgeron (M.), I, II, XIII. *Voy.* Montgeron.

Carreaux des ducs, II.
Carrousel de 1662, II.
CARTE (M. de la), IV, V, XI.
CARTERET (Milord), IV, VI, VII.
CARTIGNY (M. de), II.
CARVAJAL. *Voy.* CARAVAJAL.
CARVOISIN (M. et Mme de), XII. *Voy.* ACHY-CARVOISIN.
CASSIN ; chirurgien, XIII.
CASSINI (M.), I, XIII, XV.
CASTÉJA (M. de), I, II, XII, XIV.
CASTÉJA (Mlle de), IV, V, XI.
CASTEL (Le P.), XIV, XV.
CASTELAR (M. de), XV. *Voy.* CASTELLAR.
CASTELAS (M. de), II, IX, XV, XVII.
CASTEL DOS RIOS (M. de), VI.
CASTEL DOS RIOS (Mme de), III — VII.
CASTELLA. *Voy.* CASTELAS.
CASTELLANE (Famille de), XII.
CASTELLANE (M. de), évêque de Glandève, VIII, XI.
CASTELLANE (M. de), I—IV, VI—X, XIII, XVI.
CASTELLANE (Mme de), IV, V, VIII, X, XI, XIII, XV.
CASTELLANE-ROUILLÉ (Mme de), VIII.
CASTELLAR (M. de), II, III, VII. *Voy.* CASTELAR.
CASTELMORE (M. de), IV, XIV.
CASTELMORON (Mme de), I, VI.
CASTERA, médecin, VI, VIII.
Castor et Pollux, opéra, I.
CASTRAS. *Voy.* CASTERA.
CASTRIES (Abbé de), XI — XIII.
CASTRIES (M. de la Croix de), archevêque d'Alby, III — V, VIII, XII.
CASTRIES (M. de), III — V, IX — XIII, XV — XVII.
CASTRIES (Mme de), III, V — XI, XV.
CASTRO-PIGNANO (M. de), III — V.
CASTRO-PIGNANO (Mme de), III, XI, XII.
CATELLAN (M. de), évêque de Rieux, VIII, X.
CATHCART (Milord), IX, X.
CATHERINE BNIN-OPALINSKA, I — III, VI, VIII, IX, XII.
CATHOLICA (Prince de la), XIII.
Catilina, tragédie, IX.
CATINAT (M. de), VI.
CAUDEC (M. de), III.
CAULAINCOURT (Abbé de), XIII.
CAULAINCOURT (M. de), IX, X, XIII, XV, XVI.

CAULAINCOURT (Mlle de), VIII, XV, XVI.
CAUMARTIN (M. de), II, VII—IX, XI, XIII, XIV.
CAUMARTIN (Mme de), VIII.
CAUMONT (M. de), III, VI, XIV, XVI.
CAUMONT (Mme de), I, II, V, VI, VIII, IX, XI, XVI.
CAUSANS (M. de), IV, V, XII—XIV.
CAUSSADE (M. de), évêque de Poitiers, IX.
CAUVISSON (M. de), XI.
CAUX (M. de), V.
Cavagnole (Jeu de), I—IV.
CAVAL (M. de), IX.
CAVOIE (M. de), XII.
CAYLA (M. du), II, IV, V, IX, XVI.
CAYLUS (M. de), évêque d'Auxerre, VII, XIII, XIV.
CAYLUS (M. de), III, IX, X, XII, XIII, XVI.
CAYLUS (Mme de), IV, IX.
CAZE (Mme), XIV.
CAZE DE LA BOVE (M.), IX.
CEBERET (M. de), V, VI, XI.
CEBERET (Mme de), V, X.
CECCATI (M. de), XVI.
Ceckermont (Événement à), X.
Célestins (Pillage du bois des). *Voy.* Pillage.
CELLAMARE (Mme de), IV.
Celle (Maison de la), IX.
Cène de la Reine, I.
Cénie, comédie, XIII.
CENTURIONE (M. de), X.
CERDA (M. de la), X, XIII, XIV.
Cérémonial des visites, I.
CÉRESTE (M. de), III, VIII, X, XII, XIII.
CERF (Abbé du), XVI.
CÉRISY (Richier de), évêque de Lombès, XI.
CERNAY (M. de), IV, V, VIII, IX.
CERNAY (Mme de), XIV.
CERNAY (Mlle de), XIII.
CERVEAU (Abbé), XIII, XIV.
CEUILAT (Le P.), XIII.
CEZILE (M. de), I—III.
CHABANNES (Abbé de), VI, XIII.
CHABANNES (M. de), évêque d'Agen, V.
CHABANNES (M. de), II—VIII, XII—XIV.
CHABANNES (Mme de), XV.

18.

Chabannois (M. de), VII.
Chabannois (Mme de), VI, VII.
Chabot (M. de), II, IV, V, VIII, XI, XIV — XVII. *Voy.* Rohan.
Chabot (Mme de), III, XIII, XIV.
Chabrerie (Mme de la), XIV.
Chabrerie (Mlle de la), VIII.
Chabrier (M.), VIII.
Chabrillant (M. de), II, VIII, XI.
Chabrillant (Mme de), VI.
Chabrin, musicien, XI.
Chabry. *Voy.* Béthune.
Chaillou (M. Amelot de), V.
Chaise (Le P. de la), II, XIII.
Chaise (M. de la), III.
Chalabre (M. de), V, VII, VIII, X, XI, XIV.
Chalais (M. de) I — XIII, XV.
Chalais (Mme de), I — VI, VIII — X.
Chalais (Mlle de), I, II, IV, V.
Chaleur excessive, II.
Chalmazel (M. de), I — XII, XV.
Chalmazel (Mme de), I — V, VII, VIII, X, XII.
Chalmazel (Mlle de), III.
Chaloner-Ogle (Amiral), III.
Chalons. *Voy.* Chaslon de Maison-Noble.
Chalus (Mme de), XIII.
Chalut (M. de), III, V, VI, VIII, XI — XIII.
Chalut (Mme de), VI, VII, X.
Chamarande (M. de)), I, IX, X.
Chambon (M.), V.
Chambonas (M. de), I, III, V, VII, XII.
Chambord (Château de), XI.
Chambors (M. et Mme de), XIV.
Chambre (Abbé de la), VI.
Chambre des comptes (Incendie de la) I. *Voy.* Incendie.
Chambrier (M.), III — VIII, XI.
Chamflour. *Voy.* Champflour.
Chamillart (M.), II.
Chamilly (Mme de), II, X.
Chamlay (M. de), X.
Chamlost (M. de), XV.
Chamoran (M. de), XII.
Chamousset (M. de), XI, XIV, XV.
Champagne (M. de), VII, VIII, XIV.

DES NOMS ET DES MATIÈRES. 277

CHAMPAGNE (Mme de), V — IX, XIV.
CHAMPAGNE DE VILLAINES (Mlle de), II.
CHAMPCENETZ (M. de), I, III, IV, VI, VIII, IX, XI, XII, XIV, XV.
CHAMPCENETZ (Mme de), XIII.
CHAMPEAUX (M. de), XVII.
CHAMPERON (M. de), I, III, V, VII.
CHAMPFLOUR (Abbé de), I, évêque de Mirepoix, II, VI.
CHAMPIGNELLES (M. de), II, IX, XI, XIII, XV, XVI.
CHAMPIGNY, trésorier, II.
CHAMPIGNY (M. de), II — IV, XIII.
CHAMPOLÉAN (M. de), XII.
CHAMROND (Abbé de), III, X, XIII.
Chandelier de cristal, II, III.
Chanheux (Maison de), VI.
CHANNES. *Voy.* VEZANNES.
Chansons contre la Cour, II.
CHANTAL (Mme de), XII.
CHANTERAC (Abbé de), X.
CHANTILLY (M. de), VII.
CHAPELAIN (Le P.), XVI.
CHAPELLE (Abbé la), XV.
CHAPELLE (M. de la), X, XIII, XIV.
CHAPISEAU (M. de), I, II, IV, VII.
Chapitre de Notre-Dame de Paris, III.
CHAPT DE RASTIGNAC (M. de), archevêque de Tours, II, III. *Voy.* RASTIGNAC.
CHARDIN, peintre, XIV.
CHARENCY (Berger de), évêque de Montpellier, II, III, VIII.
CHARLES (Le prince). *Voy.* ARMAGNAC et LORRAINE.
CHARLES IV, roi des Deux-Siciles, II, III, VI, VII, IX, XII, XVII.
CHARLES VI, empereur d'Allemagne, I — IV.
CHARLES VII, empereur d'Allemagne, IV — VI, XV.
CHARLES-EMMANUEL III, roi de Sardaigne, I — III, V — XII.
CHARLES-PHILIPPE, électeur palatin, III, IV.
Charles-Quint (Histoire de), XI.
CHARLES-THÉODORE, électeur palatin, VII.
CHARLEVAL (Abbé de), XIII.
CHARLEVAL (M. de), évêque d'Agde, III, VIII.
CHARLEVAL (M. de), XIV.
CHARLEVAL (Mme de), XIII.
CHARLEVAL (Mlle de), VIII — XI.
CHARLOTTE (Princesse), XII, XIII.
CHARLUS (M. de), V.

CHARNY (M. de), III.
CHAROLOIS (Comte de), I — XVI.
CHAROLOIS (Mlle de). *Voy.* BOURBON-CONDÉ.
CHARON (M.), XV.
CHAROST (M. de), I — IX, XIII, XIV.
CHAROST (Mme de), X.
CHARPENTIER (M.), V, VII.
CHARRON DE MÉNARS (M.), III.
CHARRUE, centenaire, X.
CHARTRES (Louis-Philippe d'Orléans, duc de), I — XI. *Voy.* ORLÉANS.
CHARTRES (Louis-Philippe-Joseph d'Orléans, duc de), XIII — XVI. *Voy.* MONTPENSIER.
CHARTRES (Louise-Henriette de Bourbon Conty, duchesse de), V — XI. *Voy.* CONTY ET ORLÉANS.
CHARTRES (Mlle de). *Voy.* ORLÉANS.
CHASLON DE MAISON-NOBLE (M. de), évêque de Lescar, II, III, XIII.
CHASSÉ, chanteur, II, VII.
CHASTELLUX (M. de), II — VI, VIII, X, XI.
CHASTELLUX (Mme de), VI, VII, IX — XII, XIV.
CHASTELLUX (Mlle de), IX.
CHATAIGNERAYE (Abbé de la), X — XII. *Voy.* CHATEIGNIER.
CHATAIGNERAYE (M. de la), XII.
CHATEAUBRUN (M. de), XIV.
CHATEAUFORT (M. de), XVII.
CHATEAU-MÉLIAND (M. de), XII, XIII.
CHATEAU-MÉLIAND (Mme de), XIV, XV.
CHATEAUMORAND (M. de), IX, X.
CHATEAURENAUD (M. de), I, VIII.
CHATEAURENAUD (Mme de), II, III, V, X — XII, XIV, XVII.
CHATEAURENAUD (Mlle de), VII, XII.
Châteauroux (Duché de), V, VI, XVI.
CHATEAUROUX (Mme de), V — XI. *Voy.* TOURNELLE.
CHATEAUTHIERS (Mme de), II.
CHATEAUVILLAIN (Duc de), IX, XIV.
CHATEIGNIER DE LA CHATAIGNERAYE (Abbé), VII. *Voy* CHATAIGNERAYE.
CHATEIGNIER DE ROUVRE (Abbé), IV.
CHATEL (Abbé du), VIII, XIII.
CHATEL (M. du), II, III, V, XI. *Voy.* CROZAT.
CHATEL (Mme du), XVI, XVII.
CHATEL (Mlle du), V, X.
CHATELAIN (Mlle), XIV.
CHATELET (M. du), I — IX, XI, XIII, XIV, XVI.
CHATELET (Mme du), IV, VII, VIII, XI — XV.

CHATELET (Mlle du), IV.
CHATELET-LOMONT (Mme du), IX.
CHATELLERAULT (M. de), II, III, XI.
CHATELLERAUT (Mme de), I, II.
CHATENOYE (M. de), X.
CHATILLON (Abbé de), IX.
CHATILLON (Le P.), IV.
CHATILLON (M. de), I — X, XII, XIII, XV.
CHATILLON (Mme de), I — IX, XIII, XV.
CHATILLON (Mlle de), IX.
CHATILLON-MONTMORENCY (M. de). *Voy.* BOUTEVILLE.
CHATRE (M. de la), évêque d'Agde, III.
CHATRE (M. de la), V, XVI, XVII.
CHATRE (Mme de la), II, III, V, X, XIV.
CHATRE (Mlle de la), III, IX, X.
CHATTE (M. de), III X — XII. *Voy.* CLERMONT-CHATTE.
CHAULNES (M. de), I — VI, VIII — XVI. *Voy.* PICQUIGNY.
CHAULNES (Mme de), I — IV, VI, VIII — XIV, XVI. *Voy.* PICQUIGNY.
CHAUMONT (M. de), II, VI.
CHAUMONT (Mme de), VII.
CHAUMONT (Mlle de), XIV.
CHAUMONT DE LA GALAISIÈRE, I. *Voy.* GALAISIÈRE.
CHAU-MONTAUBAN (M. de la), évêque de Riez, XI.
CHAU-MONTAUBAN (M. et Mlle de la), XIV. *Voy.* LACHAU-MONTAUBAN.
CHAUSSÉE (Nivelle de la), II. *Voy.* LA CHAUSSÉE.
CHAUVELIN (Abbé), XII, XIV, XV.
CHAUVELIN (M.), I — VIII, X — XIV, XVI, XVII.
CHAUVELIN (Mme), I, III, VII, X, XIII, XVI, XVII.
CHAUVELIN (Mlle), VIII.
CHAVAGNAC (M. de), III.
CHAVANNES (M. de), IX.
CHAVIGNY (M. de), I — VII, IX — XII, XIV — XVI.
CHAVIGNY (Mme de), I, IX.
Chavigny (Manuscrits de), V.
CHAYLA (M. du), II — V, VII, IX, XIII.
CHAZENON (Mme de), X.
CHAZERON (M. de), I — III, XIV.
CHAZERON (Mme de), XI, XIII.
CHAZOT (M. de), XI.
CHEFDEVILLE, musicien, X.
CHEMILLE (M. de), XVII.
CHENONCEAUX (M. de), X, IIIX.
CHEPY (M. de), III, X.

CHERISEY (M. de), II, X.
CHERIZY (M. de), I, II, V.
CHÉRON (M.), IV.
CHESNAYE (M. de la), VIII, XVI.
CHESNAYE (Mme de la), XVI.
CHESNELAYE (M. de la), XII, XIV.
CHESTERFIELD (Milord), III, VII.
CHÉTARDIE (M. de la), II, IV — VI, IX — XI, XIII, XVI.
Chevau-légers de la garde, I, II.
Chevaux du Roi, XI.
CHEVERT (M. de), IV, VII — IX, XIII, XVI, XVII.
CHEVIGNARD (Famille de), V.
CHEVIGNÉ (M. de), XI.
CHEVREUSE (M. de), I — XVII.
CHEVREUSE (Mme de), I — VII, IX — XVII.
CHEVRIER (Abbé), XII.
CHEVRIÈRES (Abbé de), I, II.
CHÈZE (M. de la), XII. *Voy.* CHAISE.
CHICOYNEAU (M.), VI, VII, IX — XII.
CHIFFREVILLE (M. de), III, IX, XII, XII.
CHIFFREVILLE (Mlle de), XIV.
Chilly (Château de), V.
CHIMAY (M. de), III, VIII, X — XIII, XVI.
CHIMAY (Mme de), VIII, IX, XIII — XV, XVII. *Voy.* SAINT-SIMON (Mlle de).
CHIMAY (Mlle de), X, XIII.
CHIRAC, médecin, II.
CHMICLINSKI, lieutenant-colonel, IV.
CHOISEUL (Abbé de), I — VIII.
CHOISEUL (M. de), I — VII, IX, XI — XIV, XVI.
CHOISEUL (Mme de), I, IV, VI, VII, IX, XI — XIII, XV. *Voy.* ROMANET.
CHOISEUL (Mlle de), VII, XI.
CHOISEUL-BEAUPRÉ (M. de), évêque de Châlons, X; archevêque de Besançon, XIII, XVI.
CHOISEUL-BEAUPRÉ (M. de), III, VII, VIII, XI, XIV.
CHOISEUL-PRASLIN (Mlle de), XVII.
CHOISEUL-STAINVILLE (Abbé de), XVI.
Choisy (Château de), III, IV, VII..
CHOISY (Mme de), IX.
CHOMBON (M.), V.
CHOPPIN (M.), XIII.
CHOPPIN D'ARNOUVILLE (Mlle), IX.
CHRÉTIEN VI, roi de Danemark, III, VII.

CHRÉTIEN, musicien, IX, XII.
CHRISTINE, reine de Suède, VII, IX.
CHRYSOSTOME (Le P.), I, VII.
CICÉ (M. Champion de), évêque de Troyes, XVI.
CIGOGNE (M.), VIII. Voy. SIGOGNE.
CILLY (M. de), III.
CINDRÉ (M. de), XI.
Cinna, tragédie, XIII.
CINQ-MARS (M. de), IX.
CIOIA (M. de), III, IX — XI. Voy. MONZONE.
CIVRAC (M. de), VI, VIII, X, XI, XV.
CIVRAC (Mme de), VIII — XV.
CIVRAC (Mlle de), XV.
CLAIRAMBAULT (M.), III, VII — X, XIII, XV.
CLAIRON (Mlle), XIII.
CLANCARTHY (Milord), VIII.
CLARE (Milord), II, III, V — XVI. Voy. THOMOND.
CLAVIÈRE (M. de la), III, IX.
CLAYE D'HÉROUVILLE (M. de), V, VIII. Voy. HÉROUVILLE.
CLELLES. Voy. MESNARD.
CLÉMENT IX, pape, I.
CLÉMENT XII, pape, I — III.
CLÉMENT XIII, pape, XVII. Voy. REZZONICO.
CLÉMENT (Abbé), VI.
CLÉMONT (Mlle de), XVI. Voy. BRIENNE.
Cléopâtre, opéra, VIII.
CLÉREMBAULT, musicien, VI, X, XIV.
CLÉREMBAULT (Mme de), V.
Clergé (Affaires du), X, XII. Voy. Assemblée et Lettres.
CLERMONT (Louis de Bourbon-Condé, comte de), I — XVII.
CLERMONT (Marie-Anne de Bourbon-Condé, Mlle de), I — III, V, VI.
CLERMONT (M. de), I, IV, V, VII, IX — XII.
CLERMONT (Mme de), II, IV — VII, IX — XIII, XV.
CLERMONT D'AMBOISE (M. de), II, III, VIII, IX, XV, XVI. Voy. RESNEL.
CLERMONT D'AMBOISE (Mme de), II, X, XII, XIII.
CLERMONT D'AMBOISE (Mlle de), XII.
CLERMONT CHATTE (M. de), III.
CLERMONT-CHATTE (Mlle de), X.
CLERMONT-CREUZY (Mme de), VIII.
CLERMONT GALLERANDE (M. de), II — IV, VI — X, XII, XV.
CLERMONT-GALLERANDE (Mme de), II, X.
CLERMONT-MONTOISON (Mlle de), VII. Voy. MONTOISON.
CLERMONT-TONNERRE (Abbé de), IV.

CLERMONT-TONNERRE (M. de), évêque de Noyon, I.
CLERMONT-TONNERRE (M. de), I — IV, VI, VIII, IX, XVI, XVII. *Voy.* TONNERRE.
CLERMONT-TONNERRE (Mme de), XV.
CLOCHE (Le P.), IX.
Cloches (Bénédiction de), VII.
CLOSTRIER (M.), XII.
CLUE (M. de la), II, XIV, XVI.
Cluny (Abbaye de), II.
COCHET DE SAINT-VALLIER (M.), II.
COCHIN (M.), II.
COETENFAO (M. de), II, V.
COETENFAO (Mme de), VIII, IX.
COETLOGON (M. de), III, V, X, XIV.
COETLOGON (Mme de). *Voy.* RIVIER.
COETLOGON (Mlles de), III — V.
COETLOSQUET (M. de), évêque de Limoges, VI, X, XVI, XVII.
COFFIN (M.), IX, X.
COFFIN (Mme), XIV.
COGORANI (M. de), III.
COHORN (M. de), VIII, X.
COIGNEUX (M. le), IV, V.
COIGNY (M. de), I — XVI.
COIGNY (Mme de), I, VIII — XIV, XVI.
COISLIN (Cardinal de), I, X.
COISLIN (M. de), VIII, X.
COISLIN (Mme de), X, XI, XIV.
COLBERT (Abbé), XIV.
COLBERT, archevêque de Rouen, VII.
COLBERT (Jean-Baptiste), I, II, IV, IX, X, XII.
COLBERT (M. de), IV.
COLBERT DE CROISSY, évêque de Montpellier, II, VII.
COLIN, intendant, XV.
COLLANDRE (M. de), II, IV, XII.
COLLANDRE (Mme de), X.
COLLET (M.), XI.
COLLEVILLE (M. de), X.
COLOGNE (Électeur de), V, VI, VIII, XIV, XVI.
COLOMBE (M. de), VII.
COLOMBIER (M. du), XIII.
Colonels de cavalerie, etc., I.
COLONITZ (Cardinal), XI.
COLONNE (Princes), VII, VIII.

DES NOMS ET DES MATIÈRES.

Colson, serrurier, XIII.
Coluveau, marchand, X.
Combe (M. de la), XVI.
Combes (Abbé), IV, VII.
Côme (Le frère), XII, XIV, XV.
Comédie française, XI, XVII.
Comédies à la Cour, I, III.
Comète (Jeu de la), VIII.
Compiègne (Château de), I — III, X, XIV.
Complaisant (Le), comédie, XIII.
Concerts de la Reine, V.
Conclave à Rome, III.
Condamine (M. de la), IX, XV.
Condé (Anne de Bavière, princesse de), VI.
Condé (Charlotte-Godefride-Élisabeth de Rohan, princesse de), XII — XVI. *Voy.* Soubise (Mlle de).
Condé (Charlotte-Marguerite de Montmorency, princesse de), V.
Condé (Henri de Bourbon, prince de), III.
Condé (Henri-Jules de Bourbon, prince de), II.
Condé (Louis II de Bourbon, prince de), I, IX.
Condé (Louis-Joseph de Bourbon, prince de), III — IX, XI — XVI.
Condillac (Abbé de), XVI.
Condorcet (Caritat de), évêque de Gap, VIII; d'Auxerre, XIII — XV.
Confesseur de la Reine, II.
Conflans (Maison de), XIV.
Conflans (M. de), I — V, VIII, IX, XI, XIV — XVII.
Conflans (Mme de), II, III, IX.
Conflans (Mlle de), XIV.
Confolin (Mlle de), XV.
Congis (Mme), X.
Coningham (M. de), II.
Conseil d'État, V, VIII, X — XII, XIV, XV.
Conseil de guerre, X.
Conserans (Famille de), XIV.
Constant, centenaire, IX.
Constant, officier, V.
Constantin (Le prince), VIII — X, XII — XV. *Voy.* Rohan-Montbazon.
Contades (M. de), I — IV, VIII, XVI, XVII.
Contrecoeur. *Voy.* Crèvecoeur.
Conty (Anne-Marie de Bourbon, princesse de), I — V, VII.
Conty (Anne-Marie Martinozzi, princesse de), I.
Conty (Hôtel de), IX, X, XVI.

Conty (Louis-Armand de Bourbon, prince de), VI.
Conty (Louis-François de Bourbon, prince de), I — XVI.
Conty (Louise-Diane d'Orléans, princesse de), I.
Conty (Louise-Élisab. de Bourbon-Condé, princesse de), I — XIV, XVI.
Conty (Louise-Henriette de Bourbon, Mlle de), III — V. *Voy.* Chartres et Orléans.
Conty (Princes de), IV.
Cop (Général), VII.
Coquelin (Abbé), XIV, XV.
Coquelle, marchand, XVI.
Coquereau, avocat, XIV.
Corail (M. de), VIII.
Corberon (M. de), XV.
Corbières (M. de), XVI.
Cordoue (Mlle de), IV.
Corée (M. de la), évêque de Saintes, VI, VII.
Corée (M. de la), XIII. *Voy.* Plessis de la Corée.
Corelli, musicien, VII.
Coriolis (Abbé de), III, XI, XII, XIV.
Cormontagne (M. de), XII.
Corn (M. de), XIV.
Cornaro (M.), V — VII.
Cornillon (M. de), IX, XIV, XV.
Coronini (Mme de), IV, VI, VII.
Corsbury (Milord), IX.
Corse (Détails sur la), III.
Corsini (Cardinal), I.
Corsini (Princes), XIII.
Corzay (M. de), X.
Coscia (Cardinal), XIV.
Cosel (Comte), IV.
Cosme. *Voy.* Come.
Cosnac (Daniel de), évêque de Die, II, III.
Cossé (M. de), III, V, VII, VIII, X — XIII, XVI.
Cossé (Mme de), V, X, XII, XIII, XV.
Cossoni (La), cantatrice, X.
Coste (M. de), XII.
Coste (M. de la), II.
Coste (Mme de la), XVI.
Coste-Messelière (M. de la), XV.
Cotte (Abbé de), XVI.
Cotte (M. de), II — IV, VIII — X, XIV.
Cottereau (Mme), X.

Coudray (M. du), X, XII, XIII.
Coudray (Mme du), XI.
Coudre (Mme de la), XV, XVI.
Couette (Abbé), II.
Coulanges (M. de), I, VI, X, XV.
Coulanges (Mme de), VII.
Coulon (M.), I, IV, IX.
Coulonges (M. de), IV.
Coupry (M. de), X.
Cour (M. de la), II.
Cour (Mme de la), V.
Cour (Mlle de la), IX.
Courbon (M. de), I, II, X.
Courbon (Mme de), I, II.
Courbouzon (M. de), X, XIII, XVI.
Courbuisson (M. de), VIII.
Courcelles (M. de), I, IX.
Courcillon (M. de), X.
Courcillon (Mme de), III — V, XI, XIII — XV.
Courcq (M. de), X, XII.
Courdoumer (M.), XI.
Courcis (M. de), X.
Courlande (Duc de), II, III,
Courlande (Duchesse de), II.
Courneuve (M. de la), V, VI, IX — XI, XIII.
Courson (Mlle de), XVI.
Court (M. de), V, VI, X.
Courtebonne (M. de), III.
Courteil (M. de), VIII, IX, XIII.
Courteil (Mme de), III.
Courtemer (M. de), IX. *Voy.* Courtomer.
Courten (M.), III — VI, VIII, X.
Courtenay (M. de), I.
Courtenvaux (M. de), I — III, VI, VIII — XI.
Courtenvaux (Mme de), III.
Courtivron (Mme de), XIV.
Courtois (M.), XIII.
Courtomer (M. de), III, IV, XIII, XIV.
Cousin de la Tour fondue (Mlle), XVI.
Coustou, sculpteur, II, VII.
Coutehot (Le P.), XIII.
Coutty (M.), VII.
Couturier (Abbé), IV, VI, IX — XII.

COUTURIER (M.), XI, XII, XIV.
COUVET (M.), IV, XI.
COVAS, paumier, I.
COVENTRY (M. de), XII.
COWARUWIAS (M. de), X.
COYPEL, peintre, VII, IX, XI, XII, XIV.
COYZEVOX, sculpteur, II.
COZETTE, peintre, XIV.
CRAMAIL DE VAUBOURG (M. de), V.
CRAON (Abbé de), IV.
CRAON (M. de), I, IV — VI, XIII.
CRAON (Mme de), I.
CRÉBILLON (M. de), V — IX, XIII, XV.
Crécy (Château de), VII, VIII, X — XII.
CREIL (M. de), I — VII, XIII.
CREM (Chevalier), VII.
CRÉMILLE (M. de), VII, IX, XV — XVII.
CRENAY (M. de), I, III, V — IX, XII — XV.
CRÉQUY (M. de), I — VI, XII, XIV, XV.
CRÉQUY (Mme de), I, V.
CRESCENTI, nonce, III, V.
CRESSANT, chirurgien, XI.
CRESSANVILLE (M. de), XIII.
CRETOT (M. de), IX.
CREUILLY (M. de), II, V, XI, XIII, XIV.
CREUILLY (Mme de), XV.
CRÉVECOEUR (M. de), I, IV, VII, IX, X, XIV.
CRÉVECOEUR (Mme de), I,
CRÉVECOEUR (Mlle de), XVI.
CRILLON (Abbé de), III.
CRILLON (M. de), évêque de Glandève, VIII.
CRILLON (M. de), archevêque de Narbonne, III — VI, VIII, X, XI.
CRILLON (M. de), II, IV, VI — VIII, XI, XV.
CRILLON (Mme de), IV.
Crispin médecin, comédie, XIII.
CROCHANS (M. de Guyon de), évêque d'Avignon, XV.
CROISMARE (M. de), I, V, VI, VIII, IX, XIII, XVII.
CROISSY (M. de), II — IX, XI — VI. *Voy.* COLBERT DE CROISSY.
CROISSY (Mme de), III, IV, VI — IX, XI, XII, XIV.
CROIX (M. de), I.
CROIX (Mlle de la), XI.
CRONSTROM (M. de), VIII.
CROVILLE (M. de), XIII.

CROY (Duc de), IX.
CROY (M. de), XII.
CROY (Prince de), II, III, IX, XV, XVII.
CROY (Princesse de), IV.
CROZAT (Famille), IV. *Voy.* CHATEL et THIERS.
CROZAT (M.), I — III, XII, XVII.
CRUSSOL (M. de), II, III, V, X — XIII, XV, XVI.
CRUSSOL (Mme de), VII, VIII, XII, XIII.
CRUSSOL D'AMBOISE (M. et Mme de), VIII.
CRUSSOL DES SALES (M. de), III.
CRUSSOL D'UZÈS (M. de), évêque de Blois, X, XII; archevêque de Toulouse, XIII, XVI.
CRY (Abbé de), XVI.
CUCÉ (M. de), XII, XVII.
CUGNY (Le P. de), V.
CUILLÉ (M. de Farcy de), évêque de Quimper, IV, XV.
Cuisine du Roi (Nouvelle), III.
CUMBERLAND (Duc de), VII — IX, XV — XVII.
CUNEMBOURG (M. de), XV.
CUPIS, musicien, VI.
Curieux impertinent (Le), comédie, XIII.
CURNE DE SAINTE-PALAYE (M. de la), XVI, XVII.
CURSINE (M. de), I.
CURTON (M. de), II.
CURY (M. de), IX — XI, XIV.
CURZÉ (M. de), XII.
CURZÉ (Mlle de), IV.
CUSTINE (M. de), II, VI, VIII, XVI. *Voy.* GUSTINE.
CUSTINE (Mme de), VI, VIII.
CYOIA. *Voy.* CIOIA.
CYPIERRE (M. de), XIII.

D.

DABON (M.), XII.
DAGUESSEAU (Chancelier), I — XI.
DAGUESSEAU (M.), I — IV, VIII. *Voy.* FRESNE, PLIMONT et VALJOUAN.
DAGUESSEAU (Mme), VIII.
DALARD (M.), IX.
DALEMBERT, XI, XIII, XIV.
DAMAS (M. de), III, XIV.
DAMAS, soldat, XVI.

Damezaga. *Voy.* Amezaga.
Damiens, XV, XVI.
Damnis (M.), VI.
Damon (M.), XI.
Dampierre (Bâtiment de l'Astrée à). *Voy.* Astrée.
Dampierre (M. de), II, III, VI—IX, XI, XII, XV.
Damville (M. de), VIII.
Danchet (M.), VIII, IX.
Dancourt, X.
Dandasne, avocat, XIV.
Danebrog (Ordre de), VII.
Danemark (Faux prince de), VIII.
Danemark (Prince de), III.
Dancé d'Orsay (M.), XII.
Dangeau (M. de), II, IV—VII, XI, XII, XVI.
Dangeau (Mme de), I, II, VII, XII, XIII.
Danget, marchand, XVI.
Dangeul (M. de), XIII.
Dangin, musicien, VII.
Danguy, musicien, V.
Danois (M. de), IV, V, XIII.
Danois (M. le), XVI.
Danois (Mlle le), XIV.
Danteville (M. de), XIV.
Daran, chirurgien, XIII.
Daubeuf, marchand, XVI.
Daudet (M.), XI, XIII.
Dauger (M.), II, III, VIII, XI.
Daumale (M. de), VI. *Voy.* Aumale.
Daumont (M.), II.
Daun (M. de), XVI, XVII.
Dauroy. *Voy.* Auroy.
Dauthiau, horloger, XIII.
Dauvergne, musicien, XV.
David (M.), IX.
Daviel, oculiste, XIII.
Davion, brodeur, I.
Décerteaux (M.), II.
Déclaration de guerre, VI.
Déclaration du Roi, VIII.
Décoville. *Voy.* Escoville.
Defarges. *Voy.* Farges.
Defert (Baron), VIII.

DES NOMS ET DES MATIÈRES.

Deffand (M. du), X. *Voy.* Lande du Deffand.
Deffand (Mme du), IV, V, VIII, IX, XI—XIII.
Defowkre (Mlle de), IV.
Dehesse (M.), IX—XI.
Dehors trompeurs (Les), comédie, VIII, X.
Delafosse, chirurgien, XI, XII. *Voy.* Lafosse.
Delarue, peintre, XI. *Voy.* Larue.
Delaunay (Abbé), XIII.
Delavigne, médecin, VIII—XIV, XVII. *Voy.* Vigne.
Delci (Cardinal), I, II.
Delci (M.), II.
Delfeld (M.), XVII.
Déliot (Abbé), IV.
Delpech (M.), XIII. *Voy.* Cailly et Elpèches.
Delphinberg (M. de), VIII. *Voy.* Effenberg.
Delpi. *Voy.* Rochefoucauld.
Delsaker (M.), XIII.
Demarne (M.), XIII.
Demetz (Mlle), VIII.
Demonceau (M.), X.
Demonville, huissier, I.
Depart. *Voy.* Parr.
Depimont (M.), I.
Desalleurs (M.), IV, XII. *Voy.* Alleurs.
Desangles, VI.
Desbarres (M.), VIII.
Desbech (M.), XIII.
Descajeuls (M.), III, XI, XII. *Voy.* Escayeul.
Descajeuls (Mme), IX.
Deschoisy (M.), XIII, XIV.
Déserteur (Grâce d'un), I.
Desforts. *Voy.* Fors.
Desfossez (M.), IV.
Desgotz, architecte, VIII, XII.
Desgranges (M.), I—VII, IX, XI—XIII, XV—XVII.
Deshayes, maître de ballets, VIII, IX.
Deshayes, peintre, XIII.
Deshayes (Mme), XV.
Desjardins, IV, XVI.
Desmares (Mlle), XIII.
Desmarets (Le P.), XII, XV, XVI.
Desmarets (M.), IV.
Desmaretz (M.), I, IV, V, IX.

T. XVII.

DESMARRES (M.), XV.
DESMAZIS (M.), III.
DESMOURETTE (M.), IX.
DESMOURS, oculiste, IV.
DESMURS, huissier, XII.
DESNOS (M.), XIII.
DESNOS DE LA FEUILLÉE (Mlle), XIII.
DESPIAT (Abbé), X.
DESPLASSONS (M.), VIII, *Voy.* PLASSONS.
DESPOESSE. *Voy.* POISSES.
DESPORTS, chirurgien, XII.
DESPREZ (M.), VII, XVII.
DESPUIG, grand maître de Malte, I.
DESQUINOZ (M.), VIII.
DESROUVILLE (M.), XII.
DESSALES (M.), II, VII.
DESSECORRE (Abbé), III.
DESSULEPONT (M. de), XII.
DESTOCHES, architecte, XI.
DESTOUCHES, I, VI. VII, IX-XI.
DESTOUCHES (MM.), II.
DESTOUCHES (Néricault), IX, X, XIII.
DESTOURNELLES (Mlle), X. *Voy.* TOURNELLE.
DESVIEUX (M.), VI, XV.
DETROY, peintre, I, IX, XIV.
Dettingen (Bataille de), V.
Deuils de Cour, IV.
DEUX-PONTS (Duc des), III, VII, XI, XIII.
DEUX-PONTS (Duchesse des), III.
DEUX-PONTS (Princes des), III—V, VII.
DEUX-SICILES (Princesse des), IX, X.
Devin de Village (*Le*), opéra, XII.
DEVISE (M. d'Hervilly de), évêque de Boulogne, II.
DEVOLI (Abbé), III.
DEY (M.), VII.
D'HUEZ, peintre, XIV.
DIDEROT, XI.
DIDREVILLE (M.), XV.
DIEUO (M.), VII.
DIESBACK (M. de), II.
DIESKAU (M. de), XIV.
DIGOINE (M.), I, III.
DILLON (M. de), évêque d'Évreux, XIII; archevêque de Toulouse, XVI.

DILLON (M. de), III, VI, XV.
DILLON (Mme de), XIII, XVI.
DIOUVILLE (M.), X.
DIVERS (Abbé), XIII.
Dixième (Affaire du), X.
DODET (M.), XI. *Voy.* DAUDET.
DODUN (M.), III, V, X.
DODUN (Mme), X.
DOMBES (Prince de), I—XIV.
DONA (M. de), XVI.
DONGES (M. de), II, III, V.
DONGES (Mme de), VII, X.
DONGES (Mlle de), XII.
DONHAUPT (Général), IX.
DORIA (M.), IV, VI—IX.
DORBAY, architecte, VIII.
DORINI, V. *Voy.* DURINI.
DORION (Abbé), VII.
DORMENAN (Mlle de), XIV.
DOROTHÉE (Princesse), IX. *Voy.* PARME.
DORSET (Duchesse), I.
DOUGLAS (Milord), VII, VIII. *Voy.* DUGLAS.
Dragons (Équipement des), X.
DRESNAY (M. du), VII.
DREUX (M. de), I—X, XIII—XV. *Voy.* BREZÉ.
DREUX (Mme de), II.
DROMESNIL (M. d'Hallencourt de), évêque de Verdun, III, X, XII, XIII.
DROMESNIL (M. de), IV, X.
DROMESNIL (Mme de), II—IV, XI.
DROUAS (Abbé de), X, XII; évêque de Toul, XIII.
DROUIN, comédien, XIII.
DRUCOURT (M. de), XVII.
DRUMMOND (Milord), VII. *Voy.* MELFORT et PERTH.
DRUY (M. de), I, III.
DUBIER. *Voy.* BIEZ.
DUBOIS (Abbé), XV.
DUBOIS (Cardinal), I, II, V, VII, XI, XIV, XV.
DUBOIS (M.), I, III, XV, XVI.
DUBOIS DE LA MOTHE (M.), XI, XIV, XVI, XVII.
DUBOURDET (M.), I. *Voy.* BOURDET.
DUBUISSON (M.), IX.
DUBUISSON (Mme), I.
DUBUT, curé, XII.

19.

Ducasse (M), V.
Duc de Foix (Le), comédie, XIII.
Duchatel. *Voy.* Chatel.
Duchiron (M.), II.
Duclos (M.), VII, X, XIII, XIV, XVI.
Ducroc (M.), VII.
Dufau (M.), VI.
Dufort (M.), VI — IX, XI — XV.
Dufort (Mme), XVI.
Dufossé (M.), XIII.
Dufour (M.), V, VII, X, XI.
Dufour (Mme), VI — VIII, X, XI, XIII, XVI.
Duglar (M.), IV.
Duglas (M.), II, XIII.
Dugué, musicien, IX.
Dugué-Bagnols (M.), III. *Voy.* Bagnols.
Duguesclin. *Voy.* Guesclin.
Duhan (Mme), XIV.
Duhan (Mlle), V. *Voy.* Han.
Dulattier, chirurgien, VIII, XII.
Dulau (Abbé), IX.
Dumas (Le P.), XI.
Dumas (M.), XIII, XV.
Dumay (M.), XV.
Dumesnil (M.), II, IV.
Dumesnil (Mlle), I.
Dumont, peintre, XI.
Dumoulin, médecin, II — IV, VI — IX, XI, XII, XIV.
Dumousseau (M.), XI.
Dunkerque (Travaux de), IV, V, XIV.
Dunois (M. de), III, VII, X, XII — XIV, XVI.
Duparc (M.), II, IV. *Voy.* Parcq.
Duphénix, chirurgien, VIII.
Dupin (M.), II, XII.
Dupinay (M.), XV.
Dupleix (M.), VIII, IX, XI, XIV — XIV.
Dupleix (Mme), XV.
Duplessis. *Voy.* Plessis.
Dupont (Abbé), XII. *Voy.* Pont.
Duport, huissier, II.
Duport, musicien, IX.
Dupré (Abbé), IV.
Dupré, danseur, XII.

Dupré de Lagrange (M.), XI.
Dupuis (M.), I, IX.
Duras (M. de), I — XVII.
Duras (Mme de), I — XV.
Duras Mlle de), VI, VII.
Duras, voleur, IX.
Durazzo, II, VIII.
Dureville (M.), XIII.
Durfort (Abbé de), X.
Durfort (Famille de), XV.
Durfort (M. de), II, III, X — XIV, XVI, XVII. *Voy.* Duras.
Durfort (Mme de), II — IV, XI, XIII, XV.
Durfort (Mlle), II, III, V, XII, XIV.
Durini (M.), V, VII, XIII, XV.
Dury (Général), XVII.
Dusaussoy. *Voy.* Saussoy.
Duseigneur (M.), VI.
Dutheil (M.), VI.
Duval (M.), I, III, V, XII.
Duvaux (Abbé), III.
Duvelaer (M.), XIV.
Duverney (M.), VIII. *Voy.* Paris.
Dyherr, lieutenant-colonel, IV.

E.

Éclipse de soleil, IX.
Écluse (Abbé de l'), XIII.
École des maris (l'), comédie, XV.
École de Mars, II.
Écol militaire, XI, XIII.
Écoville. *Voy.* Escoville.
Ecquevilly (Abbé d'), XIV.
Ecquevilly (M. d'), I, III, IV, VI, VIII, X, XIII, XV.
Ecquevilly (Mme d'), III, X, XVII.
Édouard (Milord), X. *Voy.* Fitz-James.
Édouard (Prince). *Voy.* Stuart.
Effenberg (M.), XII. *Voy.* Delphinberg.
Églé, pastorale, VIII.
Egmont (M. d'), II, IV, V, VII, IX — XI, XIII - XVII. *Voy.* Pigna-
telli.
Egmont (Mme d'), II — XIV, XVI. *Voy.* Villars.

EGMONT (Mlle d'). *Voy.* CHEVREUSE.
Égout du Pont-aux-Choux, III.
EKEBLAD (M. d'), IV, V.
EKMOISANS (M. d'), VIII.
Elbeuf (Duché d'), XII.
ELBEUF (M. d'), VIII, IX, XI, XII.
ELBEUF (Mme d'), VIII — X, XIV.
Électrice palatine (Mort de l'), IV.
Éléments (Les), opéra, VIII, IX.
ÉLÉONOR (M.), I.
ÉLISABETH-CHRISTINE DE BRUNSWICK, impératrice d'Allemagne, II.
ÉLISABETH FARNÈSE, reine d'Espagne, I — IX.
ÉLISABETH PETROWNA, impératrice de Russie, V — VII, IX, XI, XVI, XVII.
ÉLISABETH-THÉRÈSE DE LORRAINE, reine de Sardaigne, III.
ELMSTATT (M. d'), VI. *Voy.* HELMSTADT.
ELPÈCHES (Mme d'), XVI. *Voy.* DELPECH.
ELTZ (Baron d'), III, IV.
ELZERMÉ (M. d'), X.
EMERY (M. d'), VIII, XV.
Emmery (Terre d'), XIV.
Empire de l'Amour (L'), opéra, III.
Énée et Lavinie, opéra, XV.
Enfant-Jésus (Maison de l'), XI.
Enfant prodigue (L'), comédie, VIII.
Enfants-Trouvés (Maison des), VII.
ENGHIEN (Duc d'), XV.
ENNERIE (Mlle d'), X. *Voy.* BLOT.
ENSANADA (M. de la), V, X, XII, XIII, XV. *Voy.* INSENADA.
Ensorcelés (Les), comédie, XVI.
ENTRAGUES (M. et Mme d'), XV.
Entrées à la cour, I, II, VI.
ÉPÉE (M. de l'), I.
ÉPERNON (M. d'). *Voy.* ANTIN.
ÉPERNON (Mme d'), I.
ÉPINAY (M. d'), III, VII, XI.
ÉPINAY (Mme d'), IV, XI, XVI.
ÉPINOY (M. d'), XIII.
ÉPINOY (Mme d'), II, V, VIII, XIII.
ÉPINOY (Mlle d'), II, VIII, IX.
Épizootie sur les bœufs, I.
EQUERTY (M.), I.
Érigone, opéra, VIII, X.
ERISERA (Abbé d'), XV.

Erlach (M. d'), I — III, XVI.
Ermitage (Maison de l'), IX, X.
Escalopier (M. de l'), V, XV. *Voy.* Lescalopier.
Escars (M. d'), II, X, XIV, XVI, XVII.
Escars (Mme d'), X, XIII, XVI, XVII.
Escayeul (M. d'), XI, XII. *Voy.* Deacajeuls.
Esclignac (Abbé d'), XII.
Esclimont (M. d'), II, VI, XII.
Esclinstatt (M. d'), VI.
Escorailles (M. d'), I, V, VIII, XII, XVI.
Escorailles (Mme d'), X.
Escouflet (Mlle d'), XV, XVI.
Escoville (M. d'), VI, VII.
Eslagnolles. *Voy.* Estaniol.
Espagnac (Abbé d'), XV.
Espagnac (M. d'), VII.
Espagnae (Cardinal-infant d'), VI, X.
Espagne (Gouvernement de l'), III.
Espagne (Grandesses d'), *Voy.* Grandesses.
Espagne (Marie-Antoinette, infante d'). VI, X.
Espalunque (Abbé d'), III.
Esparbès (M. et Mme d'), XVI.
Espaur (M. d'), IX.
Espiard (Abbé d'), XI.
Espiés (M. d'), XIV.
Espiés (Mme d'), XV.
Espinchal (M. d'), IX — XIII.
Esprit de contradiction (L'), comédie, VIII, X.
Esquelbeck (M. d'), VI, XII, XVI.
Esquelbeck (Mme d'), IX, XIII.
Esseval (Mme d'), XVI.
Essonne (Poudrière d'), VII.
Estaing (M. d'), III, IV, VI, VIII, X, XI, XV.
Estaing (Mme d'), I, VII, IX.
Estaing de Saillant (M. d'), évêque de Saint-Flour, IV.
Estampes (M. et Mme d'), XVI. *Voy.* Étampes.
Estaniol de Montagnac (M. d'), II.
Estavayé-Molondin (M. d'), II.
Esterhazy (M. d'), XI.
Esterhazy (Mme d'), III, X, XI.
Esterre (M. d'), V, VI.
Estevon (M.), III.
Esther, tragédie, XIV.

Estissac (M. d'), II, XIII, XV — XVII.
Estissac (Mme d'), III, IV, VIII, IX.
Estourmel (M. d'), III, V, VIII, XIII, XVI. *Voy.* Fretoy.
Estourmel (Mme d'), X.
Estouteville (M. d'), XI.
Estrades (M. d'), XI.
Estrades (Mme d'), VI — XIV, XVI.
Estrées (Abbé d'), III, IV.
Estrées (Cardinal d'), XVI.
Estrées (Gabrielle d'), I.
Estrées (Jean d'), archevêque de Cambrai, XII.
Estrées (M. d'), I — XII, XIV — XVII.
Estrées (Mme d'), I — VI, VIII — XII, XVII.
Estrehan (M. d'), IV, V.
Étampes (M. d')), XIII, XIV *Voy.* Estampes.
Étanduère (M. de l'), III, VIII.
Étang (M. de l'), VII.
États de Bourgogne, V.
États de Bretagne, I, II, IV.
États de Languedoc, III — V.
Étavigny (M. d'), X.
Étioles (M. d'), VII, IX, XIII. *Voy.* Lenormant et Normand.
Étioles (Mme d'), VI, VII. *Voy.* Pompadour.
Étourderie (*L'*), comédie, XII.
Ettingue (Comte d'), VIII.
Eu (Comte d'), I — X, XII — XVI.
Eu (M. d'), VII. *Voy.* Heu.
Eugène (Le Prince), I, IV — VI, VIII, X.
Eustache (Frère), I.
Evin, chirurgien, XII. *Voy.* Hévin.
Evreux (Comte d'), I, III, IV, VI — VIII, XII.
Évreux (Comté d'), II.
Evreux (Hôtel d'), XIII.
Évreux (Mlle d'), V.
Exilles (Combat d'), VIII.
Exlfort *Voy.* Melfort.
Eynard Mlle). *Voy.* Hôpital Sainte-Mesme.

F.

Faculté de théologie, XVII.
Faget, chirurgien, X, XIII.

Fagon, médecin, I, IV, V, X.
Fagon (M.), évêque de Vannes, IV.
Falcon (M.), III, V, VII, VIII.
Falco, musicien, VII.
Falconnet, médecin, VIII, XI, XII.
Faluère (Mlle de la), VII.
Fantin, curé, I.
Faoucq (Mlle), de) IX. *Voy.* Gramont.
Farcy (M. de), XIII.
Fardella (M. de), III.
Fare (Abbé de la), I — III, V, VI.
Fare (M. de la), évêque de Laon, III, IV.
Fare (M. de la), I — XII.
Fare-Tornac (M. de la) III.
Farges (M. de), I, II, IV, V, XVI.
Fargès (M.), VII. *Voy.* Polisy.
Fargis (M. de), IV.
Fargues (M. de Madet de), évêque de Saint-Claude, III.
Farinelli, chanteur, I, V, IX, X, XII.
Fat puni (Le), comédie, VII, XIII.
Faudoas (M. de), IV — VI.
Faudoas (Mme de), II, V — VII, *Voy.* Rochechouart.
Faure, médecin, XIII, XIV.
Fausse Antipathie (La), comédie, XIII.
Faustine (La) cantatrice, X. *Voy.* Hasse.
Fautrière (M. de la), XI, XII.
Fauvel (M. de), I.
Favart, XI.
Favolle (M. de), IX.
Fay (M. du), II.
Fayardie (M. de la), XII, XIII.
Faye (M. de la), IV, VI, VIII.
Fayette (M. de la), I, II, XIII, XVI.
Feedrop. *Voy.* Seedorf.
Fel (Mlle), VI, XII.
Feldt (M. de), I.
Félibien, IV.
Félicité (La), ballet, VII.
Félière (M. de la), XV.
Félix (Le P.), XII.
Félix (M.), II, V, IX, X.
Femme de chambre de la Reine, X.
Fénelon, archevêque de Cambrai, VII.

Fénelon (Abbé de), X, XI.
Fénélon (M. de la Mothe-), évêque de Pamiers, III.
Fénélon (M. de), I — VIII.
Fénélon (Mme de), III, VII, VII.
Ferdinand VI, roi d'Espagne, VII — XIV, XVII.
Ferdinand (Prince). *Voy.* Brunswick.
Fermes (Adjudication des) I, X.
Fermor (M. de), XVII.
Fernand-Nunnès (M. de), III, IX. *Voy.* Nunnès.
Fernand-Nunnès (Mme de), X. *Voy.* Nunnès.
Féron (M. le), IX, XIII.
Féron (Mme le), XII.
Ferrand (Famille), IX.
Ferrand (M.), II, IX, X, XIV.
Ferrand (Mme de), VI, XV.
Ferrandina (M. de), XIII.
Ferrary (M. de), VIII.
Ferrière, musicien, II.
Ferrière (M. de), XVI.
Ferrière (M. de la), IX, XIV, XVI. *Voy.* Laferrière.
Ferriol d'Argental (M. de), V.
Ferronays (M. de la), XII, XIII.
Ferronays (Mme de la), XIII.
Ferroni, II.
Ferry (Nicolas). *Voy.* Bébé.
Fersen (M. de), VII, XIII.
Ferté (M. de la), VI, XI, XII.
Ferté (Mme de la), II, IV, IX, XIV.
Ferté-Imbault (M. de la), I.
Ferté-Imbault (Mme de la), I, IX, XIV, XVI.
Fervaques (M. de), II, V, VI.
Fervaques (Mme de), III.
Fervaques (Mlle de), VI. *Voy.* Laval et Olonne.
Festetitz (Général), IV, VI.
Fête donnée à la Reine, I.
Fêtes grecques et romaines (Les), ballet, VIII.
Fêtes de l'Hymen et de l'Amour (Les), prologue, VIII, IX.
Feugères (M. de), XVI.
Feuillade (M. de la), XI, XII.
Feuillade (Mme de la), II, IV, XII.
Feuillade (Mlle de la), XII.
Feuquières (Famille de), X.
Feuquières (M. de) X, XIII.

FEYDEAU (M.), évêque de Digne, IV.
FEYDEAU DE BROU (M.), XIII, XIV. — *Voy.* BROU.
FIENNES (M. de), III, V, XIV.
FIEUBET (Abbé), XI.
FIEUBET (M. de), III.
FIEUBET (Mme de), XV.
Fille sauvage, III.
Filles bleues (Maison des), XI.
FILLEUL (M.), III, IV, X, XVI.
FIMARCON (M. de), III, IV, VI, VII.
FIRMACON (Mme de), XIV.
FINKESTEIN (M. de), IX.
FISCHER (M.), IX, XIII, XV.
FITZ-JAMES (Abbé de), I, II.
FITZ-JAMES (M. de), évêque de Soissons, IV — VIII, XIII, XIV.
FITZ-JAMES (M. de), I — VIII, X, XI, XIV — XVII.
FITZ-JAMES (Mme de), III — XIV, XVI.
FLACHAT (M.), XV.
FLAMANVILLE (M. de), VIII, XII.
FLAMANVILLE Mme de), XII.
FLAMARENS (M. de), I, III, IV, VIII — XIII, XVI.
FLAMARENS (Mme de), IV, V.
Flandre (Parlement de), VI, X.
FLAVACOURT (M. de), II — VII, IX, XI, XIV.
FLAVACOURT (Mme de), II — XVII.
FLAVACOURT (Mlle de), XIV.
FLÈCHE (M. de), III.
FLEING (M.), XVI.
FLEMING (M. de), IV.
FLESSELLES (Mlle de), XIV.
FLEURY (Abbé), I — VII ; évêque de Chartres, VIII — XVI.
FLEURY (Abbé), I — X; archevêque de Tours, XI, XII, XVI.
FLEURY (Cardinal), I — XV.
FLEURY (Famille de), IV.
FLEURY (Le P.), IV.
FLEURY (M. de), I — XVI.
FLEURY (Mme de), II — XIII, XV, XVI.
FLEURY (Mlle de), V, IX.
FLINE (M.), XII.
Florence (Concile de), II.
FLORIAN (M. de), III.
FLORIOT (Le P.), XII.
FOGLIANI (M. de), XI.

Foire Saint-Germain (*La*), comédie, X.
FOLARD (M.), XI, XV.
Folette (La), maladie, II.
FOLIN (M.), IV, XI.
FOLIN (Mme), XI.
FOLVILLE (M. de), XIII.
FONCEMAGNE (M. de), II, V, IX, XI — XIII.
FONTAGNEUX. *Voy*. FONTANIEU.
FONTAINE (M. de), XIII.
FONTAINE (Mme de), II.
FONTAINE (M. la), XIII.
Fontainebleau (Château de), I, III, VII, VIII, X, XIII, XVI. *Voy*. Ulysse (Galerie d').
FONTAINE-MARTEL (M. de), II — IV.
FONTANGES (Abbé de), III; évêque de Lavaur, IX, X, XV, XVI.
FONTANGES (M. de), III, IV, XIII.
FONTANGES (Mme de) I, V, XI.
FONTANIEU (M. de), I, III, VI, VIII, X, XI, XIII, XV.
FONTANIEU (Mme de), XII.
FONTELLE (M. de), XVII.
FONTENAY (M. de), II, IX, XVI, XVII.
FONTENAY (Mme de), XIV.
FONTENELLE, V, IX, X, XII, XIII, XV.
FONTENILLE (Abbé de), évêque de Meaux, X — XIV. *Voy*. ROCHE DE FONTENILLE.
FONTENILLE (Mme de), XIV.
FONTENOIS (M. de), VI.
Fontenoy (Bataille de), VII.
FONTETTE (M. de), XI — XIV.
FONTPERTUIS (M. de), VIII.
FONTRAILLES (M. de), IX.
FORBIN (M. de), VIII.
FORBIN (Mme de), XIV.
FORCALQUIER (M. de), II, IV, VI, VIII, X — XII.
FORCALQUIER (Mme de), IV, VIII — XIV.
FORCE (Famille de la), XII.
FORCE (M. de la), I — VI, XII, XVI.
FORCE (Mme de la), II, V, VII, VIII, XI, XII, XV.
FORCE (Mlle de la). *Voy*. BÉARN.
FORCROY, musicien, XI.
FOREST (M. de la), XII.
FORESTER (M.), X.
FORESTIER (M.), III.

Forges (Eaux de), X.
Forget (M.), II, XII.
Fors (M. le Peletier des), III, V.
Fors (Mme des), III, VI.
Fortia (M. de), II, IV.
Fortia (Mlle de), VIII.
Fortisson (M. de), II — V, X, XII.
Forto. *Voy.* Frotteau.
Fosseux (M. de), VIII, X, XVI.
Fotrière. *Voy.* Fautrière.
Foubert (Mme et Mlle), IV.
Fouchy (M. de), X, XI.
Fougère (M. de), VII, VII, XIII. *Voy.* Fougières.
Fougger (M. de), V.
Fougières (M. de), III, IV. *Voy.* Fougère.
Fouquet, surintendant, IX.
Fouquet (M.), évêque d'Embrun, III, VIII, XII.
Fourcy (Abbé de), XIII.
Fourier (Le P.), XII.
Fournaise (M. de), IV, V.
Fourneau (M.), XII.
Fourniels (Mlle des), XI.
Fournier (M.), I, III, VIII — X, XIV.
Fourqueux (M. de), XV.
Fox (M.), XV.
Fragments (*Les*), opéra, XIII.
Fragonard, peintre, XIII, XIV.
Francavilla (Mme de), XV.
France, peintre, XI.
France (Anne-Henriette de), nommée *Madame Henriette*, puis *Madame*, I — XIV.
France (Louise-Élisabeth de), nommée *Madame*, puis *Madame Infante*, I — XIII, XV — XVII.
France (Louise-Marie de), nommée *Madame Louise*, I, II, VIII — XVII.
France (Marie-Adélaïde de), nommée *Madame Adélaïde*, I — XVII.
France (Marie-Louise-Thérèse-Victoire de), nommée, *Madame Victoire*, I, II, VIII — XVII.
France (Marie-Thérèse de), nommée *Madame et la petite Madame*, VII — IX.
France (Marie-Zéphirine de), nommée *la petite Madame*, X — XIV.
France (N. de), I, II, VI.

France (Sophie-Philippine-Élisabeth-Justine de), nommée *Madame Sophie*, I, II, VIII — XVII.
Franchini. *Voy.* Franquini.
Francoeur, musicien, I, VI — IX, XIII, XV.
François Ier, empereur d'Allemagne, VII, VIII, XII, XIII. *Voy.* Lorraine (François-Étienne, duc de) et Toscane.
François Ier, roi de France, IX.
François (Don), infant de Portugal, IV. *Voy.* Portugal.
François à Londres (Le), comédie, XIII.
Francs-maçons, I, III, XIII.
Franqueville (M. de), XIII.
Franquini (Abbé), I — III.
Fransure (Mme de), IX.
Fraukenberg (Colonel), IV.
Frédéric Ier, roi de Suède, II, IX, XI.
Frédéric II, roi de Prusse, III — XVII.
Frédéric V, roi de Danemark, XI, XVI.
Frédéric-Auguste II, roi de Pologne, X. *Voy.* Auguste III.
Frédéric-Guillaume Ier, roi de Prusse, II, III.
Frédéric (Prince). *Voy.* Brandebourg.
Freisch (M.), III.
Frémeur. *Voy.* Frémur.
Frémont (M.), IX.
Frémont du Mazy (M. de), XII.
Frémur (M. de), III, IV, XV.
Fréron, XII.
Frescati (Maison de), VI.
Fresnay (Mlle du), IX.
Fresne (M. de), III, X. *Voy.* Daguesseau.
Fresne (Mlle de), XIV.
Fresne-Daguesseau (M. de), XIV.
Fresnoy (Abbé), XVI.
Fretoy (M. du), III, V, VI, VIII, X. *Voy* Estourmel.
Fribourg (Canton de), IX.
Frimassons. *Voy.* Francs-Maçons.
Frise (Comte de), IX — XI, XIV, XV.
Froberg (M. de), XVI.
Fromentières (M. de), VIII.
Fronsac (M. de), V, VIII, X, XIII, XV — XVII.
Froquières (Abbé), XI.
Frotteau (Abbé), V.
Froulay (M. de), I — IV, VI — XIV.
Froulay (Mme de), VII, VIII, X, XI, XIV.

Fuau (Abbé), VI.
Fuenelorra (M. de), III.
Fulvy (M. de), I, II, IV — VII, XI.
Fulvy (Mme de), II, IV, V, VII, XI.
Fulvy (Mlle de), VI.
Fumel (M. de), évêque de Lodève, X, XVII.
Fumel (M. de), XIV.
Fumel (Mme de), XIII.
Fumereau (M. de), XIV.
Furstemberg (Cardinal de), VIII.
Furstemberg (M. de), IX.
Fuselier (M.), VIII, IX.

G.

Gabaret (M. de), III, V.
Gabriel, architecte, I — IX, XI, XIII — XVI.
Gacé (M. de), XII.
Gacé (Mme de), IX, XIII, XV.
Gacherie (M. de la), XV.
Gadagne (M. de), I.
Gadot (M.), XIII.
Gages (M. de), V — VIII, XII.
Gagnier, III.
Gagny. *Voy.* Blondel de Gagny.
Gaignereau (M.), XVI.
Gaillard (M.), XI.
Gaillon (Château de), VII.
Gal (M. de), VI.
Galacy. *Voy.* Grossin.
Galaisière (M. de la), I, V — VII, IX — XVII. *Voy.* Chaumont de la Galaisière.
Galaisière (Mlle de la), XIV.
Galant (M.), XIV, XVI.
Galiffet (Abbé de), XIV.
Galiffet (M. de), IX, XIII.
Galiffet (Mme de), XIV.
Galissonnière (M. de la), X, XIV — XVI.
Galland de Chancy (Mlle), XI.
Galleran, XIII.
Galles (Prince de), IV, VIII, IX, XI. *Voy.* Stuart.
Galles (Princesse de), IV, X.

Galli (Cardinal), XIII.
Galloy (M.), XVI.
Galmoy (Milord), II.
Gamaches (Abbé de), XIV.
Gamaches (M. de), II, XI, XII.
Gamaches (Mme de), VI, XII.
Gamaches (Mlle de), V, VII.
Gandelus (Mme de), II,
Gange (Débordement du), II.
Garde (Mlle de la), IV.
Gardes du corps, II.
Gardie (Mme de la), VI.
Gardie (Mlle de la), VII.
Gardouges. *Voy.* Bélestat.
Garlaye (Abbé de la), II; évêque de Clermont, IV. *Voy.* Lemaistre.
Garnier (M.), XI.
Garnier d'Isle. *Voy.* Isle.
Garrenay (M. de la), VIII.
Gas (M. de), XV.
Gassion (M. de), II — V, VII, X.
Gassion (Mme de), X.
Gathau (M.), IV.
Gatinara (Chancelier), XI.
Gaucher (Mlle), XIII.
Gaucourt (Mme de), V.
Gaudion (M.), III, XI.
Gault (M. de), V.
Gaumont, dessinateur, XI.
Gaumont (M. de), II.
Gaurin (M.), IX.
Gaussin (Mlle), IX.
Gauthier (M.), XII — XIV, XVI.
Gauthier (Mlle), XI.
Gautier (M.), XII.
Gautier de Besigny (M.), XII.
Gavre (M. de), III, XI.
Gayat (M.), XVI.
Gayet (Mme), X.
Gazette de France, XIV, XVI.
Gédoyn (Abbé), VI.
Géliotte, VII. *Voy.* Jéliotte.
Gencienne (M. de), III.
Gendre (Mlle le), XIV. *Voy.* Legendre.

GENDRON, oculiste, IV, V, X, XI.
Généalogie du Roi, I.
Gênes (République de), X.
GENLIS (M. de), XII.
GENNES (M. de), XI.
GENOIN (M. de), XIV.
GENSAC (M. de), II, VI.
GENSAC (Mme de), XII.
GEOFFRIN (Mme), XIV.
GEOFFROY, apothicaire, XI.
GEOFFROY (Mlle), XV, XVI.
GEORGES II, roi d'Angleterre, I, III, IV, VI — IX, XIV — XVII.
GÉRARD (Le P.), IX.
GÉRARD (M.), III, IV.
GÉRAULDY, dentiste, II.
GERCY. *Voy.* LANGUET DE GERCY.
GERMAIN (Le P.), II.
GERMAIN, orfévre, VI, VII, IX, XI, XII.
GERMONT (Abbé de), XIII.
GERSDORF (M. de), IV.
GERVAIS, musicien, II.
GERVAIS (M.), XII.
GESLIN, médecin, VIII.
GESVRES (Cardinal de), III, V, VI.
GESVRES (M. de), évêque de Beauvais, puis cardinal, VI, IX, XI, XIV — XVII.
GESVRES (M. de), I — XVII.
GESVRES (Mme de), XVI.
GESVRES (Mlle de), VI.
GHISTELLE (Abbé de), I, III, VI, VIII. *Voy.* GUISTEL.
GHISTELLE (M. de), évêque de Béziers, VI.
GHISTELLE (M. de), XVII. *Voy.* GUISTEL.
GIBANEL (M.), XV.
GILBERT (M.), XII, XIII, XVI.
GILBERT DE VOISINS (M. de), I — III, VII, X, XIII.
GILLEBRAND (M.), XIII.
GILLEMBORG (M. de), XI, XII.
GILLES (M. de), VII.
GILLET (Mme), XVI.
Girandole de cristal, III.
GIRARD (Abbé), V, VIII.
GIRARD, baigneur, IV.
GIRARDON, sculpteur, II.

Giron (M. de), XIII.
Gironde (M. et Mme de), XVI.
Giroult de Villiers (M.), XIII. *Voy.* Villiers.
Girval (M. de), XI.
Giseux (M. de), IX. *Voy.* Gizeux.
Giseux (Mlle de), VIII.
Gisors (Duché de), XIV.
Gisors (M. de), VII, VIII, X, XII — XVII.
Gisors (Mme de), XII, XIV — XVI.
Givry (M. de), I — VI, XI.
Givry (Mlle de), XV, XVI.
Gizeux (M. de), IX, XIII, XIV. *Voy.* Giseux.
Glace et glacières, I, II.
Glatigny (Maison de), XVI.
Glucq (M.), III.
Glud de Saint-Port (M.), I.
Goas (M. de), IV, III.
Goas (Mme de), IV.
Gobelins (Manufacture des), I, XI. *Voy.* Tapisseries.
Godard (M.), XIV.
Godeheu (M.), XIV.
Godolphe (M. de), XV.
Gonomèche, musicien, VII, XIV, XVI.
Godot, architecte, XI.
Goesbriant (M. de), I — VI, XII.
Goesbriant (Mme de), VI, X, XI, XIII.
Goesbriant (Mlle de), II, V, VI, XVI.
Goguet (M.), XVI.
Gondrin (M. de), II — VI.
Gontaut (M. de), IV — XII, XIV — XVII.
Gontaut (Mme de), III, V, VII, VIII.
Gonzalès (M. de), X. *Voy.* Greni-Gonzalès.
Gor, fondeur, XVI.
Gorsègne (M. de), X.
Gosse (M.), XIII.
Gotha (Duc de), XVI.
Gouault (Abbé), XIV.
Gouffier (Abbé de), II.
Gouffier (M. de), I, III, VII, XIII.
Gouffier (Mme de), I, VII, VIII.
Gourdon (M. de), VIII.
Gourgues (M. de), VIII, XIII, XV.
Gourgues (Mme de), XIV.

Gourgues (Mlle de), XV.
Gournay (M. de), I.
Gouru (M. de), VIII.
Gourutz (M. de), IV.
Gouvernante (La), comédie, VIII.
Gouy (M. de), VII, X.
Gouy (Mme de), IX — XIII, XV.
Gouyon (Abbé de), XIV. *Voy*. Goyon.
Gouyon de Launay-Commats (Abbé de), III.
Gouzancré (M. de), I, VII, IX.
Gouzargues, musicien, XVI.
Goyon (Abbé de), V — XII.
Goyon (M. de), XII — XV.
Goyon (Mme de), XI, XVI.
Goyon de Vaudurant (Abbé de), III; évêque de Saint-Pol, VI, X.
Grabo (Comte de), XI. *Voy*. Mecklembourg-Gustrow.
Gradués (Droit des), XI.
Grainville (M. de), XII.
Gramont (M. de), I, II — VI, VIII — XVI.
Gramont (Mme de), I — VI, VIII, IX, XI — XIV, XVI.
Gramont-Falon (M. de), IV, VI, IX.
Gramont-Falon (Mme de), X, XI, XIII, XIV.
Grancey (Abbé de), XVI.
Grancey (Mme de), IV, V, VII, XIII.
Grand Conseil (Le), II.
Grandesses d'Espagne, II.
Grandhomme (M.), VIII.
Grandière (M. de la), XII.
Grandjean de la Croix (M.), XIII.
Grandras (Abbé de), XI.
Grandval, comédien, XI.
Grandville (M. de), X. *Voy*. Granville.
Grandville (M. de la), I — VI, VIII, XI, XII, XVI.
Grange (M. de la), XII.
Granville (M. de), V. *Voy*. Grandville.
Grasse (M. de), évêque de Vence, XIII, XIV.
Grasse (Mme de), I, III, VII, XIII.
Grassin (M. de), IV, VI, VII, IX.
Grassin (Régiment de), V.
Grave (M. de), III, XI.
Grave (Mme de), IV, V, VIII.
Gravezund (M. et Mme de), XI.
Gravier (M.), XV.

GRAVILLE (M. de), VII, XIII, XVI, XVII.
GRAVILLE (Mme de), VII.
GREEN (M.), IX.
GREFFEC (M.), III.
GREFFIN (M.), IX.
GRENI-GONZALÈS (Mme de), IX, X.
GRESSET, VIII — X, XIII.
GREVEMBROCK (M. de), II, IV, VII, XI, XIV.
GRIBEAUVAL (M. de), XIV.
GRIFFET (Le P.), XI, XIV.
GRIGNAN (M. de), III, XII.
GRIGNEUX (M. de), XII.
GRILLE (M. de), I, V.
GRIMALDI (Abbé), III, VI; évêque de Rhodez, VII.
GRIMALDI (Famille de), I.
GRIMALDI (M. de), V, XIV.
GRIMALDI (Mme de), XIII.
GRIMALDO (M.), II.
GRIMBERGHEN (M. de), I — XII, XIV.
GRIMBERGHEN (Mme de), V, VI.
GRIMOD (M.), II.
GRIMOD (Mme), XV, XVI.
GRIMOD DE BEAUREGARD (M.), XIV, XV.
GRIMOD DE LA REYNIÈRE (M. et Mlle), XI. *Voy.* REYNIÈRE.
GRISARD (Le P.), III.
GRIVE (Abbé de la), XVI.
GROLÉE (M. de la), XV.
GROOLIER (M. de), V.
GROSBOIS (Abbé de), III, IX.
GROSS (M.), VII.
GROSSCHLAGER (M. de), XI.
GROSSIN DE GALACY (M.), XIII.
GROSSOLES (M. de), I.
GRUNE (M. de), VII.
GRUNINGEN (M. de), IX.
GRUYN (Mme), XII.
GUALTERIO (Mme de), VI. *Voy.* MODÈNE.
GUALTIERO, nonce, XIII.
GUAST (Mme de), X.
GUAY (M. du), XIV.
GUÉAU DE REVERSEAU (M.), VII. *Voy.* REVERSEAU.
GUÉBRIANT (Abbé de), X.
GUÉBRIANT (M. de), III, V — VIII, XIV.

GUÉBRIANT (Mme de), I, IX.
GUÉDON, musicien, X, XI.
GUÉDON (Mlle), VIII.
GUÉLING (M. de), III.
GUELTON (M. de), XV.
GUÉMENÉ (M. de Rohan-), archevêque de Reims, VIII.
GUÉMENÉ (M. de), I, IV, XVI.
GUÉMENÉ (Mme de), I—IV, IX, XI, XIII, XV.
GUÉMENÉ (Mlle de), IV. *Voy.* CRÈVECOEUR.
GUÉNÉGAUD (M. de), IX.
GUÉNET DE SAINT-JUST (M.), XIII.
GUER (M. de), III.
Guerche (Château de la), XIII.
GUERCHOIS (M. le), III.
GUERCHY (M. de), II—IV, VI—IX, XII.
GUERCHY (Mme de), III, IV, X, XII—XIV.
GUERCHY (Mlle de), X.
GUERDIER DE SAINT-AUBIN (M.), XIII.
GUÉRET (M.), XII.
GUÉRET DES VOISINS (M.), XIII.
GUÉRIN, artificier, III.
GUÉRIN, musicien, VII.
GUERS (M. de), XIV.
GUERSTOFF (M. de), VIII.
GUÈRY (M. de), VII.
GUESCLIN (Abbé du), évêque de Cahors, III, IV, XI.
GUESCLIN (M. du), I, III, IV.
GUESCLIN (Mlle du), XVI.
GUIARD, sculpteur, XIII.
GUIBERT (M. de), VII, XVI.
GUICHE (M. de), VIII.
GUICHE (Mlle de). *Voy.* BRIONNE.
GUICHE (M. de la), III, XVI.
GUICHE (Mme de la), IV—VIII, XII, XIII, XVI.
GUICHON (Abbé), XII.
GUIGNES (M. de), XI—XIII.
GUIGNON, musicien, II, IV, VII, XI, XII.
GUILLAUME, intendant, XV.
GUILLAUME-AUGUSTE, prince de Prusse, III, IV, VI.
GUILLELMINE-AMÉLIE DE BRUNSWICK, impératrice d'Allemagne, II, IV.
GUILLELMINE-CHARLOTTE-DOROTHÉE DE BRANDEBOURG, reine d'Angleterre, I.
GUILLEMAIN, musicien, II, IX, X, XII.
GUILLERIN (M.), XIV.

GUILLET. *Voy.* QUILLET.
GUILLOT (M.), VIII.
GUINET (M.), II.
GUINGAMP (M. de), X, XI.
GUIPEVILLE (M. de), XIV.
GUISE (M. de), I — III, V — VIII.
GUISE (Mme de), II, VII.
GUISTEL (Abbé de), I, III. *Voy.* GHISTELLE.
GUISTEL (M. de), XVII.
GUITAUT (M. de), IX, XIV.
GUITAUT (Mme de), XVI.
GUITAUT (Mlle de), XIII.
Gustave Vasa, tragédie, IX.
GUSTINE (M. de), XV. *Voy.* CUSTINE.
GUYARD. *Voy.* GUIARD.
GUYMONT (M. de), VIII.
GUYOT (Abbé), VI, XVI.
GUZMAN (Maison de), I.

H.

HADDOCK (Amiral), III.
HAKEBRAT (M.), IX. *Voy.* WALKERBATH.
HALLOT (M. d'), VIII.
HAMILTON (M. d'), IX — XI.
HAMILTON (Mme d'), IX.
HAN (Mlle du), V. *Voy.* DUHAN.
HANNIVEL (Mme de), XVI.
HARAMBURE (Abbé d'), XIII.
Harangue de la Ville, III.
HARBOUVILLE. *Voy.* ARBOUVILLE.
HARCOURT (Abbé d'), I, V — IX, XII, XV.
HARCOURT (Famille d'), X, XII.
HARCOURT (M. d'), I — IV, VI, VII, IX — XIV, XVII.
HARCOURT (Mme d'), III, IV, VII — XI, XVI.
HARCOURT (Mlle d'), II, III. *Voy.* CROY.
HARDENBERG (M. de), XVII.
HARDION (M.), IV, IX, X.
HARDOUIN (M.), I.
HARDY (Amiral), V.
HARDY (Arniaud, dit). *Voy.* ARNIAUD.

HARLAY (Famille de), IX.
HARLAY (M. de), archevêque de Paris, V.
HARLAY (M. de), I—III, VIII.
HARLAY (Mme de), VI, VIII—X.
HARO (Louis de), II.
HARRACH (M. d'), XI.
HARRINGTON (M.), IX.
HARVILLE (M. d'), IV, X.
HARWEY (Milord), IX.
HASSE (M. et Mme), X.
HAUSSONVILLE (M. d'), I, VII.
HAUTEFEUILLE (M. de), I, V.
HAUTEFEUILLE (Mlle de), XIII, XIV.
HAUTEFORT (M. de), I—IV, VI, IX—XIII, XV.
HAUTEFORT (Mme de), XI.
HAUTEFORT-BOZEIN (M. de), I, II, IV.
HAUTEFORT-DURAS (Mme de), II.
HAUTERIVE (Mme de), IV.
Havre (Le Roi au), X.
HAVRÉ (M. d'), I, II, IV, VI, XI, XIII, XV. *Voy.* PRIEGO.
HAVRÉ (Mme d'), I, VI, VII, XII, XIII.
HAVRINCOURT (M. de Cardevac d'), évêque de Perpignan, V, X, XI, XIII. *Voy.* CARDEVAC.
HAVRINCOURT (M. d'), I, IV—VI, IX, XI—XIII, XVII.
HAVRINCOURT (Mme d'), IX.
HAYE (M. de la), IX.
HAYE (Mlle de la), XII.
HAYE DES FOSSÉS (M. de la), XIV.
HAZON, architecte, XIV.
HÉBERT (Mme), VI.
HÉBERT (Mlle), XI.
HEIDEN (M. d'), XI.
HÉLIOT (Abbé), XIV.
HELLIOT, cuisinier, IX.
HELMSTADT (M. d'), VI, VIII. *Voy.* ELMSTATT.
HELMSTADT (Mme d'), VIII, XI.
HELVÉTIUS (M.), I—IV, VII—XII, XIV, XVII.
HELVÉTIUS (Mme), III.
HÉNAULT (Le président), I, II, V, VII—XVI.
HENNESY (M. d'), III.
HENNIN (M.), IX.
HENNIN (Mlle d'), V.
HENRI IV, roi de France, I, VI.

Henri (Prince). *Voy.* Stuart.
Henriau, évêque de Boulogne, II, XIII, XIV.
Henrichemont (M. d'), IX, XIII, XIV, XVI.
Henrichemont (Mme d'), IX — XI, XIII, XIV.
Henriette (Madame). *Voy.* France (Anne-Henriette de).
Henriette (Milady), X.
Héraclides (Les), tragédie, XII.
Héraclius, tragédie, X.
Hérault (M.), I — III, XV, XVI.
Hérault (Mme), II.
Hérault (Mlle), VII.
Herbestein (M. d'), XI.
Herbouville (Mme d'), VII, IX, XIV.
Hercassin (La d'), V.
Héré, architecte, XIII.
Héricourt (Abbé d'), XII, XIV.
Héricourt (Le P. d'), I, III, VIII, XI, XVI.
Héricourt (M. d'), IX.
Hermant (M.), XII.
Herment (Mme), XII.
Hérode et Marianne, tragédie, XIII, XV.
Hérouville (M. d'), II, IV — VII, XII, XIII. *Voy.* Rouville.
Hérouville (Mme d'), II.
Hérouville (Mlle d'), V.
Hérouville de Claye (M. d'), VIII. *Voy.* Claye d'Hérouville.
Hertenberg (M. de), III.
Hervillé (Mlle d'), X.
Hesse (M.), V, VIII, IX.
Hesse (M. de), XI.
Hesse (Princes de), VII, XVI.
Hesse-Cassel (Prince de), IX, X, XIV.
Hesse-Darmstadt (Prince de), III, VII, IX, X.
Hesse-Philippstadt (Prince de), V, VII, VIII.
Hesse-Rhinfels (Prince de), III, X.
Hesse-Rhinfels (Princesse de), III, VII, XII, XIII.
Heu (M. d'), II, VII. *Voy.* Eu.
Heudicourt (M. d'), III, IV.
Heudicourt (Mme d'), I, IV, IX.
Hévin, chirurgien, XII, XV. *Voy.* Évin.
Hierles (M. de), IV.
Hiern (M. d'), VI.
Hilaire (M. d'), IX.
Hildebrand (Mme), XVII.

Hillery (M. d'), XIII.
Hindfort (Milord), V, VI.
Hocquart (M.), XIV, XVI.
Hocquart (Mlle), V, IX. *Voy.* Ossun.
Hocuères, XIII.
Holbourne (Amiral), XVI.
Hollande (Détails sur la), VI, XI, XII.
Hollande (M.), VIII, X.
Holstein (M. de), IV, V, VII, X.
Holstein (Mme de), X.
Holstein-Eutin (Duchesse de), XIV.
Homme de fortune (L'), comédie, XI.
Hompesch-Heiden (M. de), XI.
Honelstein (M. d'), I.
Hôpital (M. de l'), II, III, VII—XII, XIV—XVI.
Hôpital (Mme de l'), II—XI, XVI.
Hôpital (Mlle de l'), XIII, XIV.
Hôpital général (Affaire de l'), X, XI.
Hôpital Sainte-Mesme (M. de l'), VII, XIII.
Hôpital Sainte-Mesme (Mme de l'), III, V, XIII.
Horn (M. de), XV.
Horski (M.), I.
Hostun (M. d'), I—III.
Hostun (Mme d'), I, II.
Hôtel-Dieu (Incendie de l'), I. *Voy.* Incendie.
Houchin (M. et Mme d'), XIII.
Houdetot (M. de), II, VIII, IX.
Houdetot (Mme d'), XIII.
Houel (M.), II, IV, VIII. *Voy.* Howal, Œls et Wal.
Houllier (Abbé), III.
Hourt (M.), IV.
Houssaye (M. de la), IX.
Houtteville (Abbé), IV.
Houttier (Abbé), I.
Howal (M.), IX—XI. *Voy.* Houel, Œls et Wal.
Howal (Mme), IX—XI.
Huart (M.), III, XIV.
Huescar (M. d'), VII—X, XIII.
Huet (M.), XII.
Huez (D'). *Voy.* D'Huez.
Hugues (M. d'), évêque de Nevers, III; archevêque de Vienne, XI.
Huguet (Mme), II, VI, X.
Hulin (M.), VIII, XI.

Hullans (Corps des), IV.
HUMIÈRES (M. d'), I — III, VI, VII, IX — XI.
HUMIÈRES (Mme d'), I , III , V , IX.
HONOLSTEIN (Abbé de), VII , IX.
HUQUENOT (Mlle), II.
HURON (M.), I.
HURSON (M.) , IX.
HUSSON (Mme), VII.
HUTTEN (M. de), XIV.
HUXELLES (M. d') , I , V , XI.
HYACINTHE (Le P.), V.

I.

IBERVILLE (M. d'), III.
ICKSCHEL (M. d'), IX.
Idylle de Saint-Cyr (*L'*), motet, VI.
IGNY (M. d') , XIII.
ILLE. *Voy*. ISLE.
ILMER, oculiste, IX.
IMBERCOURT (Abbé d'), VII, XIII , XIV.
IMBERT (Le P.) , III , VIII.
IMÉCOURT (M. d'), VI.
Impromptu de la Cour de marbre (*L'*), divertissement, XI.
Incendies, I, III — V , VIII.
Inconnu (*L'*), comédie, XII.
Indiscret (*L'*), comédie , XIII.
Infanterie (Réforme de l'), IX , X.
INGUIBERT (M. d'), évêque de Carpentras, XVI.
INNOCENT XII, pape, I.
Innondation de la Seine, III.
INSENADA (M. d') , X. *Voy*. ENSANADA.
IRQUEL (M. d'), II.
IRVILLE (M. d') , I , X.
ISABELLE (Infante). *Voy*. PARME.
ISENGHIEN (M. d'), II — IV, VIII, X , XII, XIV.
ISENGHIEN (Mme d'), I , VIII, XII , XVI.
ISENGHIEN (Mlle d') , XIV.
ISLE (Garnier d'), architecte, I, VIII, XIV.
Ismène, pastorale, VIII.
ISSARTS (M des), VII, VIII, X — XIV.
Issé, opéra, VIII , X.

ISSELBACH (M. d'), XVII.
ISSEMBOURG (M. d'), XVII. *Voy.* WEID D'ISSEMBOURG.
ISSIGNY (M. d'), IX.

J.

JABLONOWSKI (M. de), II, IV, IX, X, XIII — XV.
JACOB (Le pasteur), XIV.
JACQUES II, roi d'Angleterre, I.
JACQUES III, dit *le Prétendant* et *le Chevalier de Saint-Georges*, II, V — X, XII, XIII, XVI.
JALAIS (M. DE), XVII.
Jamaïque (Tremblement de terre à la). *Voy.* Tremblement de terre.
JANEL (M.), VII.
JANSON (Cardinal de), I, II.
JANSON (M. de), II.
JANSON (Mme de), VII, IX, XIV.
JARD, chirurgien, VIII — XI, XIII, XV, XVI. *Voy.* JARRE.
JARENTE DE LA BRUYÈRE (M. de), évêque de Digne, VIII, X — XII; d'Orléans, XVI, XVII.
JARRE, VIII. *Voy.* JARD.
JARRE (Mme de), I.
JARZÉ (M de), XII, XIV.
JARZÉ (Mlle de), XIV.
JASMOND (Général), IV.
JAUCOURT (Mme de), V, VIII, IX.
JAUNAY (M. de), III.
JAVELIÈRE (M. de la), II, VI.
JAVELIÈRE (Mlle de la), VI.
JAVON (M. de), X.
JEAN V, roi de Portugal, V, IX, X.
JEAN SOBIESKI, roi de Pologne, IX.
JÉLIOTTE, musicien, VI — IX, XI, XII. *Voy.* GÉLIOTTE.
JEOFFREVILLE (M. de), XIII.
JÉRÔME, musicien, VII.
JESSO (Princesse de). *Voy* CARRACIOLI.
Jeux de hasard, III. *Voy.* Cavagnole, Comète, Minquiat, Papillon, Portique.
JOHANNE (M. de), XVI. *Voy.* SAUMERY.
JOINVILLE (M. de), IV.
JOLY DE FLEURY (M.), I — III, V — VII, X, XII, XIV — XVI.
JOLY DE FLEURY (Mme), II.

JOMARD (M.), curé, I, IV, VI — XIII.
JONAC (Abbé d'), XI.
JONCHÈRE (M. de la), XV.
JONQUIÈRE (M. de la), VIII, IX.
JONQUOY (Mlle de), VI.
JONSAC (M. de), II, VII, VIII, X.
JONVILLE (M. de), II.
JORDAN (M.), IV, XI.
JOSEPH, roi de Portugal, X, XI, XVII.
JOSSEAU (M.), XI.
JOSSET (Abbé), VI, IX.
Joueur (Le), comédie, XIII.
JOURDAIN, paumier, I.
Journée galante (La), opéra, X.
JOUVENET (Le P.), II.
JOUVENET, peintre, VII.
JOYEUSE (M. de), II, V, VII, VIII, XII, XIII, XIV.
JOYEUSE (Mme de), XIV, XVI.
JOYEUSE (Mlle de), II. *Voy.* ECQUEVILLY.
JOYEUSE-GRANDPRÉ (M. d'), X.
Juifs de Metz, IV.
JUIGNÉ (M. de), XIII, XVI.
JULES (Prince). *Voy* ROHAN.
JULIE (Mlle), IV.
JULIEN (Le P.), I.
JUMILHAC (Abbé de), XIV.
JUMILHAC (M. de), évêque de Vannes, IV.
JUMILHAC (M. de), I — IX, XI — XIII.
JUMILHAC (Mme de), VI, XIII.
Jupiter et Europe, divertissement, IX.
JUSSIEU (M. de), XVI.

K.

KAMPS (M.), XVI.
KAUNITZ (M. de), VII, IX — XIII, XV.
KEITH (Milord), X, XIII, XVI, XVII. *Voy.* MARÉCHAL.
KELLER (M. de), VIII.
KÉLY (M.), IX.
KÉRALIO (M. de), XVI.
KÉRATRY. *Voy.* KRABRY.
KERBABU (Mlle de), I.

KERFILI (M. de), XII.
KERGUIESEC (M. de), XII, XVII.
KERHOENT (Mme de), XIV. *Voy.* QUERHOENT.
KERJEAN (M. de), XI.
KERKADO (Mme de), XI.
KERMELEC (M. de), VII.
KERMORVAN (M. le Borgne de), évêque de Tréguier, XI.
KÉROUART (Mme de), XIV.
KÉROUART (Mlle de), XIII.
KERPATRY, médecin, XIV, XV.
KERSAINT (M. de), VIII, XVI.
KERSAUSON (M. de), XII.
KEVENHULLER (M. de), II, IV, V, IX.
KILMER (Milord), XIII.
KINNOUL (Milord), I.
KINSKI (M. de), II.
KINSKI (Mme de), XIV.
KLINGLIN (M.), VI, XI — XIII.
KNIPHAUSEN (M. de), XI, XIII — XV.
KOENIG (M. de), XII.
KOENIGSEGG. *Voy.* KONIGSEGG.
KOETMEN (M. de), II.
KOLLOWRATH (M. de), V.
KONIGSEGG (M. de), II, IV, XI.
KOPPEL (M. de), XIV.
KOUARSKI (Abbé), VIII.
KOULAS (Mme de), XVII.
KRABRY (M. de), XII.
KREDENDOWSKI (Comte), IX.

L.

LAAGE (M. de), VIII.
LABADIE (Abbé de), VI.
LA BEAUMELLE, XII, XV.
LABISZINSKI (Abbé), VIII, IX.
LABORDE (M. de), IX.
LA BRUÈRE (M. de la), VIII — X, XIII. *Voy.* BRUÈRE.
LACAILLE, paumier, I.
LACHAPELLE, V.
LACHAU-MONTAUBAN (M. de), IV, XIV. *Voy.* CHAU-MONTAUBAN.
LACHAU-MONTAUBAN (Mme de), IV, VII, VIII.

Lachassée (Nivelle de), II, VI, X, XI, XIII. *Voy.* Chaussée.
Lacroix, V.
Lacroix (Le P.), XVI.
Lacy (M. de), VIII. *Voy.* Lascy.
La Curne de Sainte-Palaye. *Voy.* Curne.
Laferrière (M.), IV. *Voy.* Ferrière.
Laffitau, évêque de Sisteron, VIII.
Lafond (M. de), XII.
La Fortune, sergent, IX.
Lafosse, chirurgien, VII, VIII. *Voy.* Delafosse.
Lafosse, peintre, VII.
Lafosse (Mme), XII.
Lagarde, musicien, VIII — XII.
Lagny (Mlle), XV.
Laideguive, notaire, V.
Laigle (M. de), III. *Voy.* Aigle.
Lajoue, dessinateur, I.
Lalande (Chevalier de), X.
Lalande, musicien, I, VII, IX — XII.
Lalande (Mme), VI.
Lalau (M. de), III.
Lallemand (Mlle), XIII.
Lallemant de Betz (M.), II, IV, V, X.
Lallemant de Betz (Mlle), IX.
Lally (M. de), XV, XVI.
Lamain (M. de), IX.
Lamartinière. *Voy.* Martinière.
Lamassais. *Voy.* Massays.
Lamballe (Prince de), VIII, X, XIV, XV.
Lambert (M.), V, IX, XII, XV.
Lambert (M. de), évêque de Saint-Paul, V.
Lambert (M. de), X, XII, XIII.
Lambert (Mme de), IV, XIII.
Lamberti (M. de), I, III, VI, X.
Lamberti (Mme de), IX, X.
Lambesc (M. de), I — V, VIII.
Lambesc (Mme de), VI, X.
Lambesc (Mlle de), X, XII.
Lamblin (M.), XI, XIV, XVI.
Lameth (M. de), XV. *Voy.* Bussy-Lameth.
Lameth (Mme de), XI.
Lamettrie, médecin, XI.
Lamoignon (M. de), VII, VIII, XI, XV, XVI.

Lamoignon (Mme de), XV.
Lamoignon (Mlle de), IX, XV.
Lamonnoye, avocat, XIV. *Voy.* Monnoye.
Lamour, serrurier, XIII.
Lamouroux (M. de), VI, XIII.
Lande (Mme de la), I, II, IV — X.
Lande du Deffand (M. et Mme de la), XI. *Voy.* Deffand.
Landré (M.), XIV.
Landreville (M. de), I, V.
Landry (Mlle), XII.
Laneau (Dom), XIII.
Langeac (M. de), XVI.
Langeac (Mme de), IX. *Voy.* Langheac.
Langeais (Mlle de), XV.
Langéron (M. de), VIII, XIV, XVI. *Voy.* Maulevrier.
Langeron (Mme de), VII, XIII, XV.
Langheac (Mme de), IV, XIV. *Voy.* Langeac.
Langle (M. de), évêque de Saint-Papoul, VII.
Langoulas (M. de), XII.
Languedoc (États de), X. *Voy.* États.
Languedoue (M. de), XIII.
Languet de Gergy, archevêque de Sens, I, II, IV, VIII — XIII.
Languet de Gergy, curé de Saint-Sulpice, II — IV, IX — XI, XVI.
Lanmarie (M. de), II, III, IX, X, XIII.
Lanmarie (Mme de), II.
Lannion (M. de), I, II, VIII, XII, XV, XVI.
Lannion (Mme de), VII.
Lannoy (M. de), III.
Lanoue, comédien, VII, X, XI.
Lanoue (M. de), VI.
Lanque (M. de), IX.
Lansac (Abbé de), III.
Lansac (M de), II.
Lanternes nouvelles, VIII, XI.
Lanti (M. de), IV, XII.
Lanti de la Roere (Prince), II.
Laplace (M. de), X.
Larboust (Abbé), XII, XVI.
Larcher (Mme), VIII.
Larcher d'Aubancourt (M.), X.
Large (M. le), XVI.
Larivoire (M. de), VI.
Larmoy (M. de), XIV.

Laroche (M.), X, XV.
Larue, peintre, XI. *Voy.* Delarue.
Larue, sculpteur, XIII.
Lasalle. *Voy.* Baglion de la Salle.
Lascaris (Abbé), VI.
Lascy (Général), IV. *Voy.* Lacy.
Lasmarte (M. de), XI.
Lassay (M. de), I — VIII, X, XIV.
Lassay (Mme de), XI.
Lassurance, architecte, IV, VII — XII, XIV.
Lastic (M. de), évêque de Comminges, VII, XIII. *Voy.* Saint-Jal.
Lastic (M. de), XIV, XVI.
Lastic (Mme de), XVI.
La Thorillière. *Voy.* Torillière.
Latour, concierge, I.
Latour, peintre III, VIII.
Latour (Mme), X.
Lattaignant (Abbé de), XII.
Laubépine (Mme de), VI. *Voy.* Aubespine.
Laudon (Général), XVII. *Voy.* Loudun et Lowdon.
Laudron (Abbé), XVI.
Laufeld (Bataille de), VIII.
Laugier (Le P.), X, XIII.
Laugier (M. de), XI.
Laujon (M.), VIII — X.
Launay (M. de), III — IX.
Lauraguais (M. de), IV — VII, IX — XIV, XVII.
Lauraguais (Mme de), IV — XVII. *Voy.* Montcavrel et Mailly.
Lauraguais (Mlle de), VIII.
Laurens (M. des), II.
Laurent (M. du), II, XVI.
Laures (M. de), XI.
Laurière (M. de), VI, XI. *Voy.* Lorière.
Lautensthausen (M. de), III.
Lautrec (M. de), II, IV — X, XIII — XVI. *Voy.* Ambres.
Lautrec (Mme de), V, VIII.
Lauzun (M. de), I, II.
Lauzun (Mme de), I — IV.
Laval, musicien, XII.
Laval (Abbé de), IV.
Laval (M. de), évêque d'Orléans, XIII. *Voy.* Montmorency-Laval.
Laval (M. de), III — VII, XIII, XV, XVII.
Laval (Mme de), III, VI, VII, IX, XI — XIII, XV, XVII.

LAVAL (Mlle de), III, XV.
LAVAL-MONTMORENCY (Famille de), XVII.
LAVAL-MONTMORENCY (M. de), VI, VIII, XVI. *Voy.* MONTMORENCY.
LAVALETTE (M. de), XV.
LAVALLE, maître à danser, II.
LAVARDIN (M. de), III, VI.
LAVAUX (M. de), XIII.
LAVERDY, avocat, I, III.
LAVILLE (Abbé de), XIV. *Voy.* VILLE.
LAW (M.), VI, VII, IX.
LAZURE, sommelier, II.
LEBEL (M.), II, V — X, XIII.
LEBLANC (Abbé), VIII — X.
LEBRETON (M.), XVI.
LEBRETON (Mme), X.
LEBRUN (Charles), peintre, I.
LE CAMUS, page de la musique, VIII.
LECLERCQ, dit Pitre, IX.
LÉCUYER, architecte, IV, XII, XIV.
LÈDE (M. de), II, IX, X, XII, XIII.
LÈDE (Mme de), II, III, IX — XII, XIV. *Voy.* LEYDE.
LEDRAN, chirurgien, VII.
LEDRAN (M.), VII.
LEFEBVRE (M.), IX.
LEFEBVRE DE LAURIÈRE, évêque de Soissons, II.
LEFÈVRE (Le P.), VIII.
LEFÈVRE (M.), VII.
LEFORT, marchand, XVI.
LEFRANC (M.), XI.
LEFRANC DE POMPIGNAN (M.), XVI. *Voy.* POMPIGNAN.
LEGENDRE (M.), III, XIV.
LEGENDRE (Mlle), XIV. *Voy.* GENDRE.
LEGRAIN, VIII.
Legs (*Le*), comédie, XIII.
LEHOUX (M.), IX.
LEHWALD (Maréchal), XVI.
LEKAIN, comédien, XVII.
LEMAGNAN, joaillier, III.
LEMAIRE (Abbé), X — XII.
LEMAIRE (M.), XIV.
LEMAISTRE DE LA GARLAYE, évêque de Clermont, VIII. *Voy.* GARLAYE.
LEMARCHAND (Abbé), XV.
LEMAURE (Mlle), I — III, VII, XI, XII. *Voy.* MAURE.

Lemeau de la Jaisse, III.
Lemire, orfévre, X.
Lemoine (Abbé), X, XIII. *Voy.* Lemoyne et Moine.
Lemoine, officier de Marly, V.
Lemoine, peintre, I, II, IV.
Lemonnier (M.), IX. *Voy.* Monnier.
Lemoyne (Abbé), XI. *Voy.* Lemoine.
Lemoyne, sculpteur, II, IV, XI, XIII, XIV.
Lempereur, joaillier, XIV.
Lenain. *Voy.* Nain.
Lenclos (Ninon de), VI.
Lenglet-Dufresnoy (Abbé), XIV.
Lenoir (M.), XIII.
Lenoncourt (M. de), XVI.
Lenormant (M.), VI, VII, XI, XV.
Lenormant d'Étioles (M.), XV. *Voy.* Étioles et Normand.
Lenôtre, architecte, VII.
Lentulas (Général), XVII.
Léon (Abbé de), III, IV.
Léon (M. de), I, II.
Léon (Mme de), I — III, VII, XI.
Léopold, duc de Lorraine. *Voy.* Lorraine.
Leperche, maître d'armes, XIII.
Lépinoy (Mlle de), XIV.
Leprince, musicien, VII, X, XI, XVI.
Lercari (Abbé), I.
Lerouge (Abbé), III. *Voy.* Rouge.
Leroy (Mlle), XIII.
Léry (M. de), XV.
Lescalopier (M. de), II, XII. *Voy.* Escalopier.
Lesdiguières (M. de), VIII.
Lesdiguières (Mme de), II — IV, VI, VIII.
Leslava (M. de), XIII.
Lesparre (M. de), II — IV, VI, VII.
Lesparre (Mme de), II — V, VII.
Lesseville (M. de), III, IV, IX.
Letourneur, musicien, XI.
Lettres sur le Clergé, X.
Leucourt (M. de), XIV.
Leutrum (M. de), VIII.
Leuville (M. de), II — VI.
Leuville (Mme de), VI.
Leuwe (M. de), VIII.

LÉVÊQUE, marchand, X.
LÉVÊQUE (M.), XII.
LÉVIGNAN (Mlle de), XIV.
LÉVIS (M. de), I, III, V, XI, XV, XVI.
LÉVIS (Mme de), II, III, XV.
LÉVIS-LERAN (M. de), évêque de Pamiers, III.
LÉVIS-LERAN (M. de), XV.
LÉVISANI (Mme de), V.
LEVOIR, mécanicien, XIII.
LEWENHAUPT (M. de), VIII.
LEYDE (Mme de), III. *Voy.* LÈDE.
LEZAY-LUSIGNAN (M. de), IX. *Voy.* LUSIGNAN.
LÉZON (M. et Mme de), IX.
LÉZONNET (M. de), III, XII.
LÉZONNET (Mlle de), VIII.
LEZZO (M.), IV.
LIANCOURT (M. de), IV, IX.
Liban (Princes du), II.
LICHTENSTEIN (M. de), II, III, VII, VIII.
LICHTENSTEIN (Mme de), III, IV.
LIEURAY (M. de), XIII.
LIEUTAUD, médecin, XII, XIV, XVI.
LIÉVAIN, marchand, VI.
LIFFORT (Milord), IX.
LIGIER (Mme), XI.
LIGNE (Prince de) II.
LIGNERAC (M. de), IV.
LIGNEVILLE (M. de), I, VII, IX.
LIGNEVILLE (Mlle de), VI, IX, XI.
LIGNIÈRES (M. de), IV. *Voy.* LINIÈRES.
LIGNY (M. de), II, XIV.
LIGNY (Mme d'), XIV.
LIGONDÈS (M. de), XIV.
LIGONDÈS (Mlle de), X.
LIGONNIER (Général), VIII.
Lille (Plan de), V.
Lima (Tremblement de terre à). *Voy.* Tremblement de terre.
LINANGE (M. de), IX, X.
LINANGE (Mme de), I, VI, VIII, IX, XII.
LINAR (M. de), XI, XVI. *Voy.* LYNAR.
LINIÈRES (Le P. de), I — V, VII.
LINIÈRES (M. de), VI. *Voy.* LIGNIÈRES.
LINIÈRES (Mme de), IX.

Lins (M. de), VIII.
Liotard, peintre, X.
Liria (M. de), II.
Lironcourt (M. de), XIV.
Lisbonne (Tremblement de terre de), XIV, XV.
Lislebonne (M. de), IV, V, X — XII, XVI.
Lislebonne (Mme de), XII, XIV.
Lismore (M. de), XII.
Lismore (Mme de), XVI. *Voy.* O'Brien.
Lissac (M. de), V.
Listenay (M. de), VIII.
Listenay (Mme de), V.
Listenois (M. de), III, V, VI.
Listenois (Mme de), IV.
Lit de justice du Roi, XV.
Lit de la Reine, II.
Live (M. de la), XIV, XV.
Live (Mlle de la), VIII.
Livry (Abbé de), II, XVI.
Livry (M. de), I — XIV, XVI.
Livry (Mme de), I, V, VII — XII, XIV, XVI.
Lixin (M. de), I.
Lixin (Mme de), II.
Lizard (M. de), VI.
Lizardois (M. de), II, XV.
Lobkowitz (M. de), IV — VI, IX, XVI, XVII.
Lobol (Henriette), XII.
Locmaria (M. de), III.
Lodumier, dentiste, VIII.
Loewenhaupt (M. de), XI, XIII.
Loewenstein-Wertheim (M. de), IV, XI. *Voy.* Lowenstein.
Logements des Suisses, III.
Logny-Montmorency (M. de), III, V.
Loing (Canal du), IX.
Loiseau (M.), II.
Lokel, chef de clan, VII.
Lokemann (M. de), XI.
Lomellini (M. de), III, IV.
Lomont (M. de), VII.
Lonati (M. de), IX.
Longaunay (M. de), VI.
Longueville (Hôtel de), VII.
Lopès, avocat, XIV.

DES NOMS ET DES MATIÈRES.   325

Lordat (M. de), VI, XII, XVI.
Lordat (Mme de), XVI.
Lorenchet (Abbé), VII.
Lorges (Famille de), XVI.
Lorges (M. de), I—III, V, VI, VIII—XI, XIII, XV—XVII.
Lorges (Mme de), I—XI, XIII, XVI.
Lorges (Mlle de), XIII.
Lorière (M. de), XIV. *Voy.* Laurière.
Lorimier (M.), IX.
Lorme (M. de), VIII.
Lorraine (Abbé de), XI, XII.
Lorraine (Anne-Charlotte de), abbesse de Remiremont, II.
Lorraine (Anne-Charlotte, princesse de), puis reine de Sardaigne, I.
Lorraine (Chevalier de), IV.
Lorraine (Charles, prince de), I, II, XI, XVI.
Lorraine (Charles-Alexandre de), nommée *le prince Charles*, IV—VIII.
Lorraine (Duc de), III, IV.
Lorraine (Duché de), VI.
Lorraine (Élisabeth-Charlotte d'Orléans, duchesse de), I—III, VI.
Lorraine (François-Étienne, duc de), puis grand-duc de Toscane et empereur d'Allemagne, I. *Voy.* François Ier.
Lorraine (Léopold-Joseph-Charles, duc de), VI.
Loss (M. de), IV, VI, VIII—XIII.
Loss (Mme de), IV, VII—XIII.
Lostanges (M. de), XIII—XV.
Lostanges (Mme de), XIII, XVI.
Loteries, III, VIII, XV, XVI.
Loubressac (M. de), X. *Voy.* Lubersac.
Loudun (Milord), VII, VIII, XVI. *Voy.* Laudon et Lowdon.
Louis XIII, roi de France, IX.
Louis XIV, I—XVII.
Louis de France, dauphin, dit *Monseigneur*, fils de Louis XIV, I, II, IV, VII, X—XII, XIV.
Louis XV, I—XVII.
Louis de France, dauphin, fils de Louis XV, I—XVII.
Louis (Le prince). *Voy.* Carignan.
Louis (Maison des), à Versailles, XV.
Louise d'Angleterre, reine de Danemark, XI.
Louise (Madame). *Voy.* France (Louise-Marie de).
Lourailles (Mme de), XIV.
Loustonneau, chirurgien, IX, XI, XIII.
Louvain (M. de), II, VII, VIII.

Louvigny (M. de), VI.
Louvois, ministre de Louis XIV, I—III, X, XI, XV, XVI.
Louvois (M. de), XVI.
Louvois (Mlle de), VIII.
Louvre (Incendie du), III. *Voy.* Incendie.
Lowdon (Général), VII. *Voy.* Laudon et Loudun.
Lowendal (Abbé de), VII, XIII.
Lowendal (M. de), II, V—X, XIII, XIV.
Lowendal (Mme de), VI—VIII, XIV—XVI.
Lowenstein (M. de), XVI. *Voy.* Loewenstein.
Lubersac (M. de), VIII, XII, XIII, XV. *Voy.* Loubressac.
Lubomirski (Prince), VIII, IX.
Luc (M. du), II—IV, VIII, X, XIII.
Luc (Mme du), III, VI, XIV.
Luc (Mlle du), XII.
Lucas (Abbé), XII.
Lucas (Mlle), VIII.
Luce (MM. de), VI.
Lucé (M. de), III, IX, X, XII—XIV, XVI.
Lucé (Mlle de), I.
Luciennes (Maison de), III, V—VII.
Lude (M. du), I, XV.
Lude (Mme du), VI.
Ludre (M. de), I.
Ludres (Mme de), VI.
Luceac (M. de), III. *Voy.* Lujac.
Lugny (Mme de), II, X, XVI.
Lujac (M. de), VI—VIII, X, XI, XIII, XV, XVI. *Voy.* Luceac.
Lujac (Mme de), XVI.
Lulli, musicien, VIII, IX.
Lunéville (Château de), VI.
Luppé (M. de), XVI.
Lusace (Comte de), XVI, XVII.
Lusbourg. *Voy.* Lutzelbourg.
Lusignan (M. de), XIII, XVI.
Lusignan (Mme de), IX. *Voy.* Luzignan.
Lusignan (Mlle de), IX. *Voy.* Lezay-Lusignan.
Lussan (Abbé de), archevêque de Bordeaux, V, VI.
Lussan (M. de), II, III, VI, XIV.
Lussan (Mlle de), VII, XVII.
Lussay (M. de), XIV.
Lussebourg. *Voy.* Lutzelbourg.
Lutteaux (M. de), II, IV, V, VI.

Lutzelbourg (M. de), III, XIII, XVI.
Lutzelbourg (Mme de), IV, VI, VIII, X.
Luxe (Mme de), I.
Luxembourg (Abbé de), I.
Luxembourg (M. de), II — XVII.
Luxembourg (Mme de), II, III, V —VIII, X — XIII, XV — XVII.
Luxembourg (Mlle de), VI.
Luynes (Chevalier de), VIII, X, XI. *Voy.* Albert (Chevalier d').
Luynes (M. de), auteur des *Mémoires*, I — XVII.
Luynes (Mme de), I — XVII.
Luynes (Paul d'Albert de), évêque de Bayeux, puis cardinal et archevêque de Sens, I, III — XVII.
Luzerne (Abbé de la), XV.
Luzerne (M. de la), II, III, V — VII, IX, XIII.
Luzerne (Mme de la), IX, XII.
Luzerne-Briqueville (Mme de la), IX.
Luzignan (Mme de), XII. *Voy.* Lusignan.
Luzy (M. de), XIV.
Lynar (M. de), XVI. *Voy.* Linar.
Lyre enchantée (*La*), ballet, IX.
Lys (Mlle de), VII.

M.

Mabile (M.), IV.
Maboul (M.), III, IX, XIII, XV, XVI.
Macanas (M. de), VIII, XII.
Macarthy (M. de), XVI.
Macé (Abbé), XIV.
Macei (Cardinal), III.
Machault (Abbé de), XVI.
Machault (M. de), II, VII — XVI.
Machault (Mme de), VII, X, XIII, XVI.
Machault (Mlle de), XV.
Macheco de Prémaux (Abbé de), III; évêque de Périgueux, V; de Conserans, XII.
Macnemara (M. de), XIII — XV.
Madame. *Voy.* France (Anne-Henriette et Marie-Adélaïde de).
Madame Infante. *Voy.* France (Louise-Élisabeth de).
Madame (La petite). *Voy.* France (Marie-Thérèse et Marie-Zéphirine de).
Madame première ou l'aînée. *Voy.* France (Louise-Élisabeth de).
Madame quatrième. *Voy.* France (Marie-Louise-Thérèse-Victoire de).

Madame seconde. *Voy.* FRANCE (Anne-Henriette de).
Madame troisième. *Voy.* FRANCE (Marie-Adélaïde de).
MADELEINE-THÉRÈSE DE PORTUGAL, reine d'Espagne, VII, VIII, X, XVII.
Mademoiselle. *Voy.* BOURBON-CONDÉ (Louise-Anne de) et ORLÉANS (Marie-Thérese-Bathilde d').
MADIN (Abbé), I, II, VI, XV.
MADOT, évêque de Châlons, V, XIII.
MAFFÉI (Marquis), IV.
MAGDANEL (M. de), II, VII.
MAGNAC (M. de), IV.
MAGNANVILLE (M. de), XV.
Magnifique (Le), comédie, III.
MAHOMET V, sultan, XIV.
MAIGNIER (Abbé), XII.
MAIGRET DE SÉRILLY (M.), X. *Voy.* MÉCRET.
MAILLÉ (M. de), VII, IX, XIII, XIV.
MAILLÉ (Mme de), IX, XV.
MAILLÉ-BRÉZÉ (M. de), X.
MAILLEBOIS (M. de), I—XVII.
MAILLEBOIS (M_{me} de), III — XVI.
MAILLEBOIS (M_{lle} de). *Voy.* SOURCHES.
MAILLOT (Mme de), IV, X.
MAILLY (M. de), I—VII, IX—XI, XIII, XIV, XVI, XVII.
MAILLY (Mme de), I—XV.
MAILLY (Mlle de), IV, VI, VII, IX, XIII, XVI. *Voy.* FLAVACOURT, LAURAGUAIS et MONTCAVREL.
MAILLY D'AUCOURT (M. de), II, IV, VI—IX, XIII—XVII.
MAILLY D'AUCOURT (Mlle de), VI, VIII, XVI.
MAILLY-BOURNONVILLE (M. de), IV, V.
MAILLY-NESLE (Famille de), II.
MAILLY-RUBEMPRÉ (M. de), IX.
MAINE (Duc du), I, II, IV, V, VII, IX, X, XII, XIV— XVI.
MAINE (Duchesse du), I — VI, VIII — X, XII — XV.
MAINE (Mlle du), I — III, V, VII.
MAINTENON (Mme de), I, III, V — VII, IX — XII, XV, XVI.
MAINTIER (M. le), XII.
MAINVILLE (M. de), XIII.
MAIRAN (M. de), IV.
MAIRAT (M. le), XV.
MAISNON DES VAUX (M.), XIII.
Maison du Roi, XI.
MAISONFORT (M. de la), X.
MAISONROUGE (M. de), XI, XV.

Maisons du Dauphin et du roi de Pologne, I.
Maisons (Château de), VIII.
Maisons (M. de), VIII.
Maix (Mlle de), VII.
Majinski (M. de), X.
Malan (M. de), II.
Malaspina (M. de), XIII.
Malaspina (Mme de), XVI.
Malause (M. de), III, V.
Malause (Mme de), VIII, XI.
Malesherbes (M. de), IX, XI, XIV — XVI.
Malesherbes (Terre de), XI.
Malezieu (M. de), évêque de Lavaur, V, IX.
Malezieu (M. de), VI, IX, XIV.
Malides (M. de), IX.
Malmaison (Fief de la), XV.
Malouin (Abbé), XII.
Malouin, médecin, XIII.
Malte (Ordre de), XIII.
Malter, danseur, I.
Malzac (M. de), XIII.
Manceau (M.), VI.
Mancini (Mme de), II, III, VI.
Mancini (Mlle de), II.
Mandrin, XIV.
Manerbe (M. de), III, IX, X, XIV.
Manerbe (Mme de), XIV.
Mangin, médecin, VI.
Manherbe. *Voy.* Manerbe.
Maniban (M. de), archevêque de Bordeaux, V.
Maniban (M. de), III.
Maniban (Mlle de), III.
Manière (M. de), V.
Manneville (M. de), X.
Manneville (Mlle de), XIII.
Mans (Vidame du), III.
Mansart (Jules-Hardouin), architecte, II, IV.
Mansart de Sagonne, architecte, V, XIII.
Manufactures de porcelaine, IX. *Voy.* Porcelaine, Sèvres et Vincennes.
Marainville (M. de), VII.
Marbeuf (Abbé de), I — III, V, VII, VIII, X — XIII, XV.
Marbeuf (M. de), VII, VIII, X, XVI.
Marbeuf (Mme de), XIII, XVI.

Marbeuf (Mlle de), VII, XV.
Marbres d'Italie, III.
Marcé (Mme de), VII. *Voy.* Marsay.
Marcelle, maître à danser, II.
Marchais (M.), IX, XIII.
Marchais (Mme), VIII — XII.
Marchal (M.), IX.
Marchand, musicien, XI, XII.
Marche (Louis-François-Joseph de Bourbon-Conty, comte de la), III — XVI.
Marche (Mlle de la), VIII, XVI.
Marcheval. *Voy.* Pajot de Marcheval.
Marcieu (M. de), III — V, XII.
Marcieu (Mme de), XIII.
Marcilly (M. de), IV.
Marck (Famille de la), V.
Marck (M. de la), II, III, V — X.
Marck (Mme de la), V, VI, VIII — X, XII.
Marck (Mlle de la), IX, XII.
Marcot, médecin, VI, VIII, IX, XI, XIV.
Marcouville (M. de), XV.
Maréchal, chirurgien, I.
Maréchal (Milord), XVI. *Voy.* Keith.
Mareil (M. de), X, XI.
Marets (M. des), IX.
Marets (Mme des), VII, IX, X, XIV.
Marguerie (M. de), XIII.
Mari garçon (Le), comédie, XIII.
Mariage fait et rompu (Le), comédie, VIII.
Mariages à Paris, XI.
Maridor (Mlle de), XIV.
Marie-Amélie, impératrice d'Allemagne, IV, XV.
Marie-Amélie de Saxe, reine des Deux-Siciles, II, III, VI — XI, XVII.
Marie-Anne, archiduchesse d'Autriche, gouvernante des Pays-Bas, VI.
Marie-Anne d'Autriche, reine de Portugal, XIII.
Marie-Anne de Neubourg, reine d'Espagne, I, III.
Marie-Anne-Victoire, infante d'Espagne, puis reine de Portugal, II, XVII.
Marie-Béatrix-Éléonore d'Este, reine d'Angleterre, II.
Marie-Élisabeth-Lucie, archiduchesse d'Autriche, gouvernante des Pays-Bas, III.
Marie de Gonzague, reine de Pologne, IX.
Marie-Josèphe d'Autriche, reine de Pologne, VIII, XV, XVI.
Marie-Josèphe de Saxe, dauphine de France, VIII — XVII. *Voy.* Saxe.

Marie Leczinska, reine de France, I — XVII.
Marie-Louise d'Orléans, reine d'Espagne, XIII.
Marie-Madeleine-Josèphe-Thérèse-Barbe de Portugal, reine d'Espagne, XII.
Marie de Médicis, reine de France, I.
Marie-Thérèse, impératrice d'Allemagne, reine de Hongrie, d'abord grande-duchesse de Toscane, III — X, XII, XIII, XV — XVII. *Voy.* Toscane.
Marie-Thérèse-Antoinette-Raphaelle, infante d'Espagne, puis dauphine de France, II, III, V — IX, XII.
Marie-Thérèse d'Autriche, reine de France, I, II, IX, XV.
Marie (M.), IX, XI.
Mariez (M.), XVI.
Marignane (M. de), III, IV, VII, XI, XII.
Marignane (Mme de), VII.
Marigny (M. de), XIII — XVII. *Voy.* Vandières.
Marigny (Mme de), XVI.
Marigny (Terre de), XI.
Marin (M.), XVI.
Marion (M.), VII.
Marion Delorme, III.
Marionnettes jouées devant le Dauphin, I.
Marivaux (M.), III, IV.
Marlborough (Milord), VII.
Marly (Château de), II, VI, XI. *Voy.* Salonistes.
Marly (Machine de), II.
Marmier (M. de), V.
Marmontel (M. de), XII, XIII, XV.
Marmora (M. de la), X.
Marmottes (Les), ballet, X.
Marnesia (M. de), XII.
Marolles (M. de), X.
Maron (M. de), XII.
Marquessac (M. de), VII.
Marsan (M. de), I — VI.
Marsan (Mme de), II — VIII, XI — XVI. *Voy.* Turenne.
Marsan (Mlle de), II.
Marsanne (M. de), IX.
Marsay (Mme de), XI. *Voy.* Marcé.
Marseille (Académie de). *Voy.* Académie.
Marseille (M. de), XI.
Marslhal (Lord), XI, XIII.
Marsin (M. de), V.
Marsolan, chirurgien, IX.

Marsolier (Mme), XIV.
Martanges (M. de), XV, XVI.
Martel (M. de), III, VI.
Marteville (M. de), XII.
Martigny (M. de), I.
Martin, apothicaire, III, XIV.
Martin, surnom de M. de Béthune, XI.
Martin (Mlle), II.
Martini (Le P.), XI.
Martinière (M. de la), VIII — XVI.
Martinitz (Comtesse), VIII.
Martiny (M. de). *Voy.* Sauroy.
Martre (Milord), X.
Marville (M. de), III — IX, XIII, XV.
Marville (Mme de), VI, VII, XIII.
Mascarade des Suisses et des gardes du corps, II.
Mascranni (M. de), XIV.
Masdan (M de), X.
Masones (M. de), XIV. *Voy.* Massones de Lima.
Massays (M. de la), III, VII.
Massé, dessinateur, XIII.
Masseran (M. de), II, IV, VII, XII.
Masseran (Mme de), XII, XIII.
Massiac (M. de), XIV, XVI, XVII.
Massillon, évêque de Clermont, IV.
Massoles (M. de), I, XI.
Masson (M.), III.
Masson (Mlle), III.
Massones de Lima (Don), XII, XIV, XVI, XVII. *Voy.* Masones.
Mastin (M. et Mme de), IX.
Mathan (Abbé de), IV.
Mathan (M. de), VIII.
Matho, musicien, IX.
Matignon (M. de), IV, V, VII — XI, XV.
Matignon (Mme de), II — V, VIII.
Matignon (Mlle de), II, IV, V. *Voy.* Laval.
Matthews (Amiral), V.
Maubourg (M. de), I, II, IV, VIII, XIII.
Maubourg (Mlle de), IX, XII.
Maucomble (Mlle de), XIV.
Mauconseil (M. de), IV, XI. *Voy.* Monconseil.
Mauconseil (Mme de), VIII, X, XI. *Voy.* Monconseil.
Maugiron (Mme de), IX — XIII.

MAULEVRIER (M. de), III, V, IX — XI, XIII.
MAULEVRIER (Mme de), I, IX — XII.
MAULEVRIER-COLBERT (M. de), IX.
MAULEVRIER-LANGERON (M. de), VI, X. *Voy.* LANGERON.
MAUPEOU (M.), I, III, V — XVI.
MAUPEOU (Mme de), VII, XVI.
MAUPEOU (Mlle de), IX, X.
MAUPERTUIS (M. de), I — III, V, VI, XII, XV.
MAURE (Mlle le), I — III. *Voy.* LEMAURE.
MAUREPAS (M. de), I — XIV.
MAUREPAS (Mme de), I — IX, XII.
Mauresse (La), prétendue fille de Louis XIV, XV.
MAUREVERT (M. de), XIII.
MAUREVILLE (M. et Mme de), XV.
MAURIAC (M. de), II, VIII.
MAUROY (M. de), VI.
MAURY (Mme de), XVI.
MAUSSARON, avocat, V.
Maximien, tragédie, II.
MAXIMILIEN (Prince). *Voy.* ROHAN.
MAYNEAUD DE LA TOUR (M.), XV.
MAYNON D'INVAULT (M.), XIII.
MAZADE (M. de), X.
MAZADE D'ARGEVILLE (Mlle de), XVI.
MAZADE DE SAINT-PRIESSON (M.), XIII.
MAZARIN (Cardinal), I, II, X, XIV, XVII.
Mazarin (Duché de), VIII.
MAZARIN (M. de), II, VIII — X, XIV, XVI.
MAZARIN (Mme de), I — VI, VIII — XVII.
MAZIN. *Voy.* BAZIN.
MAZIS (Des). *Voy.* DESMAZIS.
Méchant (Le), comédie, VIII, X.
MÉCHEK (M. de), I, VI.
MECKLENBOURG-GUSTROW (Duc de), XI.
Mécontents (Les), comédie, IX.
Médaille de la paix, IX.
MEDINA-CELI (M. de), I, II.
MÉDINA-SIDONIA (M. de), XII, XIII.
MÉGRET DE SÉRILLY (M.), V, X, XV. *Voy.* MAIGRET.
MÉHÉMET-EFFENDI, III, IV.
MÉHÉMET-RIZA-BEG, IV.
MEILLERAYE (M. de la), X.
Meilleraye (Terre et duché de la), XIV, XVII.

Mélac (M. de), XV,
Melfort (M. de), III, X — XIV, XVI.
Melfort (Mlle de), *Voy.* Henriette (Milady).
Méliand (M.), VI, VIII, XI, XIII.
Méliand (Mme) XV.
Melling, peintre, XI.
Melun (M. de) III, X.
Melun (Mlle de), II, VII, XI, XVII.
Mémoires des ducs contres les princes légitimés, VI.
Ménage (M.), V, X.
Ménager (M.) XVI.
Ménard (M.) IX, XII, XVI, XVII. *Voy.* Mernard.
Ménars (M. de), III. VII, VIII, X.
Ménars Mme de), XI.
Ménars (Mlle de) X, VIX.
Mendez (M.) II, IV.
Ménicheck (Mme de), XII.
Méniglaise (M. de) XVI.
Ménil (Chevalier de), XIV.
Ménil (M. du), XVI, XVII. — *Voy.* Mesnil.
Ménin (Siége de), VI.
Mennetou (Mlle de), X.
Menneville (M. de), XII.
Menou (Le P. de), II, VI, IX, XII.
Menou (M. de), III, V, VI, VIII.
Menou (Mlle de), XI, XV.
Mentzel (Colonel), IV.
Mercier (M.), IV — VI, VIII, X.
Mercier (Mme), I, III, V, VII, X.
Mecier (Mlle), I.
Mercoeur (M. de), X.
Mercure galant (Le), comédie, XIII,
Mercy (M. de), V.
Mère Coquette (La), comédie, VIII, IX, XI.
Méric (M. de), VIII.
Mérinville (M. des Montiers de), évêque de Chartres, I, II, VI, VII.
Mérinville (M. de), III, IV, XIV, XVI.
Mérinville (Mme de), XVI.
Merle (M, de), XV.
Merle (Mme de), XV, XVI. *Voy.* Moras (Mlle de).
Mérode (M. de), I, III — V, VII — IX.
Mérode (Mme de), II — VIII, X.
Mérode (Mlle de), II, X — XII.

Mérope, tragédie, IV, VI.
MERVE (M. de), X.
MÉSANGÈRE (LA), II.
Mesdames. *Voy.* FRANCE (Louise-Élisabeth, Anne-Henriette, Marie-Adélaïde, Marie-Louis-Thérèse-Victoire, Sophie-Philippine-Élisabeth-Justine et Louise-Marie de).
MESGRIGNY (M. de), III.
MESLAY (M. de), III, X.
MESMES (M. de), I — III, VII, IX, XII.
MESMES (Mme de), IX, X, XIII.
MESMONT (M. de), VIII, XII.
MESNARD (M.), VII, XI — XII, *Voy.* MÉNARD.
MESNARD DE CLELLES (M.), XII.
MESNIL (M. du), V, VI, XIII, *Voy.* MÉNIL.
MESPLEZ (Abbé de), II.
MESSÉ (Mlle de). *Voy.* GUERCHY.
MESSEY (M. de), V.
MESSY (M. de), IV.
METTERNICH (M. de), III.
Metz (Maladie du roi à), VI.
Meuble de la Reine, I; de la Dauphine, VI, VIII.
Meudon (Château de), X, XII.
MEUNIER (Abbé), VI.
MEURCÉ (M. de), II, XI.
MEURISET (Abbé), XIV.
MEUSE (M. de), I — XIII.
MEUSE (Mme de), VI, VIII.
Meutte (Bâtiments de la), VIII.
MEYRA (Mme), XIII.
MÉZIÈRES (M. de), III, V, VI, X.
MÉZIÈRES (Mme de), II, IV, V, VII, IX.
MIASCOSKI (M. de), I.
MICAULT (M. et Mme de), VII.
MICHEL (M), XV, XVI.
MICHODIÈRE (M. de la), XII.
MICHOTEL (M. de), X, XV, XVI.
MIDDELBOURG (Mme de), VIII.
MIDDLETON (Milord), XI.
MIDORGE (M. de), XVI.
MIGAZZI (Comte), XI.
MIGNOT (M.), IX, XII.
MIGNOT (Mme), XII.
MIGNOTEL, architecte, IX.

Milices de Bretagne III.
Milière (M. de la), XV.
Millo (Cardinal), XVI.
Millon (M.), XIII.
Milon, évêque de Valence, IV, XII.
Milot (M.), VIII.
Mina (M. de la), I—III, V—XI, XV, XVII.
Mina (Mme de la), III, IV.
Minimes (Général des), I.
Minquiat (Le), jeu de cartes, VIII.
Minutzi (Général), V.
Mion, musicien, VIII.
Mirandole (Mme de la), X.
Mirebach (M. de), XI.
Mirepoix (M. de), I—XVI.
Mirepoix (Mme de), IV—VI, VIII, IX, XI, XIII—XVI.
Miromesnil (M. de), XIII, XVI.
Missy (M. de), XIII, XVI.
Mocenigo (M. de), évêque d'Avranches, VII.
Mocenigo (M. de), XI, XII, XV.
Modave (Mme de), XIV.
Modène (Cour de), X.
Modène (Duc de), I, II, V, VI, IX—XI.
Modène (Duchesse de), I, II, V—XIII, XV, XVI.
Modène (Mlle de), V, VI. *Voy.* Penthièvre (Duchesse de).
Modène (Prince de), XI, XII.
Modène (Princesse de), III, X.
Modène (Faux prince de), IX.
Moine (Abbé le), XIII. *Voy.* Lemoine.
Moisan (Mme), IX.
Moldes (Mme de), V, VI, X—XII.
Molé (M.), V, VIII—XVI.
Molé (Mme), V, VIII, IX.
Molé (Mlle), XV.
Moléges (M. de), II.
Molien (M.), XIV.
Molin. *Voy.* Dumoulin.
Molitart (Mme de), XIII, XVI.
Molk (M. de), XI.
Mollet, architecte, XIV, XV.
Motlon (Milord), X.
Molwitz (Bataille de), III.
Mommeins (Mme de), IV.

Monaco (M. de Grimaldi de), archevêque de Besançon, VIII, IX.
Monaco (M. de), I — V, VII — XI, XIII — XVI.
Monaco (Mme de), XVI.
Monaldeschi, VII.
Monasterol (M. de), X.
Moncan (M. de), XIII.
Moncerveau, chirurgien, VI.
Monchenu (M. de), VI.
Monchenu (Mlle de), VIII.
Monchy (M. de), II.
Monchy-Sénarpont (Mlle d'), VIII.
Monclar (M. de), XIV.
Monconseil (M. de). *Voy.* Mauconseil.
Monconseil (Mme de), II, VI, XIV — XVII. *Voy.* Mauconseil.
Monconseil (Mlle de), XVII.
Moncrif (M. de), V — XIII, XV.
Monde galant (Le), opéra, VI.
Mondonville, musicien, II, III, VI — XI, XIII, XVI.
Mondragon (M. de), II, VI.
Monet, peintre, XIII, XIV.
Monecé (M. de), II.
Mongardin (M. de), III.
Mongault (Abbé), VII.
Mongazon (M. de), II.
Mongeron (Mlle de), XI.
Mongin, évêque de Bazas, VII.
Monglas (M.), IV.
Monime, surnom de M. de Béthune, XI.
Monlis (M. de), XIV.
Monnin (M. de), III, XIV.
Monnier (M. le), XVI. *Voy.* Lemonnier.
Monnoye (M. de la), XII, XV. *Voy.* Lamonnoye.
Monroy, portefaix, X.
Monseigneur. *Voy.* Louis de France, dauphin, fils de Louis XIV.
Monsieur. *Voy.* Orléans (Philippe de France, duc d').
Montaigu (M. de), IV, V, VII — XI, XIII, XIV, XVII.
Montaigu (Mme de), IX.
Montaigut (M. de), III.
Montail (M. du), VI.
Montal (Abbé de), VII.
Montal (M. de), III — VIII, XII, XV, XVII.
Montalais (M. de), XV.
Montalembert (M. de), VI, XII.

Montanègre (M. de), III, VI. *Voy.* Montenegro.
Montanegro (Mme de), XIII.
Montarant (M. de), IX, XIV.
Montargis (Bénédictines de), VII.
Montargis (Papeterie de), XIII.
Montarlo (M. de), IV.
Montassé (M. de), IV.
Montauban (M. de), V — VII, IX, XIII.
Montauban (Mme de), I — XIII, XVI. *Voy.* Lachau-Montauban.
Montauban (Mlle de), I — IV, X.
Montauban (Prince de Rohan-), I — III.
Montaulieu (M. de), VIII, IX.
Montausier (M. de), V.
Montazet (Abbé de), IV — VIII, évêque d'Autun, IX — XVI, archevêque de Lyon, XVII.
Montazet (M. de), XII, XIV, XVI, XVII.
Montbarrey (M. de), XI, XIII.
Montbarrey (Mme de), XIII — XV.
Montbazon (M. de), IV — VII, IX.
Montbazon (Mme de), II, IV — VIII, X, XI.
Montbéliard (M. de), VIII — X, XIII.
Montbéliard (Mme de), IX.
Montboissier (M. de), II, III, V, IX — XIII, XVI.
Montboissier (Mme de), IV, VIII — X, XV.
Montbrun (M. de), IV.
Montcalm (M. de), IX, XV, XVI.
Montcany (M. de), I.
Montcavrel (Mlle de), depuis duchesse de Lauraguais, II, III. *Voy.* Lauraguais et Mailly.
Montchenu (M. de), X.
Montciel (M. de), XIV.
Montclus (M. de Vivet de), évêque d'Alais, X, XI, XIV. *Voy.* Vivet de Montclus.
Montclus (M. de), XIII.
Montéclair (M. de), IV, VIII.
Montéclair (Mme de), IV, V.
Monteil (M. de), VIII, X, XII — XVII.
Monteillano (M. de), IX.
Montéléon (M. de), XI.
Montemar (M. de), II, III, V, VII.
Montenegro (M. de), III. *Voy.* Montanègre.
Montenegro-Caraffa (M. de), IV.
Montespan (M. de), V.

Montespan (Mme de), III, V, IX — XI, XIII.
Montesquieu (M. de), XI, XII, XIV.
Montesquiou (Abbé de), III, IV, X.
Montesquiou (M. de), I, VII, XII, XIII, XVI.
Montesquiou (Mme de), VII, VIII.
Montesson (M. de), II, V, VI, VIII, XVII.
Montesson (Mme de), XIV — XVI.
Monteynard (M. de), V, VII, XV — XVII.
Monteynard (Mme de), XIV.
Montfaucon (M. de), XI, XIII, XIV.
Montferrand (M. de), XI.
Montfort (M. de), IV, XIII, XIV.
Montgeron (M. de), XIII. *Voy.* Carré de Montgeron.
Montgibaut (M. de), I, II, VIII.
Montgival (Mme de), X.
Montgon (Abbé de), X.
Monthelon (M. de), I.
Montholon (M. de), XII.
Monthulé (M. de), IV, V. *Voy.* Montulé.
Monti (M. de), I, II, VIII, IX, XV — XVII. *Voy.* Monty.
Monticny (M. de), IV — VI, VIII, IX, XII, XIII, XVI.
Montijo (M. de), III — VII, XIV.
Montillet (M. de), XIII.
Montillet-Grenaud (M. de), archevêque d'Auch, IV, XII — XV.
Montjoye (Abbé de), XIV.
Montlezun (Abbé de), VII, XII.
Montlezun (M. de), XVI.
Montlon (M. de), VI.
Montlouet (M. de Brunes de), évêque de Saint-Omer, XIII, XV, XVI.
Montlouet (M. de), XIII, XIV.
Montmartel (M. Paris de), V — XVII. *Voy.* Paris.
Montmartel (Mme de), II, IX.
Montmartin (Mme de), X.
Montmirail (M. de), II, III, XIII, XVII.
Montmirel (M. de), XV.
Montmorency (Duché de), XI.
Montmorency (M. de), I — XIV.
Montmorency (Mme de), I, III, VI, VIII — X, XII, XIV.
Montmorency (Mlle de), I, VIII, XIII.
Montmorency-Chateaubrun (Mme de), XII.
Montmorency-Laval (M. de), évêque d'Orléans, XV; de Condom, XVI. *Voy.* Laval.
Montmorency-Ligny (M. de), III.

Montmorency-Tingry (Mme de), XIV, XV. *Voy.* Tingry.
Montmorin (M. de), I — III, VII, VIII, X, XIV. *Voy.* Saint-Hérem.
Montmorin (Mme de), III, IV, VI, VIII — X, XII, XIV, XV.
Montmorin Saint-Hérem (M. de), évêque de Langres, I, IV, IX — XVI. *Voy.* Saint-Hérem.
Montmort (M. de), IV, V, XVI.
Montoison (M. de), VII. *Voy.* Clermont-Montoison.
Montoison (Mme de), IX — XII.
Montpensier (Louis-Philippe-Joseph d'Orléans, duc de), VIII, XI. *Voy.* Chartres.
Montpipeau (M. de), III.
Montplaisant (M. de), XIV.
Montreuil (M. de), IV.
Montrevaux (M. de), VI.
Montrevel (M. de), XI.
Montrevel (Mme de), V, VI, XII.
Montrevel (Mlle de), XIV.
Montsalais (Mme de), XIV.
Montsard (M. de), I.
Montuchet (M. de), XIII.
Montulé (M. de), X, XIII. *Voy.* Monthulé.
Montureux (M. de), XI.
Monty (M. de), IV. *Voy.* Monti.
Monzone (M. de), X, XVI.
Moore (M.), XII.
Morand, chirurgien, VIII — XI.
Morand (M. de), XV.
Morangiès (M. de), III, XVI.
Morangiès (Mme de), XIII.
Moranzel (M.), X, XIV. *Voy.* Verneuil.
Moras (M. de), IX, X, XII — XVI.
Moras (Mme de), I, II, IV, IX, X, XVI.
Moras (Mlle de), I, II, IX, X. *Voy.* Merle (Mme de).
Moraviski (M. de), IV.
Morbecque (M. de), XII.
Moreau (M.), XII, XIII.
Moreau de Beaumont (M.), VIII.
Moreau de Nassigny (M.), XI.
Moreau de Saint-Just (M.), XIV. *Voy.* Saint-Just.
Morel de Vindé (M.), XVI.
Morlière (M. de la), VII, IX — XI, XIII.
Mornay (M de), XVII.
Mornay (Mme de), XIV.

Mornay-Montchevreuil (Mme de), IX.
Moron (Mme de), IX.
Morosini (M. de), IX — XI, XIV.
Morphise (Mlle), XIII, XV.
Morphy, soldat, XVI.
Morsins (M. de), XIII.
Morstin (M. de), XIV.
Mort de César (*La*), tragédie, IX.
Mortagne (M. de), XIII, XVII. *Voy.* Mortain et Mortani.
Mortani (M. de), IV.
Mortemart (Famille de), X.
Mortemart (M. de), I, III — VII, IX, XI, XIII — XVI.
Mortemart (Mme de), I, II, IV — XI, XV.
Morton (Milord), VII, VIII.
Morveau (M. de), V, VIII, XII.
Morville (M. de), XIII.
Morville (Mme de), III, XIII.
Mosson (Mme de la), XIV. *Voy.* Bosnier.
Mosson (Mlle de la), XIII.
Mot d'ordre (Détails sur le), I.
Mothe (M. de la), I, II, V, VI.
Mothe (Mme de la), IV — VI, X, XI.
Mothe (Mlle de la), II, VI.
Mothe-Houdancourt (Famille de la), VI.
Mothe-Houdancourt (M. de la), IV — XIV.
Mothe-Houdancourt (Mme de la), VIII, IX, XIV.
Mothe d'Hugues (M. de la), VI.
Mothe-Lamire (M. de la), XV.
Motte (M. de la), évêque d'Amiens, IV, VII, VIII, XII, XIV, XV.
Motte (M. de la), I, X.
Motte-Guérin (M. de la), III.
Motte-Tibergeau (M. de la), III.
Mouchy (M. de), X. *Voy.* Monchy.
Mouchy (Mme de), IV.
Mouffe, II.
Mouffle (M.), X.
Mouffle (Mlle), IX.
Mouffle de la Thuilerie (Mlle), VI.
Mouret, musicien, VIII, IX, XVII.
Mousquetaires (Charges de capitaine des), VI.
Mousseaux (Maison de), XIII.
Moussy (M. de), VII, IX.
Moussy (Mme de), V.

Moustier, cuisinier, II, IV, IX.
Moutiers (Mlle du), XV.
Mouton, dentiste, XVI.
Moy (M. de), II.
Mozac, concierge, IV.
Muet (*Le*), comédie, XIII.
Muette (Château de la). *Voy.* Meutte.
Muiszek (M. de), XI.
Munich (Général), III, IV.
Murat (Abbé de), XIII.
Murinais (M. de), XI.
Musique de la Reine, II.
Mustapha III, sultan, XVI.
Muy (M. du), I — X, XII — XIV, XVI.
Muy (Mme du), I — III, V, VI, IX, XIII.
Muzancère (M. de la), évêque de Nantes, VII, XII — XV.

N.

Nacquart (M.), XII.
Nadaillac (M. de), V.
Nadaillac (Mme de), XI.
Nadasty (M. de), VI, VIII, XII, XVI.
Nain (M. le), V, VIII — X, XIII.
Najac (M.), XIV.
Nancré (Abbé de), XIII.
Nancré (M. de), X.
Nangis (M. de), I — V, VII, VIII.
Nangis (Mme de), II — V, XV.
Nanine, comédie, XV.
Narbonne (Famille de), IX.
Narbonne (M. de), I, II, IV, V, VII, IX, X, XIII.
Narbonne (Mme de), IV, IX — XIII, XVI.
Narbonne-Pelet (Mlle de), XIV. *Voy.* Pelet de Narbonne.
Nassau (Princes de), XIII.
Nassau-Mailly (Mme de), XIV, XV.
Nassau-Siegen-Sarrebruck (Prince de), I, VIII, X, XIV.
Nassau-Siegen (Princesse de), X.
Nassau-Usingen (Prince de), XIII, XIV.
Nassau-Weilbourg (Prince de), III.
Nassigny (M. de), I, IV.
Natoire, peintre, X, XIV.

NATTIER, peintre, X , XIV.
NAU (Abbé), X.
NAVA (M. de), VII.
NAVAILLES (Mme de), IV.
NAVARRE, évêque de Cydon , XIII.
Navarre (Terre de), XIV.
NAVARRO (Amiral), V.
NAZEL (M. de), XI.
NÉEL DE CRISTOT, évêque de Séez, III, IV.
Nef du Roi, II.
NEGRO (M.), II.
Neiss (Bataille de), III.
NEMOURS (Mme de), II, III, X.
Neptune (Bassin de). *Voy.* Bassin.
NERI (Mme de), V.
NÉROT (M.), X.
NESLE (M. de), II—IV, XI, XII, XIV, XV.
NESLE (Mme de), III.
NESLE (Mlle de), depuis marquise de Vintimille, II. *Voy.* VINTIMILLE.
NESMOND (M. de), III.
NESMOND (Mme de), VI, VIII.
NESTIER (M. de), I, III, IV, IX, XI—XIII.
NETTANCOURT (Abbé de), VI, VII.
NETTANCOURT (M. de), I.
NEUBOURG (Colonel), IV.
NEUFCHATEL (Prince de), II, III.
NEUFCHATEL (Princesse de), I, III.
Neufchâtel (Principauté de), III.
NEUFCHELLES (M. de), II.
NEUHAUS (M. de), VIII.
NEUILLY (M. de), XII.
NEUMAISON (M. de) , XII.
NEUPERG (M. de) , III, IV, XI.
NEUVILLE (Le P.), I, III—V, VII, VIII, X—XIV, XVI.
NEUVILLE (M. de), VIII.
NEVERS (M. de), VIII, XII.
NEVERS (Mme de), II.
NEWCASTLE (Duc de), VII, XV.
NÉZOT (M.), V, XI.
NIHEL (Major), VIII.
NICOLAI (Abbé de), V, VIII, X, XI; évêque de Verdun, XIII.
NICOLAI (M. de), I, III, VIII—X, XIV.
NICOLAI (Mme de), III, XIV.

Nicolai (Mlle de), XVI.
Nida (Comte de). *Voy.* Hesse-Darmstadt.
Niemiroff (Congrès de), I.
Ninon de Lenclos, VI. *Voy.* Lenclos.
Nisas (M. de), XIII.
Nivelly (M. de), IX.
Nivernois (M. de), II, IV, V, VII — XVII.
Nivernois (Mme de), VI — IX, XI — XV.
Nivernois (Mlle de), XII.
Noailles (Cardinal de), II, VIII, IX, XII.
Noailles (Famille de), IX.
Noailles (M. de), I — XVI.
Noailles (Mme de), I — XIII, XVI.
Noailles (Mlle de), III, V, X. *Voy.* Arpajon.
Nocé (M. de), II.
Noé (Mme de), XII.
Noel (Le P.), XI.
Nogaret (M. de), V.
Nogaret (Mme de), VI.
Nogaret (Mlle de), XIV.
Nogent (M. de), III.
Nogent (Mlle de), III.
Nointel (M. de), VII.
Nointel (Mme de), XII.
Noinville (M. de), XIV.
Noisette (M.), III.
Noix (M. de la), IX.
Nolières (M.), XII.
Nollet (Abbé), V — VII.
Nonant (M. de), II.
Norfolk (Duc de), XI.
Normant (M. le), XIII. *Voy.* Étioles et Lenormant.
Normant, avocat, I.
Norris (Amiral), V.
Nostis (Comte), IV.
Nouveau Testament d'Amelot (Le), II.
Novion (M. de), V, VIII, XI — XVII.
Nozier (M. de), X, XI.
Nugent (M. de), III, VI, IX.
Nunnès (Fernand), IX. *Voy.* Fernand-Nunnès.
Nunnès (Mme de Fernand), X. *Voy.* Fernand-Nunnès.
Nyert (M. de), I, III, V.

O.

O (Mme d'), I.
OBDAM (M. d'), VII.
OBERG (Général), XVII.
Oblats (Les), V.
O'BRIEN (M.), II, VII—X, XII.
O'BRIEN (Mme), VI, IX, X.
O'CONNOR (M.), XVI.
ŒLS (Baron d'). *Voy.* ELTZ.
ŒLS (M.), V. *Voy.* HOUEL et HOWAL.
ŒTTINGEN (Comte d'), IV.
ŒUREL (Abbé d'), XI.
OFFING (M. d'), IV.
OGIER (M.), VIII, IX, XII, XIII, XVI.
OGILWY (M.), IV, VI.
OGILWY (Milady), IX, XVI.
OGINSKI (M. d'), XVI.
OIGNY (Mme d'), V.
OINVILLE (M. d'), XIII.
OISE (M. d'), IV, VII, VIII.
OLIVET (Abbé d'), VII, X, XI.
OLIVIER (M.), X, XIII.
OLMIÈRE (Abbé d'), XI.
OLONNE (M. d'), I, II, XII.
OLONNE (Mme d'), I, X, XII, XIII, XV.
OLONNE (Mlle d'), XIII.
OLRIC (M.), III.
Omphale, opéra, XI.
Onézime (Reliques de saint), II. *Voy.* SAINT ONÉZIME.
ONIC (Abbé), XI.
ONILLON (Abbé), VIII.
ONILLON (M.), IX.
ONORATI (Abbé), VIII.
ONORATI (Comte), VIII.
ONS-EN-BRAY (M. d'), XIII, XVI. *Voy.* PAJOT.
Opéra (Salle de l') à Paris, X.
OPPÈDE (Abbé d'), I, VI, VII.
OPPÈDE (M. et Mme d'), XIV.
OPPÈDE de FORBIN (Abbé d'), II, III.
OPTER. *Voy.* AUBETERRE.

Oracle (L'), comédie, III, VIII.
ORANGE (Prince d'), VIII.
ORANGE (Princesse d'), XVI.
Oratoire (Congrégation de l'), XI.
ORÇAY (Mme d'), XIII.
ORDRE (M. d'), V, XI.
Ordres du Saint-Esprit de Montpellier et de Saint-Georges, I. *Voy.* SAINT ESPRIT.
Ordres étrangers, II, III. *Voy.* Danebroc.
Oreste, tragédie, X.
ORCEVILLE (Mme d'), IV.
ORINSKI (M.), X.
ORION (M. d'), V.
ORIVAL (M. d'), III, XII.
ORLÉANS (Auguste-Marie-Jeanne de Baden-Baden, duchesse d'), I.
Orléans (Canal d'), IX.
ORLÉANS (Élisabeth-Charlotte de Bavière, duchesse d'), nommée *Madame*, IV.
ORLÉANS (Françoise-Marie de Bourbon, duchesse d'), I — XI, XIII.
ORLÉANS (Jean-Philippe, dit le chevalier d'), I, V — XI.
ORLÉANS (Louis, duc d'), I — XIV, XVI.
ORLÉANS (Louis-Philippe, duc d'), XI — XVI. *Voy.* CHARTRES.
ORLÉANS (Louise-Adélaïde d'), abbesse de Chelles, IV, VI.
ORLÉANS (Louise-Élisabeth d'), reine d'Espagne, I — IV, VII.
ORLÉANS (Louise-Henriette de Bourbon-Conty, duchesse d'), XI — XVI. *Voy.* CHARTRES et CONTY.
ORLÉANS (Louise-Marie-Thérèse-Bathilde d'), nommée *Mademoiselle*, XIV.
ORLÉANS (N. d'), nommée *Mademoiselle*, VII.
ORLÉANS (Philippe de France, duc d'), nommé *Monsieur*, I, II, V, VI.
ORLÉANS (Philippe d'Orléans, duc d'), régent, I — XIV.
ORMÉA (M. d'), VIII, IX, XI.
Ormes (Terre des), XVI.
ORMESSON (M. d'), I, III — VI, VIII, X — XVI.
ORMESSON D'AMBOISLE (M. d'), V, XVI.
ORMESSON DE NOISEAU (M. d'), IV.
Orphelin de la Chine (L'), tragédie, XIV.
ORRY (M.), I — XI.
ORTAFFA DE VILLEPLENA (M. d'), II.
ORVAL (Mme d'), IX.
ORVAL (Mlle d'), XII.
ORVE (M. d'), IX.
OSENCE (M. d'), XVI.
OSMAN. *Voy* OTHMAN.

OSMOND (M. d'), XVI.
OSORIO (Chevalier), X. *Voy.* OSSORIO.
OSSOLINSKA (Duchesse), I, III, IV, VI, VII, XIV, XVI.
OSSOLINSKI (Chevalier), VII.
OSSOLINSKI (Comte), VII, IX, XVI.
OSSOLINSKI (Duc), I, II, IV — XIII, XV, XVI.
OSSONE (Duc d'), II, III.
OSSONE (Mme d'), I.
OSSONVILLE. *Voy.* HAUSSONVILLE.
Ossorio (M.), IX. *Voy.* OSSORIO.
OSSUN (M. d'), IV, IX, XI, XII, XV, XVI.
OSSUN (Mme d'), IX, X. *Voy.* HOCQUART.
OSTERMAN (Général), IV.
OSTEIN (Baron d'), IV.
OSTIE, chirurgien, XV.
OTHA (Abbé d'), VII.
OTHMAN III, sultan, XIV, XVI.
OTTOBONI (Cardinal), III.
OUDRY, peintre, II, X, XIII, XIV.
OURCHES (M. d'), VII.
OZANAM (Abbé), XII.

P.

PACCINI, musicien, VI.
PAISIBLE, musicien, X.
Paix (La), ballet, IX.
Paix (Publication de la), II, IX.
PAJOT (Abbé), XVI.
PAJOT (M.), III.
PAJOT DE MARCHEVAL (M.), XIII, XV.
PAJOT D'ONS-EN-BRAY (M.). *Voy.* ONS-EN-BRAY.
PAJOT DE VILLEPERROT (M. et Mlle), XIV.
PAJOT DE VILLERS (M.), II.
PAJOU, peintre, XI.
PALAIS (Mme du), II.
Palais-Bourbon (Acquisition du), XIII.
PALAPRAT (M.), X.
PALAVICINI (M. de), VI — IX.
PALAZZOLO (Prince et princesse). VII. *Voy.* REGGIO.
PALLU (M.), I, II, IX, X, XIII, XV, XVI.
Palmire, opéra, XIV.

Palun (Mme de la), V, XIV.
Pamenon (Mme de), XV.
Panat (Abbé), XIII.
Panciatici (Chevalier), VIII.
Pange (M. de), XIV.
Panthemont (Abbaye de), XIII.
Papenheim (M. de), IX.
Papète, surnom de Mme de Villars, XI.
Papillon (Jeu du), II.
Papillon (M. de), XI.
Parabère (M. de), XV.
Parabère (Mme de), II, III, VII, XIV.
Parabère (Mlle de), III.
Paradis (M. de), IX.
Paralada (M. de), IV, XIV.
Parasols (Affaire des), V.
Parcq (M. du), IX — XI.
Pardaillan (M. de), II, III.
Pargot (M. du), XV.
Paris (M.), I — IV, VII, XI. *Voy.* Duverney, Montmartel et Vernay.
Paris (Nicolas-Joseph), évêque d'Orléans, XII — XVI.
Paris (Parlement de). *Voy.* Parlement.
Paris (Ville de). *Voy.* Abbaye de Saint Germain-des Prés, Bibliothèque du Roi, Cabinet des médailles, Carrousel, Incendies, Chapitre de Notre-Dame, Égout, Faculté, Inondations, Louvre, Palais-Bourbon, Panthemont (Abbaye de), Paroisses, Pont-Neuf, Sainte-Chapelle.
Paris (Voyage du Dauphin à), V, IX.
Paris-Duverney (M.), V, VII, X, XI, XII. *Voy.* Duverney.
Parisot (M.), XIII.
Parker (Colonel), XVI.
Parlement d'Aix, II.
Parlement de Bretagne, I.
Parlement de Flandre. *Voy.* Flandre.
Parlement de Paris, I — III, V, VIII — XII, XIV — XVI.
Parlement de Rennes, I.
Parlement de Rouen, XV. *Voy.* Rouen.
Parme (Duchesse de), IX. *Voy.* France (Louise-Élisabeth de).
Parme (Princesse de), IX, X.
Paroisses de Paris, XI.
Parr (M. de), X, XI.
Parrocel, peintre, XIV.
Partiei (M.), XII, XVII.

Pasquier (M.), XI, XV, XVI.
Passau, tailleur, XI.
Passement, ingénieur, XIII.
Passerat (M.), XIII.
Passionei (Cardinal), XI — XIII.
Pasteur, partisan, XIV.
Pastourelle (M.), IX.
Pataclin (Mme), IX.
Paty (M. de), XV.
Pau (Mme de), IX.
Paulmy (M. de), VIII, IX, XI — XVII.
Paulmy (Mme de), XII — XIV, XVI.
Paulmy (Mlle de), IX.
Pauly (M. de), V.
Pauly (Mme de), V, VII, X.
Paume (Jeu de), I.
Paumier (M.), III.
Payan (M. de), VIII.
Pecoil (Mme), VII, X.
Pecquet (M.), III, IV.
Pédant (Le), pantomime, VIII.
Peglioni (M.), XII. *Voy.* Piglioni.
Pelet de Narbonne (Mlle), XV. *Voy.* Narbonne-Pelet.
Peletier (M. le), I — VII, X, XV, XVI.
Peletier (Mme le), VII.
Peletier des Fors. *Voy.* Fors.
Peletier de Souzy (M. le), IV.
Pellam (Milord), VII.
Pelletier (M.), XIII.
Pelletier (Mlle), XIV.
Pelletier de Beaupré (M.), IX, X.
Pellissier (Mlle), IX.
Pellisson, IX, X.
Peloux de Roberel (Mme), IX.
Pendules du Roi, III.
Penthièvre (Duc de), I — XV.
Penthièvre (Duchesse de), VI — XIII. *Voy.* Modène (Mlle de).
Peralada. *Voy.* Paralada.
Perat. *Voy.* Peyrat.
Perceville (M.), IX.
Perdriguier (M. de), III.
Perdrix, paumier, I.
Perée (M. de la), III.

PEREIRA (M.), X.
PÉRELLOS, grand maître de Malte, XI.
PÉREUSE (M. de), II, XVI, XVII.
PÉREUSE (Mme de), XIII.
PÉRIER (M. de), XIII.
PÉRIGNAN (M. de), I, II, VIII.
PÉRIGNAN (Mlle de), IV.
PÉRIGNY (Abbé de), I.
PÉRIGNY (Mme et Mlle de), XIV.
PÉRIGORD (M. de), VI, VIII, IX, XI — XIII, XV.
PÉRIGORD (Mme de), V — IX, XI, XIII — XVI.
PERMANGLE (M. de), III.
PERNAULT (M.), III.
PERNECY (M. de), X.
PERNEY (M. de), IX.
PERNON (Mlle), XIV.
PERNOT (Abbé de), IX, XI.
PÉROT (Abbé), IV.
PÉROUSE (M. de), évêque de Gap, XIII, XIV.
PÉROUSE (M. de la), III.
PERPÉTUE (Sœur), XII.
PERRAUX (M. de), X.
PERRIER (M. du), IV.
PERRIER DE SALVERT (M.), XIV, XV. *Voy.* SALVERT.
PERRIN (Le P.), XI.
PERRIN (Mlle), IX, X, XII.
PERRINET DE PEZEAU (Mlle), XIII.
PERSAN (M. de), XV.
PERSAN (Mme de), XIV.
PERSEVAL (Mme de), XIV.
PERTH (Duc de), VII, XIV. *Voy.* DRUMMOND.
PERTH (Milady), XIV.
PERTHUIS (Mme de), XIII.
PERTUIS (Abbé), XV.
PÉRUSE. *Voy.* PÉREUSE.
PÉRUSSEAU (Le P.), V — XII.
PÉRUSSY (M. de), II, I, XII, XV.
PÉRY (M. de), XI.
PESTALOZZI (M. de), XVI.
PÉTARD (Abbé), XII.
PÉTIGNY (M.), VII, X.
PETIT, chirurgien, II, X.
Petit-Bourg (Château de), VII — X, XIII.

PETITMONT (M. de), VII.
PEYRAT, chirurgien, III, VIII, IX.
PEYRE (M. de), II, III.
PEYRE (Mme de), VIII.
PEYRE (M. de la), VII.
PEYRONIE (M. de la), I — XI.
PEYSAC (M. de), VIII.
PEZÉ (M. de), I, II.
PEZÉ (Mlle de), V, XIV.
PEZEUX (Mme de), XIV.
Phaéton, opéra, IV, IX.
PHALARIS (Duc et duchesse de), III.
PHELIPPES DE LA HOUSSAYE (M.), II.
PHÉLYPEAUX, archevêque de Bourges, XVI.
PHÉLYPEAUX D'HERBAULT, évêque de Riez, XI.
PHILIDOR, musicien, II, XIII.
PHILIPPE V, roi d'Espagne, I — III, V — XII.
PHILIPPE (Don), Infant d'Espagne, puis duc de Parme, II — XVI.
PHILIPPES (M. de), V.
Philipsbourg (Siége de), II.
Philosophe marié (Le), comédie, X.
PIAVERA (M. de), XVI.
PICHON (Le P.), VIII, IX.
PICQUIGNY (M. de), I — VI. *Voy*. CHAULNES.
PICQUIGNY (Mme de), IV — VI, IX. *Voy*. CHAULNES.
PIÈCHE, musicien, IX.
PIERRE, peintre, X.
PIERRECOURT (Mme de), VI.
PIERRON (M.), XIII, XVI.
PIFON (M. de), X.
PIGALLE, sculpteur, IX, XIII.
PIGEONNEAU (M. de), XVI.
PIGLIONI (M.), X, XII.
PIGNATELLI (M. de), VII, IX — XI, XIII, XVI. *Voy*. EGMONT.
PIGNATELLI (Mme de), X — XII.
PIGNON (Le P.), XIV.
PILHAM (M.), VII. *Voy*. PELHAM.
Pillage du bois des Célestins, III.
PILLE (M. de), XII.
PILLON (M.), XII.
PINELLI (M. de), V.
PINGRÉ (M. de), XIV.
PINK (M. de), XIV.

PINON (M.), III, XI, XVII.
PINON DE QUINCY (M.), XV.
PINTO, grand maître de Malte, III.
PINTO (M.), IX.
PIOGÉ (M. et Mme), X.
PIOLENC (M. de), XVI.
PIOLIN (M.), XI.
PIOMBINO (Princesse de), II.
PIOSASQUE (M. de), IV, V.
PIOSIN (M. de), III, XI.
PIPIAT (Le P.), IX.
PIRÉ (M. et Mme de), XII.
PIRON, VIII, XII, XIII.
PISCINY (M.), XI.
PITH (Mme), X.
PITHOUIN (M.), XIII.
PITRESSON (M. de), XII.
PITT (M.), VII, XIV, XVI, XVII.
PIZIEUX. *Voy.* PUISIEUX.
PLACHE (Mme de la), VII.
PLANTA (M. de), III, VII, IX.
PLASSONS (M. des), IV. *Voy.* DESPLASSONS.
Platée, opéra-ballet, VI, XIII.
PLATEN (M. de), XVI.
PLÉLO (M. de), II.
PLÉLO (Mme de), VI, VIII, X.
PLÉLO (Mlle de), III, V.
PLÉNEUF (Mme de), XVI.
PLESSIS (M. du), V.
PLESSIS-BELLIÈRE (Mme du), VI, IX.
PLESSIS-CHATILLON (M. du), XIII.
PLESSIS-CHATILLON (Mme du), IX, XIII — XV.
PLESSIS-CHATILLON (Mlle du), VII.
PLESSIS DE LA CORÉE (M. du), III. *Voy.* CORÉE.
PLESSIS-PRASLIN (Mlle du), IV.
PLEURRE (Mme de), XI.
PLIMONT (M. de), II. *Voy.* DAGUESSEAU.
PLUMARTIN (M. de), XIV, XV.
PLUVINET (Mlle), XV.
PLUYETTE, architecte, XIV, XVI.
POERSON, peintre, XIV.
POINSON, musicien, X.
POIRIER, musicien, II, IV, VI, VII.

Poisses (Mme des), IX.
Poisson (M.), VII, IX, XI, XIII.
Poisson (Mme), VI, VII.
Poissonnier, médecin, XIII, XVI.
Poissonnier (Mme), XIII.
Poissy (Abbaye de), XII.
Poitiers (Mme de), V, IX.
Poix (M. de), VIII, XI.
Polastron (Abbé de), III.
Polastron (M. de), I—IV, VI, VII, XIV.
Polastron (Mme de), I, IV, VI, VII, XII, XIII.
Polenitz (M. de), V.
Pôle Nord (Voyage au). *Voy.* Voyage.
Poli. *Voy.* Pauly.
Polignac (Cardinal de), I—VI, VIII, IX.
Polignac (Famille de), VII.
Polignac (M. de), II—IV, VI—IX, XIII, XVII.
Polignac (Mme de), II, VI, VII, IX, XI, XII, XIV.
Polinchove (M. de), XV.
Polissons ou Salonistes de Marly, II, III, V, VIII.
Polisy (M. Fargès de), I. *Voy.* Fargès.
Pollorouski (M. de), XI.
Pologne (Primat de), II.
Pologne (Prince de), II, III.
Poly. *Voy.* Pauly.
Pommeraye (M. de la), VII.
Pompadour (Hôtel de) à Fontainebleau, X.
Pompadour (Marquisat de), VI.
Pompadour (Mme de), VII—XVII. *Voy.* Étioles.
Pompignan (M. le Franc de), évêque du Puy, IV, VII—X, XIV. *Voy.* Lefranc de Pompignan.
Pomponne (Abbé de), I—XV.
Pomponne (Mme de), XV.
Ponce (Le P.), III, V.
Ponce, médecin, XII.
Poncet, évêque d'Angers, IX.
Poncet de la Rivière, évêque de Troyes, IV, VI—VIII, X—XV; d'Aire, XVI.
Poncher (M.), XIII.
Pondichéry (Action à), XI.
Poniatowski (M. de), III—V.
Pons (M. de), I—XII, XIV.
Pons (Mme de), I—XIII.

Pons-Chavigny (M. de), III, V.
Pons-Chavigny (Mme de), XIV.
Pont (Abbé du), XV. *Voy.* Dupont.
Pontac (Abbé de), III, V.
Pontcarré (M. de), XIII, XV, XVI.
Pontcarré (Mme de), XV.
Pontcarré (Mlle de), IX.
Pontcarré de Viarmes (M. de), I, VII, XII, XIII, XVII. *Voy.* Viarmes.
Pontchartrain (Hôtel de), VIII, IX.
Pontchartrain (M. de), II, III, V, VII, VIII, XI, XIII.
Pontchartrain (Mme de), XI, XII.
Pontchy (Mme de), II.
Pontis (M. des), IV.
Pont-Neuf (Boutiques du), XV.
Pont-Saint-Pierre (M. de), III—V, VII, VII, XI, XIII. *Voy.* Ronche-rolles.
Pont de Veyle (M. de), XIII.
Pont de Veyle-Fériol (M. de), VIII.
Ponze (M. de), IV.
Popelinière (M. de la), XI—XIII.
Popelinière (Mme de la), XV.
Popoli (Duc de), IX.
Porcelaine (Manufactures de), IX. *Voy.* Sèvres et Vincennes.
Porcelaine de Réaumur, III.
Porcelaine de Saxe (Cheminée de), X.
Portail (M.), I, VIII, XI, XV.
Portail (Mme), IX.
Portail (Mlle), XIV.
Portal (M.), XVI.
Porte (M. de la), IX, XVI.
Porte d'Issertieux (M. et Mme de la), VII.
Porterie (M. de la), IV, VIII, XIII.
Portique (Jeu du), II.
Portland (Milord), V.
Portraits de vieillards, III.
Ports (M. des). *Voy.* Bernis.
Portugal (Don Antoine, infant de), XVI.
Pothouin, avocat, XIV.
Potowski (Comte), IX, X.
Pot royal (Le), I—III.
Pottrincourt (Mlle de), X.
Poudens (Abbé de), VI, VIII, XI.
Poudre de Mme de Carignan, IX.

Poule (Abbé), VIII — X.
Poulletier (M.), II, VIII, IX, XIII, XV.
Poulpry (M. de), VIII, XV.
Pour (La craie et le), aux ambassadeurs, V.
Pourchasse d'Estrabonne (Mlle), XII.
Poussemothe de Graville (M. de), XII.
Poyanne (M. de), III, IV, VI, XII, XIII, XV — XVII.
Poyanne (Mme de), VI, VIII.
Poype (M. de la), X.
Pracomtal (M. de), XII, XIII.
Pracomtal (Mme de), XII.
Prades (Abbé de), XII, XIII.
Praigne (M. de), II, III.
Prat (Abbé du), III.
Prat (M. du), XI.
Pratz (M. de), VIII.
Précieuses ridicules (Les), comédie, VI.
Précigny (Mlle de), XIII.
Preising (M. de), X.
Préjugé à la mode (Le), comédie, VIII, X, XI.
Prémeny (M. de), XIV.
Pressure (M. de), III.
Pressy (M. de), évêque de Boulogne, IV, XIII.
Prétendant (Le). *Voy.* Jacques III et Stuart.
Préval (M. de), XIII.
Prévost (Abbé), XVI.
Prévôt de la Touche (M.), IX.
Preysing. *Voy.* Preising.
Prie (M. de), II, V, IX, XI, XIII.
Prie (Mme de), II, III, VI, VIII — X, XIV — XVI.
Prie (Mlle de), V.
Priego (M. de), IV. *Voy.* Havre.
Priego (Mme de), IV, VII. *Voy.* Santo-Gemini (Mlle de).
Prince de Noisy (Le), divertissement, IX.
Princesse de Navarre (La), ballet, VI, VII.
Prisye (M. de), XIV.
Priuli (Cardinal), XVII.
Prohingue (Mme), XVI.
Promotion de chevaliers de Saint-Louis, I; d'officiers généraux, II, III.
Provence (Comte de), XIV — XVI.
Provence (Remontrances de la), X.
Prover, musicien, XV.
Prudhomme (M.), XIV.

PRUDHOMME (Mlle), XII.
PRULAY (Mlle de), VII.
PRULÉ (M. et Mme de), XIV.
PRUNE (M. de la), II.
PRUNIÈRES (M. de), évêque de Grasse, XII.
Prusse (Famille royale de), XI.
PRUSSE (Prince de), XVI, XVII.
Publication de la paix, II, IX.
PUCELLE (Abbé), I, VI.
PUIGUYON (M. de), I, III, IV, VI, VII.
PUIGUYON (Mme de), II, III, V, VIII.
PUISIEUX (M. de), II — V, VII — XVII.
PUISIEUX (Mme de), II, IV, VIII, IX, XI — XV.
PUISIEUX (Mlle de), V.
PUISIGNIEUX (M. de), VIII, XVI.
PUJOLS (M. de), XII, XIII.
PUJOS, chirurgien, VII, IX, XII.
PULCHÉRIE (Sœur), XI, XII.
PULTENEY (Milord), X.
PUSCOT (Milord), XIII.
PUTANGES (M. de), IV.
PUTANGES (Mme de), XIII.
PUVIGNÉ, danseur, X.
PUVIGNÉ (Mlle de), VIII.
PUYDION. *Voy.* PUIGUYON.
PUYNORMAND (M. de), VIII.
PUYSÉGUR (M. de), I, II, IV — VI, IX, XVII.
PUYSÉGUR (Mme de), VI, VIII.
Pyrrhus, tragédie, XII.

Q.

QUADT (M. de), I, XV.
Quatre Ages (Les), divertissement, X.
Quatre Parties du monde (Les), opéra-ballet, VI.
QUÉLEN (M. de), évêque de Bethléem, XIII.
QUÉLEN (M. de), XIII.
QUÉNAULT (M.), V.
QUÉNAUT DE CLERMONT (M. de), III.
QUENET, chirurgien, VIII.
QUERHOENT (M. de), XII. *Voy.* KERHOENT.
QUESNAY, médecin, IX, XI, XII.

Quesne (M. du), XIV, XVII.
Quesnel (Abbé), IV.
Quesnois (M. du), évêque de Coutances, XVI.
Quête (La), piqueur, XIII.
Quêtes (Destination des), IX.
Quillet (M.), XIII.
Quinault, IX.
Quincey (M. Corlois de), évêque de Belley, XI.
Quinsonas (M. de), X, XV, XVI.
Quintin (M. de), VI, XII.
Quintin (Mme de), VI.
Quitry (Mlle de), XIII.

R.

Rabodanges (M. de), XI.
Rabutin (M. de), II.
Rachécourt (Abbé de), XI, XII. *Voy.* Raigecourt.
Racine (Louis), IV, XIV.
Radominski (Le P.), VIII, IX, XIV.
Radonvilliers (Abbé de), XIV.
Radouay (M. de), II.
Raffetot (M. de), XV.
Raffetot (Mme de), IV.
Raffini (Le P.), IX.
Ragny (M. de), V.
Ragonde, comédie, VIII, IX.
Ragonde (Les Amours de), ballet, VI.
Ragotzi (Prince), II, XII, XV.
Ragotzi (Princesse), X.
Raguet (Abbé), IX.
Raigecourt (Abbé de), VI, VIII, XIV, XV; évêque d'Aix, XVI, XVII. *Voy.* Rachécourt.
Raigecourt (M. de), II.
Raigecourt (Mme de), VI.
Raigemorte (Abbé de), XII.
Raimond (M.), VII. *Voy.* Raymond.
Raimond (M. de), XV, XVII.
Rais (Abbé de), V.
Rambouillet (Duc de), VII, IX, X.
Rambouillet (Voyages de), II, III.
Rambures (M. de), II — IV, XIV.

Rambures (M{ lle} de), XIV.
Rameau, I, VI — IX, XII — XIV.
Ramillies (Bataille de), II.
Ramsay (M. de), I, VIII.
Rance (Abbé), XII, XIII.
Rancy (M. de), XIII.
Randan (M. de), III, VI, IX — XII, XIV — XVI.
Randan (Mme de), II, V, IX, XII.
Randan (Mlle de), IX, XI.
Randel (M.), IV — VI, IX, XII.
Rang des ducs et des maréchaux de France, II.
Rannes (M. de), II, V, IX, X.
Rannes (Mme de), III, XIII.
Rare (Mme de la), III.
Raré (M. de), VIII.
Raré (Mme de), XII.
Rasaud (M. de), III.
Rasilly (M. de), XV. Voy. Razilly.
Rastignac (Abbé de), VI.
Rastignac (M. de Chapt de), archevêque de Tours, II, III, V — XI. Voy. Chapt de Rastignac.
Ratcliffe (Milord), VIII.
Rath (Milord), X.
Ratowski (Général), XV.
Ratzmer (Colonel), IV.
Raucoux (Bataille de), VII.
Raudot (M.), I.
Raunay (M.), XIII.
Ravago (Le P.), XIV.
Ravaillac, VI.
Ravannes (Abbé de), III, VIII.
Ravignan (M. de), IV.
Ravignan (Mme de), IX, XIV.
Ravoye (M. de la), II, VI, VIII. Voy. Rivoye.
Raymond (M.), VIII. Voy. Raimond.
Raymond (Mme), X, XI.
Raynal (Abbé), XIII.
Razilly (M. de), III, V, VIII, IX, XI, XII, XV. Voy. Rasilly.
Réaumur (M. de), III, XVI.
Rebel, musicien, I, VI — XI, XIII.
Rebours (M. le), V.
Récollets de Versailles, I, V.

Réconciliation normande (*La*), comédie, XIV.
REDEMONT. *Voy.* ROIDEMONT.
REDING (M. de), XV.
REFFUVEILLE (M. de), V.
Réforme de la cavalerie, I.
REFUGE (M. de), II, IV.
REGINELLA, chanteur, IX.
REGGIO (Mlle de), VII. *Voy.* PALAZZOLO.
Régime du Roi, II.
Règlement de Louis XIV, I.
Règlement chez le Dauphin, II.
RÉGNIER (Abbé), I.
REICHENBACH (M. de), XI.
REIDER (M. de), IX.
RELINGUE (M. de), III.
Reliquaire de l'église de Dampierre, III.
REMIANCOURT (M. de), X. *Voy.* BOUFFLERS.
Remiremont (Abbesse de), II.
Remiremont (Chapitre de), VII.
RÉMOND (Mme de), IX.
RÉMOND DE SAINTE-ALBINE (M.), XII.
RENAL DE SAINTE-MARIE (Le P.), XI.
RENARD (M.), IV.
RENARD (Mme), IX, XI.
RENAUD (Le P.), III, IV. *Voy.* RENAULT.
RENAUDOT (Abbé), II.
RENAULD (M.), IV.
RENAULT (Le P.), VII, XII. *Voy.* RENAUD.
RENAULT (M.), XI.
RENAUT (M.), XVI.
Rendez-Vous (*Le*), comédie, X.
RENÉ (Le prince), IV. *Voy.* ROHAN.
RENEL (Mme de), I. *Voy.* RESNEL.
RENIL (M. de), I.
RENNEPONT (M. de), III, IV.
RÉNON (M. de), IX, X.
Rennes (Parlement de). *Voy.* Parlement.
RENTY (M. de), IV, XV.
RENTY (Mme de), XII, XIII, XVI.
RENTY (Mlle de), XI.
RÉRIE (M. de la), II.
RESNEL (M. de), VI — VIII. *Voy.* CLERMONT D'AMBOISE.
RESNEL (Mme de), III, VI — VIII. *Voy.* RENEL.

Retz (Duc de), VIII.
Reuilly (Mme de), X.
Revel (M. de), IV — VI, VIII, XI, XII, XV, XVI.
Revel (Mme de), XII.
Reventlaw (M. de), X, XI, XIII, XIV.
Révérend (Mme), X.
Reverseau (M. Guéau de), VII, IX, XII Voy. Guéau.
Revest (M. du), XVI.
Révol (M. de), évêque d'Oléron, IV.
Révol (M. de), XII.
Reyder. Voy. Reider.
Reynie (M. de la), XI.
Reynière (M. de la), XIII. Voy. Grimod de la Reynière.
Reynière (Mme de la), XIII, XIV.
Reynold (M.), V.
Reypel (M. de). Voy. Albemarle.
Reytreval (M. de), X.
Rezzonico (Cardinal), II. Voy. Clément XIII.
Rhodes (Mme de), III.
Riants (Mme de), VII, XI — XIV.
Ribart (M.), XII.
Ribellerye (Mlle de la), XIV.
Ribenne (Mme de), XV.
Ribérac (M. de), XIII.
Ribérac (Mme de), I, III, VII.
Ribeyre (M. de), évêque de Digne, puis de Saint-Flour, IV.
Ricard, soldat, XV, XVI.
Riccoboni (Lélio), IX.
Richardie (M. de la), XII.
Riche (M. le), XIII.
Richelieu (Cardinal de), I — III, V.
Richelieu (M. de), I — XVII.
Richelieu (Mme de), I — III.
Richelieu (Mlle de), X, XIV.
Richer, musicien, IX, XII.
Richerand (M. de), XIII.
Richmond (Duc de), I, IX, X, XII.
Ricouart (Mme), XIV.
Ridès (M. de), X.
Ridels (M. de), III.
Rieux (M. de), II, V, XI, XIV.
Rieux (Mme de), VII, VIII.
Riga, médecin, VII, XIII.

Rigaud (Abbé), XVI.
Rigaud (Hyacinthe), peintre, V.
Rigaudière (M. de la), XV.
Riolet (M. de), VI.
Riom (M. de), III.
Riperda (M. et Mme de), VII.
Ripolle (Le P.), IX.
Rivarolles (M. de), II.
Rivée (Le P. la), XII.
Rivier (Mlle). V. *Voy.* Coetlogon.
Rivière (Abbé), IX.
Rivière (M.), IX.
Rivière (M. de), XII — XIV.
Rivière (Abbé de la), XI.
Rivière (M. de la), III, V — XI.
Rivière (Mme de la), V, VI, VIII — XI, XIII.
Rivoye (M. de la), X. *Voy.* Ravoye.
Robecque (M. de), VI — X.
Robecque (Mme de), VII — IX, XIII, XV.
Robert, barbier du Roi, IX.
Robert (Mlle), XV.
Robertson (M.), XI.
Robien (M. de), XVII.
Robinson (M.), IV.
Rochambeau (M. de), III, X, XV.
Rochambeau (Mme de), VI, VII, X, XIII.
Rochambeau (Mlle de), XIII.
Roche (La), IV, V.
Rocheallart (M. de la), III.
Roche-Aymon (M. de la), archevêque de Toulouse, puis de Narbonne, III, V — IX, XII — XIV, XVI, XVII.
Roche-Aymon (M. de la), I, VI, IX.
Roche Aymon (Mme de la), X.
Rochebonne (M. de Châteauneuf de), archevêque de Lyon, III.
Rochechouart (Abbé de), XIV.
Rochechouart (M. de), I — V, X, XI, XIII — XVI.
Rochechouart (Mme de), I — XV, XVII. *Voy.* Brionne.
Rochechouart (Mlle de), XI.
Rochechouart-Faudoas (Abbé de), IV.
Rochechouart-Faudoas (M. de), évêque de Laon, III, IV, VI, VII, XII, XIV — XVII.
Rochechouart-Faudoas (M. de), XVI.
Rochechouart-Faudoas (Mme de), XI.

ROCHECHOUART-MONTIGNY (M. de), évêque d'Évreux, puis de Bayeux, I, XIII, XIV.
ROCHECOLOMBE (M. de), VI.
ROCHECOURBON (M. de la), IX, XV.
ROCHECOURBON (Mme de la), XI.
ROCHECOURT (Mme de), I.
ROCHE DE FONTENILLE (M. de la), évêque de Meaux, II, III. *Voy.* FONTENILLE.
Rochefort (Incendie à), XV.
ROCHEFORT (M. de), II, VIII, XII, XIII, XV, XVII.
ROCHEFORT (Mme de), I, II, IV, X, XI.
ROCHEFORT D'AILLY (M. de), évêque de Châlon, XIII.
ROCHEFOUCAULD (Abbé de la), XVI.
ROCHEFOUCAULD (Famille de la), V, IX.
ROCHEFOUCAULD (M. de la), archevêque d'Alby, VIII — X, XVI.
ROCHEFOUCAULD (M. de Roye de la), archevêque de Bourges, puis cardinal, II — XVI.
ROCHEFOUCAULD (M. de la), I — VIII, X — XIII, XVI.
ROCHEFOUCAULD (Mme de la), IV, V, XII.
ROCHEFOUCAULD (Mlle de), XIV.
ROCHEGUDE (M. de), XV.
ROCHEJACQUELIN (M. de la), V.
ROCHELLE (Duchesse de la), VII.
ROCHEMORE (M. de), XIV.
ROCHEPLATE (M. de), XIII.
ROCHEPLATE (Mme de), XII.
ROCHEPOT (Mme de la), IV.
ROCHE-SAINT-ANDRÉ (Abbé de la), X.
ROCHE-SUR-YON (Mlle de la), I — X, XVI.
ROCHES-DU DRESNAY (M. des), VII.
Rocho (Général), IV.
ROCOZEL (Abbé de), VIII.
ROCOZEL (M. de), III, IV.
ROCQUE (M. de la), VIII.
RODRIGUE (M.), X.
ROETTIERS, orfévre, VI, IX.
ROGER, notaire, III.
ROHAN (Abbé de), XIV.
ROHAN (Cardinal de), I — X, XII.
ROHAN (M. de), archevêque de Reims, IX, XI.
ROHAN (M. de), I — XVI. *Voy.* CHABOT.
ROHAN (Mme de), I — VIII, X — XVI.
ROHAN (Mlle de). *Voy.* CRÈVECOEUR et MONTAUBAN.
ROHAN-CHABOT (Famille de), IV.

Rohan-Chabot (M. de), VII, IX, XII.
Rohan-Guémené (M. de), XIII.
Rohan-Montbazon (M. de), évêque de Strasbourg, XV, XVI. *Voy.*
  Constantin.
Rohan-Soubise (M. de), XIV.
Rohan de Ventadour (M. de), coadjuteur de Strasbourg, puis cardinal,
  VI — VIII. *Voy.* Soubise (Cardinal de).
Roi de Cocagne (Le), comédie, III.
Roidemont (M. de), XV.— XVII.
Roissy (M. de), XIII.
Roissy (Mme de), XIV.
Roland (Abbé), VII, IX.
Rolet (M. du), II.
Rolland (M.), XII, XVI.
Rolland (Mlle), IV.
Rolle (M. de), III, XVI.
Rollin (Abbé), III.
Romacère de Ronssecy (M. de la), évêque de Tarbes, XI.
Romainville (Mlle de), XI, XV. *Voy.* Rotissée.
Romanet (Mme de). *Voy.* Choiseul.
Romaniensi, comédien, IV.
Romecourt (M. de), V, VII.
Romecourt (Mme de), VI.
Rome sauvée, tragédie, X.
Roncey (M. de), XI.
Roncey (Mme de), XIII, XV.
Roncey (Mlle de), X.
Roncherolles (M. de), VII, IX, XI. *Voy.* Pont-Saint-Pierre.
Roncherolles (Mme de), XI, XIII.
Rooth (M. de), VIII. *Voy.* Rothe.
Rooth (Mme de), IX.
Roquefeuille (M. de), III, V
Roquefeuille (Mme de), XIV.
Roquelaure (Abbé de), IX, évêque de Senlis, XIII, XVII.
Roquelaure (M. de), I, II.
Roquépine (M. de), V, VIII, XV, XVI.
Roquépine (Mme de), V — VII. *Voy.* Boufflers-Remiancourt.
Rosambo (M. de), X — XIII, XV. *Voy.* Rozambo.
Rose d'or (Cérémonie de la), I.
Rosen (M. de), III, V, X. *Voy.* Rozen.
Rosily (Abbé), XIV.
Rosset (M.), XIV.
Rossignol (M.), X, XIII. *Voy.* Balagny.

Rostaing (M. de), X, XIV.
Rothe (M. de), IX. *Voy.* Rooth.
Rothelin (M. de), II, VII — X.
Rotissée de Romainville (Mlle), II, V, XII. *Voy.* Romainville.
Rottembourg (M. de), III — V, XI.
Rottembourg (Mme de), II, III.
Roucy (M. de), I.
Rouen (Parlement de), X, XIII. *Voy.* Parlement.
Rouen (Révolte à), XI, XII.
Rouffiac (Abbé de), VII. *Voy.* Ruaux.
Rouge (Abbé le), IV. *Voy.* Lerouge.
Rougé (M. de), II, VIII, XV, XVI.
Rouillé (M.), II, VI — XVI.
Rouillé (Mme), IX, XI.
Rouillé (Mlle), IX. *Voy.* Beuvron.
Rouillé d'Orfeuille (M.), XIII, XIV.
Roujault (M. et Mme), XIV.
Rounière (M. de la), XVI.
Roure (M. du), III, VII, VIII, XI — XIII.
Roure (Mme du), III — VI, VIII — XI, XV.
Roure (Mlle du), VII.
Rouret (M. du), XII.
Rousseau (Jean-Baptiste), II, III, VIII.
Rousseau (Jean-Jacques), XII.
Roussel (M.), IX, XII.
Rousset (M. du), II.
Roussillon (M. de), III.
Roussillon (Mme de), IV.
Roussillon-Chatte (Mme de), XII.
Routh (Le P.), XIV.
Rouvrel (M. et Mme de), VII. *Voy.* Boufflers-Rouvrel.
Rouville (M. de), IV, XIII, XV. *Voy.* Hérouville.
Rouvrel (Mme de), X. *Voy.* Rouverel.
Rouvroy (M. et Mlle de), IX.
Roux (Abbé le), XIII.
Roy (M.), I, VI — XIII, XVII.
Royan (M. de). *Voy.* Olonne.
Roye (Famille de), XI.
Roye (M. de), XI.
Roye (Mlle de). *Voy.* Ancenis et Biron.
Royer, musicien, VII, VIII, XIII, XIV.
Rozambo (M. le Pelletier de), VIII, IX. *Voy.* Rosambo.
Rozen (M.), XIV. *Voy.* Rosen.

Rozier (M.), XVI.
Rozières (M. de), XVI.
Rozignan (M. de), IX.
Ruaux de Rouffiac (Abbé de), IV. *Voy.* Rouffiac.
Rubempré (M. de), III — VII, IX, X, XII. *Voy.* Mailly-Rubempré.
Rubempré (Mme de), I, V — IX, XI.
Ruby (M. de), IX, XI.
Ruffé (M. de), IV. *Voy.* Ruffey.
Ruffec (M. de), I — IV, VII, XIII.
Ruffec (Mme de), I — X, XIX.
Ruffec (Mlle de), X. *Voy.* Valentinois.
Ruffey (Mme de), X, XIII. *Voy.* Ruffé.
Rumain (M. du), III, VII.
Rumain (Mme du), VIII.
Rupelmonde (M. de), V, VI.
Rupelmonde (Mme de), I, III — XIII.
Rupière (M. de), IX.
Russie (Palatine de), V.
Rutowski (Comte), IV.
Ruvigny (M. de), XVII.
Ruvigny de Cosne (M.), XIV.

S.

Sabadin (M.), XI. *Voy.* Saladin.
Sabatini (M.), IV.
Sabran (M. de), II, III, VII, X.
Sabran (Mme de), I, III, V — VIII, IX, XIV.
Sabran (Mlle de). *Voy.* Arcussia.
Saché (M. de), VIII.
Sacra Mosa (M. de), XI.
Sacy (Le P. de), XV.
Sade (M. de), III — VIII, X, XV, XVI.
Sade (Mme de), X.
Sahay (Affaire de), IV.
Saïd-Effendi, XIV. *Voy.* Zaïd-Effendi.
Sailly (Abbé de), VI, VIII, XIII.
Sailly (M. de), VIII, XI.
Sailly (Mme de), XIV.
Sailly (Mlle de), II.
Sainclair (M. de), IX. *Voy.* Saint-Clair et Sinclair.
Sainclair (Mlle de), IX. *Voy.* Saint-Clair.

SAINCTOT (M. de), I — XI.
SAINCTOT (Mme de), X.
SAINT-AFRIQUE (M. de), VIII.
SAINT-AIGNAN (M. de), I — XIV, XVI, XVII.
SAINT-AIGNAN (Mme de), XVI.
SAINT-AIGNAN (Mlle de), I, II.
SAINT-ALBIN (M. de), archevêque de Cambrai, I, III, XIII, XIV.
SAINT-AMARANTHE (M. de), IX.
SAINT-ANDRÉ (M. de), I, III, VI, XI, XVII.
SAINT-ANDRÉ (Mme de), III.
Saint-Antoine (Ordre des chanoines réguliers de), IX.
SAINT-AUBANS (M. et Mme de), IV.
SAINT-AUBIN (Abbé de), VI.
SAINT-AULAIRE (Abbé de), IV, VI, X, XI, XV.
SAINT-AULAIRE (M. de Beaupoil de), évêque de Tarbes, XI. *Voy.* BEAU-POIL.
SAINT-AULAIRE (M. de), I — IV.
SAINT-AULAIRE (Mme de), V.
SAINT-AVENT (M. de), III.
SAINT-BERNARD. *Voy.* TRICOTTE.
SAINT-BERTIN (Abbé de), VIII.
SAINT-BLIMONT (Mlle de), IV.
SAINT-CHAMANT (M. de), IV, VIII, IX, XII, XV.
SAINT-CHAMANT (Mme de), III, VIII, X, XI, XV.
SAINT-CHAUMONT (M. de), III, V, IX.
SAINT-CHAUMONT (Mme de), VIII, IX.
SAINT-CHAUMONT (Mlle de), XI.
SAINT-CLAIR (M. de), V. *Voy.* SAINCLAIR, SINCLAIR et TURGOT.
SAINT-CLAIR (Mlle de), XI. *Voy.* SAINCLAIR.
SAINT-CLOUD (M. de), V — X.
SAINT-CLOUD (Mme de), X.
SAINT-CONTEST (M. de), III, X — XIV.
SAINT-CRISTAU (Mlle de), X, XII.
SAINT-CYR (Abbé de), I — IX, XI.
SAINT-CYR (M. et Mlle de), IV.
SAINT-CYRAN (Abbé de), I.
Saint-Esprit (Ordre du), X.
SAINT-ESTEVAN (M. de), II, III. *Voy.* SAN-ISTEVAN.
SAINT-EXUPÉRY (Abbé de), VII, XVI.
SAINT-EXUPÉRY (M. de), VII, XVI.
SAINT-EXUPÉRY (Mme de), XVI.
Saint-Fargeau (Incendie du château de), XII.
SAINT-FARGEAU (M. de), II, XIII, XIV, XVI.

Saint-Fargeau (Mlle de), XIII.
Saint-Félix (M. de). *Voy.* Modène (Duc de).
Saint-Florentin (M. de), I — XVII.
Saint-Florentin (Mme de), III — VIII, X — XII.
Saint-Geniès (M. de), XI.
Saint-Georges (Chevalier de). *Voy.* Jacques III.
Saint-Georges (M. de), VI, VIII.
Saint-Georges (Mme et Mlle de), XIV.
Saint-Géran (Mme de), I.
Saint-Germain (M. de), I, III, IX — XIII, XVI, XVII.
Saint-Germain (Mme de), II — IV, VI — IX, XIII.
Saint-Germain-Beaupré (M. de), X — XII.
Saint-Germain des Prés (Abbaye de). *Voy.* Abbaye.
Saint-Gilles (M. de), XIII.
Saint-Hérem (M. de), évêque de Langres, VI, VIII. *Voy.* Montmorin Saint-Hérem.
Saint-Hérem (M. de), VI — VIII, XI — XIV. *Voy.* Montmorin.
Saint-Hérem (Mme de), VI, XI, XIV.
Saint-Hilaire (Abbé de), V.
Saint-Hilaire (M. de), III, XII.
Saint-Hubert (Abbé de), IX, XI.
Saint-Hubert (Pavillon de), XV, XVI.
Saint-Hyacinthe (Mlle de), XIII.
Saint-Ignon (M. de), IV.
Saint-Jal (M. de Lastic de), évêque de Castres, XII. *Voy.* Lastic.
Saint-Jal (M. de), II, III, V, VI, IX, XII, XIII.
Saint-Jean (M. de), III.
Saint-Julien (M. de), VI, XII.
Saint-Just (M. de), III. *Voy.* Moreau de Saint-Just.
Saint-Just (Mme de), IX.
Saint-Laurent (Abbé de), V.
Saint-Louis (Église de), à Versailles, V.
Saint-Marceau (M. de), IX.
Saint-Micault (M. de), III.
Saint-Michel (M. de), XIX, XX, XXII.
Saint Onézime (Châsse de), III. *Voy.* Onézime.
Saint-Ours (M. de), XVI.
Saint-Padour (M. de), V.
Saint-Pater (M. de), II.
Saint-Pau (M. de), I, IV, VII, X.
Saint-Paul (M. de), XIII.
Saint-Pern (M. de), III — VII, IX, X, XIII, XIV, XVII.
Saint-Pern de Luté (M. de), XII.

Saint-Philippe (Prise du fort), XV.
Saint-Pierre (Abbé de), III, V.
Saint-Pierre (M. de), IX, XIV.
Saint-Pierre (Mme de), I — III, VI, VII, X, XII.
Saint-Pierre de Rome (Perspective de), II.
Saint-Point (M. de), IV, VIII, IX, XII.
Saint-Pol (M. de), IV.
Saint-Quentin (M. de), II, XIV.
Saint-Romain (M. de), XIV.
Saint-Rome (M. de), XVI.
Saint-Sauveur (Abbé de), III, VI ; évêque de Bazas, VII, VIII, XIV.
Saint-Sauveur (M. de), I, II, IV — XI.
Saint-Sauveur (Mme de), XI, XIII.
Saint-Segraux (M.), V.
Saint-Sernin (M. de), VII, VIII.
Saint-Séverin (M. de), III, VI — XV.
Saint-Séverin (Mme de), IX, X, XII — XIV.
Saint-Simon (M. de Rouvroy de), évêque de Metz, I — IV, VI, XI, XII, XIV, XVI.
Saint-Simon (M. de), I — X, XIII — XVI.
Saint-Simon (Mme de), III, IV, VII, IX. X.
Saint-Simon (Mlle de), III. *Voy.* Chimay.
Saint-Sulpice (M. de), IX.
Saint-Sulpice (Mme de), X.
Saint-Sulpice (Place), à Paris, XVI.
Saint-Thomas d'Épernon (Prieuré de), XII.
Saint-Tropez (M. de), V.
Saint-Vallier (Abbé de), II.
Saint-Vallier (M. de), II, IV.
Saint-Victor (M. de), I.
Saint-Victor de Marseille (Abbaye de), XI.
Saint-Vidal. *Voy.* Saint-Vital.
Saint-Vigor, XII.
Saint-Vincent (M. de), I.
Saint-Vincent de Paul, I, II. *Voy.* Vincent de Paul.
Saint-Vital (M. de), X — XVI. *Voy.* Vidal.
Saint-Vrin (Affaire du curé de), XIV.
Sainte-Aldegonde (Abbé de), VIII — X, XIII.
Sainte Chapelle (Trésorier et service de la), à Paris, X, XIII.
Sainte-Croix (Princesse de), VII.
Sainte-Élisabeth (Duc de), XII.
Sainte Foix (M. de), VIII.
Sainte-Geneviève (Abbé de), VIII.

SAINTE-HERMINE (Abbé de), III, X, XVII.
SAINTE-HERMINE (Mme de), IV.
SAINTE-MARIE (Bailli de), XIII.
SAINTE-MAURE (M. de), II, III, X.
SAINTE-MESME. *Voy.* HÔPITAL.
SAINTE-REUZE (Mme de), XV.
SAINTE-THÉRÈSE (Reliques de), XI.
SAISSAC (Mme de), I — IV, VII — IX, XIV. *Voy.* SESSAC.
SAIVE (M. et Mme de), IX.
SALABÉRY (Abbé de), IV, VI — XI, XVI, XVII.
SALABÉRY DE BENNEVILLE (M. de), X.
SALADIN (M.), VII. *Voy.* SABADIN.
SALAS (Mme de), VI.
SALAZAR (M. de), XII.
SALDANHA (M. de), XV.
SALÉ (Mlle), XII, XV.
SALENCY (M. de), VI.
SALÉON (M. de), évêque de Rhodez, puis archevêque de Vienne, VII, X, XI.
SALI (M. de), VI.
SALIÈRES (M. de), II, XIII, XIV. *Voy.* SALLIÈRE.
SALIGNAC (Abbé de), V, VII.
SALIS (Abbé de), VI.
Salle du Conseil, à Versailles, V.
SALLE (M. de la), IV, V, VIII — XII, XV. *Voy.* BIGLION DE LA SALLE.
SALLE (Mme de la), X.
SALLES (M. et Mme de), I.
SALLES (M. des), VIII, XIII, XV.
SALLIER (Abbé), I.
SALLIÈRE (M. de), X. *Voy.* SALIÈRES.
SALLIOR (M.), XIV.
SALM (Abbé de), XIII.
SALM (Princesse de), IV, XIII.
SALM-REIFFENSCHEID (M. de), évêque de Tournay, VII.
SALMOUR (M. de). *Voy.* WALKERBATH.
Salon (Anecdotes sur le maréchal ferrant de), X.
Salonistés ou polissons de Marly, II, III, V, VII, VIII.
SALUCES (Mme de), VI, VII, IX, X.
SALVERT (M. de), III, IV, VIII, XIV, XVI. *Voy.* PERRIER DE SALVERT.
Sampiétro (Histoire de), II.
SANDRICOURT (M. de), IV, XI, XVI.
SANDRICOURT (Mme de), XIII.
SANDWICH (Milord), VII, IX.

SANDWICH (Mme de), XVI.
SAN-ESTEVAN. *Voy.* SAINT-ESTEVAN.
SAN-ISTEVAN (M. de), IX, *Voy.* SAINT-ESTEVAN.
SAN-SALVADOR (Mme de), X.
SAN-SEVERINO (M. de), XVI.
SANTO-BUONO (Prince de), III.
SANTO-GEMINI (M. de), IV.
SANTO GEMINI (Mlle de), IV. *Voy.* PRIEGO.
SANZAY (Abbé de), VI.
SANZAY (M. de), V. *Voy.* SAUZEY.
SANZAY (Mlle de), VII.
SAÔNE (M. de la), VI, XI, XIII, XVII.
SARRET DE GAUJAC, évêque d'Aire, XVI.
SARTIRANE (M. de), XII — XIV, XVII.
SARTIRANE (Mme de), XIII.
SASATELLI (M.), IX, X.
SASSENAGE (M. de), I, III, IV, VI — XV.
SASSENAGE (Mme de), II — IV, VI — XIV.
SASSENAGE (Mlle de), X, XIV.
SASSENET (M.), XII.
SAUCOURT (M. de), IX.
SAUCOURT (Mme de), IX, X.
SAUDRICOURT. *Voy.* SANDRICOURT.
SAUFRA (M. de), XVI.
SAUJON (M. de), III, XIII.
SAUJON (Mme de), III, V.
SAUJON (Mlle de), VII.
SAULX (M. de), V — IX, XI — XVI.
SAULX (Mme de), IV, V, IX — XIII.
SAULX-TAVANNES (M. de), archevêque de Rouen, puis cardinal, I — XVII.
SAULX-TAVANNES (M. de), III, IV.
SAUMERY (M. de), I — III, V, VI, IX — XII, XIV, XV.
SAUMERY (Mme de), IV, XI.
SAUMERY (Mlle de), VIII.
SAUMERY DE JOHANNE (M. de), X. *Voy.* JOHANNE.
SAUROY (M. de), II — V.
SAUROY (Mme de), X.
SAUSSAYE (M. de la), XVI.
SAUSSOY (M. du), VII — IX, XIII.
SAUVAGE (M.), XIII.
SAUVÉ (Mme), XI.
SAUVIGNY (M. de), V — IX, XIII, XV. *Voy.* BERTHIER DE SAUVIGNY.
SAUZEY (M. de), XIV. *Voy.* SANZAY.

SAVALETTE (M. de), IX, X, XII, XV.
SAVARI (M.), XV.
SAVEUSE (Abbé de), XI.
SAVINES (M. de), II, IX.
SAVOIE (Duc de), X.
SAVOIE (Duchesse de), XI — XIII.
Savoie (Revenus de la), XV.
SAXE (Chevalier de), IV.
SAXE (Comte, puis maréchal de), III — XI, XIV, XVI.
SAXE (Marie-Josèphe, princesse de), VII. *Voy.* MARIE-JOSÈPHE DE SAXE.
SAXE (Prince Xavier de). *Voy.* LUSACE.
SAXE-GOTHA (Duchesse de), IX.
SAXE-GOTHA (Prince de), IV, VIII.
SAXE-HILDBURGAUSEN (Prince de), VIII, XVI, XVII.
SAXE-MEININGEN (Duchesse de), IX.
SBOINSKI (M. de), VIII.
Scanderberg, opéra, IX.
SCARRON (Mme). *Voy.* MAINTENON.
Sceaux (Billet des comédies à), VIII.
SCEAUX (M. de), XII. *Voy.* SAULX.
SCEDORFF (M. de), II. *Voy.* SEEDORFF.
SCHACK (Baron), IX.
SCHAUB (M.), XI.
SCHEDENS, lieutenant-colonel, IV.
SCHEFFER (M. de), VI — XVII.
SCHEVESTRE, piqueur, V.
SCHLEGEL, lieutenant-colonel, IV.
SCHMERLING (M. de), I — III, V.
SCHMETTAU (M. de), IV, VI, VIII, XI.
SCHMIDBERG (M. de), III.
SCHOEMBERK (M.), VIII.
SCHOENFELDT (Mme de), XIII.
SHOEPLIN (M.), XI.
SCHOMBERG (M. de), XIII, XIV.
SCHOMBORN (M. de), XI.
SCHOUMBOURG (Comte de). *Voy.* HESSE CASSEL.
SCHULEMBOURG (M. de), I, VII.
SCHULING (M. de), X.
SCHUTT (M. de), IX.
SCHWARTZBOURG (Prince de), III.
SCHWARTZEMBERG (M. de), XI.
SCHWÉRIN (Général, puis maréchal de), IV, XVI.
SCOTTI (Marquis), VI, VII.

24.

Sebbeville (M. de), IX.
Sebbeville (Mlle de), V, VII. *Voy.* Seppeville.
Sebret. *Voy.* Ceberet.
Séchelles (M. de), II, V — VII, IX — XVII.
Séchelles (Mme de), XI, XVI.
Séchelles (Maison de), XIV.
Seckendorf (M. de), I, II, IV — VI, IX.
Secousse (M.), XIII.
Sédition à Versailles, III.
Seedorff (M. de), III, V, XI. *Voy.* Scedorff.
Seefeld (M. de), V.
Segaud (Le P.), II, III, V, VI, IX.
Séguier (M. de), XIV — XVI.
Séguiran (M. de), IX.
Ségur (M. de), évêque de Saint-Papoul, IX.
Ségur (M. de), I — XI, XIV, XVI.
Ségur (Mme de), II, III, VIII, IX, XI, XIII.
Seignelay (M. de), I, V, VIII, X.
Seignelay (Mme de), IV, VIII, IX, XVI.
Seignelay (Mlle de), XVI.
Seine (Débordement de la), III. *Voy.* Inondation.
Selle, musicien, II.
Selle (M. de), III, IV.
Selles (Mme de), XIV.
Semaine (La Belle), et la Semaine sainte, V.
Sémiramis, opéra, IX.
Sémonville (M. de), XI, XV.
Senac, médecin, III, VII, X — XVI.
Senac (Mme), XII.
Senneterre (M. de), II, V — IX, XI, XIV — XVI.
Senneterre (Mme de), VI, IX, XI, XII, XVI.
Sennevoy (Mme de), VI.
Senozan (M. de), III, XII, XIV, XV.
Sens (Archevêché de), XIII.
Sens (Les), opéra-ballet, III, VIII.
Sens (Mlle de), I — VIII, X — XIV, XVI.
Sensaric (Le P.), XII.
Seppeville (Mlle de), IV. *Voy.* Sebbeville.
Sept-Fons (Abbaye de), X.
Séqueville (M. de), XVI.
Séran (M. de), XIII.
Séran (Mme de), XVII.
Serilly (M. de), IX, XII.

SERINCHAMP (M. de), I.
SERRE (M. la), V.
SERRE (M. de la), XII, XV.
SERVANDONI, peintre et architecte, II, XIII.
SESMAISONS (M. de), IX — XI.
SESSAC (Mme de), XII. *Voy.* SAISSAC.
SEVERT (M.), X, XV, XVI.
SÉVIGNÉ (Mme de), VII.
SEVIN (Abbé), I, III.
Sèvres (Manufacture de porcelaine de), XVI.
SÉZILE. *Voy.* CÉZILE.
SMÉRIDON (M.), IX.
Sicilien (Le), comédie, XIV.
SICKEM (M. de), IV.
SICKINGEN (M. de), IV.
SIDOBRE, médecin, IX.
SIGISMOND (Le P.), XI.
SIGOGNE, médecin, V, VI. *Voy.* CIGOGNE.
SILHOUETTE (M.), XII, XIV, XV.
SILLERY (Mme de), VII.
SILLY (M. de), II.
SILVA, médecin, II—IV, X, XIII.
SILVAIN (M.), XII.
SILVESTRE (Mlle), IX, XI. *Voy.* SYLVESTRE.
Silvie, divertissement, IX.
SIMIANE (M. de), VII.
SIMIANE (Mme de), V, VII, VIII.
SIMON, avocat, VII, IX.
SIMONET (Mme), XIII.
SIMONOT (Abbé), XIV.
SINCERRE (M. de), VIII.
SINCERRE (Mme de), IX.
SINCLAIR (M. de), VII, IX, XI, XII, XIV. *Voy.* SAINCLAIR.
SINOPOLI (M. de), VII.
SINTZHEIM (M. de), IX, X.
Sisyphe, opéra, X.
SIVRAC. *Voy.* CIVRAC.
SLODTZ, sculpteur, XVI.
SOBIESKI (Jacques), II, IX.
SOBIESKI (Jean). *Voy.* JEAN SOBIESKI.
Soissons (Académie de). *Voy.* Académie.
Soissons (Hôtel de), XV.
SOLAR (M. de), I — III, V, VII, X.

Solar de Breille (M. de), XVII.
Soldeville (M. de), II.
Solferino (M. de), III.
Solitaire (Le), voleur, I.
Somaglia (M. de), VIII.
Somelsdyck (M. de), X.
Somis, musicien, II.
Sommyèvre (M. de), VII.
Sophie-Dorothée de Hanovre, reine de Prusse, II, XVI.
Sophie (Madame). *Voy.* France. (Sophie-Philippine-Élisabeth-Justine de).
Soragna (M. de), XIV.
Sorba (M.), II, IX, XIII.
Sorbe (M. de), X.
Sorbonne (Affaires de la), XV.
Soret (M.), XI.
Soto-Major (M. de), I, IX.
Soubise (Cardinal de), VIII — XV. *Voy.* Rohan-Ventadour.
Soubise (Famille de Rohan-), IV.
Soubise (M. de), I — XVII.
Soubise (Mme de), I — XIII.
Soubise (Mlle de), I, IX, XI, XII. *Voy.* Condé (Charlotte-Godefride-Élisabeth de Rohan, princesse de).
Soudeil (M. de), IV.
Soufflot, architecte, XIV.
Souillac (M. de), évêque de Lodève, II, X.
Soulanges (Abbé de), XII.
Soulanges (M. de), XIV.
Soulanges (Mme de), XIII, XIV, XVI.
Souper (Le), comédie, XIII.
Soupir (M.), X.
Soupire (M. de), XV, XVI.
Soupirs (M. des), I.
Sourches (M. du Bouchet de), évêque de Dol, IX.
Sourches (M. de), II — IX, XI, XIV, XV.
Sourches (Mme de), II — VII, IX, X, XII — XIV.
Sourches (Mlle de), XIV.
Sourcy (M. de), I, XI.
Sourdis (M. de), VII, X.
Sous-gouverneurs du Dauphin, I.
Souvré (M. de), I, II, IV, VI — X, XIII — XVI.
Souvré (Mme de), II, XIV.
Souvré (Mlle de), XI, XIV.
Souzi (Le P.), XV.

DES NOMS ET DES MATIÈRES. 375

SOYECOURT (M. de), I, II, IX.
SOYECOURT (Mme de), IV, IX, XIV, XVI.
SOYECOURT-BELLEFORIÈRE (M. de), VIII.
SOYECOURT-BOISFRANC (M. de), IV.
SPA (Mlle de), III.
SPARRE (M. de), XI, XV.
Spectacles du cabinet du Roi, VIII.
SPIAT (Abbé), XIII.
SPINELLI (Cardinal), XIV.
SPINOLA (M. de), X.
SPOINSKY. *Voy.* SBOINSKI.
SPONHEIM (Comte de), XI, XII. *Voy.* DEUX-PONTS.
STAAL (Mme de), X.
Stafette ou estafette, I.
STAFFORT (Milord), III, IV, XI.
STAFFORT (Mlle de), V.
STAINVILLE (M. de), I — VII, X — XVII.
STAINVILLE (Mme de), XIII, XVI.
STAIRS (Milord), I, IV, V, VIII, IX.
STAMPA, archevêque de Milan, II.
STANISLAS LECZINSKI, roi de Pologne, puis duc de Lorraine, I — XVII.
STAPPLETON (M.), VI.
STAREMBERG (M. de), IX, XIII — XVI.
STARK (M.), XII.
Statue équestre de Louis XV, II — IV.
STEINFLICHT (M. de), XIII.
STILLIANO (M. de), III.
STOLBERG (M. de), III.
STOLWERG (M. de), IV.
STOUDNITZ (M. de), IV.
STRAFFORD (Mme de), II.
STRALEN (M. de), XVI.
STREEF (M. de), XIV.
STRINGER (Mme de), XIV.
STUART (Charles-Édouard), dit *le prince de Galles* et *le prince Édouard*, V — X, XIII.
STUART (Henri-Benoît), dit *le duc d'York* et *le comte d'Albany*, VI — IX, XIV. *Voy.* YORK (Cardinal d').
STUART (M.), IX.
STYRUM (Général), V.
SUBLEYRAS, peintre, XVI.
Suisses (Service des gardes), III, XI.
SULKOWSKI (Comtesse de), II.

SULLIVAN (M. de), VII.
SULLY (M. de), II, IV, VI — XI.
SULLY (Mme de), II, V — VII, X, XV.
SULLY (Mlle de), II, IV.
Sully (Mémoires de), VII.
SULTZBACH (Duc de), III.
SULTZBACH (Prince de), II — IV.
SULTZBACH (Princesse de), II, III.
SURBECK (M. de), I, III.
SURGÈRES (M. de), IV, VIII, X, XI.
SURGÈRES (Mme de), IX — XIII.
SURGÈRES (Mlle de), XI.
SURIAN, évêque de Vence, XIII.
SURVILLE (Mme de), IX.
SUSSEX (M. de), IX.
SUTIL (Abbé), XIII.
SUTILAN (Le P.), XI.
SUZE (M. de), V, VI, XV.
SUZE (M. de la), I — III, V, VI, VIII — XII, XIV.
SUZE (Mme de la), VIII — X, XII, XIV.
SUZY (M. de), I, III, V, X, XII — XIV, XVI.
SUZY (Mme de), X.
SWAREM (M. de), VIII.
Sylphe (Le), ballet, VI.
SYLVESTRE (Mlle), VII. *Voy.* SILVESTRE.

T.

Tabac d'Espagne, VIII.
Tableau de la famille royale de Prusse, XI.
Tableau hydraulique, II.
TABORNIGA, VII.
TAFF (M. de), XIV.
TAILLE (Mlle de la), XIV.
TAILLEBOURG (M. de), IX, X.
TAINTURIER (Le P.), IV. *Voy.* TEINTURIER.
TALARU (Abbé de), XV.
TALARU (M. de), IV, VI — XI, XIII, XV, XVI.
TALARU (Mme de), XI — XIII, XV.
Talents lyriques (Les), opéra, XIV.
TALIMBERK (Mme de), VIII.
TALLARD (M. de), I — IX, XI — XIV.

TALLARD (Mme de), I — XIII.
TALLEYRAND (M. de), II, IV — VIII, X, XI, XIII, XVI.
TALLEYRAND (Mme de), I - XIV, XVI.
TALMOND (M. de), II — V, VII — IX, XI, XV.
TALMOND (Mme de), III — IX, XI, XIII, XV — XVII.
TALON (M.), V, VIII.
TALON (Mme), V.
TALON (Mlle), VII.
Talon (Mémoires d'Omer), XII.
TALOT (M. de), X.
TAMAN (M. de), VI.
TAMPONNET (M.), XV.
TANA (M. et Mme de), XII. *Voy.* TANNES.
Tancrède, opéra, IX.
TANEVOT (M.), XIV.
TANNES (M. et Mme de), X. *Voy.* TANA.
Tapisseries des Gobelins, II, III, XI. *Voy.* Gobelins.
TARLO (M. de), II, V.
TARNEAU (M. de), I, VI.
Tartufe, comédie, VIII.
TASTE (M. de la), évêque de Bethléem, II, XIII.
TAUBIN (M. de), VIII.
TAUSSIER (Mlle), VIII.
TAVANNES (Abbé de), III.
TAVANNES (Cardinal de). *Voy.* SAULX-TAVANNES.
TAVANNES (M. de), IV, VI — VIII, XII, XIII, XVI. *Voy.* SAULX.
TEISSIER. *Voy.* TEXIER.
TEINTURIER (Le P.), IX, XI. *Voy.* TAINTURIER.
TELÈS (M. de), X.
Télescopes anglais, IX.
TELLIER (Le P. le), IX.
TEMPI (M.), I, V.
TENCIN (Bailli de), IX, X.
TENCIN (Cardinal de), II — IX, XI — XVI.
TENCIN (Mme de), X.
TERCIER (M.), IX, XIV.
TERISLAW (Comte), XV.
TERLAY (M. de), II, III, IX, XI.
TERME DU SAUX (M. de), III.
TERMES (Abbé de), XI.
TERMONT (Abbé de), VI; évêque de Blois, XIII.
Ternes (Château des), XV.
TERRAIL (M. du), II, III.

TERRASSON (Abbé), X.
TERRAT (Mme), IV.
TERRAY DE ROZIÈRES. *Voy.* ROZIÈRES.
TERREAU (Du), suisse, V.
TERRET (M.), XII.
TERRING. *Voy.* TORRING.
TERRISSE (Abbé), III.
TESSÉ (Famille de), VII.
TESSÉ (M. de), I — IX, XII — XIV.
TESSÉ (Mme de), I — IX, XI — XV.
TESSIER. *Voy.* TEXIER.
TESSIN (M. de), III, IV, XI, XII, XV.
TESSIN (Mme de), III, IV.
Testament de Ferdinand Ier, empereur d'Allemagne, III.
TEXIER (M.), IX, X, XVI.
TEXIER (Mlle), IX.
Théatins (Portail des), VIII.
THEIL (M. du), V — IX, XIV.
THÉMINES (Mme de), IV, V. *Voy.* BÉRINGHEN.
THÉODORE, roi de Corse, II, XV.
Thésée, opéra, VI, XIII.
THÉSU (Abbé de), X.
THÉVENARD, comédien, III.
THIANGES (M. de), I, II, IV — VII, IX, X, XII.
THIANGES (Mme de), VI, VII, XVI.
THIARD (M. et Mme de), XII.
THIBAULT (M. et Mme), XI.
THIBOULT (M.), XIV.
THIBOUTOT (M. de), III.
THIERS (M. de), III, XI. *Voy.* CROZAT.
THIERS (Mlle de), IX, XI, XIV. *Voy.* CROZAT.
THIL (M. et Mlle du), VI.
THIROUX (M.), II, IX.
THIROUX DE GERFEUIL (M.), XI, XIV.
THOMAS (Mlle), VIII.
THOMÉ (M.), X — XII.
THOMOND (M. de), XI, XV, XVI. *Voy.* CLARE.
THOMOND (Mme de), XIV.
THORILLIÈRE. *Voy.* TORILLIÈRE.
THOU (Abbé de), VII.
THOYNARD (M.), XII.
THURETTE (M.), III.
THURY (M. de), IX.

TIBERGEAU (Mme), IX. *Voy.* MOTTE-TIBERGEAU.
TILLAUT (M. du), XI. *Voy.* TILLOT.
TILLIÈRES (M. de), II, IV, V, IX, XIII, XV, XVI.
TILLIÈRES (Mme de), III, V, VIII, IX.
TILLOT (M. du), XVI. *Voy.* TILLAUT.
TILLY (Dom de), III.
TILLY (M. de), III, XII.
TINGRY (M. de), II, IV — XIV.
TINGRY (Mme de), III, IV, XIII. *Voy.* MONTMORENCY-TINGRY.
TINGRY (Mlle de), XI.
TINSEAU (Abbé de), V, évêque de Belley, VI ; de Nevers, XI, XVII.
TINTENIAC (M. de), VII.
TIQUET (Mme), XI.
TITON (M.), I, X.
Titon et l'Aurore, opéra, X.
TIZON DE BEAUREGARD (Mlle), XII.
Toilette de la Reine, I, II.
TONDEBOEUF (M. de), VI, VIII.
TONDU (M. de), VIII.
Tonnerre (Accident causé par le), III.
TONNERRE (M. de), I, IX, XI, XII, XIV — XVI. *Voy.* CLERMONT-TON-
  NERRE.
TONNERRE (Mme de), IV, V, VII, XIII, XVI.
TONNERRE (Mlle de), VII.
TOPAL-OSMAN (Aventure de), XI.
TORCY (M. de), II, III, V — VII, IX, XI.
TORCY (Mme de), VII, VIII, XIV.
TORELA (M. de la), I — III.
TORILLIÈRE (La), comédien, III.
TORNEILLE (M. de), I.
TORRE-PALMA (M. de), XIV.
TORRÈS (M. de), III.
TORRÈS (M. de las), X.
TORRING (M. de), I, II, IV, VI, IX, X.
TORSAC (M. de), IV, XIII.
TOSCANE (Grand-duc de), I — IV. *Voy.* FRANÇOIS Ier, empereur d'Alle-
  magne.
TOSCANE (Grande-duchesse de), I, II. *Voy.* MARIE-THÉRÈSE, impératrice
  d'Allemagne.
TOUCHE (M. de la), VII, XI, XII, XIV.
TOUCHE-TRÉVILLE (M. de la), XV, XVI.
TOUILLY (Mlle de), XV. *Voy.* TOUY.
TOULONGEON (M. de), V, VIII.

Toulongeon (Mme de), XIII.
Toulouse (Comte de), I — IV, VI, IX — XI.
Toulouse (Comtesse de), I — XIV, XVI.
Tour (Le P. de la), XVI.
Tour (M. de la), II, IV, VIII, XII, XIII.
Tour (Mme de la), IV.
Tour d'Auvergne (Cardinal de la), I — IX, XII.
Tour d'Auvergne (M. de la), IV, XI, XVII.
Tour-Maubourg (M. de la), XV.
Tour du Pin (M. de la), VI, X.
Tour du Pin (Mme de la), VIII, XIV.
Tour du Pin-Montauban (Abbé de la), XII — XIV.
Tour-Taxis (Prince de la), VI.
Tour-Taxis (Princesse de la), VI — VIII.
Tourbes (Mlle de), I, II, VI — VIII, X.
Tourdonnay (M. de), IX, XII, XVI.
Tournay (Capitulation de), VI.
Tournehem (M. de), VII — XI, XIII.
Tournelle (M. de la), II — IV, VII — XII, XV, XVI.
Tournelle (Mme de la), I — V, XII, XIV. *Voy.* Chateauroux.
Tournelles (M. des), XV.
Tournemine (M. de), X.
Tournemine (Mme de), IX, X, XII.
Tournon (Mme de), IV.
Tournon (Mlle de), XII.
Tourny (M. de), XIV — XVI.
Tourolles (M. de), VI.
Tourville (Maréchal de), X.
Tourville (M. de), IX, XIV, XV.
Toussaint (M.), XI.
Touy (Mlle de), XVI. *Voy.* Touilly.
Tracy (M. de), XII, XIV.
Traisnel (M. de), XV, XVI. *Voy.* Tresnel.
Traisnel (Mme de), XI. *Voy.* Tresnel.
Traité du duché de Lorraine, VI.
Trappe (Incendie à l'abbaye de la), IX.
Traun (M. de), III.
Trautson (Cardinal), XV.
Travers (M. de), III.
Travers (Mme de), I.
Tremblement de terre à la Jamaïque, VI; à Lima, VIII.
Trémisar (M.), X.
Trémoille (M. de la), I — III, V, VI, VIII — XVI.

TRÉMOILLE (Mme de la), I, III, — V, IX — XII.
TRÉMOUILLE (Abbé de la), XIV.
TRESMES (M. de), I — III, V, VI, IX, XI, XVI.
TRESMES (Mme de), II, III, VI, XIV.
TRESNEL (M. de), IV, V. *Voy.* TRAISNEL.
TRESNEL (Mme de), I, IV, V, VII. *Voy.* TRAISNEL.
TRESNEL (Mlle de), V.
TRESSAN (M. de la Vergne de), archevêque de Rouen, XII.
TRESSAN (M. de), I — III, V, VI, X, XI, XIII.
TRESSEMANES (M. de), évêque de Glandève, XIV.
TRÉVILLE (M. de), III.
TRÉVILLE (Mme de), VI.
Trianon (Palais de), I — III, X.
TRIBOUT, danseur, X.
Tricotte (La), dite Saint-Bernard, V.
TRIPLET (M.), III, IV.
Tripoli (Envoyé de), IX, XII. *Voy.* ALI-EFFENDI.
Triumvirat (Le), tragédie, IX.
TRIVULCE (Mme de), XIII, XVI.
TROARD DE BEAULIEU (M.), VII.
Trois Cousines (Les), comédie, VIII, XI.
TRON (M.), VII — IX.
TRONC (Mme du), X.
TRONCHIN, médecin, XIV, XV.
Troupes (Récapitulation des), V.
TROUSIER (M.), XII.
TROUSSET D'HÉRICOURT (M. du), XII.
TROUVÉ (Le P.), IX.
Troyennes (Les), tragédie, XIII.
Troyes (Aventure à), XIII, XIV.
TRUBLET (Abbé), XIII.
TRUDAINE (M.), évêque de Senlis, VIII, XIII.
TRUDAINE (M.), II, III, V, IX, XII — XVI.
TRUDAINE (Mlle), II, V.
TRUSSON (Mme), VIII — X.
TRUTSCHLER (Capitaine), IV.
TUDERT (Abbé), XVI.
Tuilerie (Maison de la), XVII.
Tunis (Députés de), V.
TURBILLY (M. de), III.
TURENNE (Maréchal de), IV, V, VIII.
TURENNE (Prince de), I — III, V, XVI.
TURENNE (Princesse de), V — XIV. *Voy.* MARSAN.

Turenne (Vicomte de), III.
Turgis (Mlle de), IV.
Turgot (M.), I — V, VIII, XI, XIII, XVI.
Turgot (Mlle), XVI.
Turgot de Saint-Clair (M.), XIV.
Turpin (M. et Mme), IX.
Turpin (Mme de), XIV.
Tyrconnel (Milord), I, V — VII, X, XI.
Tyrconnel (Mme de), XIV.

U.

Uben (Baron d'), IX.
Ulrique-Éléonore, reine de Suède, IV.
Ulysse (Démolition de la galerie d'), à Fontainebleau, II, III.
Université de Paris, II, IV.
Urfé (Mlle d'), XIII.
Urs. *Voy.* Ursel.
Ursel (M. d'), III, VII, XIII, XIV.
Ursins (Mlle des), V.
Ursins (Princesse des), II, IV, X.
Usson (Mme d'), XVII.
Uvre (M. d'), XV.
Uzès (M. d'), I — III, VI — VIII, XII.
Uzès (Mme d'), III, V — VIII, XI — XIII.
Uzès (Mlle d'), XVI.

V.

Vaini (Prince), I, VI.
Vaisseaux français détruits par les Anglais, VIII.
Valabouest (Mme de), IX.
Valacoste, entrepreneur de voitures, VII.
Valbelle (M. de), évêque de Saint Omer, XII, XIII.
Valbelle (M. de), V, XI.
Valbelle Mme de), XI, XIII.
Valcourt (M. de), III, IV.
Valdeck (M. de), VII. *Voy.* Waldeck.
Valence (M. de), VI.
Valence (Mme de), XIII.
Valenceau (M. de), III.

Valenciennes (Hôpital de), XI.
VALENTI (Cardinal), XIII, XV.
VALENTINOIS (M. de), I — III, V, VIII — XI, XIII, XIV.
VALENTINOIS (Mme de), X — XIII.
VALETTE (Le P. de la), X.
VALETTE (M. de la), VIII — X, XVI.
VALETTE-THOMAS (M. de la), III.
VALFONS (M. de), VII.
VALJOUAN-DAGUESSEAU (M. de), V. *Voy.* DAGUESSEAU.
VALLE (M. de la), XV.
VALLÉE, chanoine d'Orléans, XIII, XIV.
VALLIER (M. le), XV.
VALLIÈRE, musicien, XIV.
VALLIÈRE (M. de), II, VI, VIII, XII, XVI, XVII.
VALLIÈRE (Duchesse de la), maîtresse de Louis XIV, V, IX.
VALLIÈRE (M. de la), III — XV.
VALLIÈRE (Mme de la), V — IX.
VALLIÈRE (Mlle de la), XV.
VALOGNY (M. de), XII.
VALOIS (Mlle de). *Voy.* MODÈNE (Duchesse de).
VALON (M. de), IV.
VALONS (Mme des), XV.
VALORY (M. de), IV, VI, VII, IX, XI, XIII, XIV.
VALRAS (M. de), évêque de Mâcon, puis d'Autun, IV, V, XII, XV.
VALSASSINE (Mlle de), VIII.
VANCE (M. de), VII. *Voy.* VENCE.
VANDERMER (Famille de), X.
VANDEUIL (M. de), III, IV, V, VIII, XII.
VANDEUIL (Mme et Mlle de), V.
VANDIÈRES (M. de), VII — X, XII, XIII. *Voy.* MARIGNY.
VAN EYCK (M.), V, VII, XIV, XV.
VAN HOEY (M.), I, II, V, VII, VIII.
VAN HOEY (Mme), II.
VANLOO (Carle), peintre, VIII, X, XI.
VANLOO (Mme), VI.
VAÑOLLES (Abbé de), IV.
VANOLLES (M. de), V, X.
VARANCHAMP (Mlle), X, XI.
VARANCES (M. de), I.
Varano (Affaire de), IX.
VARÉ. *Voy.* VARRÉ.
VAREILLE DE LA BROUE (M.), I.
VARENGEVILLE (Mme de), I.

VARENNE (M. de la), III.
VARENNES (M. de), II, III, V, VII.
VARINCOURT (M. de), XII.
VARIQUEZ, fou, IX.
VARNEVILLE (M. de), I, V, XI, XIV.
VARRÉ (Abbé), IX, X.
Varron, tragédie, XI.
VASSAL (Le P.), IX, XI.
VASSAN (M. de), II.
VASSÉ (M. de), II — V, VII.
VASSÉ (Mme de), IX.
VASSÉ (Mlle de), XVI.
VASSEUR (M. le), XV, XVI.
VASSY (Mlle de), XIII.
VATAN (M. de), II — V, X, XV.
VAUBAN (Maréchal de), III, IV, VI, VIII, XIV.
VAUBAN (M. et Mme de), XIII.
VAUBECOURT (M. de), III, VIII, XIV.
VAUBECOURT (Mme de), V, VIII.
VAUBRUN (Abbé de), I, III, VIII.
VAUCANSON (M. de), II, VII, XV.
VAUCHELLE (Mme et Mlle de), XIV.
Vaucresson (Maison de), II, III.
VAUCRESSON (M. de), XIV.
VAUDETOT (M. de), XI.
VAUDRAY (M. de), V, VIII — X. *Voy*. VAUDREY.
VAUDRAY (Mme de), X.
VAUDREUIL (M. de), II, V, VI, VIII, IX, XI, XIV — XVI.
VAUDREY (M. de), II. *Voy*. VAUDRAY.
VAUGLAS (M. de), I.
VAUGLES (Mme de), VI.
VAUGUYON (M. de la), IV, VI — IX, XI, XII, XVI, XVII.
VAUGUYON (Mme de la), II, III; VI — VIII, X.
VAUJOUR (Duc de), II.
VAUJOUR (Duchesse de), I, II.
VAULCRENANT (M. de), I, II, V — VII, IX, XI — XIII, XV.
VAUPALIÈRE (M. de la), XII.
VAURÉAL (Guérapin de), évêque de Rennes, I — X, XII — XVI.
Vauréal (Terre de), X.
VAUSSIEUX (Mme de), XVI.
VAUX (M. de), VII, XIII, XV, XVI.
VAYER (M. le), VI.
VEILLAC (M. de), XV.

VEILLÈRE (M. de), X.
VEILLERON (M. de), I.
VELLY (Abbé), XV.
VENCE (M. de), III, IV, XI. *Voy.* VANCE.
VENDÔME (César, duc de), I.
VENDÔME (Louis-Joseph, duc de), I, II, V, X, XI, XIV.
VENDÔME (Mme de), II.
VENDÔME (Philippe, grand prieur de), II, X.
Vénerie du Roi, I.
VENEUR (M. le), III.
VÉNIER (M.), I, III.
Venise sauvée, tragédie, X.
VENTADOUR (Abbé de), II — IV. *Voy.* ROHAN-VENTADOUR.
VENTADOUR (M. de), VII.
VENTADOUR (Mme de), I — XI.
Vénus et Adonis, ballet, XI.
VÉRA (M. de la), IX.
VÉRAC (M. de), III, V, VI, IX — XI.
VÉRAC (Mme de), IV, VIII — X.
VERCEIL (M. de), VIII.
VERCEIL (Mlle de), XIII.
VERDERONNE (Mme de), XIII.
VERDIER (M. du), évêque d'Angoulême, V, VII.
VERDIÈRE (M. de), XVI.
VEREIL (M. de), XI.
VERGENNES (M. de), XI, XIV, XVI.
VERGETOT (Mme de), IX.
VERJUS (M.), VII.
VESLEST (M.), X.
VERNAGE, médecin, IV, VI, IX, XII, XIII.
VERNASSAL (M. de), I, V, XIV.
VERNAY (M. du), XIII. *Voy.* PARIS.
VERNE (M.), IX.
VERNET (Joseph), peintre, XIII, XIV.
VERNEUIL (M. de), I — XIV, XVI. *Voy.* MORANZEL.
VERNEUIL (Mme de), III, X — XII, XIV.
VERNEUIL (Mlle de), III.
VERNICK (M. de), XIV. *Voy.* WERNICK.
VERNICOURT (M. de), XIII.
VERNICOURT (Mme de), XIV.
VERNON (Amiral), III.
VERNON (Mlle de), IX.
Vers à la louange des maréchaux de France de Noailles et de Coigny, III.

T. XVII. 25

Versailles (Château de), I.

Versailles (Couvent de religieuses à), XI.

Versailles (Faits relatifs à). *Voy.* Bassin de Neptune, Braconniers, Ermitage, Glacières, Louis (Maisons des), Pillage, Récollets, Salle du Conseil et Vol.

Versailles (Incendie à). *Voy.* Incendie.

Versailles (Tremblement de terre à), XIV.

VERSALIEU (M. de), II.

VERTHAMON (M. de), II.

VERTHAMON DE CHAVAGNAC (M. de), évêque de Montauban, I, XIII.

VERTUS (M. de), II, VII.

VERTUS (Mme de), II, XII.

VERUE (Abbesse de), VI. *Voy.* Abbesses de l'Abbaye-au-Bois et de Caen.

VERUE (M. de), II.

VERUE (Mme de), I, VI.

VERVENNE (Mlle de), X.

VERVINS (Mlle de), XI.

VERZURE (M. de), X, XII, XIV.

VESC (Mme de), IX.

VESTERLOO (M. de), XI, XII. *Voy.* WESTERLOO.

Vésuve (Mont), II.

VEZANNES (M. de Channes de), III — VIII, XIV, XV.

VIANTAIS (Mlle de), II, VII.

VIARMES (M. de Pontcarré de), IX, XIII. *Voy.* PONTCARRÉ.

VICHY (M. de), IV.

VICTOIRE (Madame). *Voy.* FRANCE (Marie-Louise-Thérèse-Victoire de).

VIDAL (M. de), X. *Voy.* SAINT-VITAL.

VIDAUD DE LA TOUR (Abbé), IV.

VIDELUNE (Mlle de), XIV.

VIDRESHEM (Major), VI.

VIEILLEVILLE (Mémoires du maréchal de), XVI.

VIEN, peintre, XIII.

VIENNE (Abbé de), V.

VIENNE (M. de), I, XII.

VIERUE (M. de), XVI.

VIERNE (M. de la), III.

VIET (M.), XIV. *Voy.* WIETTE.

VIEUVILLE (M. de la), II, V, VII, IX, XIII.

VIEUVILLE (Mme de la), III, X.

VIEUXPONT (Mme de), VII.

VIGARANI (M. de), IV.

VIGEAN (Abbé du), II, III.

VIGEAN (Mme du), V.

Vicean (Mlle du), III.
Vigier (M.), III.
Vigier (M. du), V.
Vignacourt, grand maître de Malte, II.
Vignacourt (M. de), IX. *Voy.* Wignacourt.
Vigne (M. de la), médecin, III — V. *Voy.* Delavigne.
Vigny (M. de), III.
Vilaine (M. de), X. *Voy.* Villaine et Villesne.
Vilbreuil (Abbé de), XIII.
Vilfitz (M. de), VI.
Vilhéna, grand maître de Malte, I.
Villa (Princesse de la), IV.
Villacerf (M. de), IV.
Villadarias (M. de), IV, XVI.
Villaine (Mme de), XI. *Voy.* Vilaine.
Villancourt (M. de), XII. *Voy.* Villaucourt.
Villarceaux (M. de), VI.
Villars (M. de), I — XV.
Villars (Mme de), I — XVI.
Villars (Mlle de), V.
Villars-Brancas (Mme de), IV. *Voy.* Brancas.
Villatte (M. de), X.
Villatte-Chamillart (M. de), XI.
Villaucourt (M. de), VI. *Voy.* Villancourt.
Ville (M. de), II.
Ville (Abbé de la), V, VII, VIII, XI. *Voy.* Laville.
Villedomain (M. de), II.
Villefort (M. de), IX.
Villefort (Mme de), I — V, VII.
Villegagnon (M. de), XII, XIV.
Villemard, sergent-major, XIII.
Villemeust (M. de la), XIII.
Villemur (M. de), II — IV, VIII — X, XIII, XVI, XVII.
Villemur (Mme de), X, XVI.
Villene-Champagne. *Voy.* Champagne de Villaines.
Villeneuve (M. de), évêque de Viviers, II, V.
Villeneuve (M. de), II, III, V — VIII, XII, XIV. — XVI.
Villeneuve (Mlle de), I — III, VI, VII.
Villéoni (M. de), XI.
Villepatour (M. de), XVII.
Villeperoso (M. de), XIII.
Villeperrot. *Voy.* Pajot de Villeperrot.
Villequier (M. de), I, II, V, VII, VIII, X.

VILLEQUIER (Mme de), I.
VILLERAS (Mémoires de), X.
VILLEROY (M. de), I — XVI.
VILLEROY (Mme de), VIII, V, XV.
VILLERS-FRANSURE (M. de), XIII.
VILLESNE (M. de), II. *Voy.* VILAINE.
VILLETTE (M. de), XIV, XVII.
VILLETTE (Mme de), XIII.
VILLIERS (M. de), XI, XV. *Voy.* GIROULT.
VILLIERS (Mme de), X,
VILTZ (M. de), I, II.
Vincennes (Manufacture de porcelaine de), IX.
VINCENT (Mlle), XVI.
VINCENT DE PAUL (Saint), XVI. *Voy.* SAINT VINCENT DE PAUL.
VINS (M. de), II.
VINTIMILLE (Abbé de), IV.
VINTIMILLE (M. de), archevêque de Paris, I — VIII, X — XII.
VINTIMILLE (M. de), II, III, VIII — X, XV.
VINTIMILLE (Mme de), III, IV, IX, X. *Voy.* NESLE (Mlle de).
VINTZ (M.), XI.
Violons du Roi (Les vingt-quatre), I.
VIRI (M. de), XIII.
VIRIEU (M. de), XVI.
VISÉ (Mme de), V. *Voy.* VIZÉ.
VISMES (Mme de), XVI.
VISSEC (M. de), IV, VI.
VITENCOFF (M. de), XI.
VITRY (M. de), XIV.
VIVET DE MONTCLUS (M. de), évêque de Saint-Brieuc, II, III. *Voy.* MONTCLUS.
VIZÉ (M. de), X.
VIZÉ (Mme de), XI. *Voy.* VISÉ.
Vœu de Louis XIII, II.
VOGUÉ (M. de), V — VII, IX, X, XVI.
VOGUÉ (Mlle de), XI.
VOISENON (Abbé de), III, IV.
VOISIN (Chancelier), II, XIII.
Vol à Versailles, V.
VOLTAIRE, III — XIII, XV, XVI.
VOLVIRE (M. de), I — III, VI — VIII.
VOLX (M. d'Annat de), évêque de Senez, XVI.
VORMSER (Colonel), XIV. *Voy.* WORMSER.
VOSSÉ (M. de), IX.

Vougny (M. de), IX, XII.
Voyage au pôle Nord, I.
Voyer (M. de), VII, VIII, X — XIII, XV, XVII.
Voyer (Mme de), IX — XIII, XV.
Vrillière (M. de la), II, X.
Vrillière (Mme de la), IX.
Vulsanges (Abbé de), XVI.

W.

Wactindonnel (M. de), VI.
Wal (M.), XIII, XVII. Voy. Howal et Wall.
Walchkinstein (M. de), IX.
Walde (M. de), XIII.
Waldeck (M. de), VII, VIII. Voy. Waldeck.
Waldegrave (M. de), I, III, VIII, X.
Waldner (M. de), XIV.
Walh. Voy. Howal.
Walkerbath (M. de), X. Voy. Hakebrath.
Wall (Don Ricardo), XII. Voy. Wal.
Wallis (Général), II — IV.
Walpole (M.), II — IV, X.
Wals (M. de), XI. Voy. Howal.
Wanderen, grand pensionnaire de Hollande, VII.
Ward-Barry (M.), I.
Wargemont (M. de), III, XII.
Warren (M. de), VII, VIII.
Warton, marchand, VI.
Washington (Colonel), XV.
Wassenaer (M. de), III — VII.
Waston, vice-amiral, XVI.
Watrenbach (M. de), XVI.
Watner (M. de), XVI.
Watteville (Mme de), IX.
Watzdorf, lieutenant-colonel, IV.
Webb (Général), XVI.
Wedel-Fries (M. de), XIV.
Weid d'Issembourg (M. de), XIV. Voy. Issembourg.
Weisbach, major-général, IV.
Weldereen (Mlle de), X, XI. Voy. Weldre.
Weldre (Mlle de), XIII. Voy. Weldereen.
Werbroeck, évêque d'Anvers, VIII.

Wernick (M. de), XI. *Voy.* Vernick.
Westerloo (M. de). *Voy.* Vesterloo.
Wiette (M. de), VIII, IX. *Voy.* Viet.
Wignacourt (Mme de), XIV. *Voy.* Vignacourt.
Willick (M. de), VI.
Winslow (M.), XIII, XV.
Wistown (M. de), IV.
Withmar (M.), XIII.
Witzhum (M. de), XVI.
Wocles. *Voy.* Volx.
Wormser (M. de), X, XVI. *Voy.* Vormser.
Woronzoff (M. de), VII, XVI.
Wratislau (M. de), II.
Wreden (M. de), XII.
Wurmbrand (M. de), VII.
Wurtemberg (Duc de), I, XIII.
Wurtemberg (Duchesse de), I, VII.
Wurtemberg (Prince de), VIII — X, XIV — XVI.
Wurtemberg (Princesse de), X.

X.

Xavier (Prince). *Voy.* Lusace.
Ximenès (M. de), IV.

Y.

Yachi (Prince), III.
Yachi (Princesse), III, V.
Yakobowski (M.), IX.
Yeler (M.), XI.
York (Duc, puis cardinal d'), XII. *Voy.* Stuart.
York (M. d'), IX — XI, XIV.
Youville (M. d'), I.
Yvon (Abbé), XI.

Z.

Zaïd Effendi, IV. *Voy.* Saïd Effendi.
Zaluski (Abbé), IV.

Zaluski (Comte), I, XV.
Zannoni (Abbé), X.
Zastrow (M. de), IV.
Zélie, opéra-ballet, IX, X.
Zélindor, opéra, VII.
Zélisca, comédie-ballet, VII, XI.
Zéno (Abbé), XI.
Zéno (M), I, IV.
Zéno (Mme), I, II.
Zinzendorf (M. de), X.
Zondondari (Cardinal), I.
Zurlauben (M. de), III, VI, XIV.

FIN DU TOME DIX-SEPTIÈME.

www.ingramcontent.com/pod-product-compliance
Lightning Source LLC
Chambersburg PA
CBHW060052190426
43201CB00034B/685